Hardy Oelke
WESTERN TRAINING

Hardy Oelke

WESTERN TRAINING

Eine Anleitung zur Ausbildung des Westernpferdes

Kierdorf-Verlag

ISBN: 3-89118-055-1

3. überarbeitete und
erweiterte Auflage, 1993
Layout, Titel und Inhalt: Hardy Oelke
Illustrationen und Fotos, soweit nicht
anders vermerkt, vom Verfasser
Titelfoto: Hardy Oelke und
Parkers Sonny Miss auf der
APHA World Show '93, Foto Shugart
Gesamtherstellung: Verlag Ute Kierdorf

INHALT

GELEITWORT

Es freut mich, für Hardys neues Buch „Westerntraining“ ein Vorwort schreiben zu können. Hardy und ich kennen uns seit dreizehn Jahren und haben somit die Entwicklung der Westernreiterei in Europa von den „Kinderschuhen“ bis zu ihrer jetzigen Blüte miterlebt. Als wir uns kennenlernten, war Hardy den meisten anderen „Westernreitern“ bereits um einiges voraus, hatte er doch schon etliche USA-Besuche hinter sich, bei denen er praktische Erfahrungen und theoretisches Wissen rund ums Westernreiten gesammelt hat.

Diese Erfahrungen machte Hardy vornehmlich in Staaten der USA und bei den Trainern, die den „West Coast Style“ des Pferdetrainings pflegten. So handelte denn auch sein erstes Buch vom Training mit der Hackamore, bis hin zum „Bridle Horse“. Dieses Buch war zu seiner Zeit die „Bibel“ für viele Westernreiter, denn auch in Deutschland wurde der „California Style“ lange Zeit schlichtweg als das einzig richtige System angesehen. Ein richtiges System ist dieser Reitstil sicher, aber gewiß nicht das einzige.

Als aufgeschlossener Horseman, ständig auf der Suche nach Verbesserungen, hat Hardy jedoch erkannt, daß durch die immer populärer werdende Turnierreiterei andere Zeichen gesetzt werden in der Art und Weise, wie Pferde ausgebildet werden. Er schickte sich darum an, den modernen Trainingssystemen von heute auf den Grund zu gehen. Auf verschiedenen USA Trips besuchte er Trainer, die die besten ihres Faches sind, wie z.B. Bob Loomis, Dale Wilkinson, Doug Milholland, Bill Waterman, Don Avila, Les Vogt u.a.

Viele Einflüße dieser Trainer und Hardys praktische Erfahrung finden sich in diesem Buch wieder. Das erste steht keinesfalls im Widerspruch zu diesem neuen Buch, das den Trainingsweg beschreibt, der bei den Quarter-, Paint- oder Appaloosa-Pferden der modernen Zucht für den Turnierleistungssport Anwendung findet.

Inhaltlich behandelt dieses Buch jedes einzelne Manöver einer Reining-Aufgabe. Es wird Schritt für Schritt erklärt, wie man ein Pferd an die schwierigen Manöver dieser Westernreitdisziplin heranführt. Dieser Weg wird durch anschauliche Skizzen und hervorragende Photos dem Leser detailliert verdeutlicht. Dabei ist es m.M. nach besonders hervorzuheben, daß für viele Pferdebesitzer, die nicht die Auswahl unter verschiedenen Pferden haben, hier ein System dargelegt wird, das von einem Autor stammt, der bereits in Sätteln vieler verschiedener Pferderassen, Pferdetypen und Pferdecharaktere gesessen hat und sich von daher in die Probleme, die für den Hobbyreiter oder Anfänger oft auftauchen, hineindenken kann.

Nicht jeder, der dieses Buch zur Hand nimmt, um eine Anleitung zum Training seines Pferdes zu erhalten, wird das Glück haben, ein Supertalent zu besitzen. Trotzdem wird er auf viele nützliche Tips stoßen, die ihm helfen werden, dennoch zu befriedigenden Ergebnissen zu kommen.

Es handelt sich hier nicht um eine Reitlehre mit dem Anspruch auf absolute Gültigkeit; die kennen wir bei der Westernreiterei glücklicherweise sowieso nicht. Jeder Trainer hat bei vielen Dingen sein eigenes System, das für ihn funktioniert. Daher sehe ich in diesem Buch für jeden Westernreiter, der den Wunsch hat, sich weiterzubilden, eine empfehlenswerte Bereicherung.

Bremen-Blumenthal, im Oktober 1988

Kay Wienrich

FOREWORD

I met Hardy Oelke, after corresponding with him for some time, at Caroll's ranch in 1974. While we had some difficulty in communicating I soon saw that he understood the California vaquero's way of handling a horse better than most Americans did.

The biggest rancher in California, for whom I worked, was Henry Miller (Heinrich Müller), founder of the huge Miller & Lux chain of ranches in California.

Cowboys working for him were assured of fast-reining, good horses.

Hardy Oelke is a worthy descendant of Henry Miller, a man who appreciated a good reining horse made in the California tradition. It is hoped that his readership will understand his desire to show what real far-western horsemanship is instead of what the German public has been led to believe it is.

Ed Connell, Old-time Vaquero,
Author of "Hackamore Reinsman" and "Reinsman of the West"
Livermore, California
November 10, 1976

VORWORT

Noch vor wenigen Tagen sprach ich mit Bob Loomis über sein Trainings-Video. „Am liebsten würde ich ein neues machen", sagte er, „eigentlich müßte man alle zwei bis drei Jahre ein neues, aktualisiertes herausbringen." Das zeigt, wie schnell die Entwicklung voranschreitet, wie sehr alles im Fluß ist.

Als mein erstes Buch über Westerntraining Anfang 1977 herauskam, war es das erste deutschsprachige überhaupt. Inzwischen hat sich so viel getan, in Amerika wie in Europa, daß eine bloße Überarbeitung nicht in Frage kam. Ein völlig neues Buch mußte her, in dem die neuen Methoden erklärt werden. Diese Verfahrensweisen möglichst ausführlich und verständlich zu schildern, war mein Bestreben.

Noch ein Wort zu der Frage, ob ein solches Trainingsbuch überhaupt einen Sinn macht, ja, ob es zu verantworten ist. Es gibt Leute, die so etwas generell ablehnen und der Auffassung sind, das Trainieren solle den Profis vorbehalten bleiben, und man solle Laien nicht ermuntern, sich selbst daran zu versuchen.

Dieses Buch will kein Ersatz für die Arbeit eines Trainers sein. Aber wann immer man im Sattel eines Pferdes sitzt, schult man es auch, ob beabsichtigt oder nicht. Man kann ein Pferd nicht „einfach nur reiten", ohne ihm dabei nicht gleichzeitig auch etwas beizubringen, sei es etwas Gutes oder etwas Negatives. Jede falsche Hilfengebung hat ihren Einfluß auf das Pferd, jedes Durchgehenlassen einer Nachlässigkeit oder eines Auflehnens bedingt zwangsläufig eine Reaktion des Pferdes, wird von ihm registriert, und in ihrer Gesamtheit ergeben diese „Bedienungsfehler" schließlich ein verrittenes Tier.

Es ist demnach auch für die Reiter wichtig, etwas vom Training zu verstehen, welche die hauptsächliche Trainingsarbeit einem Profi überlassen. Auch als Hilfe dafür ist dieses Buch gedacht.

Bedanken möchte ich mich bei denen, die mich bei der Arbeit an diesem Buch unterstützt haben, vor allem bei Kay Wienrich, bei Troy Heikes, Colorado, bei Dale Wilkinson, Georgia, bei Bill Waterman, North Carolina, und bei Dean Latimer, Oklahoma.

Halver, im Oktober 1988

Hardy Oelke

ZUR 3. AUFLAGE

Nachdem dieses Buch erfreulicherweise zum dritten Mal aufgelegt wird, möchten wir, der Verleger und der Autor, die Gelegenheit nutzen, um es noch attraktiver und instruktiver zu machen. Zu diesem Zweck wurde es leicht überarbeitet, und die Kapitel "Das Stellen des Pferdes bei einhändiger Zügelführung" und "Die Westernreitstunde" wurden ergänzend hinzugefügt.

Diese Kapitel resultieren vor allem aus den Erfahrungen, die ich mit Schülern während des Reitunterrichts sammeln konnte, weil dabei gewisse "klassische" Fehler immer wieder auftreten. So hoffe ich, dem aufmerksamen und ernsthaften reitenden Leser helfen zu können, diese Fehler möglichst zu vermeiden.

Halver, im April 1992

Hardy Oelke

Ich traf ihn an einem jener Morgen, die man nur im Süden Kaliforniens kurz nach der Jahrhundertwende erleben konnte. Die Sonne schien warm auf einen Teppich knietiefen Grases, der sich über die Hügel spannte, welche das San Gabriel Valley umranden, und die Orangenbäume standen in Blüte. Das Grün der Bäume verschmolz mit den Schatten der Sierra Madres, deren höchste Gipfel schneebedeckt waren. Um mich her breitete sich ein südkalifornisches Panorama aus, wie ich es stets in liebevoller Erinnerung haben werde.

Er kam, aufrecht in seinem hochhornigen Sattel sitzend, herangeritten, die Zügel delikat in den Fingern der linken Hand haltend. Ich erkannte ihn sofort als einen „hijo del pais", einen Sohn des Landes. Er war ein alter Mann. Sein bärtiges Gesicht war faltig und verwittert, jedoch mit jenem Touch von Rasse, der den alten Kaliforniern eigen war.

Er ritt eins der feinsten Pferde, die ich je sah — einen leuchtenden Rotbraunen mit schwarzen Beinen und ohne ein einziges weißes Haar; selbst seine Hufe waren schwarz. Trotz meiner Jugend und Unerfahrenheit war mir die Klasse dieses Pferdes doch gleich offenkundig, als der alte Mann herankam und neben mir anhielt.

Damals gab es noch einige wenige der alten „Reinsmen": Nicholas Covarrubias, Mariscal Lugo, Jose Ibarra, Reiter einer vergangenen Ära, die mitsamt den spanischen Rindern und den „cimarones", den Mustangs, lebten und heute Legende sind.

Er begrüßte mich in dem halb spöttischen Tonfall, in dem alte Männer jener Zeit mit jungen Burschen sprachen.

„Ah, vagamundo, para donde vas — ah, Vagabund, wohin willst du?" Ich war wohlerzogen genug, ihm seines grauen Haars wegen respektvoll zu antworten.

„Tio, vine a verlo trabajar su caballo — Onkel, ich kam, um Sie Ihr Pferd reiten zu sehen."

Der alte Mann lächelte.

Sein Pferd stand absolut ruhig da, nur seine Ohren spielten vor und zurück. Der alte Mann bewegte seine Füße — die Sporenketten rasselten auf dem Metall des Steigbügelbodens. Im selben Moment war das Pferd hellwach. Seine Ohren, nach rückwärts gewandt, zeigten seine ganz auf den Reiter gerichtete Aufmerksamkeit. Der alte Mann nahm ganz leicht die Zügel auf und drehte die Zügelhand im Gelenk nach links. Das Pferd wirbelte auf der Hinterhand linksherum. Der alte Mann drehte die Hand ebensoleicht nach rechts, und das Pferd wirbelte rechtsherum. Der alte Mann hob die Zügelhand ein wenig und schüttelte die Zügel leicht — das Pferd trabte rückwärts. Plötzlich lehnte der alte Mann sich vor, und sofort sprang das Pferd vorwärts und hielt an, als er ihm die Zügel wieder auf den Hals legte. Der alte Mann ritt im Schritt etwa zweihundert Meter weit und wendete dann in meine Richtung. Er stand für einen Moment still, dann nahm er die Zügel auf und lehnte vorwärts. Das Pferd sprang in den Galopp und kam in voller Karriere auf mich zu. Unmittelbar neben mir legte der alte Mann die Schenkel an und hob die Zügelhand, zog jedoch nicht an den Zügeln. Das Pferd machte einen „Sliding Stop" (es parierte, indem es auf der Hinterhand zum Halt glitt). Hätte der alte Mann ein Glas Wasser gehalten, nicht ein Tropfen wäre verschüttet worden.

Ich mußte an Geschichten denken, die meine Großmutter mir erzählt hatte, von Reitern, die um die Wette ritten, um ihr ein Glas Wein zu bringen, Tabletts mit Gläsern in der Rechten. Das war auf den „Fiestas" in Los Angeles, vor hundert Jahren, als sie und Kalifornien gemeinsam jung waren...

Hier hatte ich vollkommene Harmonie gesehen, ein Pferd in Einklang mit seinem Meister. Wir pflegten zu sagen, daß ein Mensch, wenn er ganz inbrünstig etwas wünscht, beten würde. Wenn das so ist, dann habe ich damals gebetet, denn ich wünschte mir mit aller Macht, daß ich eines Tages ein Pferd so würde reiten können, wie dieser alte Mann es tat. Mit lose hängenden Zügeln hatte er es mit Gewichts- und Schenkelhilfen gelenkt — geschmeidig, rhythmisch und wunderschön anzusehen!

Arnold Rojas, in seinem Buch „These Were the Vaqueros".

WESTERNREITEN KONTRA ENGLISCH-REITEN?

Es gibt so viele Vorurteile und Mißverständnisse im Zusammenhang Westernreiten/herkömmliches Reiten, daß dieses Buch unmöglich alle zu beseitigen vermag. Es kann bestenfalls einen Beitrag dazu leisten.

Verwirrend ist zunächst einmal die Tatsache, daß der Westernreiter das hier herkömmliche, traditionelle Reiten „englisch" nennt, was für einen in Deutschland Lebenden erst einmal verdaut werden muß. Es rührt daher, daß der Westernreiter sich an der Situation in Amerika orientiert, wo die Reiterei, die u.a. für England und Deutschland typisch ist, als „English" bezeichnet wird, im Gegensatz zu *„Western"*. Wenn hier also von „englischer Reitweise", *„English Style"* oder *„English Classes"* gesprochen wird, dann ist damit ebenso — und oftmals ganz besonders — die deutsche, herkömmliche, traditionelle gemeint.

Die mittlerweile doch erhebliche Zahl der Westernreit-Begeisterten in unserem Land ist oft in gleichem Maße unselbstkritisch und der herkömmlichen Reiterei gegenüber überheblich und ignorant, wie sich unsere „Englischreiter" meistens durch Arroganz, mangelndes Verständnis für das Westernreiten und für Westernpferde, Engstirnigkeit und oft gar Feindseligkeit auszeichnen.

Selbst die eher aufgeschlossenen und wohlmeinenden Englischreiter wirken auf Westernreiter durch gutgemeinte gönnerhafte Bemerkungen oft verletzend. Bei den Westernreitern haben oft gerade die weniger guten das größte Sendungsbewußtsein und wollen Englischreiter „bekehren". Da sie dann fachlich abgeklopft und an ihren Leistungen gemessen werden, schaden sie der Sache mehr, als sie ihr nutzen.

Beide Lager könnten voneinander lernen und profitieren, hätten sie die nötige Aufgeschlossenheit.

Wenn beim Englischreiten zuviel (ständiger) Zügelzug beobachtet werden kann und ständig klopfende Sporen, so fallen viele Westernreiter ins andere Extrem des völligen „Wegwerfens" der Zügel und reiten mit weit abgespreizten Beinen, die oft gestreckt sind aufgrund zu lang geschnallter Bügel. Wo auf der einen Seite zugeschnürte Pferdemäuler heruntergeriegelt, abgestumpft, nur auf handfesten Zug reagieren (und man abends an der Bar stolz die Schwielen an den Händen zeigt und die Damen über Muskelkater in den Oberarmen klagen), wird auf der anderen Seite oft geflissentlich an aufgerissenen Pferdemäulern vorbeigesehen, hervorgerufen durch plötzlichen Zug an der Kandare, der das Pferd aus heiterem Himmel überraschte, weil zuvor die Zügel „weggeworfen" waren = falsch verstandene lose Zügelführung!

Die wichtigsten Vorurteile, die einer Anerkennung des Westernreitens als seriösem Sport noch immer entgegenstehen, sind einmal die Verwechslung mit jener Art des Reitens, wie sie in den meisten Westernfilmen zu sehen ist (in der Regel grausame Darbietungen). Verwechselt wird es auch mit Rodeo-Reiten, welches entweder nur Teilbereiche des Westernreitens repräsentiert (z.B. Roping, Barrel Racing) oder mit der Westernreitweise gar nichts zu tun hat, wie Saddle Bronc Riding, Bareback Bronc Riding und Bull Riding. Oder es wird von vornherein als romantische Cowboy-Schwärmerei eingestuft und als alternative Reitweise gar nicht in Betracht gezogen.

Aus letzterem Grund findet es bislang auch in den Medien keine angemessene Behandlung — den Journalisten, die einmal etwas darüber bringen wollen, ist meistens die Lagerfeuerromantik und der „Geschmack von Freiheit und Abenteuer" wichtiger, als die Berichterstattung über ein westernreitsportliches Ereignis, und die Information über diesen Sport kommt fast immer zu kurz.

Die Entwicklung zum Westernreiten ist in unserem Land und in Europa nicht mehr aufzuhalten, das haben inzwischen wohl auch seine Gegner begriffen. Es ist aber nicht hier, um über das Englischreiten zu triumphieren. Beide Reitweisen können nebeneinader bestehen, haben ihre Daseinsberechtigung. Der eine mag lieber die ruhige, gesetzte englische Dressur, für den anderen sind die rasanten Manöver der Westerndressur das Höchste. Ein wahrer Pferdefreund wird beidem etwas abgewinnen können.

Es gibt aber einfach zuviele Fantasten, die meinen, wenn sie einem Pferd einen Westernsattel auflegen, würden sie damit schon westernreiten. Das ist dieselbe Sorte, die dem armen Tier dazu eine Kandare ins Maul hängen, egal, ob es ausbildungsmäßig dafür fertig ist oder nicht. Für sie gehört das einfach zu einem "richtigen" Westernpferd (Ein Westernpferd mit Trense reiten? Das gibt's doch nicht!). Das sind auch die Leute, die meinen, um Westernreiten zu lernen, brauche man nicht reiten zu lernen....

Geduld, Verständnis und Einfühlungsvermögen sind die wichtigsten Werkzeuge eines Reiters und Trainers, unwichtig, ob in seinem Tack Room Trense und Dressursattel oder Hackamore, Spade Bit und Westernsattel hängen. Die Art der Ausbildung im amerikanischen Westen bringt andere Resultate für andere Verwendungszwecke. Das Westernreiten ist eine Gebrauchsreiterei. Ziel der Ausbildung ist ein Pferd, das bei loser und einhändiger Zügelführung zuverlässig reagiert. Der Reiter reitet es in Harmonie und Losgelassenheit, seine Aufmerksamkeit ist dafür nicht erforderlich, sondern kann anderem zugewandt werden, sei es Rinderarbeit, Reiterspiele, Naturschönheiten oder ein Gesprächspartner. Das Pferd selbst wird nicht gearbeitet, sondern *mit* dem Pferd kann eine Arbeit getan werden.

Die Westernausbildung basiert auf dem Grundprinzip, daß dem Pferd ein Signal gegeben wird (Druck durch Zügel, Schenkeldruck) und daß dieser Druck sofort aufhört, wenn es diesem Signal entsprechend reagiert hat. Das ist seine Belohnung. Wenn es ständig einen gewissen Druck verspürt, auch wenn es gehorsam reagiert, wenn z.B. bei jedem Schritt der Absatz oder gar der Sporn klopft, obwohl es gehorsam vorwärts geht, muß es der Hilfe gegenüber abstumpfen. Oder wenn z.B. ständig Zügelzug da ist, obwohl es ohne zu drängen vorwärtsgeht, wird auch eine Abstumpfung eintreten.

Englischreiter würden hier wohl protestieren und behaupten, ihre Pferde seien weichmäulig, nähmen die Zügelhilfe gut an, suchten die Anlehnung, und das mag auch stimmen. Es gibt natürlich gutgerittene Dressurpferde. Aber wieviel Zug am Zügel ist „leicht"? Wie stramm ist „Anlehnung"? Das alles ist subjektiv — was für den einen das rechte Maß an Anlehnung zu sein scheint, ist für den anderen vielleicht nur als Hartmäuligkeit zu bezeichnen. In der Beziehung kann auch ein Buch keinen zuverlässigen Maßstab vermitteln, sondern man muß ein gut ausgebildetes Westernpferd arbeiten *gesehen* haben, um sich eine Vorstellung machen zu können, wohin die Westernausbildung zielt. Diese Leichtigkeit, mit der das top trainierte Westernpferd arbeitet, ist augenfällig auch dem, der reiterlich noch nicht so weit ist, sie selbst erfahren, *erreiten* zu können. Ein Buch kann da nur Hilfestellung leisten.

HISTORISCHES

Der eigentliche Ursprung der Westernreitweise ist die Reitkunst der spanischen Eroberer, der *Conquistadores.* Mit den Spaniern kamen nicht nur Techniken der Viehhaltung nach Amerika, die z. T. noch heute Anwendung finden, sondern — neben den Pferden selbst — auch eine hochentwickelte Schule der Reiterei, die damals den Gipfel der Reitkunst in Europa darstellte und Grundlage für die in Europa traditionelle Dressurreiterei wurde. Wesentliche Elemente davon, sowohl in den Ausbildungsmethoden, wie auch in den Ausbildungszielen, sind bis heute erhalten.

Im kalifornischen *Vaquero* fand diese Reitweise im vorigen Jahrhundert ihre Blütezeit. Von Californien aus wurde das Ranching, die Viehhaltung, die Rinderarbeit, die Reitweise und das dazugehörende Equipment im größten Teil des amerikanischen Westens beeinflußt, besonders aber in Oregon, Idaho, Nevada, Montana und Arizona.

Vaqueros wurden die berittenen Rinderhirten aber nicht nur in jenen Staaten genannt (im Nordwesten war die amerikanisierte Bezeichnung „Buckaroo" gebräuchlich), sondern auch in Mexico und Texas. Obwohl der texanische Vaquero zu keiner Zeit in Selbstbewußtsein, Tradition und Reitkunst eine vergleichbare Größe zu seinem kalifornischen Vetter war, ist es doch falsch, unter dem Begriff Vaquero nur einen solchen aus Californien zu verstehen.

Vaquero — von vaca (Kuh) — wurden ursprünglich nur die spanischen oder mexikanischen Cowboys genannt. Aber schon früh gebrauchten Texaner, besonders die nahe der mexikanischen Grenze, dieses Wort, ohne sich dabei auf eine Rasse zu beziehen. Man konnte daher in einer Corrida oder Mannschaft sowohl „Mexican Vaqueros", „White Vaqueros" und „Nigger Vaqueros" finden.

In Südwest-Texas, wo ich vor sechzig oder mehr Jahren Rinder hatte, wurden und werden Cowboys im allgemeinen „Vaqueros", „Hands" oder „Cowhands" genannt. Das Wort „Cowboy" konnte man gelegentlich hören, aber bei weitem nicht so häufig wie heutzutage (ca. 1925).

1 *Old Time Vaquero*

John Young in Frank Dobie, „A Vaquero of the Brush Country"

In Texas vermischten sich zuerst die spanischen Methoden mit denen aus dem Osten. Auch die Entwicklung des *Stock Saddles* (Westernsattels) nahm hier einen anderen Verlauf als in Californien. Der Cowboy, wie er heute weltweit bekannt ist, hat seinen Ursprung in Texas und in den langen Viehtrieben, die von dort durchgeführt wurden zu Verladebahnhöfen in nördlicheren Staaten und später, um im Norden Ranches aufzustocken. Er hatte seine hohe Zeit etwa zwischen 1860 und 1880.

Während man den kalifornischen Vaquero als Fachmann, wenn nicht gar als einen Meister seines Fachs ansprechen muß, handelte es sich bei den ersten Cowboys vergleichsweise um Gelegenheits- oder Hilfsarbeiter. Spiegelte die Ausrüstung des kalifornischen Vaqueros dessen Tradition und Stolz wieder und war so stilvoll wie seine Arbeitsweise und Reitkunst, so war das Equipment des Cowboys dagegen primitiv und bestenfalls schlicht zweckdienlich. In den Staaten Arizona, New Mexico, Colorado, Wyoming und Montana trafen Vertreter beider „Schulen" aufeinander. Ein Gemisch in der Ausrüstung, in den Arbeitsmethoden und im Vokabular war die Folge. Bezüglich des dressurmäßigen Reitens konnte der texanische Vaquero und der Cowboy nur lernen vom kalifornischen Vaquero, nicht umgekehrt.

Der letzte Einfluß auf das Westernreiten, den wir zu verzeichnen haben, ist der durch die in diesem Jahrhundert aufgekommenen und ganz Nordamerika umspannenden Horse Shows, mit der Vielzahl ihrer unterschiedlichen Disziplinen (Classes) und im besonderen durch das im Mittelwesten kreierte Reining. Mittelwesten ist ein Begriff, der leicht irreführend sein kann. Er umfaßt etwa die Staaten Illinois, Indiana, Ohio, Michigan, Minnesota, Wisconsin und Iowa, Staaten also, die im Osten bzw. Nordosten der USA liegen. Ohio kann wohl als das Zentrum des „Reining-Landes" gelten, hervorragende Reiter kamen und kommen aber auch aus Staaten wie Nebraska, New York und Staaten des Alten Südens.

Durch die Reiner, die Reining-Spezialisten, wurden neue Techniken eingeführt und auch entwickelt, und auch neue Maßstäbe wurden gesetzt. Diese Bewegung geht also eindeutig vom Osten bzw. Nordosten der USA aus, und es ist nicht richtig, solches Reining als „Texas Style" zu bezeichnen.

Die Unterscheidung in West Coast Style und Texas Style erfolgte aufgrund der oben beschriebenen unterschiedlichen traditionellen Entwicklung. Äußere Kennzeichen für den West Coast Style waren geschlossene Zügel mit *Romal, Spade Bit, Center Fire*-Sättel und ein mehr versammelt gehendes Pferd, für den Texas Style *Split Reins, Grazer Bit, Double Rigged*-Sättel und ein nicht versammelt gehendes Pferd.

Der Stil der Reiner ist zwar deutlich vom Texas Style beeinflußt worden, was durch die Art der verwandten Gebisse und die Split Reins deutlich wird, stellt aber einen eigenständigen Einfluß dar, der inzwischen weit über den Mittelwesten hinausreicht –, auf den *Contests* der National Reining Horse Association starten heute Teilnehmer aus Canada ebenso wie aus Texas oder Arizona.

Westernreit-Wettbewerbe nannte man früher *Stock Horse Contests.* Die meisten Bezeichnungen für die einzelnen Disziplinen, die wir heute kennen, entstanden erst im Laufe der letzten Jahrzehnte.

WIE LERNE ICH WESTERNREITEN?

Nach traditioneller deutscher Art reiten zu lernen, stellt kein Problem dar. Eine Fülle von Reitställen steht zur Verfügung, und es kommt nur darauf an, die Spreu vom Weizen zu trennen, also nicht einem unseriösen Betrieb in die Hände zu fallen.

Warum ist es aber so schwierig, Unterricht im Westernreiten zu nehmen? Nicht die Tatsache, daß es generell ungleich weniger Reitställe gibt, die Unterricht im Westernreiten erteilen, stellt das Hauptproblem dar, sondern es liegt darin begründet, daß ein Pferd nur dann wirklich als „western" ausgebildet gelten kann, wenn es einen Ausbildungsstand hat, der es nicht zuläßt, Anfänger auf ihm üben zu lassen —, es würde bald ruiniert sein.

Es ist ganz einfach so, daß das, was das western ausgebildete Pferd ausmacht, nämlich der Gehorsam am losen Zügel bei einhändiger Zügelführung, die Reaktion auf leichteste Hilfen, durch falsche Bedienung von Anfängern innerhalb kürzester Zeit nicht mehr vorhanden sein würde. Da es aber einen erheblichen Aufwand gekostet hat, das Pferd so auszubilden, kann man von niemandem erwarten, daß er ein solches Pferd Anfängern zur Verfügung stellt.

Im Prinzip stellt sich die Problematik zwar beim deutschen (English Style) Reiten genauso. Auch da sind die Schulpferde abgestumpft, bekommen Anfänger keine guten Dressurpferde zu reiten. Darüber sind sich die Anfänger dort aber auch im klaren. Auf deutsch-traditionelles Reiten übertragen, würde der Wunsch des Anfängers, das Westernreiten zu erlernen, etwa bedeuten, daß er gern die Hohe Schule erlernen möchte. Fein, würde man ihm da sicher sagen, dann bemühe dich aber erst einmal, die Grundlagen des Reitens zu erlernen....

Das ist es im Prinzip: solange die Grundlagen nicht da sind, solange man nicht zügelunabhängig sitzen kann, die Hände nicht gelernt haben, feindosiert einzuwirken, die Schenkel nicht kontrolliert eingesetzt werden können, solange man nicht merkt, ob man Links- oder Rechts-, Kreuz- oder Außengalopp geht, ist es müßig, von Westernreiten zu sprechen. All das kann man auf „normalen" Pferden in deutschen Reitställen auch lernen.

Geht jemand zu einem Westernreitstall, um das Westernreiten zu erlernen, sollte er darum nicht unmutig werden, wenn er zunächst Pferde zu reiten bekommt, die nicht western ausgebildet sind. Er kann von dem Westernreitstall nicht verlangen, ein guttrainiertes Pferd zu opfern, damit er sich darauf die oben erwähnten Grundlagen aneignen kann.

Obwohl es so ist, daß die Grundlagen auch auf einem Pferd in einem normalen deutschen Reitstall erlernt werden können, macht es doch Sinn, auch als Anfänger einen Westernreitstall aufzusuchen, denn da wird von Anfang an darauf geachtet, daß der Schüler sich gewisse Dinge gar nicht erst angewöhnt, die in so ziemlich allen deutschen Reitställen beobachtet werden können, vor allem der stramme Zügel und die bei jedem Schritt klopfenden Schenkel bzw. Absätze.

Es soll auch nicht verschwiegen werden, daß es eine große Anzahl Scharlatane in der Westernszene gibt, die Unterricht und Lehrgänge anbieten, obwohl sie selbst bitter nötig hätten, Unterricht zu nehmen. Es ist symptomatisch für den gesamten Bereich, daß Leute sich gern als Experten verkaufen, nachdem sie erst kurze Zeit in die Materie „hineingerochen" haben. Oft kann man beobachten, wie Neulinge, die erst vor wenigen Monaten die ersten Lehrgänge besucht haben, plötzlich selbst welche anbieten... Es sei darum dem Anfänger warm empfohlen, sich zunächst gründlich zu informieren und sich anzusehen, wie Trainer, die sie in Betracht ziehen, reiten und arbeiten.

Eine Frage, die Neulinge im Westernreiten oft aufwerfen, ist die, ob es sinnvoll ist, sich gleich ein ausgebildetes Pferd zu kaufen, oder ob es Zweck hat, ein noch junges, unausgebildetes Pferd zu erwerben.

Es hat gewiß keinen Sinn, sich als Anfänger ein super trainiertes Pferd anzuschaffen. Was dabei an Ausbildungsarbeit, die in dieses Pferd investiert wurde, teuer bezahlt werden muß, würde u.U. schon innerhalb von ein, zwei Wochen weitgehend zunichte gemacht.

Ein noch völlig rohes Pferd sollte ein Anfänger für ein oder zwei Monate zum Einreiten geben, bevor er es selbst reitet. Danach kann er es eine Zeitlang reiten, sich mit ihm „zusammenraufen". Wenn er dann an seine Grenzen gestoßen ist, sollte er es erneut für einen Monat oder zwei zu einem Trainer geben, um anschließend wieder zu versuchen, dem Pferd gerecht zu werden usw. Bei den meisten Trainern ist es auch möglich, unter deren Aufsicht zwischendurch das Pferd dort zu reiten und Instruktionen zu bekommen. Also mit dem Pferd zu wachsen, ist sicher die beste Methode.

Ähnlich sollte auch der verfahren, der ein bereits eingerittenes oder ausgebildetes Pferd kauft. Wie gesagt, es sollte kein spitzenmäßig trainiertes Pferd sein, sondern idealerweise sollte es gerade so viel mehr können als sein Besitzer, daß dieser vom Pferd lernen kann. Nach gewisser Zeit, wenn beide irgendwie nicht recht weiterkommen, sollte auch dieses Pferd zur Korrektur und weiterführenden Ausbildung in die Hand eines Ausbilders gegeben werden und der Besitzer sich möglichst gleichzeitig weiterbilden lassen.

Eine Teilnahme an den häufig stattfindenden Kursen, die vielfach am Wochenende abgehalten werden, ist außerdem zu empfehlen. Ein solcher Lehrgang von ein paar Tagen kann sehr viel an Aha-Erlebnissen und an Motivation bringen. Ein ernsthaft bemühter Reiter, der ein wenig ausgebildetes Pferd erworben hat, kann mit diesem durch Teilnahme an Kursen durchaus erfolgreich weiterkommen.

Noch etwas: obwohl es für die meisten Horsemen und Trainer zutrifft, daß sie im Laufe ihres Lebens von vielen anderen gelernt haben, überall etwas „abgestaubt" und dazu meistens auch eigene Methoden entwickelt haben, kann dem Anfänger nur empfohlen werden, sich an einen Experten zu halten, dessen Leistungen ihn überzeugt haben. Es ist dem Pferd nicht dienlich, wenn es alle paar Wochen wieder andere Hilfen bekommt, weil sein Reiter einen Lehrgang bei einem anderen Trainer besucht hat. Kontinuität ist wichtig, aber viele Wege führen nach Rom. Entscheiden Sie sich für einen Lehrmeister, und bleiben Sie dabei, wenigstens für ein Jahr oder länger, es sei denn, er gibt Ihnen Grund, unzufrieden zu sein.

Etwas wird hier auch klar: es gibt viele Fälle, wo ein Gutbetuchter ein hochtrainiertes Pferd erworben und dies in mehr oder weniger kurzer Zeit verritten hat. Gerade der Neuling, dem die Sachkenntnis fehlt, hat die Tendenz, sich an erworbenen *Points* und Titeln zu orientieren, sich daran zu klammern, weil er meint, darin konkrete Gütemerkmale sehen zu können. Das trügt. Es nützt Ihnen überhaupt nichts, wenn ein Pferd, das Sie kaufen wollen, soundsoviele Reining Points errungen hat und diesen oder jenen Titel —, entscheidend ist nur, was es hier und heute kann, wie es zu der Zeit reagiert und arbeitet, wenn Sie es sich als Ihr mögliches zukünftiges Reitpferd ansehen. Es besagt auch nichts, wenn es einmal für eine horrende Summe gekauft wurde und jetzt wesentlich billiger angeboten wird — möglicherweise ist auch das noch viel zu teuer!

Ein talentiertes, noch grünes Pferd ist mehr wert, als ein vielfacher Sieger, der verritten wurde. Es ist meistens leichter und macht außerdem Ihnen und/oder Ihrem Trainer mehr Spaß, das talentierte junge Pferd auszubilden, als den verdorbenen Champion zu korrigieren.

Dazu kommt noch, daß in den Fällen, wo ein verdorbenes Pferd von einem Experten korrigiert werden konnte, meistens nur dieser in der Lage ist, das Pferd korrekt zu reiten und vorzustellen. Sobald ein schwächerer Reiter auf seinem Rücken sitzt, wird es die alten Unarten wieder zeigen.

DIE WESTERN HORSE-RASSEN

Das Quarter Horse

verkörpert den Typ des Westernpferdes schlechthin. Es ist ein mittelgroßes Pferd, das am ehesten als kompakter, stark bemuskelter Vollblüter gebäudemäßig charakterisiert werden kann. Seine Besonderheiten in der *Conformation,* dem Gebäude oder Exterieur, sind die ausgezeichnete Verbindung des Rückens zur Kruppe, was man *close coupled* nennt, die im Verhältnis zu unseren Warmblütern schrägere und mächtigere Kruppe und eine Winkelung der Hinterhand, die ein vermehrtes, natürliches Arbeiten auf der Hinterhand begünstigt. Die stark ausgeprägte Muskulatur — es gibt wohl keine Pferderasse, die ähnlich bemuskelte Tiere hervorbringt (Abb. 2) — wird von vielen überbewertet. Sie ist ohne Zweifel typisch für diese Pferde, doch ein Zuviel des Guten ist hinderlich und nicht vorteilhaft.

Auch durch besondere innere Vorzüge zeichnet sich das Quarter Horse aus. Es ist gutartig, problemlos im Umgang, nervenstark, intelligent und lernwillig und in den meisten Fällen mit mehr oder weniger ausgeprägtem Cow Sense ausgestattet. Was die Gutmütigkeit betrifft, so kann diese sicherlich bei verschiedenen anderen Rassen, vor allem Kleinpferderassen, gefunden werden, doch gibt es keine Rasse, bei der ein so ruhiges, freundliches und gelassenes Wesen mit so viel Adel und Rittigkeit gepaart gefunden wird.

Das Quarter Horse stellt die zahlenmäßig größte Rasse der Welt dar. In vielen europäischen Ländern gibt es inzwischen Quarter Horse-Zuchten, besonders in Deutschland, Italien und England.

Seinen Namen hat das Quarter Horse von den *Quarter Mile Races,* den Viertelmeilen-Rennen. Über diese kurzen Distanzen ist es das schnellste Pferd der Welt. Wer mehr über die Quarter Horses erfahren möchte, kann in dem im selben Verlag erschienenen Buch „Das Quarter Horse“ Informationen über Historie, Eigenschaften, Blutlinien usw. finden.

2 *Quarter Horse*

Wie soll so ein Quarter Horse aussehen, und warum soll es so gebaut sein?

Fangen wir beim Kopf an: nicht wenige Reiter und Pferdeleute sagen, der Kopf sei Nebensache, denn man reite nicht auf dem Kopf. Dem muß entgegengehalten werden, daß das, was man reitet, durch den Kopf und über den Kopf kontrolliert wird! Wir zäumen unsere Pferde ja nicht an den Beinen auf, und auch wenn wir sie in hohem Maße durch Gewichts- und Schenkelhilfen lenken, so werden diese doch im Kopf des Pferdes registriert und verarbeitet.

Gewisse gebäudemäßige Voraussetzungen des Kopfes sind wichtig, um ein korrektes Anpassen der Zäumung und ihre richtige Einwirkung zu ermöglichen, auf andere Merkmale achten wir, weil wir sie (aus Erfahrung) mit bestimmten charakterlichen Eigenschaften in Verbindung bringen. Noch wieder andere haben Einfluß auf den Gebrauchswert des Pferdes in anderen Bereichen.

So ist eine extrem kurze Maulspalte in der Regel ein Zeichen für ein wenig sensibles Maul, kann aber auch einem korrekten Anpassen des Gebisses hinderlich sein. Pferde mit dick aufgewölbter Ramsnase sind meistens unempfindlich einer Hackamore gegenüber, ebenso deuten dicke, fleischige Nüstern auf mangelnde Sensibilität hin. Kleine, tiefliegende Augen in Verbindung mit einer Ramsnase können das Gesichtsfeld eines Pferdes einschränken und es so zu einem schreckhafteren Pferd machen. Ein paar große, vorstehende Augen dagegen ermöglichen optimale Rundumsicht — die größte Angst hat ein Pferd vor etwas, das es nicht sehen kann, das ihm deshalb unheimlich ist. Feingeschnittene, gutgeformte, bewegliche Ohren verraten viel über die Intelligenz, Aufmerksamkeit und das Temperament des Pferdes. Daß das Quarter Horse relativ kleine, kurze Ohren besitzt, hat vordergründig keine Bedeutung; auch längere Ohren sind bei edlen, intelligenten und temperamentvollen Tieren zu finden.

Die kleinen Ohren gehören aber zum Rassetyp und sind auf eine Weise mit den Eigenschaften des Quarter Horses verknüpft, die bisher verborgen geblieben ist.

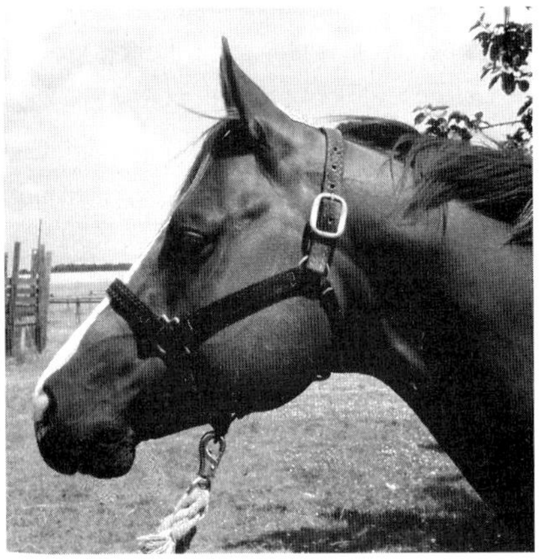

3
Quarter Horse-Kopf. Dies ist ein sehr rassetypischer Quarter Horse-Kopf, der aber nicht so extrem kurz ist, wie man ihn auch findet, sondern in der Maulpartie etwas gestreckter. Solche Individuen gelten als rittiger

Die breite Stirn, im Zusammenhang mit den ausdrucksvollen, großen und sanften Augen, ist ein Kennzeichen für die Intelligenz und Lernfähigkeit des Pferdes. Die Muskeln auf der Stirn und die starken Backenmuskeln haben für die Funktion des Pferdekopfes beim Reiten keine Bedeutung, sie lassen aber auf die Muskulatur des gesamten Pferdes schließen. Ein gut bemuskeltes Pferd hat eben auch am Kopf entsprechend ausgeprägte Muskeln.

Schließlich kommt dem Kopf bezüglich des Gleichgewichtes des Pferdes eine Bedeutung zu. Als Gewicht am Ende der Balancierstange Hals kann ein großer, schwerer Kopf ungünstig sein.

Das Quarter Horse hat einen Keilkopf mit geradem Profil. Obwohl das Profil nicht ausschlaggebend ist, haben wir über die Gründe, aus denen Ramsnasen vermieden werden, schon gesprochen. Die Keilform kommt im übrigen zustande durch die ausgeprägten Backen (Ganaschen) im Verhältnis zum kleinen, feinen und festen Maul; der Kopf verjüngt sich also nach vorn stark. Das kleine, feingeformte Maul steht für Sensibilität, seine Festigkeit für Ausdauer und Durchhaltevermögen.

Der typische Quarter Horse-Kopf ist kurz, Pferde mit etwas gestrecktem Gesicht scheinen aber die rittigeren zu sein (Abb. 3).

Ein Pferd mit einem schönen, guten Kopf ist deshalb noch kein gutes Reitpferd. Ein Pferd mit einem vorbildlichen Kopf ist aber selten eine Niete.

Als nächstes sehen wir uns den Hals an. Wie der Kopf am Hals angesetzt ist, und wie der Hals wiederum an der Schulter angesetzt ist, hat einen größeren Einfluß auf die Funktion des Halses in bezug auf die Reiteignung des Pferdes, als die Form des Halses selbst. So soll das Pferd im Genick möglichst leicht und beweglich und in der Kehle gut „ausgeschnitten" sein, damit es gut beizäumen kann und es ihm auch nicht schwer fällt, sich seitlich zu biegen. Der Hals des Quarter Horses soll gerade sein, d.h. nicht von Natur aus schon im deutlichen Bogen getragen werden und einen „Kragen" machen. Es soll keinen dicken, feisten Mähnenkamm haben. Tatsächlich haben die Quarter Horses mit vorbildlichen Hälsen eine leichte Krümmung in der Genickgegend, doch ist diese nicht sehr stark. Der Hals soll ziemlich gerade und so gebaut sein, daß er durch leichte reiterliche Einwirkung sich biegt, daß Pferd ohne Schwierigkeiten im Genick abkippt, sich aber nicht aufrollt, wie das bei gebogenen Hälsen leichter passiert. Ein starker Unterhals ist fehlerhaft, weil er die reiterliche Einwirkung erschwert und das Pferd hindert, beizuzäumen, zu „tucken".

Der Hals wird nicht so lang gewünscht, wie bei unseren Warmblutrassen zum Beispiel. Die meisten Western Trainer sehen in einem zu langen Hals ein Problem, während ich hierzulande von Vertretern hiesiger Reitpferderassen noch nie gehört habe, daß ein Hals zu lang sein könnte. Der Hals des Quarter Horses soll gut geformt und ausreichend lang sein.

Die Schulter wird möglichst schräg und lang gewünscht. Das bedeutet Raumgriff und gut gefederte, elastische Bewegungen. Es bringt auch eine gute Sattellage mit sich. Für die Sattellage ist der Widerrist mitentscheidend, aber auch hier zeigt sich eine Korrelation, wie wir sie auch bei anderen Conformation-Merkmalen finden: ich habe noch kein Pferd mit einer vorbildlichen Schulter gesehen, das einen schlechten Widerrist hatte. Es ist logisch, daß eine lange und schräge Schulter die Sattellage weiter nach hinten bringt, während bei einer kurzen, steilen Schulter der Sattel fast direkt über der Vorhand zu liegen kommt. Das ist nicht nur unbequem für den Reiter, sondern erschwert es dem Pferd auch sehr, die Vorhand leicht zu machen und auf der Hinterhand zu arbeiten (Abb. 4 und 5).

Der Widerrist wird nicht sehr hoch, aber weit in den Rücken hineinreichend gewünscht. Einmal ergibt das die erwähnte gute Sattellage, zum anderen ist ein solcher Rücken stärker, tragfähiger. Der Rücken selbst ist kräftig, mit starker Muskulatur, die sich rechts und links des Rückgrats aufwölbt, so daß dies tiefer liegt. Das Quarter Horse hat einen kurzen Rücken, obwohl es ein Rechteckpferd ist und nicht im quadratischen Rahmen stehen soll. Langrechteckig soll es aber nicht aufgrund eines langen Rückens sein, sondern aufgrund einer langen Schulter und langer Hüfte (Abb. 6 und 7).

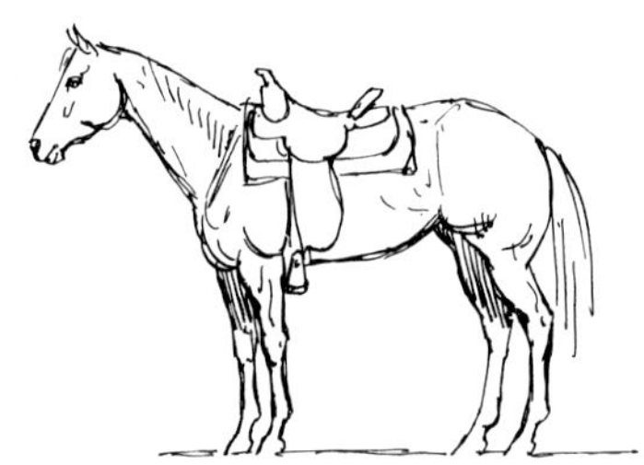

4
Bei einem Vergleich mit Abb. 5 ist zu erkennen, wie die steile Schulter den Sattel (und damit das Reitergewicht) mehr über die Vorhand bringt

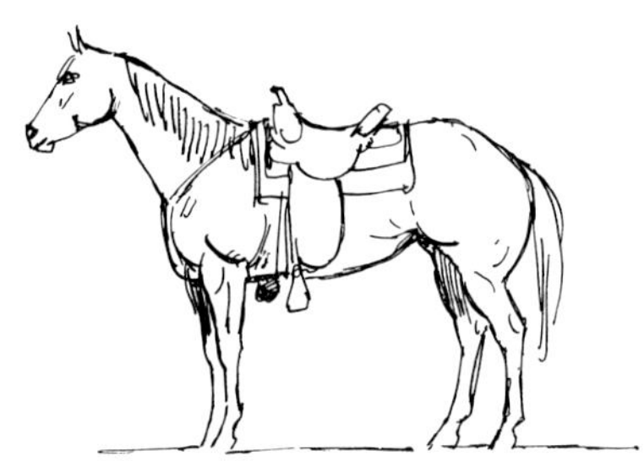

5
Die lange, schräge Schulter bringt den Sattel mehr über die Mitte des Pferdes (beide Abbildungen sind etwas übertrieben dargestellt)

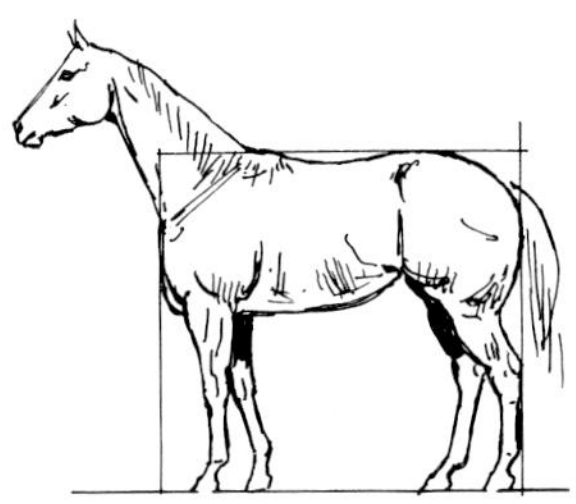

6
Ein Pferd im Rechteck-Format, das dennoch im Rücken kurz ist. Das Rechteck entsteht aufgrund einer schrägen Schulter und einer langen Hüfte

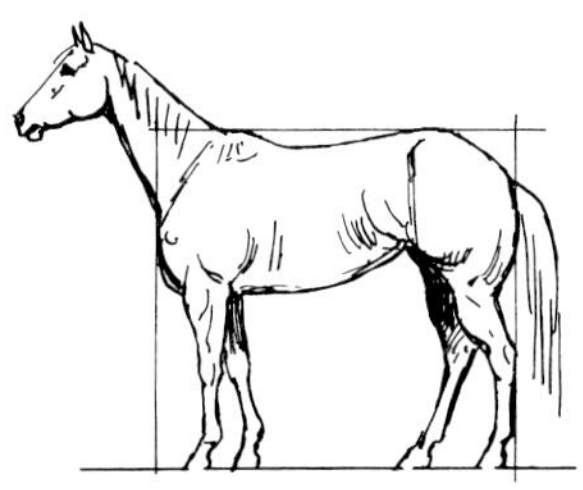

7
Ein Pferd im selben Rechteck-Format, mit steiler Schulter und kurzer Hüfte. Das Rechteck entsteht aufgrund eines langen Rückens

Der kurze Rücken, der optimale Verbindung zur Hinterhand hat, ist wesentlich für die Wendigkeit und Leistungsfähigkeit des Quarter Horses verantwortlich. Die lange, schräge Hüfte oder Kruppe stellt einmal einen langen Hebelarm dar und erzeugt, zusammen mit der schrägen Winkelung, den enormen Schub, der sich vor allem in der Antrittsschnelligkeit zeigt. Eine schräge, nicht abgeschlagene Hüfte ist allgemeingültig optimal für ein Reitpferd. Sie stellt die beste Verbindung von Vorwärtsschub und Tragfähigkeit dar und erlaubt es dem Pferd besser, die Hinterhand unterzuschieben und sich zu versammeln. Obwohl das auch in den hiesigen Warmblutzuchten anerkannter Grundsatz ist, findet man dort, wie auch bei Arabern und Araberkreuzungen, häufig Pferde mit nahezu horizontaler Kruppe. Solche Pferde haben Probleme, unterzutreten; erst recht, wenn ein Reitergewicht auf ihren Rücken kommt, neigen sie dazu, im Rücken hohl zu werden und die Hinterhand hinten hinauszustellen.

Nicht nur in Schulter und Rücken finden wir die ausgeprägte Muskulatur des Quarter Horses, sondern überall, besonders aber in der Hinterhand. Die sich hoch aufwölbenden Muskeln auf der Kruppe tragen zu dem Eindruck bei, daß dieses Pferd hinten überbaut ist. Idealerweise soll das Quarter Horse am höchsten Punkt der Kruppe so hoch sein wie am Widerrist, aber ein leichtes Überbautsein wird bei diesen Pferden toleriert. Doch ein Quarter Horse, das vom Skelett her hinten so hoch ist wie vorn, wirkt aufgrund der dicken Muskelpakete auf der Kruppe dennoch hinten höher.

Zwei Punkte gibt es, auf die bei der Bemuskelung der Hinterhand des Quarter Horses besonderer Wert gelegt wird: das sind die Stifle- und die Gaskin-Bemuskelung (Abb. 8). Eine stark ausgeprägte Bemuskelung an diesen Stellen wird für die Wendigkeit in hohem Maße mitverantwortlich gemacht, besonders für die Fähigkeit, zu stoppen.

Von vorn gesehen, ist es die Brustmuskulatur, die besonderes Augenmerk erhält und Mitvoraussetzung für die Fähigkeit zum Spin ist, somit für die Wendigkeit. Sie hat die Form eines auf dem Kopf stehenden V, und so wird sie vom Amerikaner auch genannt, ein Pferd ist gut oder schlecht *V-muscled*, es *„vees down good"* (Abb. 9).

Sowohl die Bemuskelung des *Forearms*, des Unterarms, wie auch die Gaskin-Muskeln sollen möglichst tief hinunter ins Vorderfußwurzelgelenk bzw. ins Sprunggelenk reichen, einfach, weil das eine stärkere Konstruktion darstellt.

Der Röhrbeinumfang, auf dem hierzulande viel herumgeritten wird, spielt in Amerika kaum eine Rolle. Die Beine sollen trocken sein, Sehnen und Gelenke gut markiert. Die Röhren werden aber möglichst kurz gewünscht. Das gibt dem Quarter Horse als Sprinter eine bessere Hebelwirkung, eine für die kurzen Distanzen bessere Übersetzung. Ein Pferd mit langen Röhren kann auch sehr schnell sein in der Endgeschwindigkeit, braucht aber länger, um diese zu erreichen (Abb. 10 und 11).

Durch kürzere Beine, vor allem aber durch die kurzen Röhren und die relativ geringe Höhe hat das Quarter Horse einen tieferen Schwerpunkt, was ihm seine enorme Wendigkeit ermöglicht.

8
Die Stifle- (Knie-) Bemuskelung und die Gaskin-Bemuskelung innen wie außen sind für das gute Westernpferd von großer Bedeutung

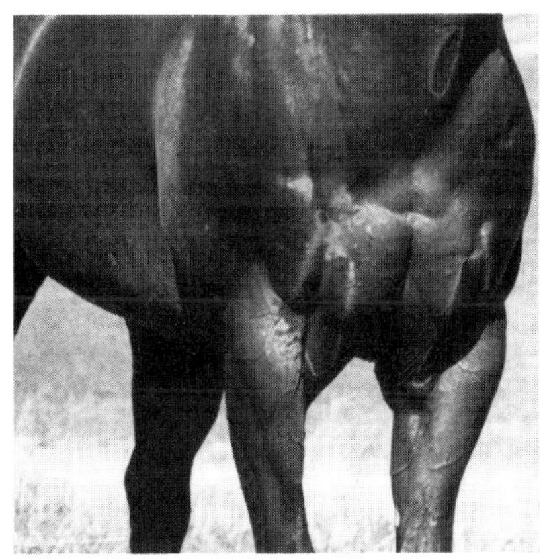

9
Obwohl wir hier ein leichtes und kein schwer bemuskeltes Quarter Horse abbilden, ist doch die V-Bemuskelung der Brust sehr gut ausgeprägt

Die hier ausgeführten Conformation-Merkmale gelten ebenso für Paint Horses und für auf Quarter Horse Basis gezogene Appaloosas.

Das Paint Horse

ist ein Quarter Horse mit weißen Abzeichen, die über das von der American Quarter Horse Association festgelegte Maß hinausgehen. Man kann sie als gescheckte Quarter Horses bezeichnen, obwohl manche Paint Horses nur einen kleinen weißen Fleck innerhalb der Zone haben, in der sie laut Quarter Horse-Regelbuch keinen haben dürfen. Während Quarter Horses seit 1940 stutbuchmäßig erfaßt werden, ist das bei den Paint Horses erst seit 1961 der Fall. Entsprechend kleiner ist die Zuchtbasis.

Paint Horses werden ganz auf Quarter Horse-Basis gezogen und weisen darum dieselben Eigenschaften auf. Wie bei Schecken anderer Rassen auch, treten sie in verschiedenen Zeichnungsmustern auf, die grob in zwei Kategorien unterteilt werden können. Die Amerikaner nennen diese Tobiano und Overo (Abb.12 und 13). Es gibt auch Pferde mit Merkmalen und Erbanlagen beider Zeichnungsmuster.

Eine Frage, die immer wieder gestellt wird, ist die nach dem Unterschied zwischen einem Paint und einem Pinto. Weil es in Deutschland nur eine relativ kleine Paint Horse-Zucht gibt, ist der Begriff Paint vielen zunächst einmal neu. Da es inzwischen um sich gegriffen hat, jeden Schecken als Pinto zu bezeichnen, haben viele davon schon einmal gehört.

Wie oben ausgeführt, handelt es sich beim Paint Horse um ein geschecktes Quarter Horse, um ein Westernpferd also. Das ist beim Pinto nicht oder nicht unbedingt der Fall. Besonders in Deutschland sind fast alle als Pintos bezeichneten Pferde keine Westernpferde im eigentlichen Sinn, d.h. sie entstammen anderen Zuchten und Kreuzungen. Da gibt es gescheckte Warmblüter, gescheckte Araberkreuzungen, gescheckte Pferde mit dänischer, holländischer, irischer und polnischer Abstammung, auch solche ohne belegte Abstammung. Alle diese Pferde werden vielfach als Pintos bezeichnet und angeboten. Das ist vielleicht nicht weiter tragisch, wenn man nicht den Eindruck erwecken würde, als handele es sich dabei um Westernpferde. Als Pinto, als vermeintliches Westernpferd,

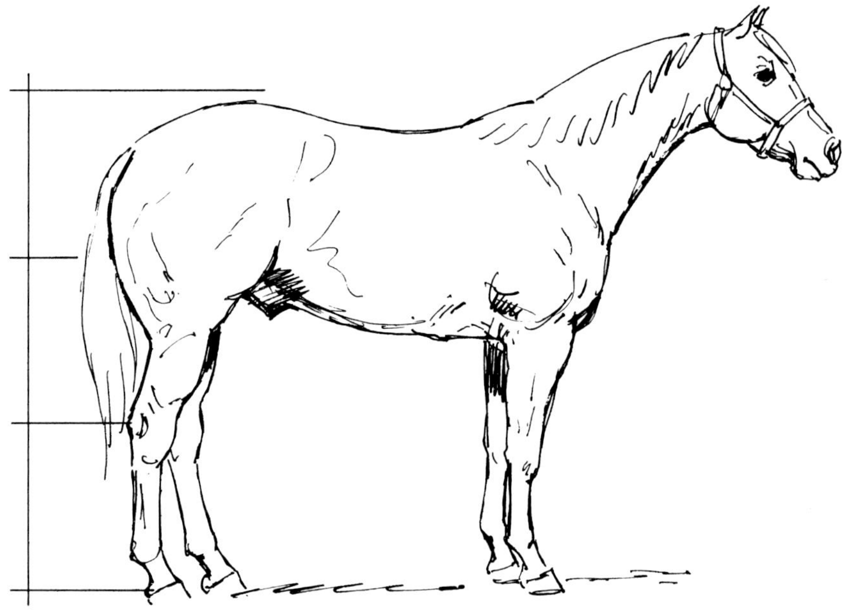

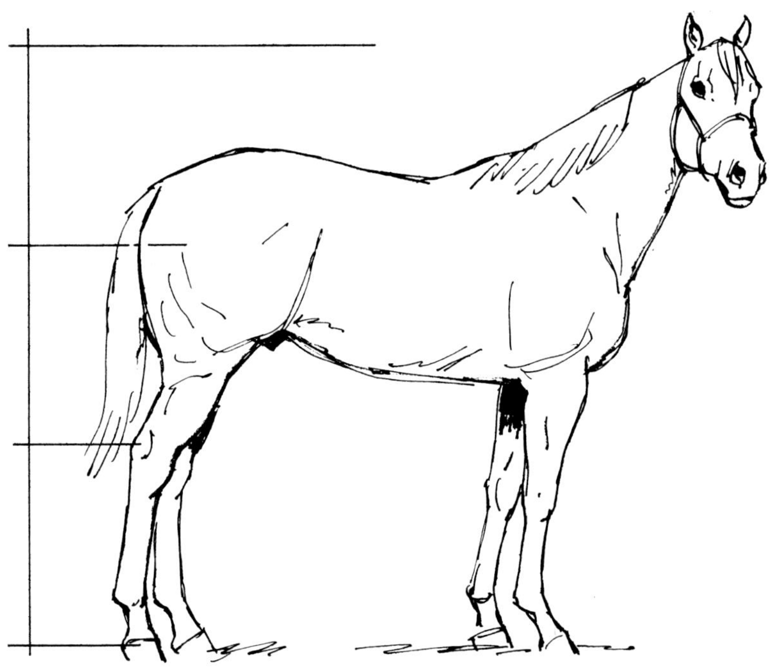

10+11
Pferd mit kurzen und mit langen Röhren; bei dem Pferd mit kurzen Röhren macht der Hebel vom Sprunggelenk bis zum Kronenrand kaum mehr als ein Drittel der Gesamthöhe bis Oberkante Kruppe aus

12 Tobiano Paint Horse

13 Overo Paint Horse

lassen sich solche Schecken eben gewinnbringender verkaufen. Wer sich von einem solchen Pferd jene rassespezifischen Qualitäten verspricht, welche die Western Horses gemeinhin auszeichnen, der ist natürlich betrogen.

Damit soll nicht gesagt sein, daß ein solcher „Pinto" nicht auch ein gutes Pferd sein kann. Sie müssen sich nur darüber im klaren sein, daß es sich nicht um ein Westernpferd handelt, daß also etwaige Westernpferd-Eigenschaften wenn, dann zufällig vorhanden sind. Es sei denn, ein solches Pferd hat überwiegend Quarter Horse- oder Paint Horse-Abstammung. Auch das gibt es. Und es gibt auch Paint Horses, die außerdem auch als Pintos eingetragen sind. Jedes Paint Horse kann als Pinto eingetragen werden; die Pinto Horse Association erkennt die Paint-Abstammung — wie auch so ziemlich jede andere Abstammung — an. Umgekehrt geht's aber nicht: die American Paint Horse Association erkennt aus naheliegenden Gründen keine Pinto-Abstammung an, da Paint Horses eben rein auf Quarter Horse-Basis gezogen werden.

Ein Paint Horse hat, wie auch ein Quarter Horse, stets ein amerikanisches Originalpapier. Lassen Sie sich niemals ein Pferd als Paint Horse verkaufen, das kein Papier der American Paint Horse Association hat! Gehen Sie vielmehr immer davon aus, daß ein Pferd ohne APHA-Papier kein Paint Horse ist!

Wollen Sie mehr über die Historie und Zucht von Paint Horses und über die Farbvererbung wissen, können Sie ausführliche Informationen in dem Buch „Das Paint Horse", erschienen im selben Verlag, finden.

Der Appaloosa

Diese Pferde wurden ursprünglich von den Nez Perce Indianern gezüchtet. Nach der Vernichtung dieses Stammes schien auch der Untergang der Appaloosas besiegelt zu sein, doch gelang es einigen Idealisten, aus spärlichen Überresten die Zucht neu aufzubauen. Der Appaloosa Horse Club wurde gegründet. Heute wird auch der Appaloosa viel mit Quarter Horse und Vollblut veredelt, obwohl beim Appaloosa nicht, wie beim Paint Horse, das Quarter Horse mit weißen Abzeichen das erklärte Zuchtziel ist. Durch Tolerierung von Saddle Horse, Araber-, Morgan- und Standardbred-Einkreuzungen stellt sich der Appaloosa im Typ weniger einheitlich dar, und nur die überwiegend auf Quarter Horse-Basis gezogenen Pferde können im eigentlichen Sinn als Western Horses angesprochen werden.

Der Appaloosa hat seine Zeichnung aus den Tagen herübergerettet, als er von den Nez Perce eben dieser Zeichnung wegen gezüchtet wurde. Das ist für das Paint Horse nicht unbedingt zutreffend, da auch von reinen Quarter Horse-Eltern oft gescheckte Fohlen fallen. Damit diese eingetragen werden konnten, wurde die American Paint Horse Association überhaupt gegründet. Auch bei den Appaloosas werden verschiedene Farbmuster unterschieden. Die beiden bekanntesten sind der *Blanket* und der *Leopard* oder *Leppard* (Abb. 14 und 15).

Ihren Namen haben diese Pferde von dem Fluß Palouse im ehemaligen Gebiet der Nez Perce: aus *a palouse horse* wurde im Laufe der Zeit Appaloosa Horse.

Auch die Appaloosa-Züchter kennen das Problem, daß geschäftstüchtige Pferdeleute etwas Ähnliches als das Echte anbieten. Tigerschecken, wie man diese Fellzeichnung bei uns nennt, gibt es auch in anderen Rassen und Kreuzungen, so daß manchem ein Tigerschecke als „Appaloosa" verkauft wurde, der in Wirklichkeit keiner war. Bestehen Sie auch bei Appaloosas auf amerikanischen Originalpapieren!

14 Leopard Appaloosa

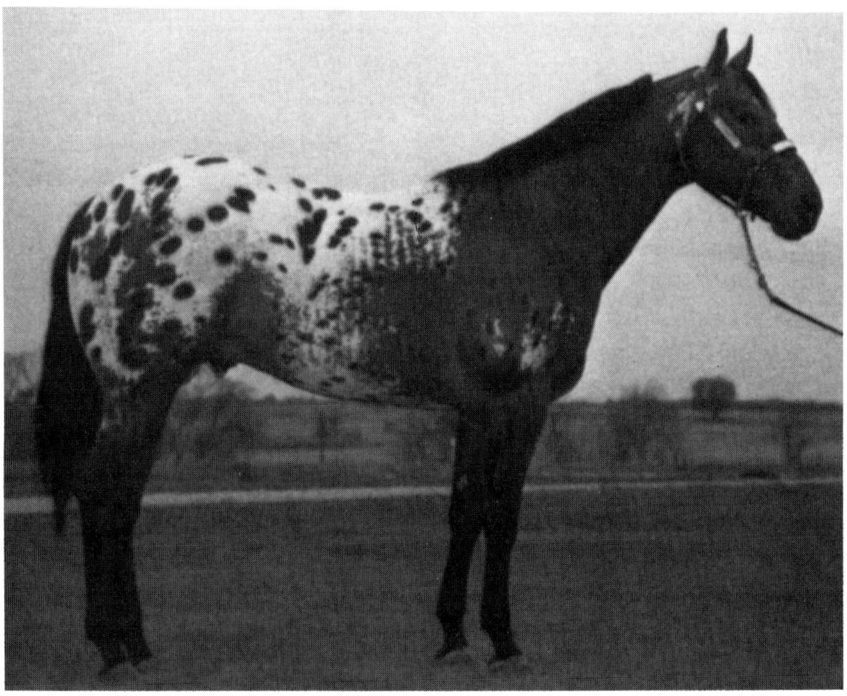

15 Blanket Appaloosa

Über den Appaloosa ist im Kierdorf Verlag ein Buch erschienen, in dem Sie das Wissenswerte über diese Pferde finden können.

AUSWAHL EINES GEEIGNETEN PFERDES

Geradeso wie es Pferde gibt, die für Rennen, Cutting oder Springen gezüchtet werden, gibt es auch solche, die für Reining gezogen sind.

Bob Loomis, mehrfacher Reining World Champion und NRHA Champion

Ich bevorzuge ein Pferd mittlerer Größe, etwa zwischen 1,49 m und 1,55 m Stockmaß. Ein großes Pferd ist nicht flink und beweglich genug. Pferde mit übertriebener Muskulatur, schweren Schultern und sehr breiter Brust sind für Reining nicht gut geeignet.

Al Dunning, Reining Champion and Quarter Horse Reining and Working Cowhorse World Champion

Es kann überhaupt kein Zweifel daran bestehen, daß die Western Horses, also Quarter Horse, Paint Horse und Appaloosa, für das Westernreiten besonders geeignet sind, daß es also unbedingt empfehlenswert ist, wenn Sie im Westernreiten weiterkommen wollen, sich ein solches Pferd anzuschaffen.

Das heißt nicht, daß man nicht auch Glück haben kann und unter Pferden anderer Rassen oder unter Kreuzungsprodukten ein passendes Pferd findet. Die Chance, ein gut geeignetes Pferd unter Vertretern der Western Horse-Rassen zu finden, ist aber eben ungleich größer, was auch nicht verwundern kann, sind sie doch für dieses Reiten gezüchtet worden.

Wenn allgemeine Kriterien für die Auswahl eines optimal gebauten Westernpferdes gegeben werden sollen, so ist es aufgrund der unterschiedlichen Anforderungen in der Vielzahl der Western-Disziplinen nur schwer möglich. In den meisten Fällen werden erhebliche athletische Fähigkeiten benötigt, beim Trail-Pferd dagegen kommt es in erster Linie auf einen ruhigen Charakter, gepaart mit Sensibilität und Lernvermögen an. Athletische Fähigkeiten werden von ihm kaum verlangt. Auch bei den Trail Classes werden aber in zunehmendem Maße Trab- und Galoppstrecken eingebaut und auch niedrige Sprünge, so daß auch ein Trail-Pferd ein gewisses *Handle* haben muß; um z.B. durch ein enges Tor zu manövrieren, darf es allemal kein Bewegungsidiot sein. Trotzdem haben gerade im Trail Pferde anderer Rassen oder Kreuzungen noch am ehesten den Western Horses Paroli bieten können.

Für das Barrel Racing muß ein Pferd besonders schnell sein; es muß aber mehr können, als schnell geradeauslaufen. Die engen Wendungen um die Tonnen herum erfordern ein Pferd von hoher Wendigkeit, Trittsicherheit und gutem Gleichgewicht.

Für die Disziplin Western Riding ist am meisten Dressurveranlagung in deutsch-traditionellem Sinne gefragt. Hier werden keine schnellen Wendungen und keine Stops verlangt, dafür aber eine Vielzahl fliegender Galoppwechsel und ein ruhiger, geschmeidiger Bewegungsablauf.

Ein Höchstmaß an athletischen Fähigkeiten wird in den Cutting-, Working Cowhorse- und Reining-Klassen verlangt. Pferde, denen ein Arbeiten auf der Hinterhand angeboren ist, sind hier im Vorteil. Ebenso sollten sie *Naturals* sein, was die fliegenden Galoppwechsel angeht, also „geborene Galoppwechsler". Für die Rinderarbeit ist der Cow Sense Voraussetzung, das Pferd muß Gefallen daran finden, ein Rind zu dirigieren. Dieser *Cow Sense* ist wahrscheinlich in keiner Pferderasse so ausgeprägt, wie beim Quarter und Paint Horse und, wenn überwiegend auf Quarter Horse-Basis gezogen, beim Appaloosa.

Das Western Horse, daß Pferd im *Stock Type* oder *Quarter Type*, ist nicht von ungefähr ein Pferd nur mittlerer Größe, etwa zwischen 1,47m und 1,55 m Stockmaß. Größeren Pferden fehlt meistens die erforderliche Wendigkeit und Leichtfüßigkeit. Das gilt nicht nur für die Western Horses, sondern auch bei Vertretern anderer Rassen sind die kleineren Exemplare meistens die flinkeren und wendigeren. Ein zu klein gebliebener Warmblüter — bei den Warmblutleuten fangen die Pferde ja erst bei 1,60 m an, Pferde zu sein — kann darum ein für das Westernreiten brauchbares Pferd abgeben, wenn er nicht zu plump und unedel ist. Ich habe einige zu klein geratene Trakehner gekannt, die zumindest vom Gebäude her geeignet schienen. Auch kleinere, kompakte Vollblüter können geeignet sein, sind allerdings hierzulande nicht so leicht zu finden wie in Amerika, wo ein anderer Typ Vollblut vorherrscht. Denken Sie aber nicht, ein Vollblüter müsse notwendigerweise hitzig oder sogar ein Spinner sein. Viele Vollblüter sind wesentlich angenehmer im Umgang und unterm Sattel als Warmblüter oder Ponies und Kleinpferde. Besonders bei der Auswahl eines Pferdes der Western Horse-Rassen sollten Sie sich nicht von Vollblütern, die im Pedigree zu finden sind, abschrecken lassen. Es gibt kein gutgezogenes Quarter oder Paint Horse, das nicht einen guten Teil Vollblut in seiner Abstammung aufweist. Und es ist Unsinn, daß ein Vollblut-Vater oder eine Vollblut-Mutter oder ein Vollblut-Großelternteil ein schwieriges Temperament bedeuten muß.

Kreuzungen von Kleinpferden mit Vollblütern oder Arabern können Modelle hervorbringen, die für das Westernreiten geeignet sind. Gerade bei diesen Kreuzungen entstehen aber oft schwierige Charaktere. Das Ponyerbe bedeutet oft ein eigensinniges Wesen, das sich mit dem „höheren Blut" nicht gut verträgt. Der Araber bringt außerdem leicht eine ungünstige Kruppe — zu kurz und zu horizontal, mit schwach bemuskelter Hinterhand –, die zumindest bei den Stops Probleme bereiten kann.

Bei der Suche nach einem geeigneten Pferd sollte das Idealbild eines Quarter Horses Maßstab sein. Ein Pferd sollte also möglichst weitgehend diesem Idealbild entsprechen. Dabei steht aber nicht die Bemuskelung im Vordergrund, sondern Kopf- und Halsansatz, Übergang des Rückens zur Kruppe, passende Winkelung der Hinterhand und die Balance insgesamt. Am schwersten zu beurteilen ist das Wichtigste, nämlich die inneren Werte, die Kooperationsbereitschaft, die nervliche Belastbarkeit.

EQUIPMENT

Der Westernsattel

Der *Western Stock Saddle* ist zuallererst immer ein Werkzeug gewesen, das dem Vaquero und Cowboy die Arbeit ermöglichen und erleichtern sollte, und hat als solches seine Entwicklung erfahren.

Wenn Rinder oder Pferde gearbeitet wurden, so geschah dies in einem Corral, der in der Mitte einen *Snubbing Post* hatte, mit dessen Hilfe ein Mann auch ein schweres Tier am Ende seiner *Reata* halten konnte (Abb.16).

Nachdem die Herden unermeßlich angewachsen waren und auf uneingezäunten, schier endlosen Gefilden im amerikanischen Südwesten weideten, wurde der „transportable Snubbing Post" erfunden, das Horn am Sattel. Wo immer auf der offenen Weide der Vaquero ein Tier zu fangen hatte, konnte er dies mittels des Sattelhorns tun.

Dabei bediente er sich des *Dally Ropings*, d.h. er wickelte das verbleibende Ende seiner Reata ein- oder mehrmals um das Horn, ganz, wie er dies auch beim Snubbing Post machte, und konnte es so halten. Diese Technik hatte zwei Vorteile: der Ruck des Aufpralls, mit dem das Tier auf das Ende der Reata traf, konnte durch entsprechendes Nachgeben, Gleitenlassen der Reata, gemildert werden, etwa so, wie ein Angler einem schweren Fisch zunächst einmal Leine gibt. Das war humaner für das Pferd und für das gefangene Tier, ein Reißen der Reata konnte verhindert werden, und der Sattel konnte nicht so leicht in seiner Position auf dem Pferderücken verrückt werden. Der andere Vorteil war der, daß der Vaquero im Gefahrenfall die Reata loslassen und so dem Schlimmsten entgehen konnte. Ein Nachteil des Dally Ropings ist, daß man bei Unachtsamkeit leicht einen Finger einklemmen und verlieren kann.

Bei der anderen Art des Ropings, dem *Hard and Fast Tying*, war das Rope fest am Sattelhorn verknotet. Diese Methode wurde in

16
Im Vordergrund des Corrals der Snubbing Post, der hier mit alten Reifen „gepolstert" ist, damit sich ein damit festgehaltenes oder daran angebundenes Pferd nicht so leicht verletzen kann

Texas entwickelt. Wenn das Pferd stoppt und das Rope sich strafft, gibt es einen gewaltigen Ruck, der das gefangene Tier in der Regel umwirft (manchmal auch das Pferd des Cowboys), durch den nicht selten das Rope reißt und gelegentlich auch der Bauchgurt, so daß der Sattel, ob mit oder ohne Cowboy, von dem „gefangenen" Tier durch die Botanik gezogen wird. Die Sättel mußten für diese Art Roping besonders stabil sein, die Sattelhörner brachen oft ab, und ein extra Bauchgurt, um den hinteren Teil des Sattels am Pferderücken zu halten (Back Cinch), wurde erforderlich. Einer brenzligen Situation war der Cowboy auf Gedeih und Verderb ausgeliefert, weil er unabänderlich an jedes Objekt gefesselt war, hatte er erst einmal seine Schlinge darüber geworfen...

Einer der Boys — sein Name war Green Hardison — und ich stöberten einmal eine große, güste Maverick-Kuh auf, und Green segelte hinter ihr her und schleuderte 'ne Schlinge, traf aber nicht. Ich ritt wieder das Howard Collier-Pferd, und zu der Zeit war er am Ende eines Ropes unschlagbar. Häng' ihn an einen Güterzug, und wenn er ihn nicht stoppen konnte, so brachte er doch seinen Nabel in den Sand, um es wenigstens zu versuchen. Darum machte ich weiter, wo Green aufgehört hatte, und flocht mein Garn glatt um ihren Hals, ganz schön tief, über ihren Schultern.

Howard ging in die Hocke, und bevor ich wußte, wie mir geschah, saß ich auf meinem Hintern auf der Grasnarbe, die Kuh ziellos durch die Landschaft rauschend, mit meinem Sattel hinter ihr herhüpfend am Ende meines Lariats (= amerikanisiert von La Reata). Der Gurt war glatt gerissen.

Ich hatte eine Winchester im Scabbard am Sattel geführt, und als ich den Sattel verließ, war es der Winchester ebenso ergangen. Kühe waren billig und Sättel teuer in jenen Tagen, darum ergriff ich die Flinte gleich da, wo ich saß, zielte kurz und schoß die Kuh in den Halsrücken. Sie wurde dadurch nicht getötet, aber benommen genug, daß Green sein Rope anbringen und meinen Sattel retten konnte. Diese Kuh zu brennen, gab mir mehr Befriedigung, als bei irgend einem anderen Tier, an das ich ein Brandeisen gelegt habe.

Horace Wilson in den Dallas News, 1927

Diese unterschiedlichen Roping-Techniken brachten unterschiedliche Sattelformen hervor. Der mexikanische und der kalifornische Vaquero-Sattel wurden für das Dally Roping entwickelt, beide sind sehr voneinander verschieden. Für das Hard and Fast Roping wurde der Cowboysattel gebaut. Mit der Verwendung in anderen Bereichen — Cutting, Reining, Wander- und Langstreckenreiten, Bronc Riding usw. entstanden spezialisierte oder auch „abgespeckte" Versionen des Westernsattels. Alle diese Formen haben bestimmte Gemeinsamkeiten und sind trotz aller Unterschiede eindeutig als Westernsättel zu erkennen.

Welche Eigenschaften, die der Westernsattel als Arbeitssattel aufweisen mußte, sind auch außerhalb jener Arbeit vorteilhaft? Das ist einmal sein bequemer Sitz, in dem man mühelos den ganzen Tag verbringen kann, dann seine ausgezeichnete Auflage auf dem Pferderücken, die ihn für das Pferd bequem und schonend macht, und seine Stabilität. Für Wanderreiter sind auch die

Befestigungsmöglichkeiten für Satteltaschen etc. ein Vorteil.

Obwohl es eindeutig so etwas wie einen modernen Westernsattel-Typ gibt und die Entwicklung des Westernsattels sicher noch nicht abgeschlossen ist, kann man derzeit eine Tendenz zum *old fashioned* Westernsattel feststellen, besonders bei den Buckaroos des Nordwestens.

Westernsättel gibt es in einer Vielfalt von Modellen, die sich der Neuling gar nicht vorstellen kann. Es ist unbedingt nötig, daß sich der Nichteingeweihte beim Kauf beraten läßt. Gerade weil ein guter Westernsattel verhältnismäßig teuer ist, wird der Markt mit Billigprodukten überschwemmt, die zwar erheblich niedriger im Preis sind als wirklich gute Sättel, die aber erst recht viel zu teuer sind, da sie entweder nur für den Müll oder als Barhocker taugen.

Die Kriterien, die Sie beim Kauf eines Westernsattels anlegen sollten, sind:

1. Der Sattel muß gut auf Ihrem Pferd liegen bzw. dem Typ Pferd, den Sie bevorzugen, passen.
2. Der Sitz muß für Sie bequem sein. Nirgendwo, weder im Sitz noch irgendwo an den Beinen, dürfen Sie Druck verspüren.
3. Der Sattel muß solide verarbeitet sein. Ob Holzbaum oder Kunststoffbaum, ist nicht entscheidend (wenn Sie nicht gerade Roping betreiben wollen). Wichtig ist die Befestigung der Rigging, die Qualität der Rigging-Metallteile, die Qualität des Leders und die der Nähte.

Wenn Sie Reining oder Cutting machen wollen, sollten Sie auf freie Beweglichkeit der Steigbügelleder achten (Abb. 17) sowie auf einen relativ flachen Sitz, der Ihnen genug Bewegungsspielraum läßt. Spielen Sie mit dem Gedanken, sich auch einmal ans Roping zu wagen, sollte der Sattel möglichst eine 7/8 Rigging haben und die Möglichkeit, einen Back Cinch anzubringen.

Gepolsterte Sitzflächen bieten nur kurzzeitig zusätzlichen Komfort, denn die Polsterung sitzt sich bald platt. Ein glatter Ledersitz mag auf den ersten Blick hart erscheinen, ist aber genauso bequem wie ein gepolsterter; es kommt darauf an, wie der Sitz geformt ist –, aus der richtigen Form resultiert der komfortable Sitz!

Aus der Position der Aufhängung der Steigbügelleder im Verhältnis zum tiefsten Punkt des Sitzes ergibt sich die Positur des Reiters, wie man durch den Sattel hingesetzt wird. Ein (zu) langer Sitz kann dazu führen, daß man hinter seinen Steigbügeln herreitet, die Beine nach vorn strecken muß (Abb.18). Sind bei einem langen Sitz die Bügel nicht direkt hinter der Fork aufgehängt, ist trotz des langen Sitzes eine normale Haltung möglich. Wird allerdings ein Pferd mit kurzem Rücken geritten, kann der lange Sitz dazu führen, daß das Gewicht des Reiters zu weit hinten getragen werden muß (Abb. 20).

17
Die freie Beweglichkeit der Bügelleder besonders nach vorn sollte gegeben sein

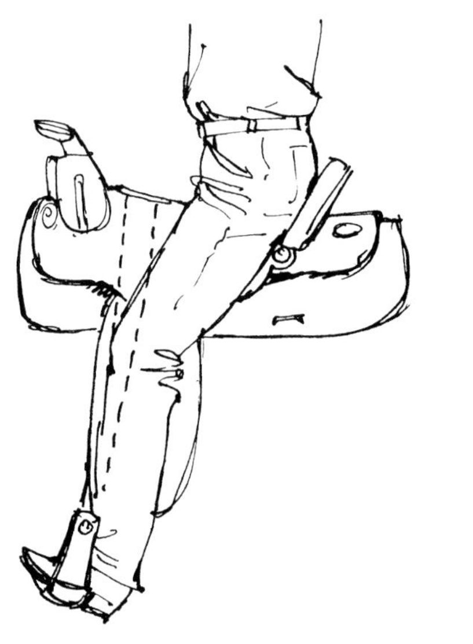

18
Bei einem zu langen Sitz reitet man „hinter seinen Bügeln her“, er zwingt dazu, die Beine nach vorn zu strecken

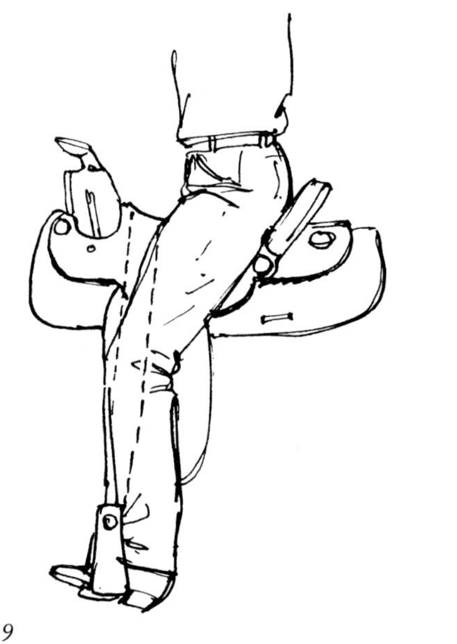

19
Korrektes Verhältnis von Beinlänge und Sitzlänge, korrekter Sitz

20
Ein langer Sitz kann bei einem kleinen Pferd, besonders in Verbindung mit einer weit vorn angebrachten Rigging (7/8 oder Full Double), den tiefsten Punkt des Sattels und damit das Reitergewicht zu weit nach hinten auf den Pferderücken bringen

21
Eine weiter hinten angebrachte Rigging (3/4 oder 5/8 Position) führt bei Pferden mit wenig Widerrist oder mit Bauch dazu, daß der Sattel auf die Schulter rutscht

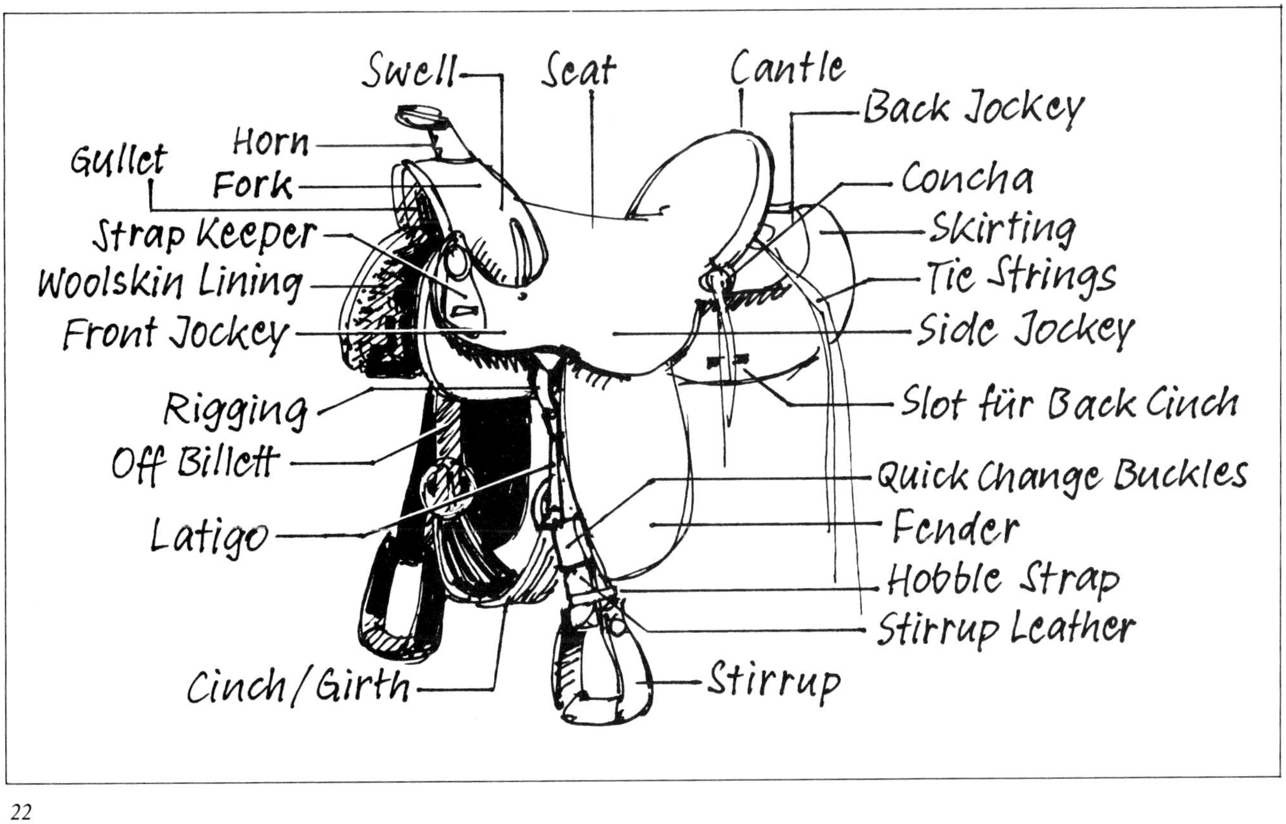

22
Bezeichnungen der einzelnen Teile des Westernsattels

23
Eine gute Sitzform; der Sitz sollte zur Fork, also zum Frontende hin, nur sanft ansteigen

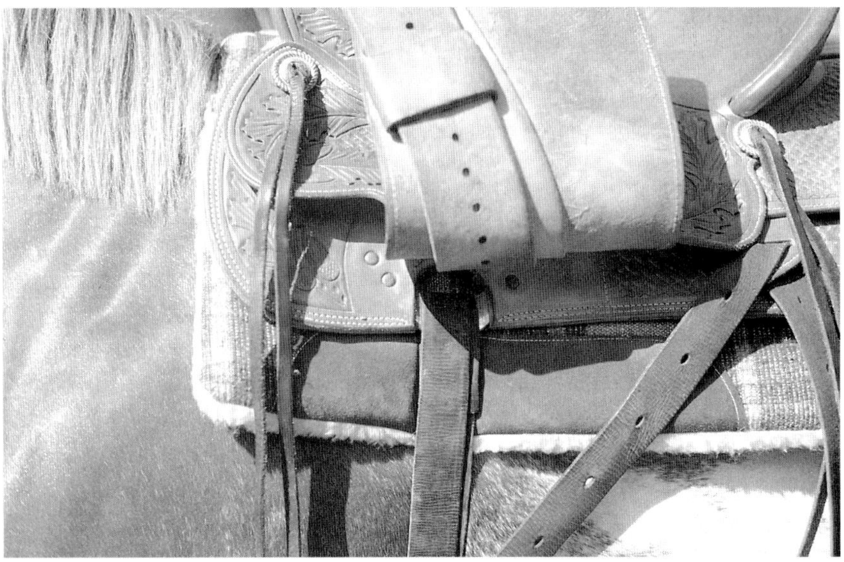

24
Für das dressurmäßige Reiten ist eine möglichst flach anliegende Rigging vorteilhaft, die weniger Leder zwischen Reiterbein und Pferd bringt und das freie Spiel des Bügelleders nicht beeinträchtigt

25 Eine gute Sattelunterlage (Pad)

Blankets/Pads

Eine gute Sattelunterlage ist wichtig. Durch eine gute, dicke Sattelunterlage kann aber keineswegs ein schlecht passender Sattel ausgeglichen werden, jedenfalls nicht in dem Maße, wie sich viele dies einreden möchten.

Satteldecken, z.B. die bekannten Navajo-Decken, sind als zusätzliche Sattelunterlagen zu einem Pad oder einer weiteren Decke gedacht. Eine Decke allein reicht als Sattelunterlage nicht aus; andererseits sieht man auch häufig, daß zwei dicke Pads aufgelegt werden, was nicht nur unnötig ist, vorausgesetzt, der Sattel paßt richtig, sondern den Reiter auch zu weit vom Pferd wegbringt. Für eine feinfühlige und richtige Hilfengebung ist es besser, nur einen guten Pad zu verwenden.

Pads sind als Satttelunterlage am praktischsten (Abb. 25). Und es gibt ein reichhaltiges Angebot auch an Pads, deren Oberseite attraktiv ausgestattet ist, so daß sich eine zusätzliche Decke erübrigt. Decken müssen entsprechend gefaltet aufgelegt werden, und das birgt immer das Risiko, daß irgendwo eine Falte entsteht, die auf den Pferderücken drückt.

Es gibt einfache Filz-Pads sowie Pads aus anderen Materialien. Bei manchen Billigprodukten ist ein Füllmaterial zwischen zwei Deckenlagen genäht, das nach der ersten Wäsche u.U. seinen Zusammenhalt verliert und den Pad unterschiedlich dick, also uneben macht. Manche haben eine Schaumstoff-Füllung, andere eine Fellunterseite. Die problemlos waschbaren bestehen meistens aus Kunstfasern, die zwar leicht rein zu halten sind, aber auch das Schwitzen fördern.

Snaffle Bit

Den größten Teil der Ausbildung absolviert das Pferd mit dem Snaffle Bit, es sei denn, man gebraucht eine Hackamore. Ein Snaffle Bit ist nichts anderes als eine Trense, wie sie auch in Deutschland gebraucht wird.

Jene Möchtegern-Westernreiter, die ihre Pferde mit einhändiger Zügelführung herumquälen, obwohl sie dafür gar nicht ausgebildet sind, lehnen es meistens auch ab, einen Snaffle Bit zu benutzen. Sie meinen, ein „richtiges" Westernpferd müsse gefälligst auch mit Kandare geritten werden...

Wenn es Ihnen ernsthaft um eine solide Westernausbildung Ihres Pferdes zu tun ist, dann freunden Sie sich bitte mit dem Gedanken an, daß der Snaffle Bit Ihr wichtigstes Instrument ist. Es ist Unsinn, daß es nicht „stilecht" sei, ein Westernpferd mit Snaffle, also mit Trense zu reiten. Snaffle oder Trense sind in Amerika genauso verbreitet wie hier. Und wenn Sie nicht die Möglichkeit haben, unter Aufsicht eines wirklichen Fachmannes mit der Hackamore zu arbeiten, so rate ich Ihnen davon ab, es zu versuchen. Vielmehr sollten Sie den Snaffle Bit benutzen, damit kann man sich viel leichter zurechtfinden und auch nicht so leicht etwas verderben.

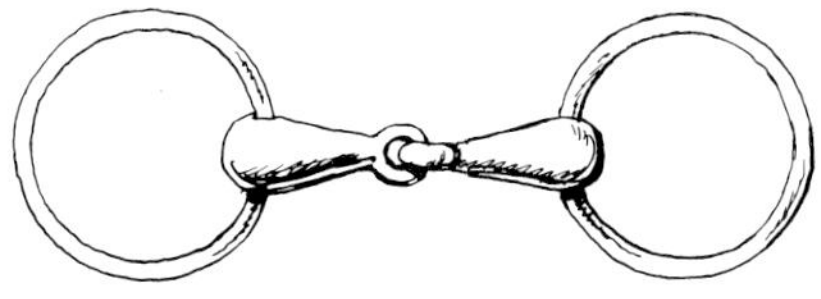

26 *Snaffle Bit*

Die im deutschen Reitsporthandel erhältlichen Trensen sind zwar im Prinzip von gleicher Bauart wie die amerikanischen, doch sind sie meistens aus rostfreiem Metall und außerdem hohl. Die meisten Westerntrainer schwören auf ein Mundstück aus normalem Eisen, das einen Geschmack abgibt, den die Pferde mögen und der den Speichelfluß fördert. Man spricht von Sweet Iron, von „Süß-Eisen"-Gebissen. Ein Pferd, das Speichel produziert, nimmt das Gebiß an und ist weichmäuliger als eins, das trocken bleibt im Maul. Ich habe schon oft beobachtet, daß Pferde an Eisenteilen, z.B. Ketten, leckten, ganz besonders, wenn sie etwas rostig waren. Es bedeutet also nicht, am falschen Ende zu sparen, wenn man sich einen Snaffle Bit mit einfachem Eisenmundstück kauft. Wer unbedingt mehr Geld ausgeben will, für den gibt es

28
Snaffle Bit mit Lederscheiben versehen, um ein Wundwerden der Maulwinkel zu verhindern sowie ein Durch-das-Maul-Ziehen des Snaffles bei starker seitlicher Einwirkung. Wir verwenden alle Snaffles mit Kinnriemen (s. z.B. Abb. 30), der ebenfalls ein Durchziehen verhindert, nicht aber ein Wundscheuern bei Pferden mit empfindlicher Haut

Unten ein D-Ring Snaffle mit beweglichen Kupferrollen; das Kupfer fördert den Speichelfluß, die Rollen kann das Pferd mit der Zunge bewegen und helfen manchen Pferden, eine gewisse Nervosität abzureagieren; dieser Snaffle ist weniger mild als der reguläre Ring Snaffle, wird aber von vielen Pferden gut angenommen. Oben ein Twisted Wire Snaffle; dieser Snaffle Bit ist recht scharf und sollte nur kurzfristig zum Einsatz kommen; er gehört in die Hände eines erfahrenen Ausbilders
27

solche mit Eisenmundstücken und silberverzierten Ringen an der Seite.

Die mildeste Form des Snaffles ist der einfache Ring Snaffle Bit. Der sogenannte D-Ring Snaffle hat zwar den Vorteil, daß er sich nicht so leicht durch das Pferdemaul zieht wie ein normaler Ring Snaffle, wirkt aber nicht so weich ein wie der Ring Snaffle. Außerdem verhindert der D-Ring nicht zuverlässig ein Durchziehen, so daß beide Formen nicht ohne Leder- oder Hartgummischeiben gebraucht werden sollten (Abb.28).

Ein Snaffle Bit kann ein gebrochenes oder ein ungebrochenes Mundstück haben. Welches man nimmt, sollte vom Pferd abhängig gemacht werden. Eins bevorzugt das gebrochene, ein anderes geht mit ungebrochenem Gebißteil besser. Bei einem ungebrochenen Mundstück, also einer durchgehenden Stange, sollte diese leicht gebogen sein.

Idealerweise benutzt man in der Einreitphase ein *Doubling Outfit* zusammen mit dem Snaffle (Abb. 29). So wird nicht nur zuverlässig ein Durchs-Maul-Ziehen des Gebisses verhindert, sondern ein harter Pull überträgt sicht hauptsächlich auf das Leder an der äußeren Seite des Pferdekopfes, geht also nicht so sehr auf das Maul, sondern nimmt den ganzen Kopf herum. Außerdem kann durch entsprechende Verschnallung auf dem Nasenrücken das Mundstück des Gebisses im Pferdemaul höher justiert werden, so daß es kaum auf die Laden einwirkt.

Auch die Position des Snaffles im Pferdemaul sollte gelegentlich variiert werden. Die normale Verschnallung ist so, daß in den Maulwinkeln gerade eine Falte entsteht (Abb. 30). Nicht selten ruft eine etwas tiefere Verschnallung ein besseres Annehmen des Gebisses hervor; das Pferd ist ständig bemüht, das Mundstück mit der Zunge höher zu halten, spielt mehr mit dem Gebiß, und dadurch entsteht mehr Speichelfluß und Weichmäuligkeit. Auf keinen Fall soll der Bit so hoch verschnallt sein, daß das Pferd ihn mit den Backenzähnen packen und darauf herumkauen kann. Umgekehrt muß man sich vergewissern, daß das Mundstück — diese Gefahr besteht eigentlich nur beim gebrochenen Mundstück — nicht an die Schneidezähne oder, bei Hengsten und Wallachen, an die Hakenzähne kommt.

29
Doubling Outfit; es verhindert nicht nur ein Durchziehen, sondern durch entsprechendes Verschnallen kann auch der Snaffle Bit im Maul höher justiert werden, so daß ein Teil des Zügelzugs auf die Nase und nicht alles auf Kinnladen bzw. Maulwinkel geht

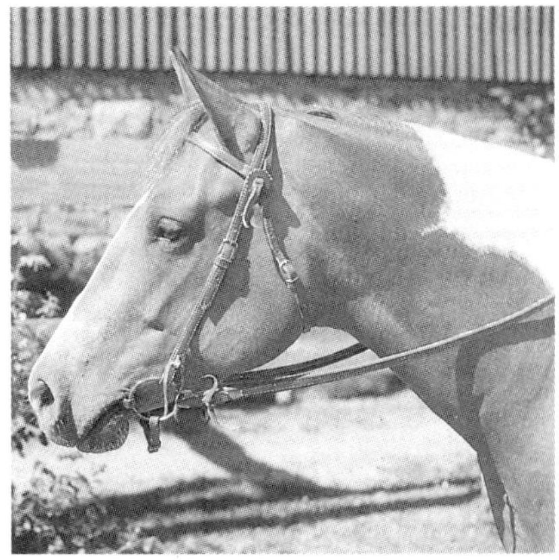

30
Richtig verschnallter Snaffle Bit, in den Maulwinkeln eine bis anderthalbe Falte, je nach Beschaffenheit der Haut

30 a
Richtig verschnallter Snaffle Bit. Hier trägt das Pferd einen sogenannten Mouth Shutter oder Drop Nose Band, also ein Sperrhalfter. In dieser Form wird es von vielen Trainern in Amerika benutzt, auch zusammen mit Curb Bits. Bei vielen Pferden kommt es aber zu tief zu liegen, wenn es, wie meistens praktiziert, über bzw. vor dem Gebiß getragen wird. Es behindert dann die Atmung des Pferdes. Auch auf dieser Abbildung ist es zu tief, und wenn das Pferd schwer atmen müßte und die Nüstern blähen würde, wäre die Atmung behindert

Eine Zungenstreckertrense (Abb. 31) korrigiert die Angewohnheit mancher Pferde, die Zunge über das Gebiß zu nehmen. Ich benutze sie längst nicht mehr so viel wie früher, nur in Ausnahmefällen. Bei sachgemäßem Gebrauch des normalen Snaffles erübrigt sie sich. Wenn auch ein junges Pferd einmal die Zunge über das Gebiß nimmt, so lernt es doch bald, daß dies unkomfortabel ist. Es korrigiert sich selbst.

Ebenfalls als Snaffle werden Bits mit gebrochenem Mundstück und kürzeren oder längeren Anzügen bezeichnet. Sie sind unter den Bezeichungen *Tom Thumb Snaffle, Snaffle with Shanks, Bob Loomis Snaffles* usw. im Handel. Diese Gebisse haben alle eine Hebelwirkung wie eine Kandare und sind darum in ihrer Wirkungsweise anders als der normale Snaffle Bit. Manche sind

31 Zungenstreckertrense

ausgesprochen scharf wirkende Bits, und die Bezeichnung „Snaffle“ ist hier insofern irreführend, als manch einer glaubt, er benutze damit einen milden Bit (Abb.32).

Ein richtig konstruierter Snaffle Bit mit Anzügen ist aber in der Tat ein gutes Gebiß, um ein Pferd graduell vom regulären Ring Snaffle auf die Kandare umzustellen, wie es von vielen Trainern praktiziert wird. Durch die beweglichen Seitenteile verkantet sich ein solcher Bit nicht, wie es ein starrer Curb Bit tut, und ist so auch für die beidhändige Zügelführung geeignet. Gleichzeitig lernt das Pferd damit aber auch die Hebelwirkung über den Kinnriemen kennen, die ein vermehrtes Beizäumen (Tucking) bewirkt.

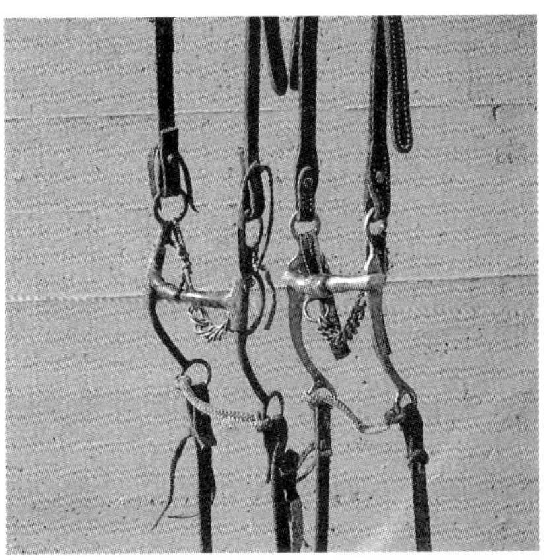

32+32a

Snaffle Bits mit Shanks (Anzügen); hiervon gibt es eine Reihe von unterschiedlichen Ausführungen; der Bit in Bild 32 ist m.E. der empfehlenswerteste, er kann — mit vier Zügeln — auch als einfacher Snaffle gebraucht werden

Bits

Der ursprüngliche *Grazer Bit* ist eine einfache Kandare und hat seinen Namen wohl daher, daß ein Pferd mit einem solchen meist kurzschenkligen Bit in der Lage ist, zu grasen (Abb. 33).

Oft wird ein solcher Bit auch als *Curb Bit* bezeichnet; nach einer anderen Definition ist aber jeder Bit mit Hebelwirkung, also Anzügen und Kinnkette/-riemen, ein Curb Bit. Diese Hebelwirkung nennt man *Curb Action.* Die Gebißstange wird *Bar* genannt, die Zungenfreiheit *Port.* Je nach dem, ob ein Bit keine Zungenfreiheit, eine flach gebogene Zungenfreiheit oder eine hochgeschwungene hat, spricht man von einem *Straight Bar Bit, Low Port Bit* oder *Medium Port Bit* oder *High Port Bit.* Ein *Spade Bit* ist ein High Port Bit, hat aber keine Zungenfreiheit, sondern ein *Straight Bar Mouthpiece* (Mundstück).

Bei einem Straight Bar-Mundstück wird der Bit vom Pferd auf der Zunge getragen. Die Zunge ist wesentlich weniger empfindlich als der Laden des Pferdes. Solange an einem solchen Bit nicht hart gezogen wird, ist er also humaner als einer mit Zungenfreiheit. Die Zunge ist sehr wohl empfindsam genug, Signale zu empfangen. Das Ruhen des Bits auf ihr bedeutet für das Pferd aber noch kein unbehagliches Gefühl.

Ein Bit mit Zungenfreiheit ruht hauptsächlich auf den Laden, die empfindlicher sind, was einen solchen Bit schärfer einwirken läßt. Die Zunge ist ein Muskel, der sich zusammenziehen und dem Gebiß entgegenwölben kann. Solange der Zügelzug nicht zu stark wird (leider ist schon häufiger Pferden die Zunge abgequetscht worden, als man dies wahrhaben will), ist die Benutzung eines Straight Bar Bits also zu empfehlen. Im Einzelfall gilt es allerdings auszuprobieren, mit welchem Bit ein Pferd am besten zu reiten ist.

Bezüglich der *Curb Action,* der Hebelwirkung, gilt es zu beachten, daß das Verhältnis von dem Teil des Seitenstückes des Bits, das oberhalb des Mundstückes ist, zu der Länge der Anzüge ausschlaggebend ist. Nicht also die Länge der Anzüge *(Shanks)*

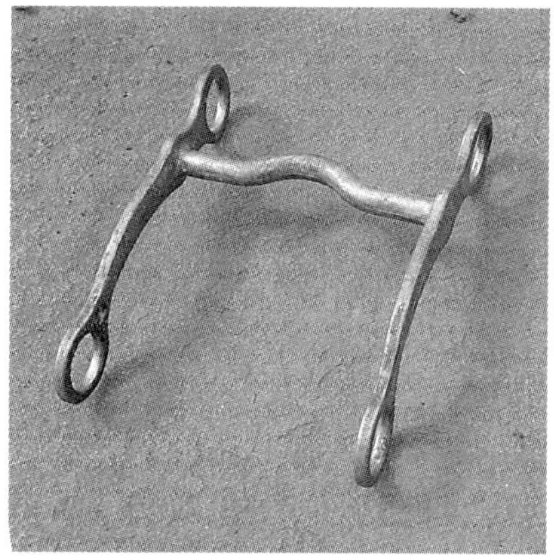

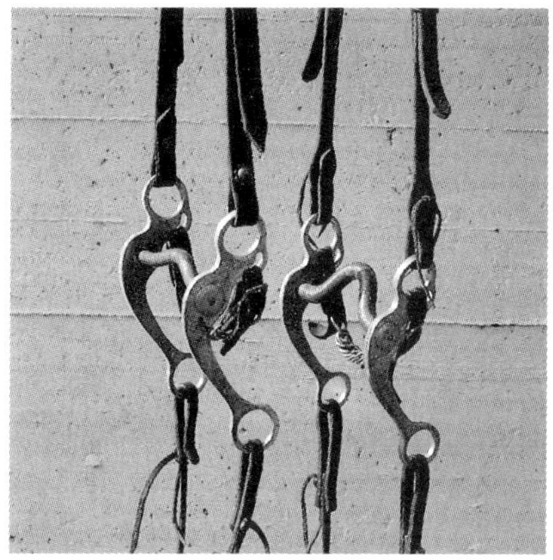

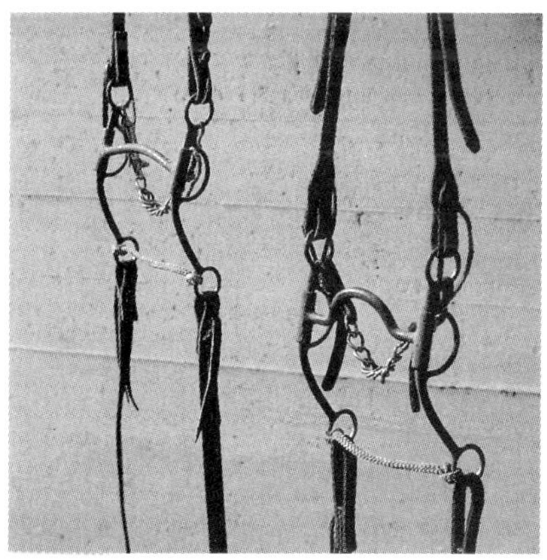

33a, 33b, 33c,

Grazer Bits; auch hiervon gibt es zahllose Varianten, die sich in der Länge und Form der Shanks (Anzüge) und der Mundstücke usw. unterscheiden. Für die Trainingsarbeit sind besonders solche geeignet, deren Shanks in einem Gelenk geführt werden und darum seitlich beweglich sind (c). Ein Mundstück mit hohem Port (Zungenfreiheit) wirkt mehr auf die Laden des Pferdes, eins mit niedrigem Port oder gar keinem mehr auf die Zunge

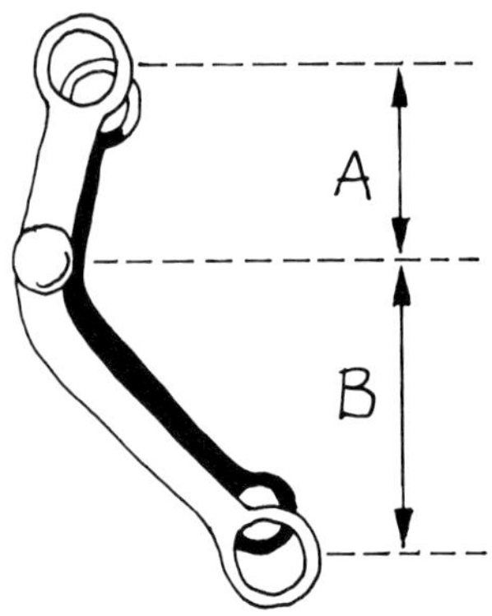

34
Bei jeder Art von Curb Bit, also Gebissen mit Hebelwirkung, ergibt sich die Stärke der Hebelwirkung und somit die „Schärfe“ des Gebisses aus dem Verhältnis der beiden Teile des Shanks oberhalb und unterhalb des Gebisses (A + B). Auch ein Bit mit relativ kurzen Shanks kann deshalb sehr scharf sein, wenn die Öse für den Kinnriemen dicht über der Gebißstange liegt. Die meisten Bits sind mit nach hinten gebogenen Shanks ausgestattet, wie hier abgebildet, damit das Pferd diese nicht so leicht mit den Lippen erreichen und ins Maul ziehen kann

35
Der Kinnriemen oder die Kinnkette soll so angepaßt werden, daß man zwei Finger zwischen Kinnriemen und Pferdekinn schieben kann. Es ist ein weitverbreiteter Unsinn, den Kinnriemen lockerer zu verschnallen in der Hoffnung, der Bit würde dann nicht so scharf wirken. Entweder das Pferd ist reif für einen Curb Bit, dann sollte man ihn auch richtig anpassen, oder man läßt den Curb Bit ganz weg und arbeitet mit dem Snaffle oder der Hackamore. Bei Bits mit Port (Zungenfreiheit) erreicht man durch einen lockeren Kinnriemen das genaue Gegenteil: der lockere Kinnriemen ermöglicht, daß der Port bei angenommenen Zügeln unter den Gaumen drücken kann, worauf viele Pferde sogar mit Panik reagieren

allein macht die Stärke der Hebelkraft aus, sondern die Relation dieser beiden Teile des Bits zueinander (Abb. 34).

Es gibt auch Bits, die an den Shanks mehrere Ösen auf- weisen und so ein Variieren der Hebelkraft ermöglichen.

Der Kinnriemen soll weder zu kurz, noch zu locker justiert werden. Er soll in der Kingrube zu liegen kommen, was bedeutet, daß man zwei Finger zwischen Kinnriemen oder -kette schieben kann (Abb. 35). Manche meinen es gut und lassen den Kinnriemen extra locker. Besonders bei einem Bit mit einem Port bedeutet das, daß der Port dem Pferd unter dem Gaumen des Oberkiefers weh tun kann, wenn die Zügel angenommen werden. Der Kinnriemen muß also korrekt angepaßt werden, ihn besonders locker zu lassen ist Unfug.

Bei vielen Bits sind die Shanks nach rückwärts gebogen. Das hat einmal den Grund, daß ein Pferd diese dann nicht so leicht mit den Lippen greifen und in das Maul ziehen kann, wie es manche gern tun. Außerdem sind die meisten Trainer der Ansicht, daß ein solcher Bit weicher in Aktion tritt, als einer mit geraden Shanks (Abb. 34).

Der *Spade Bit* war das Markenzeichen des kalifornischen Vaqueros und hat seinen Namen von einer spaten- oder löffelförmigen Verlängerung des Ports, den man bei diesen Bits findet. Außerdem ist er mit sogenannten *Braces* ausgestattet und einem *Cricket* oder *Roller.* Die Unterseite des *Spades* oder *Spoons* ist mit Kupfer ausgelegt, ebenso sind die *Braces* mit Kupfer umwickelt, und auch im *Cricket* ist Kupfer eingearbeitet, um den Speichelfluß zu fördern.

Die Shanks sind relativ beweglich am Mundstück befestigt, sie haben etwas Spiel, sind also nicht starr angebracht wie beim Grazer Bit. Man spricht von einem *loose-jawed* Bit.

Wozu hat man sich nun ein solches Monstrum ausgedacht? Um dem Pferd möglichst große Schmerzen zufügen zu können?

Grundsätzlich soll so ein Spade Bit nur bei einem perfekt ausgebildeten Pferd verwandt werden, bei dem in jeder Situation nur angedeutete Zügelhilfen erforderlich sind. Er ist also nicht konzipiert worden, um verrittene Pferde zu traktieren, sondern um perfekte Pferde noch besser zu machen bzw. sie perfekt zu erhalten.

36 a

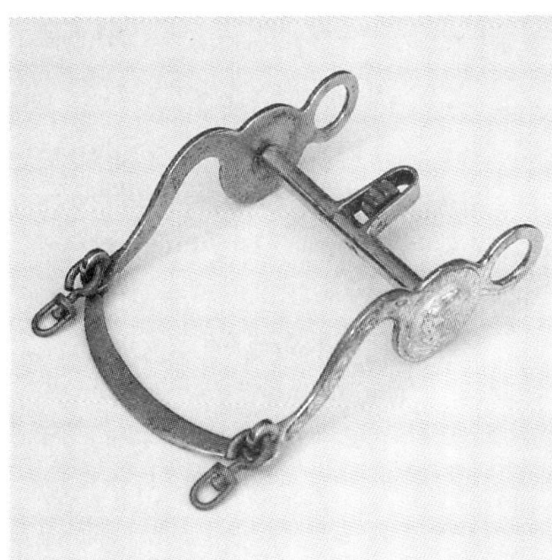

Rechts: 36 c bis 36 f

36 b

Spade Bits gibt es in vielen verschiedenen Designs. Die Braces, die vom Spade oder Spoon (Spaten oder Löffel) herunterreichen zum Seitenstück, sind mit Kupfer umwickelt, wie auch die Unterseite des Spades mit Kupfer eingelegt ist und der Cricket Kupfer eingearbeitet hat. Alles zusammen formt eine Einheit, die den anatomischen Gegebenheiten des Pferdemauls angepaßt ist und das Gewicht des Bits auf eine große Fläche verteilt. Die Shanks sind nicht starr mit dem Mundstück verbunden. Abb. 36 f zeigt einen sogenannten Half Breed Bit, ein Zwischending von Spade und Grazer Bit

Die Grundidee dabei ist zunächst einmal, durch ein höheres Gewicht, das der Spade Bit zweifellos hat, eine ruhigere Lage im Pferdemaul zu erreichen, außerdem eine Tendenz des Pferdes, seine Nase unten zu halten. Diese korrekte Kopfhaltung mit senkrechter Nase wird noch unterstützt durch eine entsprechende Winkelung des Ports oder Spades (Abb. 37), die es dem Pferd unkomfortabel macht, die Nase hochzunehmen.

Bar, Port, Braces und Spade sind als eine Einheit so gestaltet und geformt, daß das Gewicht des Bits über eine große Fläche im Pferdemaul verteilt wird. Die Gesamtform dieser Einheit ist den anatomischen Gegebenheiten des Pferdemauls angepaßt. Durch das Verteiltsein des Gewichtes auf eine große Fläche entsteht nirgendwo besonderer Druck.

Der Cricket läuft auf einer Achse und kann so leicht vom Pferd mit der Zunge bewegt werden. Dabei entsteht ein Geräusch, da er innen Zähne hat. Er stellt ein ausgezeichnetes Ventil für viele nervöse Pferde dar, die ständig damit spielen und sich so abreagieren können. Bei vielen billigen Bits sind die Zähne nicht vorhanden oder sie sind nicht genug gehärtet. Ein solcher Roller kann zwar auch vom Pferd bewegt, gerollt werden, hat aber nur die halbe Wirkung.

Die bewegliche Befestigung des Mundstückes an den Seitenteilen wirkt gelenkartig und läßt das Pferd eine Zügeleinwirkung eher fühlen oder erahnen, macht die Zügelführung weicher.

Die Ösen, an denen das Kopfstück befestigt wird, sind nach außen gebogen, um Raum für einen Bosal zu lassen.

Spade Bits sind in den *Cheek Pieces* oder *Side Pieces* in der Regel sehr ornamental, mit viel eingelegter Silberarbeit. Die verschiedenen Designs entsprechen überlieferter Tradition und gehen in den meisten Fällen auf spanisch-orientale zurück.

Zum Spade Bit gehören die geschlossenen *Rawhide Reins,* die eine peitschenähnliche Verlängerung, den *Romal* haben. Diese Reins, die heute auch oft aus Latigo-Leder geflochten werden, haben in der unteren Hälfte eine Anzahl von kunstvollen Knoten, Verdickungen, *Buttons* genannt, die dem Teil des Zügels ein bestimmtes Gewicht geben, aber auch vom Pferd an den Halsseiten erfühlt werden können. Sie wurden früher mit Ketten am Gebiß befestigt, was man heute nur noch sehr selten sehen kann,weil die Zügel meistens dafür zu lang sind. Die Übertragung der Zügeleinwirkung über diese Gelenke — Befestigung der Ketten an den Reins und am Bit, die Kettenglieder selbst und die lose Befestigung der Side Pieces am Mundstück — gibt dem Pferd die Chance, die Zügeleinwirkung zu bemerken, bevor sie sich tatsächlich auf das Maul überträgt. Alles zusammen bildet also ein System, eine Einheit.

Ein *Half Breed Bit* ist, wie der Name schon andeutet, ein Mittelding zwischen Spade Bit und regulärem Curb Bit. Man findet unterschiedliche Versionen des Half Breed Bits heute mehr im Gebrauch, als den Spade Bit selbst.

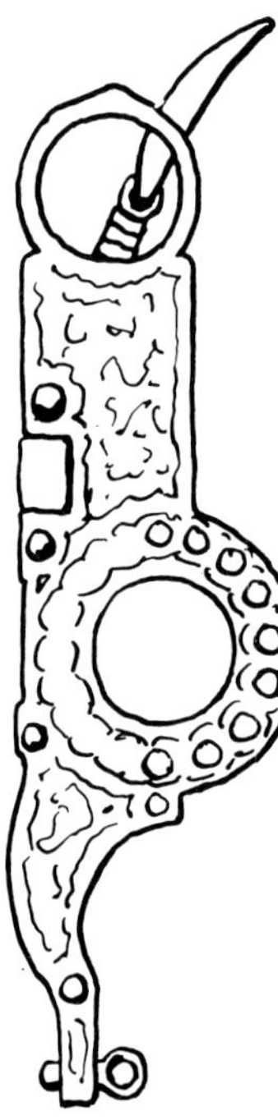

37
Die Winkelung/Schräglage des Spades in Relation zu den Shanks ist von Bedeutung und sollte dieser Abbildung entsprechen

Hobbles

Manche Leute lehnen das Hobbeln eines Pferdes als Tierquälerei ab. Damit bekunden sie aber nur ihre Unkenntnis. Ein *Hobble Breaking,* eine Gewöhnung an das Gehobbelt-Sein, hat eindeutige Vorzüge, und wenn das Hobbeln sachgerecht gemacht wird, bedeutet es für das Pferd weder Schaden noch Schmerz.

Um die Möglichkeit auszuschalten, daß das Pferd beim Hobbeln Schaden nimmt, kommt es einmal auf die Verwendung des richtigen Hobbles an, zum anderen sollte das Pferd mit dem Hobbeln innerhalb einer sicheren Umzäunung Bekanntschaft machen, und der Bodengrund muß weich sein. Auch muß es anfangs unter Beobachtung bleiben.

Worin liegt nun der Wert des Hobbelns? Bei jeder Ausbildung geht es darum, Dominanz über das Pferd zu erreichen. Der Ausbilder muß als Leittier anerkannt und respektiert werden, sonst ist eine erfolgreiche Ausbildung und Erziehung nicht möglich. Manche stellen eine Dominanz her, indem sie die Tiere schlagen. Das ist die falsche Methode, weil wir einen mitarbeitenden Partner in unserem Pferd haben wollen, nicht ein Wesen, das vor Furcht vor uns zittert. In bestimmten Situationen muß ein Pferd auch unter Umständen einmal geschlagen werden. Das trifft nicht auf alle Pferde zu, genaugenommen auf die wenigsten, doch muß eins absolut vermieden werden, nämlich, daß einem das Pferd auf der Nase herumtanzt, daß man ihm etwas durchgehen läßt. Nicht wenige Trainer möchten sich in ein gutes Licht rücken, indem sie es öffentlich ablehnen, ein Pferd körperlich zu züchtigen. Ich kenne überhaupt keinen erfolgreichen

Trainer, der nicht ohne zu zögern ein Pferd unverzüglich straft, das sich entsprechend aufsässig oder aggressiv verhalten hat.

Unser Ziel ist jedoch, solche Situationen zu vermeiden. Die War Bridle ist ein Instrument, mit dem wir unseren Forderungen nach bravem Verhalten Nachdruck verleihen können, mit dem wir also Ungezogenheiten bestrafen können, ohne einem Pferd zu schaden. Das Hobbeln, das Immobilisieren eines Beines oder mehrerer Beine des Pferdes, ist ein anderes Mittel.

Einem Pferd ist es eine äußerst eindrückliche Erfahrung, durch Hobbeln in seiner Bewegungsfreiheit eingeschränkt zu werden. Man kann ihm sehr imponieren durch Fesseln eines Beines oder mehrerer Beine, und man kann dies in Ruhe ausführen, ohne daß dabei Aufregung oder gar Zorn in der Luft liegen muß, die ein Pferd natürlich empfindet, weil es für so etwas einen sechsten Sinn hat.

Allein durch regelmäßiges Hobbeln kann über ungebärdige Pferde eine Dominanz hergestellt, kann ihnen „Benimm" beigebracht werden, können Sie Ihre Rolle als Leittier behaupten. In hartnäckigen Fällen können alle vier Beine gehobbelt und das Pferd gelegt werden.

Ein weiterer, wichtiger Aspekt ist der, daß ein an Hobbles gewöhntes Pferd nicht in Panik gerät, wenn es sich mit einem oder mehreren Beinen einmal in etwas verfangen sollte, z.B. in einem am Boden liegenden Draht. Während es unzählige Beispiele gibt, wo sich Pferde ein Bein oder einen Huf abgerissen haben, weil sie sich damit verfangen hatten, sind die Aussichten bei einem Pferd, das *Hobble broke* ist, sehr viel besser. Es wird, wenn es bemerkt hat, daß es festhängt, auf Hilfe durch einen Menschen warten. Ich habe selbst einmal erlebt, wie ein Pferd eines Morgens ruhig abwartend mit einem in einem Drahtzaun verhedderten Fuß dastand. Vermutlich hatte es schon sehr lange gewartet und sich einfach hineingeschickt, weil es das Gehobbeltsein kannte. Sagen Sie nicht, solche gefährlichen Zäune habe ich nicht. Auf Wanderritten usw. kann man immer einmal Überraschungen erleben, und heute

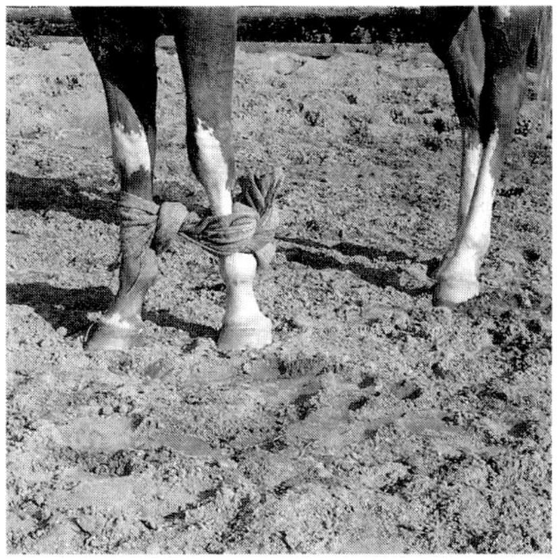

38
Sie sehen nicht elegant aus, die aus einem Sack gefertigten Hobbles, sind aber für das Hobble Breaking nicht zu überbieten

39
Handelsübliche Hobbles, die es ebenfalls in vielen unterschiedlichen Konstruktionen gibt. Oben solche aus einem Lederband, unten kalifornische, aus Rohhaut geflochtene

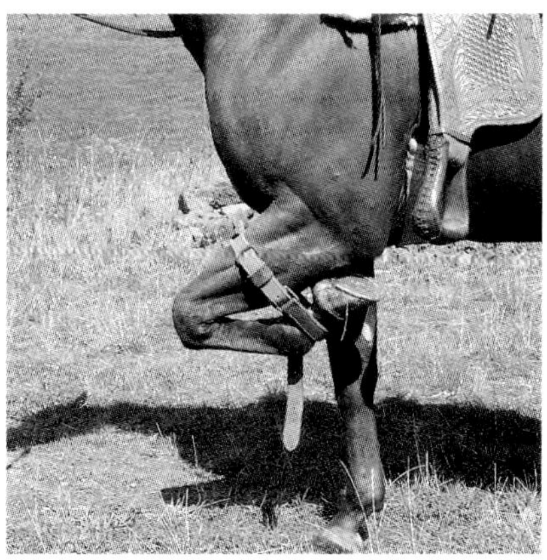

40
Das Hobblen eines Vorderbeines ist eine disziplinarische Maßnahme, die vielseitig angewandt werden kann

liegt mehr den je Unrat in der Landschaft herum.

Das Hobbeln verstehe ich aber als separate Übung, die dem Pferd vor, während oder nach dem Einreiten beigebracht wird. Ein Hobbeln während des Gewöhnens an Sattel und Reiter oder beim Aufsitzen praktiziere ich bewußt nicht mehr. Gerade ein Pferd, dem das Reitergewicht noch ungewohnt ist, muß beim Aufsitzen einmal einen Ausfallschritt machen, um das Gleichgewicht zu behalten. Vor allem aber gilt es zu vermeiden, daß es auf der Stelle „festfriert". Es ist also am Anfang wichtiger, daß es locker bleibt. Und wenn es, um locker zu bleiben, ein paar Schritte tun muß beim Aufsitzen, so ist das anfangs okay.

Natürlich haben Hobbles auch den Sinn, ein Pferd am Davonlaufen zu hindern, wenn man im Gelände z.B. eine Pause macht und es nicht anbinden kann oder will. Dabei muß allerdings beachtet werden, daß die Fähigkeit, mit gehobbelten Beinen zu laufen, unterschiedlich stark ausgeprägt ist. Manche Pferde galoppieren sogar damit! Je enger die Beine zusammengebunden werden, desto stärker ist die Bewegungsfreiheit natürlich eingeschränkt — die Hobbles sind unterschiedlich in der Bewegungsfreiheit, die sie dem Pferd lassen.

Ein Pferd, das mit gehobbelten Vorderbeinen munter davonläuft, können Sie zu Fall bringen, indem Sie einen längeren Strick am Hobble befestigen und ihm, bevor es richtig in Schwung kommt, die Vorderbeine wegziehen. Nachdem es ein-, zweimal auf die „Knie" gefallen ist, wird es sich dies merken.

Die besten Hobbles zum Eingewöhnen sind solche, die Sie aus einem normalen Leinensack (Kartoffelsack) selbst machen können (Abb.38). Wenn in der Trail-Klasse Ground Tying verlangt wird und Sie mit geschlossenen Zügeln reiten, legen Sie dem Pferd Hobbles an die Vorderbeine und gehen dann Ihren Kreis um es herum. Benutzen Sie *Split Reins*, so ist das nicht zulässig, und Ihr Pferd muß mit auf die Erde hängenden Zügeln stehenbleiben.

Die Hackamore

Es gibt verschiedene Arten von Hackamores, und es gibt unterschiedliche Schulen bezüglich ihrer Anwendung. *Jaquima* ist das spanische Wort, das der Bezeichnung Hackamore zugrunde liegt. Vermutlich haben die Araber oder Mauren eine ähnliche Zäumung nach Spanien gebracht, und von dort hat sie den Weg in die Neue Welt gefunden. Der aus *Rawhide* geflochtene *Bosal,* aus dem die Hackamore, zusammen mit der *Mecate,* besteht, wurde wohl erst in Amerika entwickelt.

Manche wollen die „Erfindung" des rohhautgeflochtenen Bosals den Indianern zuschreiben, wie überhaupt gern den Indianern eine besonders humane Einstellung zu Tieren, in diesem Fall Pferden, zugesprochen wird. Die Indianer können zu Tieren mindestens so grausam sein wie andere Menschen, das weiß ich aus eigener Erfahrung, und auch die Mexikaner, die häufig eine Mischung aus Indianer und Spanier darstellen, zeichnen sich vielfach durch mangelndes Zartgefühl aus, um es milde zu formulieren.

In einer Epoche, in der es Rinder im Überfluß gab und diese oft nur soviel Wert waren wie ihre Haut und ihr Talg, in der darum alles Erdenkliche aus Rawhide hergestellt und mit Rawhide repariert wurde, war es nur natürlich, ein zum Zureiten zu verwendendes Nasenband, das die Spanier vielfach aus Eisen gefertigt hatten, auch aus Rawhide anzufertigen. Das geschah nicht, weil man einen solchen Bosal für humaner als einen Bit hielt, sondern weil es der traditionellen Schule des Einreitens entsprach, das Pferd mit einem Nasenband auszubilden und dann auf Bit umzuschulen. Nicht als Alternative zum Bit wurde die (Rawhide-) Hackamore eingeführt, sondern als Alternative zum eisernen Nasenband, das auf den riesigen Ranches nicht so problemlos hergestellt werden konnte. Eisen war eben knapper als Rawhide.

Zum Rawhide Bosal wurde meistens eine aus Pferdehaaren geflochtene Mecate benutzt. Auch Bosals aus Pferdehaaren gab und gibt es. Besonders die Mecate sollte möglichst aus Mähnenhaaren und nicht

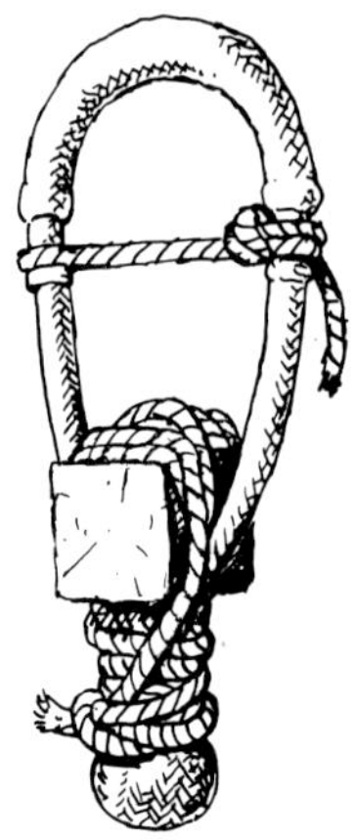

41
Bevor ein Bosal in Gebrauch genommen wird, sollte er auf diese Weise eingespannt und etwa einen Monat vorgeformt werden

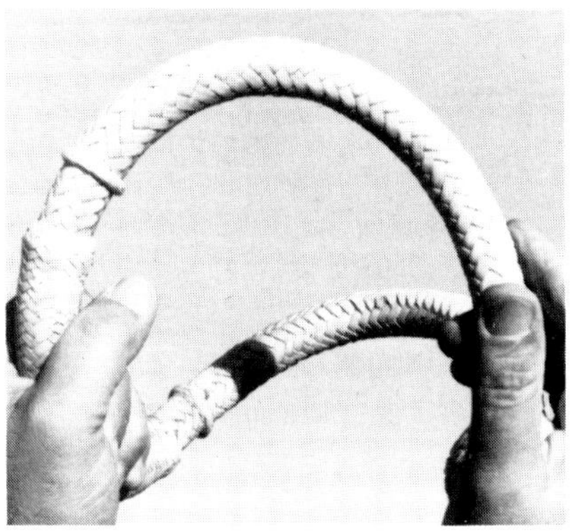

43
Den „Drop" des Bosals, die seitliche Krümmung, geben Sie ihm auf diese Weise

aus Schweifhaaren geflochten sein, da diese weicher sind. Eine gute Mecate ist weich und flexibel und hängt satt durch –, viele im Handel angebotenen sind sperrig, hart und widerspenstig wie Drahtseile und dadurch unbrauchbar.

Auch die Rawhide Bosals fallen sehr unterschiedlich aus. Manche sind knochenhart und andere — trotz beachtlicher Stärke — recht flexibel. Ansonsten unterscheiden sie sich in der Präzision und Sorgfalt, mit der sie hergestellt wurden. Wichtig beim Bosal ist, daß er eine Rohhaut-Seele hat und nicht um ein Drahtseil herum geflochten wurde. Letzere Bosals lassen sich nicht verformen, lassen sich nicht den anatomischen Gegebenheiten des Pferdekopfes anpassen. Bei vielen aufwendig hergestellten Bosals wird heute zur Verzierung Latigo-Leder mit eingeflochten, das einen schönen Kontrast ab-

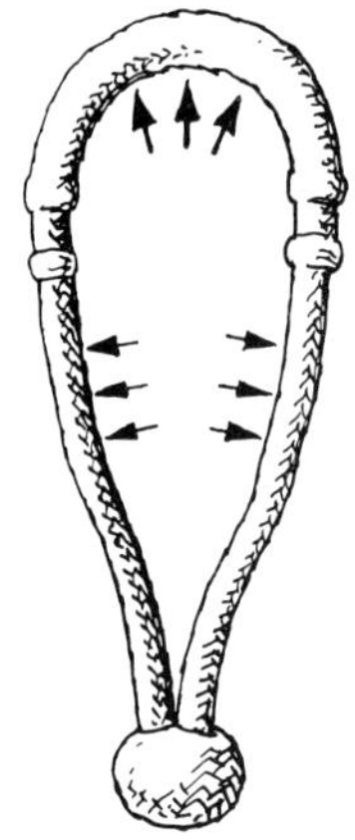

42
Etwaige scharfe Kanten der Rawhide-Streifen eines Bosals können mit Schmirgelpapier an den kritischen Stellen geglättet werden, auch ein glattes Holz eignet sich dafür. Bei wirklich gut gearbeiteten Bosals werden Sie allerdings kaum solche scharfen Grate vorfinden

gibt. Zuviel Latigo-Leder sollte aber nicht eingearbeitet werden, da sich dieses Leder bei weitem nicht so gut verformen läßt und nicht so gut die Form hält, wie Rohhaut.

Ein neuer Bosal muß, bevor er benutzt wird, vorgeformt werden. Außerdem ist es ratsam, an den Innenseiten mit Schmirgelpapier etwaige scharfe Kanten der Rawhide-Streifen zu glätten (Abb.41 und 42).

Die Mecate ist im Vergleich mit anderen Seilen recht „stachelig", daher vom Pferd leicht zu erfühlen und kann bei einer Umstellung auf das Neck Reining vorteilhaft sein. Man kann aber auch Stricke aus anderen Materialien als Hackamore-Zügel verwenden, doch arbeitet es sich damit nicht so gut wie mit der Mecate oder dem *Hair Rope,* wie es auch genannt wird. Die besten Erfahrungen habe ich mit geflochtenen Hanfzügeln als Hackamore- und Snaffle Bit-Zügeln gemacht. Baumwoll-Seile geben zuviel nach und dadurch einen diffusen, schwammigen Kontakt zum Pferdekopf. Wichtig ist, daß die Zügel ein gewisses Eigengewicht haben, dadurch satt durchhängen und nicht herumflattern beim Reiten. Mecates müssen in einem trockenen Raum aufbewahrt werden, wenn sie nicht steif und drahtig werden sollen.

44
Bosal, Halteriemen und Mecate (Hair Rope) zusammen ergeben die Hackamore Zäumung; hier trägt das Pferd eine solche mit Fiadore, der verhindert, daß der Heel Knot des Bosals gegen das Kinn des Pferdes schlagen kann bzw. – wenn das Pferd angebunden oder geführt wird – daß sich der Bosal über das Kinn zieht

Ganz grob unterteilt, kann man von drei Arten der Hackamore-Reiterei sprechen: der kalifornischen, der des Nordwestens und der texanischen. Die erstere ist die der Westküste, mit gutangepaßtem Rawhide Bosal, meistens Roßhaar-Mecate, der Bosal so verschnallt, daß er relativ hoch auf dem Nasenrücken aufliegt, mit tiefem *Heel Knot*. D. h. er hat, von der Seite gesehen, einen *Drop*, eine Krümmung nach unten (Abb. 44). Der Heel Knot soll nicht gegen das Kinn des Pferdes schlagen. Die Mecate wird wie auf Abb. 47 gezeigt angebracht, wodurch sie, zusammen mit dem Heel Knot, ein Gewicht bildet, das den Heel Knot nach jedem Annehmen eines Zügels sofort wieder nach unten fallen läßt, wodurch die Einwirkung am Pferdekopf unverzüglich wieder aufhört. Nur so kann wirklich nach der *Pull and Slack*-Methode gearbeitet werden. Der Bosal wirkt dabei nicht nur auf den Nasenrücken, sondern besonders auch seitlich auf das Kinnbein (Abb. 48). Gerade darum soll immer nur ein Zügel betätigt werden. Außerdem wirkt er, wenn er so angepaßt wird, auch auf die Backenmuskeln direkt hinter der Maulspalte (Abb. 49). Die Weite des Bosals kann mit den Windungen der Mecate eingestellt werden. Er soll gerade so weit sein, daß er bei durchhängenden Zügeln keinen Kontakt mit dem Pferdekopf hat.

Die zweite Art, die Hackamore-Zäumung zu gebrauchen, war im Nordwesten verbreitet. Dort wurde die aus Rawhide-Bosal und Mecate bestehende Hackamore zwar auch verwendet, meistens war der Bosal aber ein ziemlich schwerer und wurde sehr lose, also mit viel Luft zwischen Pferdekopf und Bosal, angepaßt. Die Hilfen können so nicht so fein abgestimmt werden, und die Zäumung wurde in der Regel nur gebraucht, um einem Pferd die Grundbegriffe beizubringen. Vielfach wurde auch die Mecate nicht nach kalifornischer Weise angebracht, sondern mit weniger Windungen, dadurch dem Heel Knot auch nicht soviel Gewicht gebend. Für eine solche Verwendung kann auch ein Bosal mit *Cable Core* in Frage kommen, also einer mit Draht-Innenteil, da er so lose ist, daß er nicht am Pferdekopf hängenbleiben, festklemmen kann, wenn ein nach hinten gerichteter Pull auf den Zügel gebracht wird.

45
Hackamore mit breiten, flach geflochtenen Hanfzügeln, die auch gut für den Snaffle Bit genommen werden können

46
Dünner (Pencil=Bleistift-) Bosal, wie er bei der Umstellung von Hackamore auf (Spade) Bit benutzt wird. Dazu wird dann auch eine entsprechende dünne Mecate gebraucht; Bosal und Mecate müssen ausbalanciert sein

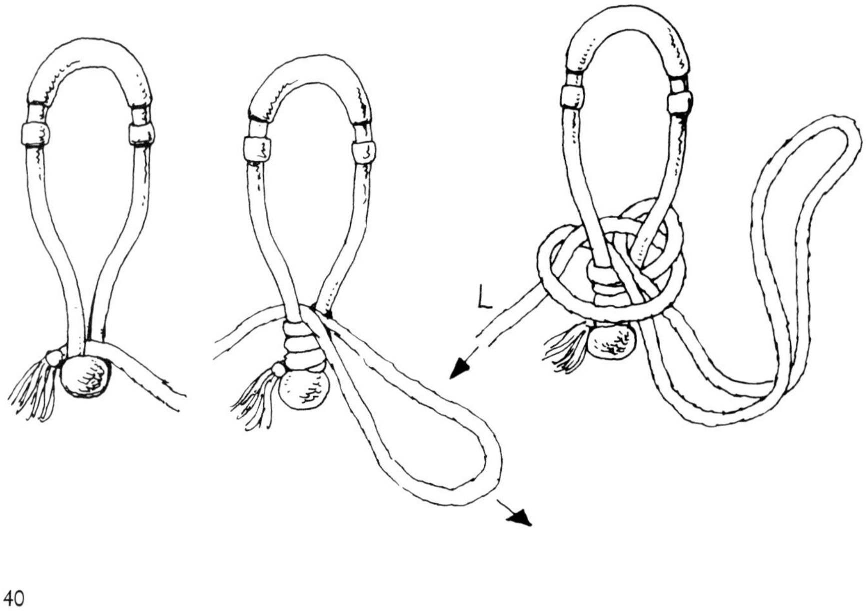

47
So wird aus der Mecate die Zügelschlaufe und das Lead Rope (Führstrick) geknüpft;
L = Lead Rope

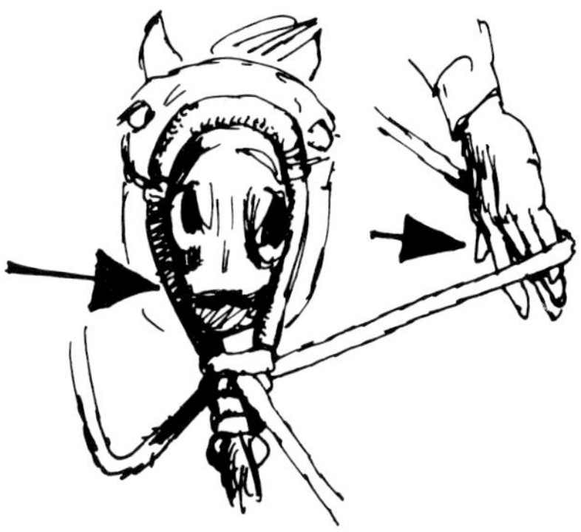

48
Die Wirkungsweise der Hackamore: sie wirkt nicht nur auf die Nase, sondern vor allem seitlich auf das Kinnbein ein, außerdem ...

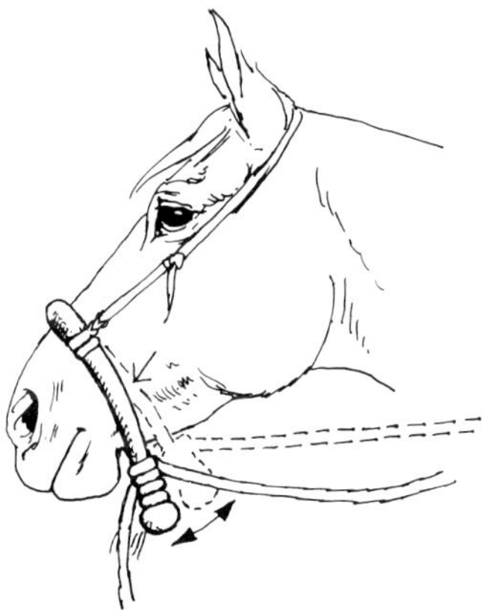

49
... auf die Backenmuskeln des Pferdes

50
Die texanische Rope Hackamore, die hauptsächlich auf den Nasenrücken des Pferdes einwirkt

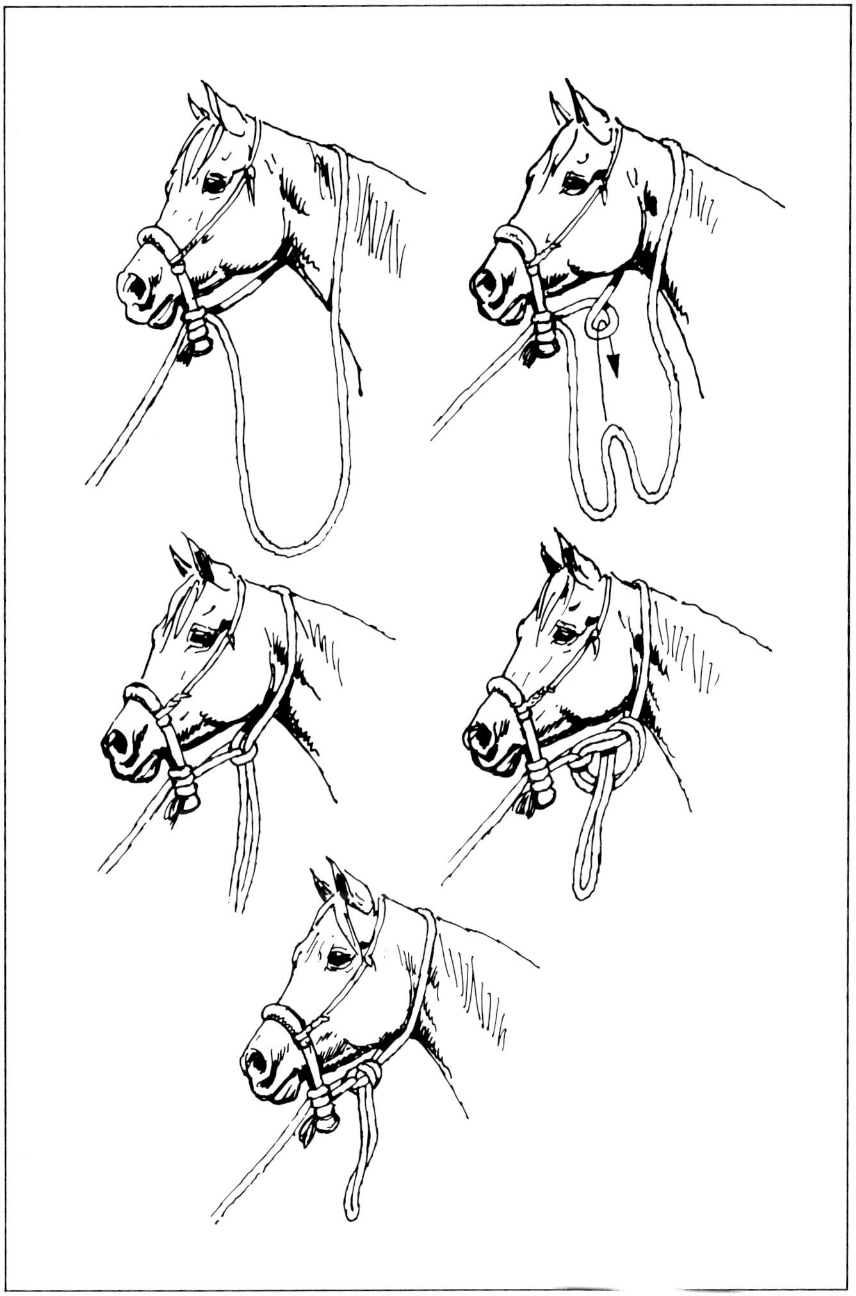

51
So kann aus der Zügelschlaufe ein Fiadore geknotet werden, wenn man ohne Fiadore reitet und das Pferd zwischendurch führen oder anbinden will

Die texanische Hackamore schließlich hatte meistens keinen aus Rawhide geflochtenen Bosal, sondern ein aus einem Strick gebildetes Nasenband (Abb. 51). Sowohl die lose angebrachte Hackamore des Nordwestens wie auch die texanische erfordert einen *Fiadore*, weil sonst der Heel Knot gegen das Kinn fallen würde oder sogar darüber. Eine solche texanische *Rope Hackamore* wirkt natürlich hauptsächlich auf die Nase des Pferdes. Sie kann auch keinen *Drop* haben, sondern ist genau entgegengesetzt geformt. Auch die Rope Hackamore wurde und wird in der Einreitphase eingesetzt; ein hochentwickeltes Hackamore Training wie in der kalifornischen Schule kannte man dabei nicht.

Für das Hackamore Training benötigt man idealerweise Bosals verschiedener Stärken und Flexibilitätsgrade. Man fängt mit einem recht dicken, steifen Bosal an und geht in dem Maße, wie das Pferd sensibilisiert werden kann, zu leichteren und flexibleren über. Auch die Mecates gibt es in verschiedenen Stärken, und es sollte eine zum Bosal passende Mecate benutzt werden.

Die Position am Pferdekopf wird im Laufe des Trainings variiert, d.h. der Bosal wird mal etwas höher, mal etwas tiefer auf dem Nasenbein justiert, um ein Abstumpfen einer Stelle oder ein Taubwerden zu vermeiden. Ein solches Variieren kann bei längeren Ritten auch am selben Tag erforderlich sein. Ebenso wird der Bosal mittels des Hair Ropes mal etwas enger, mal etwas weiter angepaßt.

Auch in der kalifornischen Schule kennt man die Verwendung eines Fiadores, besonders zu Beginn der Ausbildung, wenn ein schwererer Bosal gebraucht wird. Doch kann eine kalifornisch angepaßte Hackamore auch ohne Fiadore geritten werden. Der Fiadore verhütet auch, daß sich der Bosal über das Kinn zieht, wenn das Pferd geführt oder angebunden wird und einmal zurückzieht. Bei Pferden mit besonders empfindlicher Haut sollte der Bosal an den kritischen Stellen mit Leder oder Schafsfell verkleidet werden.

Die gebisslose Kandare oder mechanical Hackamore

Das Benutzen einer gebißlosen Zäumung übt offensichtlich auf uns Deutsche eine besondere Faszination aus. Für nicht wenige stellt es — irrtümlicherweise — den wesentlichen Reiz des Westernreitens dar. Weil die eigentliche Hackamore (von vielen auch klassische oder manuelle Hackamore genannt) eine Technik verlangt, die sie nicht beherrschen, wenden sie sich der mechanischen oder Hebelarm-Hackamore zu. Eine gebißlose Zäumung muß es, bitte schön, sein. Sie bilden sich dabei ein, etwas Ähnliches, auf jeden Fall aber etwas besonders Humanes zu benutzen.

Die Hebelarm-Hackamore hat mit der eigentlichen Hackamore nur das eine gemein, daß ihr ein Mundstück fehlt. Das Pferd hat also nichts im Maul. Ist das allein nun etwas Positives, besonders Erstrebenswertes? Ein gutes Gebiß, richtig angewandt, ermöglicht eine wesentlich bessere Kommunikation mit dem Pferdemaul, eine eindeutig präzisere Hilfengebung, als dies mit der mechanischen Hackamore möglich ist. Darüberhinaus stellt die mechanische Hackamore keine besonders milde, sondern eine scharfe Zäumung dar, die ähnlich hart wie eine Kandare einwirkt. Ein Pferd sollte also, um mit der mechanischen Hebelarm-Hackamore geritten werden zu können, vom Ausbildungsstand her für die Kandare reif sein.

Die mechanische Hackamore wird auch Hackamore Bit genannt, was auch keine glücklichere oder treffendere Bezeichnung darstellt, denn einen Bit hat sie ja nicht. Indem der Amerikaner sie als Hackamore Bit bezeichnet, drückt er aber aus, daß er sie in die Kategorie der Bits, also der Kandaren einstuft. Gebißlose Kandare wäre eine bessere Bezeichnung für diese Zäumung.

Die Hebelarm-Hackamore wirkt durch Druck auf das Nasenbein und das Kinnbein, wobei der Druck auf das empfindliche Kinnbein durch die Übersetzung die stärkste ist. Es muß sichergestellt werden, daß der Nasenwulst hoch genug liegt, so daß er auf das Nasenbein einwirkt und nicht auf den Knorpel, wo das Nasenbein aufhört. Ggf. muß der Nasenwulst hochgebunden werden (Abb. 52).

Die Anzüge der mechanischen Hackamore sollten mit einer Distanzstange versehen sein. Diese darf vom Pferd nicht mit den Lippen erreicht werden können. Die Anzüge hängen in einem Winkel zur Maulspalte, wie er auch bei den Bits ideal ist (Abb. 52).

Mit Ausnahme von Roping-Disziplinen und Disziplinen wie Barrel Racing und Pole Bending ist beim turniermäßigen Westernreiten der Gebrauch einer mechanischen Hackamore nicht gestattet. Die mechanische Hackamore hat ihren Platz da, wo ein im Maul sauer gewordenes Pferd für eine gewisse Zeit damit geritten werden soll. Auch für Spazier- und Wanderreiter kann sie u.U. eine praktische Zäumung sein, wenn die Pferde eine gute Grundausbildung haben und die Reiter sich über die harte Wirkung dieser Zäumung im klaren sind.

52
Die gebißlose Kandare, meistens mechanische Hackamore genannt; das Band, mit dem der Nasenwulst hier hochgebunden wurde, ist nur bei solchen erforderlich, bei denen der Nasenwulst zu tief herabfällt und so die Atmung behindern kann bzw. nicht auf den Knochen, sondern auf den Knorpel drückt

Der Sidepull

53 *Der Side Pull*

Auf den ersten Blick erinnert der *Sidepull*, ein Trainingszaum, der in den letzten Jahren mehr und mehr in Anwendung gekommen ist, an eine Hackamore. Im Prinzip wirk er auch ganz ähnlich wie die (Texas-) Rope Hackamore, die ja auch hauptsächlich auf die Nase des Pferdes einwirkt.

Im Gegensatz zur Hackamore, bei der die Zügel ja unter dem Kinn des Pferdes dicht zusammenliegend angebracht sind, werden sie beim Sidepull seitlich, rechts und links etwas oberhalb der Maulwinkel, befestigt. Dadurch wirkt ein Zügelzug mehr seitlich auf das Pferd ein, ähnlich einem Snaffle Bit. Viele Trainer, besonders Trainer von Cutting Horses, benutzen heute in der Anfangsphase des Trainings dieses Zaumzeug, weil sie der Ansicht sind, damit die laterale Kontrolle besser entwickeln zu können.

Ob Hackamore oder Sidepull ist letztlich Ansichtssache. Es gibt keine Wunderdinge zu bestaunen, die mit dem Sidepull erreicht werden könnten und die mit der Hackamore nicht erreichbar wären. Und bei einem Pferd mag dies besser wirken, ein anderes spricht auf einen anderen Zaum besser an.

Hilfszügel

Am verbreitetsten ist die Verwendung des *Running Martingales*, die meisten Trainer in den USA benutzen es während einer bestimmten Ausbildungsphase. Das Running Martingale (Abb. 54) hindert ein Pferd daran, den Kopf hoch zu nehmen, um sich der Zügeleinwirkung zu entziehen.

Ohne Zweifel kann man ganz ohne Martingale oder irgendwelche Hilfszügel auskommen. Auf der anderen Seite kann es die Trainingsarbeit aber erleichtern. Wenn es richtig verschnallt ist, gibt es keinen Grund, ein Running Martingale abzulehnen, weil es bei normaler Kopfhaltung des Pferdes gar nicht in Aktion tritt. Es behindert eine korrekte Zügelführung in keiner Weise und erlaubt auch, diese sehr feinfühlig anzuwenden. Nur bei zu hoher Kopfhaltung hat es überhaupt eine Wirkung.

Das stimmt nicht ganz; es hat natürlich ein Gewicht und erhöht so das Gesamtgewicht der Zügel. Insofern hat es ständig eine gewisse Wirkung. Ich persönlich habe gern schwere Zügel, die dem Pferd erlauben, schon auf ein Annehmen zu reagieren, lange bevor sie sich straffen.

Aber eine direkte Einwirkung des Running Martingales entsteht erst bei zu hoch getragenem Pferdekopf und korrigiert die Haltung des Pferdes. Ist das Martingale zu kurz geschnallt, führt das zu ständig größerem Zügelzug und macht die Pferde hartmäulig (Abb. 55).
Im Handel sind zwei Arten von Running Martingales. Empfehlenswert ist nur eins mit zusätzlichem Riemen, der um den Hals des Pferdes läuft. Ohne diesen kann das Pferd, wenn es den Kopf tief nimmt, auf oder über das Martingale treten (Abb. 56).

Der in Amerika *German Martingale* genannte Hilfszügel hat eine andere Wirkungsweise (Abb.58). Er stellt nicht einfach nur eine Begrenzung nach oben dar, sondern hat die Tendenz, die Kopfhaltung des Pferdes in Richtung Tucking zu beeinflussen, also die Nase herunter, den Kopf in die Vertikale zu bringen. Das German Martingale erlaubt aber nicht dieselbe Bewegungsfreiheit bezüglich seitlicher Zügelführung bzw. Biegung. Vorsicht ist, genau wie bei den noch zu erwähnenden *Draw Reins*, beim Gebrauch geboten, weil die Pferde sich sehr schnell das Aufrollen angewöhnen können und zu kopflastig, d.h. in der Vorhand zu schwer werden.

Der *Tie Down* ist kein Mittel, ein Pferd zu korrigieren oder auszubilden, sondern ein Hilfsmittel, verrittene Pferde dennoch oder in bestimmten Situationen unter Kontrolle zu behalten. So sieht man ihn überwiegend bei Roping Horses, um zu gewährleisten, daß sie mit dem Kopf nicht zu hoch kommen.

Draw Reins können auf zweierlei Weise angebracht werden: einmal zwischen den Vorderbeinen am Bauchgurt, zum anderen rechts und links am Ring des Bauchgurtes oder am Rigging Ring. Letztere Methode sei hier empfohlen. Draw Reins sollten nur kurzfristig eingesetzt werden.

54 Running Martingale

55
Zu kurz geschnalltes Martingale. Das bei kurz geschnalltem Martingale und starkem Zügelzug entstehende „V" kann vor allem oft auf Springturnieren beobachtet werden. Ein so gerittenes Pferd ist entweder hartmäulig oder wird es in kürzester Zeit sein

56
Martingale ohne Halt durch den Halsriemen (vergleiche Abb. 54); es ist leicht zu sehen, daß es eine permanente Gefahr für das Pferd darstellt, darüber zu treten, auch wenn es Reiter geben mag, die es so seit Jahren ohne Zwischenfälle benutzt haben

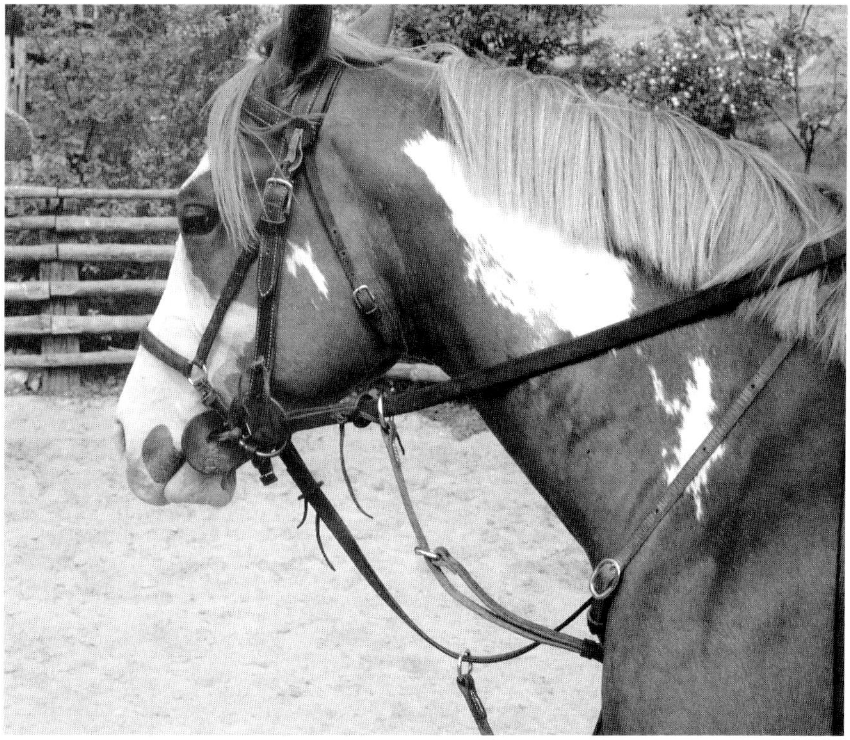

57
Korrekt verschnalltes Martingale; auf diese Weise tritt es effektiv nur dann in Aktion, wenn das Pferd den kopf zu hoch nimmt und sich sonst der Einwirkung des Reiters entziehen würde. Auf der Abbildung hängt der rechte (hintere) Zügel durch, beachten Sie bitte nur den linken Zügel

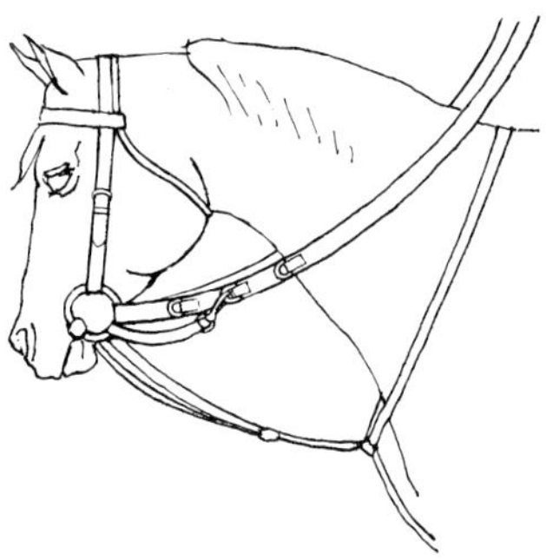

58
Das in Amerika „German Martingale" genannte; es hat einen ähnlichen Effekt wie Draw Reins und sollte von wenig erfahrenen Reitern nur unter Aufsicht verwandt werden

Skid Boots, Shin Boots, Bell Boots

Skid Boots, Schoner für die hinteren Fesselköpfe, sind für jeden unerläßlich, der seinem Pferd Stops beibringen will. Wenn ein Pferd sich tief eingräbt und gar auf der Hinterhand gleitet, kann es sich leicht verletzen. Hat es sich dabei erst einmal weh getan, kann man es ihm nicht verübeln, wenn es seine Hinterbeine nicht mehr richtig einsetzen will.

Auf eine gute Qualität und richtige Konstruktion der Skid Boots kommt es an. Haben sie dick aufgetragene Nähte oder Lederkanten, rufen diese u.U. schon wunde Stellen am Pferdebein hervor, und man kann sie gerade so gut weglassen. Pferde mit empfindlicher Haut können auch durch lederne Befestigungsriemen wund werden. Auch sollten die Skid Boots möglichst geschlossen sein, um ein Eindringen von Steinen, Holzsplittern u.ä. zu verhindern (Abb. 59).

59
Skid Boots; man kann erkennen, daß es bei diesen keinerlei Kanten, hochstehende Nähte etc. gibt, an denen sich ein Pferd scheuern könnte

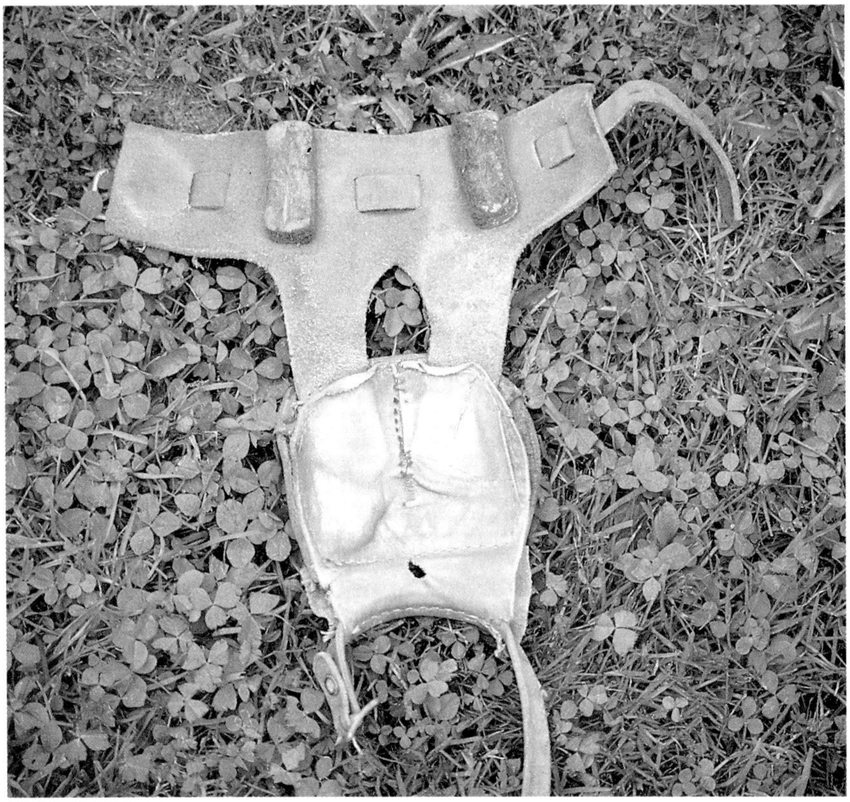

60
Schlechte Skid Boots; bei verschiedenen Ansätzen und Nähten hat sich die Lederkante bereits umgelegt durch das Reiben am Pferdebein; diese Skid Boots haben schon zu blutigen Stellen geführt

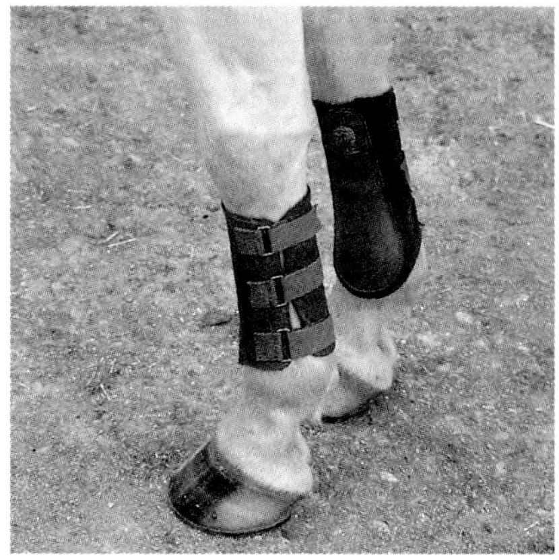

62 *Shin Boots*

63
Combination Boots, die Röhre, Fessel und Kronensaum schützen; sie müssen allerdings sehr gut passen, wenn sie dem Pferd in der Bewegung nicht hinderlich sein sollen

Shin Boots werden für Pferde gebraucht, die sich aufgrund ihres Gebäudes streichen, d.h. mit der Innenkante des Vorderhufes an der Innenseite des gegenüberliegenden Beines verletzen. Aber auch Pferde, die keine solchen Probleme haben, sollten, wenn sie den Spin lernen, Shin Boots tragen, weil auch ein korrekt gebautes und sich bewegendes Pferd erst einmal lernen muß, seine Beine dabei zu „sortieren" und sich nicht zu verletzen. Auch hier gilt, daß es sich Fehlerhaftes angewöhnen kann, wenn es sich bei diesem Manöver getreten oder weh getan hat (Abb.62).

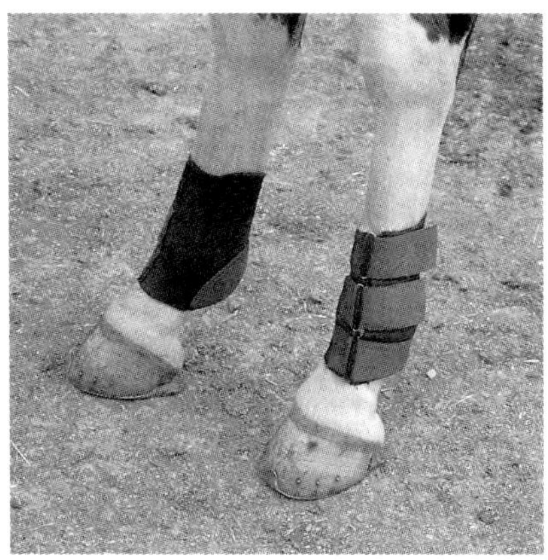

61 *Skid Boots angelegt, gute Passform*

Bell Boots schützen den Kronensaum der Vorderhufe, auf den sich die Pferde u. U. beim Spin treten können. Sie schützen auch die Ballen der Vorderhufe bei Pferden, die eine Tendenz haben, sich mit den Hinterhufen in die Ballen der Vorderhufe zu treten, z.B. bei Stop und Back up, aber auch beim Vorwärtslaufen. Shin Boots und Bell Boots gibt es auch als Einheit (Abb. 63).

Nicht wenige Trainer ziehen es vor, die Beine zu bandagieren, anstatt Shin Boots und Skid Boots zu benutzen.

Spurs

Spurs, Sporen, sind dazu da, Schenkelhilfen im Bedarfsfall den nötigen Nachdruck zu verleihen bzw. diese zu ergänzen und zu verfeinern. Es ist ein guter Grundsatz, die Sporen nicht zum Strafen, sondern nur als Hilfe einzusetzen (zum Strafen den Quirt, die Gerte, das Zügelende zu benutzen).

Man trifft immer wieder Leute, die den Gebrauch von Sporen kategorisch ablehnen. Meistens wollen diese damit ihre besondere Tierliebe oder humane Einstellung demonstrieren. Das sind oft dieselben, die ihre Pferde jahrelang mit heftig klopfenden Absätzen traktieren, als wenn das dem Pferd angenehmer wäre, oder die auch sich und andere gefährden, indem sie ihr Pferd ohne Gebiß draußen reiten. Nicht selten denken sich dieselben Wohlmeinenden aber auch nichts dabei, ihrem Pferd mit zu tief geschnalltem Sperrhalfter oder mit einer vermeintlich „milden“ mechanischen Hackamore, die zu tief geschnallt ist, die Luft abzudrücken oder es tagaus tagein in einer dumpfen Box zu halten.

64
Spurs (Sporen), die aufgrund zahlreicher und im übrigen stumpfer Zähne weich genug einwirken, daß man sie sich ohne weiteres selbst über die Haut rollen kann

Sporen haben jedenfalls ihren Sinn und ihre Daseinsberechtigung, und ein Reiter ist nicht darum ein Grobian, weil er welche trägt und gebraucht. Auf den richtigen Gebrauch kommt es natürlich an, wie überall. Wir lehnen ja auch nicht den Gebrauch von Hufeisen ab, weil man ein Pferd beim Beschlagen auch vernageln kann.

Grundsätzlich sind vom Durchmesser her kleine Sporen schärfer in der Wirkung, als solche mit großen Rädern, die von Laien stets als Marterinstrument angesehen werden. Bei großen Rädern *(Rowels)* kommt es allerdings darauf an, daß sie möglichst viele Zacken haben. Je größer die Anzahl der Zacken, desto milder der Spur (Abb. 64). Natürlich sollen die Zacken nicht scharfkantig sein, sondern abgerundet. Auch mildert das sich drehende Rad die Schärfe des Spurs; ein starrer Sporn wirkt also härter, unvermittelter ein.

PFERDEHALTUNG
ARBEIT MIT JUNGEN PFERDEN

Die Gelassenheit und Wohlerzogenheit eines Westernpferdes beruht nicht nur auf der Ausbildung, die es genossen hat, auch nicht nur auf dem von Natur aus unkomplizierten und ruhigen Wesen der Western Horses. Einen großen Anteil daran hat auch eine möglichst natürliche Haltung.

Es ist glücklicherweise so, daß die meisten Westernreiter ihre Pferde nicht, wie das für den größten Teil unserer Warmblutleute zutrifft, in Boxen halten. Wenn man ihnen keinen täglichen Weidegang bieten kann, so sollte ihnen wenigstens ein Auslauf zur Verfügung stehen. Auch wenn Weide vorhanden ist, kann ein Pferd, das unter dem Sattel Leistung erbringen soll, ja nicht unbegrenzt Weidegang bekommen. Es würde zu fett und einen Grasbauch haben, was seine Leistungsfähigkeit stark beeinträchtigen würde.

Darum ist es nötig, den Weidegang einzuschränken, es aber die übrige Zeit oder zumindest den größten Teil des Tages in einem Auslauf zu halten, der ihm die Möglichkeit gibt, sich zu bewegen, in die Ferne zu blicken, Anteil zu nehmen an allem, was draußen geschieht, Artgenossen zu sehen und möglichst Berührungskontakt zu haben usw. Das alles wirkt sich ungemein positiv auf die Psyche der Pferde aus und macht sie nervenstärker und gelassener.

Die Form der Stallhaltung, die man in Amerika überall finden kann, ist die der Box mit anschließendem Auslauf, *Run*, *Corral* oder *Pen* genannt. Die Pferde haben freien Zugang zur Box bzw. zum Auslauf. Idealerweise, wenn die Boxen groß genug sind, können jeweils zwei Pferde eine Box/Auslaufeinheit bewohnen (Abb. 65).

Pferde sind Herdentiere und brauchen Pferdegesellschaft, wenn sie nicht auf Dauer psychischen Schaden nehmen sollen. Pferde haben als Herdentiere aber auch eine „Hackordnung". Schlagen, Beißen, Rempeln und Drohen sind für die Tiere selbstverständlich, um sich einen Platz innerhalb dieser Rangordnung zu sichern. Sie bedienen sich dieser Grobheiten und wissen, daß sie von den Artgenossen Gleiches zu erwarten haben. Das akzeptieren sie. Dasselbe Pferd, das ranghöher ist und diesen Rang mit Zähnen und Hufen unerbittlich behauptet, ist für das unterlegene Grund genug für sehnsüchtiges Hinterherschreien, wenn es aus irgendeinem Grund entfernt wird. Das unterlegene Pferd hat das überlegene nicht deshalb weniger gern oder hat zu ihm weniger Vertrauen, weil es seine Überlegenheit konsequent und nötigenfalls brutal verteidigt.

Warum dann sind so viele Menschen der Meinung, sie können das Vertrauen ihres Pferdes nur durch Streicheln, Klopfen, Füttern und Liebkosungen gewinnen? Weil sie die Pferde vermenschlichen.

Streicheln und andere Liebkosungen allein bewirken nicht Vertrauen, sondern das genaue Gegenteil. Das allein erzeugt ein aufsässiges, ungezogenes und darum potentiell gefährliches Pferd, das seinem Besitzer eher Geringschätzung entgegenbringt als sonst etwas. Im Herdenverband sind es die ranghohen Tiere, die das Vertrauen der anderen genießen, an denen sich die anderen Tiere — besonders in Gefahr — orientieren.

Sie als Mensch können mit Pferden nur umgehen, wenn Sie souverän den ersten Platz in der Rangfolge einnehmen. Was immer an physischer Gewalt nötig ist, um diesen Platz des Leittieres einzunehmen und zu behaupten, wird von den Pferden ohne weiteres akzeptiert, ohne daß damit ein Vertrauensverlust verbunden wäre oder eine Abneigung erzeugt würde. Ein Pferd, daß von einem anderen zurechtgestutzt

65
Nach diesem Prinzip gebaute Ställe sieht man in Amerika viel, in Deutschland leider kaum. Jede Box hat im Anschluß einen Run oder Auslauf, bzw. in diesem Fall haben zwei Boxen einen gemeinsamen Auslauf. Bei Pferden, die sich nicht gut vertragen, kann man eine Hälfte des Tages das eine, den Rest des Tages das andere frei laufen lassen. Oft sind die Boxen groß genug, um zweien, zumindest zwei Jungtieren, ausreichend Platz zu bieten. Pferde fühlen sich viel wohler, wenn sie auf diese Weise (mit einem Partner) untergebracht sind. Bei Haltung von zwei Pferden pro Box kann bei oben abgebildeter Anlage pro Run vier Pferden Auslauf geboten werden

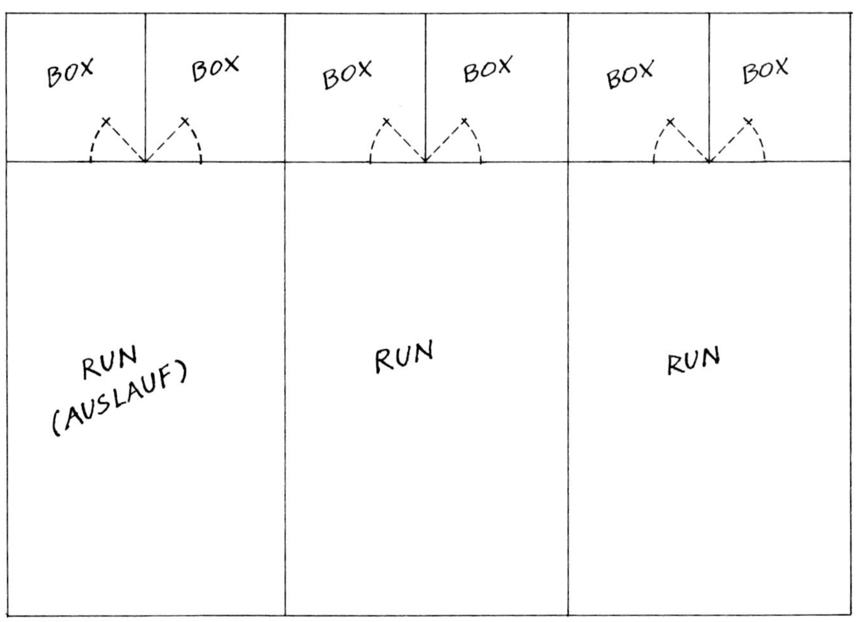

und auf einen niedrigeren Platz verwiesen wurde, kann dennoch mit dem ranghöheren dick befreundet sein. Das kann immer wieder beobachtet werden. Genauso verhält es sich auch Ihnen gegenüber als Mensch, wenn Sie die führende Rolle eingenommen haben.

Das bedeutet aber auch, daß Sie fair sein müssen und nur dann strafen dürfen, wenn ein Vergehen vorliegt. Und es bedeutet, daß Sie *unverzüglich*, noch im selben Moment, strafen müssen. Es bedeutet auch, daß Sie sich an die Spielregeln halten müssen, nach denen ein Pferd zuerst droht (Ohrenanlegen, Maulwinkel verkniffen herunterziehen, das Bein drohend zum Schlag heben), bevor es handgreiflich wird. Da Ihnen diese Signale nicht zur Verfügung stehen, nimmt besonders die Stimme eine Ersatzfunktion ein. Bevor Sie strafen, ermahnen Sie das Pferd also zuerst mit drohendem Unterton, den es sehr wohl zu deuten weiß.

Den guten Ausbilder zeichnet aber noch mehr aus. Auch bei Pferden kann beobachtet werden, wie manche ganz selbstverständlich einen hohen oder den höchsten Rang einnehmen, ohne darum viel kämpfen zu müssen. Sie sind geborene Führernaturen und verstehen es außerdem, ihre Mitpferde auf andere Weise zu beeindrucken. Sie sind ihnen geistig überlegen. Ziel unseres Umganges mit den Pferden ist nun, unsere geistige Überlegenheit auszuspielen, wo immer dies möglich ist, um physische Strafen auf ein Minimum zu beschränken. Im Falle einer Aufsässigkeit oder gar einer Aggression sollte man jedoch nie zögern, unverzüglich und hart zu reagieren und klare Verhältnisse zu schaffen.

Wenn Sie erst einmal Dinge haben durchgehen lassen, erfordert deren Korrektur eine härtere Maßnahme, als nötig gewesen wäre, alles im Keim zu ersticken. Sie tun also nicht nur sich, sondern auch dem Pferd keinen Gefallen, wenn Sie nachgiebig sind.

Sie müssen als Mensch noch konsequenter sein, als Pferde es untereinander sind. Zwei Pferde, von denen zwangsläufig eins höhergestellt ist als das andere, spielen auch zusammen, streiten spielerisch. Sie können nicht zulassen, daß ein Pferd ein Spielchen mit Ihnen anfängt. Wenn so ein Pferd — und sei es nur ein Fohlen — spielerisch und ohne böse Absicht zulangt, reicht das unter Umständen schon für einen Krankenhausaufenthalt...

66
Pferde, die nicht gern allein bleiben wollen oder die notorische Abreißer und Zerreißer von Halftern sind, sollten so lernen, das Angebundensein zu akzeptieren. Mit einem Bow Line-Knoten wird eine Schlinge um den Hals geknotet (die sich nicht zuzieht), welche eng genug ist, um sich nicht über den Kopf zu ziehen, die aber locker genug ist, die Atmung nicht zu behindern; der Strick wird dann durch den Ring des Halfters geführt und in Kopfhöhe angebunden. Eine andere Möglichkeit ist die, den Strick durch den Halfterring, dann zwischen den Vorderbeinen hindurch und hinter den Ellbogen in einer Schlaufe um den Pferdeleib laufen zu lassen. Dabei soll es aber eine Schlaufe sein, die sich zuzieht. Das kuriert in der Regel die schlimmsten Fälle. In jedem Fall sollte das Pferd nicht ohne Aufsicht gelassen werden. Für Bowline-Knoten s. Abb. 85

Sie können ein Pferd nicht antiautoritär erziehen.

Ein Pferd, das Sie erworben haben und das sich auflehnt, geben sie am besten erst einmal in Pferdegesellschaft und lassen die anderen Pferde ihm beibringen, auf ein Ohrenzucken hin zu gehorchen. Danach werden Sie es einfacher haben. Um ein Pferd zu erziehen, das in einer Herde die ranghöchste Position einnimmt, benötigen Sie möglicherweise fachmännische Hilfe.

Was sollte man mit einem Fohlen oder halbwüchsigen Pferd schon tun?

Sie sollten es halfterzahm machen *(Halter Broke)*, es sollte lernen, die Hufe zu geben und — dies ist wichtig — dem Menschen Respekt entgegen zu bringen.

Jeder Trainer nimmt lieber ein Pferd in Arbeit, das überhaupt nicht mit Menschen zu tun gehabt hat und nur in der Herde gelaufen ist, als eins, dem man versucht hat, alles mögliche beizubringen, das aber schon mehr oder weniger verdorben ist. Wenn ein Dreijähriger zum Einreiten kommt, ist es überhaupt kein Manko, wenn er nie geputzt worden ist, nie getätschelt wurde, kein Halfter kennt und auch kein Führen — all das kann er innerhalb kurzer Zeit lernen. Unangenehm sind die Pferde, die Zückerchen und Streicheln kennen, die auch schon einmal geführt worden sind, aber nur, wenn es ihnen gerade nichts ausmachte, die auch schon einmal longiert worden sind, aber permanent Kreuzgalopp gehen durften, denen man ausgewichen war, wenn sie angelaufen kamen, die Menschen recht kurzweilig finden, ihnen aber keinen Respekt zollen, sondern sich nichts daraus machen, ihnen auf den Füßen zu stehen oder sie über den Haufen zu laufen, als ständen sie gar nicht da...

Darum, wenn Sie mit dem Fohlen oder Jungpferd arbeiten, dann vernünftig. Wenn Sie es anbinden, so benutzen Sie ein Halfter, daß garantiert nicht zerreißt, und binden es an einen Pfahl oder Baum an, den es garantiert nicht umwirft. Am besten gehen Sie auf Nummer Sicher und binden es nach Abb. 66 an. Wenn es so lernt, von den Artgenossen getrennt, angebunden zu stehen, achten Sie darauf, daß der Bodengrund weich ist, damit es sich nicht verletzt, wenn es sich einmal hinwirft.

Ob Sie es halten oder führen, ob Sie das mit Halfter oder Hackamore tun — nie sollten Sie einen permanenten Zug ausüben. Die *Pull and Slack Method,* die sich durch das ganze Westerntraining zieht, fängt schon hier an. Im ersten Lebensjahr des Pferdes dürfen Sie keine War Bridle verwenden, das junge Tier könnte Schaden nehmen, aber vom Jährling aufwärts können Sie die War Bridle gebrauchen. Niemals dürfen Sie jedoch ein Pferd mit der War Bridle anbinden!

Also immer nur einwirken, wenn es nötig ist. Steht es nicht ruhig, geben Sie ihm einen Pull und sagen „Whoa!". Danach sofort wieder loslassen. Das wiederholen Sie, so oft es nötig ist. Niemals kontinuierlichen Zug ausüben!

Stürmt es voraus, wenn Sie es führen wollen, geben Sie ihm einen harten Ruck mit dem Führstrick, wie beim *Ground Doubling* beschrieben, der es herumwirft und stoppt. Auch hier: sofort wieder lockerlassen. Wann immer Sie es kontrollieren müssen, tun Sie es durch einzelne Zupfer oder Rucke, niemals durch kontinuierlichen Zug. Und wann immer es geht oder steht, wie es soll, geben Sie im völlige Freiheit des Kopfes, so daß es keinerlei Zug verspürt.

Wenn es antreten soll, tippen Sie es mit einer Gerte an der Hinterhand an, ohne sich dabei umzudrehen. Versuchen Sie nicht, es vorwärts zu ziehen! Mit einem vorn überstehenden Ende der Gerte können Sie auch seinen Vortritt begrenzen (Abb. 67).

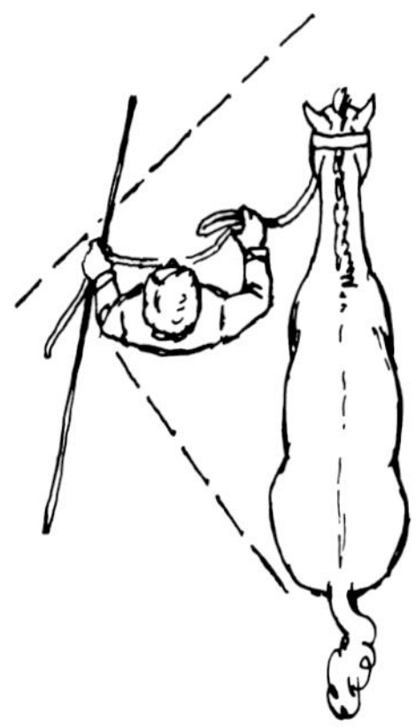

67
Durch Antippen hinten (ohne sich dabei umzuschauen) oder Vor-die-Nase-Halten der Gerte lernt das Pferd schnell, sich führen zu lassen

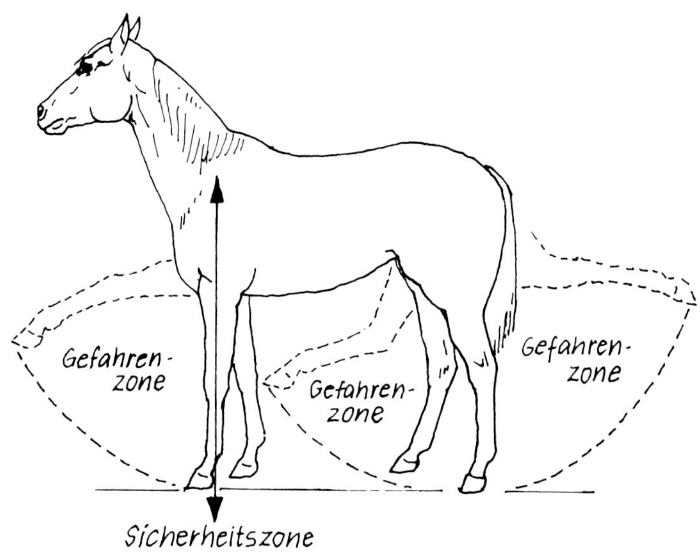

68
Gefahrenzonen beim Pferd; Sie erkennen anhand der Abbildung, daß Sie nur auf Höhe der Pferdeschulter außerhalb des Gefahrenbereichs sind

BREAKING

Es gibt sie zweifellos innerhalb der Westernreit-Szene, die „Reiter", die sich durch besonders grobe Hilfen oder gar durch Brutalität auszeichnen und die für das z.T. schlechte Image dieser Reitart verantwortlich sind. Natürlich gibt es solche Typen auch in der hiesigen Reiterei, aber das wird natürlich vergessen.... Jedenfalls gibt es wohlmeinende Westernreiter, die in ihrem löblichen Bestreben, dieser Reitweise zur verdienten Anerkennung zu verhelfen, deren wesentlicher Bestandteil die leichte, feine Hilfengebung ist, über das Ziel hinausschießen. So ist es zwar eine ehrenhafte Absicht, eine „gesellschaftsfähige" Erklärung des Begriffes *Breaking* zu suchen, der dieses Wort wegrückt von Assoziationen mit Gewalt, Härte und Willensbrechung, doch bleibt die Tatsache bestehen, daß das Breaking genau da seinen Ursprung hat, nämlich in den Tagen des Westens, als der noch jung war, als Pferde weniger wert waren als Sättel, als große Mengen von Pferden gebraucht wurden, als eine beträchtliche Zahl an Pferden ständig durch Unfälle bei der gefährlichen Arbeit verloren ging, als *Bronc Buster* in kürzester Zeit aus wilden Mustangs Reittiere machen mußten...

Der Widerstand, den diese Pferde dem Einreiten entgegensetzten (und der erheblich war, um es milde zu formulieren), wurde gebrochen, daher das Wort Breaking. Ob auch der Wille des Pferdes gebrochen wurde, wie man es oft zu hören bekommt, sei dahingestellt. Irgendwo wird der Wille des Pferdes immer so weit gebrochen beim Zureiten, wie es der Wille des Pferdes eben war, nicht geritten zu werden. Das Wort Breaking stammt jedenfalls daher, und es bezeichnet heute nicht ein rohes oder gar brutales Zureiten, sondern durchaus ein verständnisvolles oder, wenn Sie so wollen, sanftes. Der Begriff Breaking hat halt Tradition und drückt nicht aus, nach welcher Methode ein Pferd zugeritten wird.

Breaking beinhaltet auch mehr als nur „zureiten". *Halter broke* ist ein Pferd, wenn es ans Halfter gewöhnt ist und am Halfter geführt und angebunden werden kann. Wenn ein Pferd an den Tumult des Straßenverkehrs gewöhnt wurde, kann man es als *traffic broke* bezeichnen. Wirklich *broke* ist ein Pferd, das absolut zuverlässig unterm Sattel geht, lammfromm angebunden stehenbleibt, sich alle Beine aufheben und ggf. beschlagen läßt, sich artig führen, verladen, putzen läßt usw. Ein Pferd, das in all dem sich vorbildlich verhält, bezeichnet der Amerikaner oft auch als *dead broke,* ein Begriff, der denen, die im Breaking ein brutales Einbrechen sehen, natürlich einen Schauer über den Rücken laufen läßt... In Wirklichkeit bedeutet das nichts anderes, als daß dieses Pferd absolut zuverlässig ist. Auch im deutschen Sprachgebrauch finden sich Worte wie „totgut" oder „totsicher".

In welchem Alter sollte ein Pferd eingeritten werden? Darüber gehen die Meinungen weit auseinander. In dem Zusammenhang muß zunächst einmal unterschieden werden zwischen einem Einreiten, das sich darauf beschränkt, das junge Pferd an Sattel und Reitergewicht zu gewöhnen und ihm eine gewisse Basis-Kontrolle beizubringen, und einem In-Gebrauch-Nehmen des Pferdes.

Wer weiß, was er tut, die Sache voll im Griff hat, gewissenhaft und erfahren genug ist, zum rechten Zeitpunkt aufzuhören, der kann einen Zweijährigen einreiten, ohne ihm zu schaden. Meistens sind die Pferde schon 2 1/4 oder 2 1/2 Jahre, wenn sie angeritten werden, und ich halte es für vernünftig, sie in dem Alter für kurze Zeit, vielleicht einen Monat, vielleicht nur 14 Tage, mit Sattel und Reitergewicht und den Basiskommandos vertraut zu machen. Dabei trägt das Pferd den Reiter nur für 10 oder 15 Minuten, und man kann das etwa vergleichen mit leichter körperlicher Arbeit, die ein 15- oder 18-jähriger Jugendlicher verrichtet, der ja auch noch nicht körperlich voll entwickelt ist.

Aber wie gesagt, der verantwortungsbewußte Ausbilder achtet sorgsam darauf, dem jungen Pferd die Grundbegriffe beizubringen, ohne es körperlich zu belasten. Es ist nicht nur für den Menschen, sondern auch für das Pferd sehr viel leichter, das in diesem Stadium zu tun, als wenn das Pferd noch kräftiger geworden ist und auch von seiner geistigen Haltung her weniger leicht zu beeinflussen und zu formen ist.

Dies trifft auf Pferde zu, die entsprechend gut entwickelt, gesund und kräftig sind. Einem Spätentwickler muß mehr Zeit gegeben werden. Im Zweifelsfall gebe man einem Pferd lieber ein oder ein halbes zusätzliches Jahr Zeit. Nach der o.g. kurzen Zeit des Einreitens sollte das Pferd allemal noch einmal etwa ein halbes Jahr auf die Weide entlassen werden und Ruhe bekommen.

In der Breaking-Phase wird das junge, „grüne" Pferd an Sattel und Reitergewicht gewöhnt, und es wird ihm eine gewisse Basis-Kontrolle beigebracht, d.h. es lernt, auf Zügelzug links und rechts herum zu wenden, anzuhalten und ein, zwei Schritte rückwärts zu richten.

Die meisten Trainer haben so ihre eigene Verfahrensweise. Der eine macht viel Bodenarbeit, er praktiziert das „Fahren vom Boden aus", bis er eine Basis-Kontrolle erreicht hat, andere vernachlässigen diesen Teil völlig. Manche binden das Pferd zum Aussacken an und hobbeln es zusätzlich, andere kommen meistens ohne aus und bringen dem Pferd das Angehobbelt-Stehenbleiben als separate Übung bei. Es gibt Trainer, für die — oft sich selbst gegenüber uneingestanden — ein paar Buckler einfach dazugehören, andere tolerieren das Buckeln bis zu einem bestimmten Grade und denken nicht weiter darüber nach, ob es wünschenswert ist, es möglichst zu vermeiden.

Das Aussacken ist jedoch Bestandteil des Breaking-Programms so ziemlich aller Westerntrainer. Es ist eine enorm vertrauenbildende Maßnahme und beschleunigt den Breaking-Prozeß erheblich. Im nachfolgenden wird eine Verfahrensweise geschildert, mit der ich die besten Erfahrungen gemacht habe und die m.E. die schnellsten Resultate zeitigt. Ein Pferd, das unter dem Reiter buckelt oder steigt, nach-

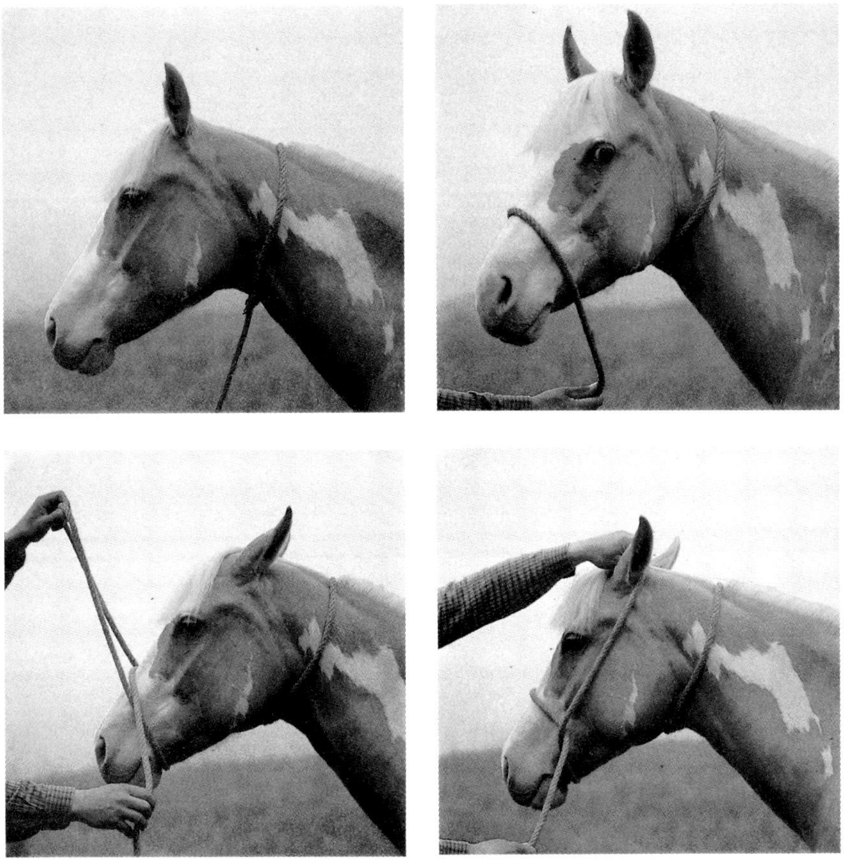

69, 70, 71, 72, 73
Anlegen der War Bridle

74
Zur Verdeutlichung noch einmal die War Bridle, am Pferdekopf angebracht

dem es in dieser Weise gründlich gearbeitet wurde, ist die absolute Ausnahme.

Grundsätzlich sollten Sie noch beachten, für solche Arbeit stets einen milden, möglichst angenehm warmen und windstillen Tag zu wählen, besonders, wenn Sie nicht in einer Halle, sondern draußen arbeiten müssen. Das gilt für die gesamte Breaking- und Einreit-Phase. Solche Arbeit an einem kühlen, kalten oder gar nassen und windigen Tag zu tun, ist unklug und bedeutet nichts anderes, als Probleme oder gar einen Hospitalaufenthalt geradezu herauszufordern.

1.
Das Pferd wird nicht angebunden, sondern bekommt lediglich die War Bridle angelegt. Man begibt sich tunlichst in einen fest eingezäunten Corral, eine Reitbahn oder Reithalle. Der Bodengrund sollte weich sein. Sie halten bereit: Sattel, Pad oder Blanket, lange Peitsche, Foot Rope, mehrere Stücke Plastikplane, einen Sack oder eine alte Decke o.ä.

2.
Sie beginnen, indem Sie dem Pferd beibringen, daß es stehenbleiben muß. Sie pflanzen ihm so Respekt vor der War Bridle (und vor Ihnen) ein. Wenn es einen Schritt tut, geben Sie einen Ruck am langen Strick der War Bridle und sagen „Whoa!". Nicht an der War Bridle ziehen —, wenn das Pferd steht, sofort wieder locker lassen! Wenn es den Kopf (und damit seine Aufmerksamkeit) in eine andere Richtung wendet, bringen Sie es durch entsprechendes Zupfen wieder unter Ihren Einfluß.

3.
Hat das Pferd die Wirkung der War Bridle kennengelernt und respektiert es sie, so daß es sich nicht mehr getraut, einen Schritt zu tun, obwohl es nicht gehalten wird, beginnen Sie mit dem Aussacken. Dazu können Sie einen alten Sack, eine Decke, Ihre Jacke oder die Sattelunterlage nehmen, bzw. es ist gut genug, nacheinander verschiedene solcher Teile zu benutzen. Sie schlagen damit leicht gegen das Pferd, zunächst in Richtung Brust/Schulter, später über den Rücken, unter den Bauch, an die Beine, über die Kruppe und über Hals und Kopf.

Schon beim ersten Mal wird es wahrscheinlich entsetzt zur Seite springen, worauf ein heftiger Ruck an der War Bridle folgt. Sie sind ja darauf vorbereitet und können diesen Ruck im Bruchteil einer Sekunde folgen lassen, nachdem das Pferd sich bewegt hat. So geht es dann immer weiter, immer gegen dieselbe Stelle schlagen, jedes Bewegen mit einem Ruck quittieren, bis das

Aussacken mit der War Bridle. Bei ängstlichen oder wilden Pferden geht man zunächst nicht so nah heran, sondern berührt sie mit einem „verlängerten Arm", einer Gerte z.B. Als nächstes kann man einen Plastikbeutel an die Gerte binden, wie hier, und das Pferd damit überall berühren

75

76

77

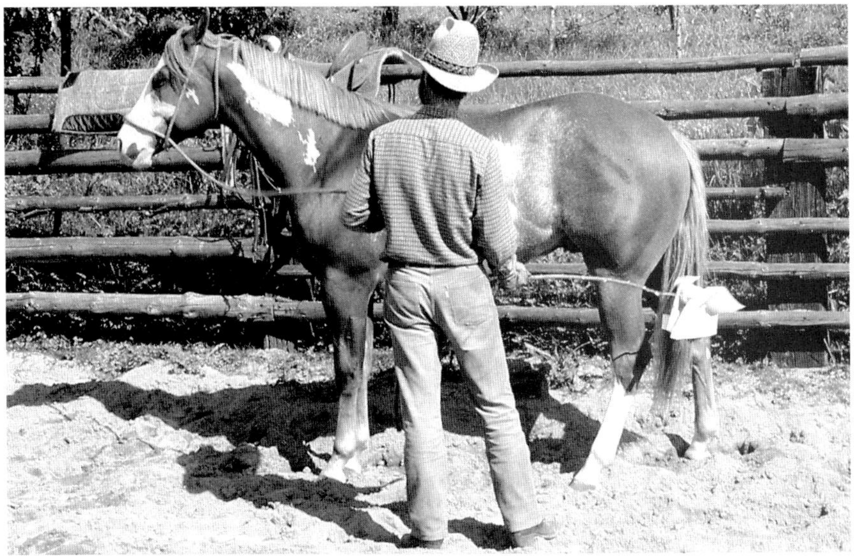

78
Ein neues „schreckliches" Objekt wird vorgestellt: eine Plastikplane, zunächst einmal auf die Erde geworfen

79
Bald läßt es sich damit überall berühren

80
Ein mutwilliges Dagegentreten verleiht der Plastikplane neues Leben und neue Bedrohlichkeit

Pferd sich das gefallen läßt, ohne sich von der Stelle zu bewegen. Danach schlagen Sie gegen eine andere Körperstelle, bis es auch das gut aushält usw., bis Sie keine Stelle am Pferd ausgelassen haben. Zum Schluß werden die „Schläge" auch kräftiger, energischer — weh tun können Sie dem Pferd damit ja nicht.

Nach den ersten Schlägen, wenn das Pferd einigermaßen begriffen hat, was vorgeht, ist es sinnvoll, mit kleinen Zupfern an der War Bridle an die Präsenz derselben zu erinnern, um große Sprünge gar nicht erst aufkommen zu lassen.

4.
Wenn Sie so die linke Seite des Pferdes vollständig „durchgearbeitet" haben, verfahren Sie genauso auf der anderen Seite; dazu sollten Sie die War Bridle auch andersherum anbringen. Was das Pferd von einer Seite kennt und akzeptiert, überträgt es durchaus nicht auf die andere —, der gleiche Tanz spielt sich nun, möglicherweise in leicht abgeschwächter Form, auf der anderen Seite ab.

5.
Nachdem Sie auch die zweite Seite ausgesackt haben, wechseln Sie noch ein paar Mal hin und her, um sich zu vergewissern, daß nirgendwo mehr ein Rest von Schreckreaktion kommt. Nehmen Sie dann ein Stück Plastikplane und sacken Sie auch damit das Pferd auf beiden Seiten aus, bis es sich dies am Fleck stehenbleibend gefallen läßt. Ordentlich rascheln mit dem Ding! Je mehr Furchteinflößendes es unter Ihrer Regie durchsteht, ohne sich je weh zu tun, desto mehr Vertrauen wird es in Sie setzen und desto mehr Respekt wird es auch vor Ihnen haben. Außerdem hat das Pferd nur eine bestimmte Menge überschüssige Energie für Schreckreaktionen in sich, und je mehr Sie auf diese Weise abbauen, desto weniger wird es anschließend geneigt sein, unter dem Sattel unkontrolliert zu reagieren.

Ich war einmal dabei, wie ein Cowboy-Freund den ganzen Nachmittag eine junge Stute, die er einzureiten hatte, zusammen mit einem Arbeitswallach im Trailer „spazieren fuhr". Der Trailer war, wie man das im Südwesten oft hat, völlig offen, und da es auch durch die Stadt ging, wo er Verschiedenes zu erledigen hatte, bekam die junge Stute allerhand Aufregendes zu sehen, bis sie abends ausgeladen wurde. „That's good for her, takes a lot out of her das ist gut für sie, kostet Sie 'ne Menge Energie" meinte er dazu. Nach der Heimkehr hat er sie dann ausgesackt und eingeritten, was eine Sache von etwa einer halben Stunde war, ohne daß die Stute auch nur einmal gebuckelt hätte. Die Herumfahrerei hatte ihn keine zusätzliche Zeit gekostet, da er Dinge erledigte, die er sowieso zu tun hatte.

6.
Sie sind nun soweit, Pad und Sattel auflegen zu können. Das Pad legen Sie in flottem Schwung auf, nicht vorsichtig. Wenn nochmals ein Zucken des Pferdes erfolgt, legen Sie es so oft auf, bis es dabei völlig ruhig steht. Wenn Sie bis hierhin gründlich ausgesackt haben, wird es beim Auflegen des Pads ganz gelassen bleiben. Machen Sie nicht den Fehler, der im allgemeinen beim Zureiten hierzulande üblich ist: versuchen Sie nicht, die Satteluntерlage oder den Sattel behutsam auf den Rücken zu praktizieren, möglichst ohne daß das Pferd dies merkt oder zumindest, ohne daß es sich erschreckt. Sie legen sowohl den Pad wie auch den Sattel provokativ auf, Sie fordern eine etwaige Schreckreaktion heraus. Das ist es schließlich, was Sie die ganze Zeit beim Aussacken gemacht haben.

Was immer Sie mit dem Pferd machen, tun Sie es nicht verstohlen. Wenn Sie dem Tier den Sattel gezeigt haben und es daran haben riechen lassen, legen Sie ihn mit mehr Gehabe und Gerappel auf, als nötig wäre. Sie dürfen ihn nicht auf den Rücken knallen — Sie sollen ihm nie weh tun –, aber die Steigbügel dürfen z.B. ruhig über den Rücken oder die Kruppe schleifen, und nachdem er aufliegt, nehmen Sie ihn beim Horn und rütteln noch einmal kräftig daran. Das Tier soll mitbekommen, was Sie machen und nicht erst nach einer Weile über das Ding auf seinem Rücken erschrecken. Das bewußte Mitbekommen von allem ist Bestandteil des Aussackungsprozesses.

Das nun notwendige Festgurten ist ein kritischer Punkt. Bevor angegurtet wird, ziehen Sie den Gurt ein-, zweimal hoch an den Pferdekörper, damit es die Berühung kennt und nicht davon überrascht wird. Der Latigo soll lang genug sein, um zweimal durch den Ring am Sattel und dreimal durch den des Bauchgurtes geführt werden zu können, ohne daß er dazu schon soweit angezogen werden muß, daß er anliegt. Erst, wenn der Latigo so durchgezogen ist (Abb. 83), wird angegurtet, denn mit dem ersten Anziehen sollte der Gurt so fest werden, daß der Sattel bei einem etwaigen Explodieren des Pferdes oben bleibt. Das erste Anziehen darf aber nicht ruckartig und so hart erfolgen, daß das Pferd damit „überfallen" und geradezu veranlaßt wird, zu explodieren und zu bocken.

Läßt sich das Pferd das Gurten gefallen, wird entsprechend nachgegurtet, bis der Sattel gut festsitzt, ohne aber durch zu strammes Gurten einen Gurtzwang zu provozieren. Die meisten tendieren allerdings zu einem zu lockeren Gurten. Zwischen dem Nachgurten läßt man das Pferd ein paar Schritte treten, um das Entstehen eines Gurtzwanges zu vermeiden.

7.
An dieser Stelle kann man den Aussakkungsprozeß noch gut unterstützen, indem man mit z.B. einer Jacke recht kräftig auf den Sitz des Sattels schlägt. Je mehr es dabei „knallt", umso besser, es tut dem Pferd ja nicht weh. Auch daß trotz dieser eher heftigen und ihm aggressiv erscheinenden Bewegungen kein Schmerz folgt, ist lehrreich für das Pferd.

8.
Lassen Sie nun das Pferd um Sie herum laufen (mit der War bridle), wie beim Longieren. Dazu können Sie ggf. die Peitsche gebrauchen. Wenn es nun ein paar Bocksprünge macht, so ist das in Ordnung. Lassen Sie die Steigbügel ruhig gegen das Pferd klopfen — Sie blicken mittlerweile durch: auch das gehört mit zum Aussackungsprozeß.

9.
Wenn das Pferd nicht (oder nicht mehr) bockt oder kickt, rufen Sie „whoa!" (wenn nötig, Pull an der War Bridle) und halten es an. Sie kontrollieren die Gurtung und binden dann so ziemlich alles, was Sie an Plastikplanen, Regenmänteln usw. greifbar haben, vorn und hinten an den Sattel, natürlich auf beiden Seiten etwa gleichmäßig verteilt. Auch an den Schweif binde ich gern ein Stück Plastikfolie.

81 Auch das wird überlebt, und schließlich läßt es sich damit auch über den Kopf fahren

82 Nach dem mehrmaligen Auflegen des Pads wird der Sattel präsentiert und aufgelegt

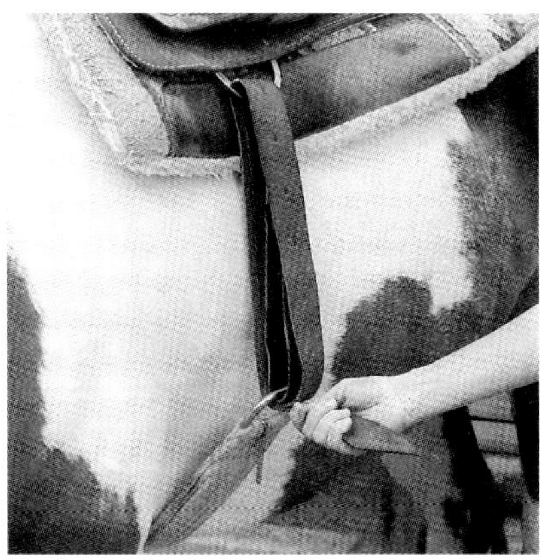

83
Der Latigo muß lang genug sein, um mehrfach durchgezogen werden zu können, ohne daß sich deshalb schon der Gurt anzieht, damit der Sattel beim ersten Anziehen gleich wenigstens so fest wird, daß er oben bleibt, sollte das Pferd explodieren

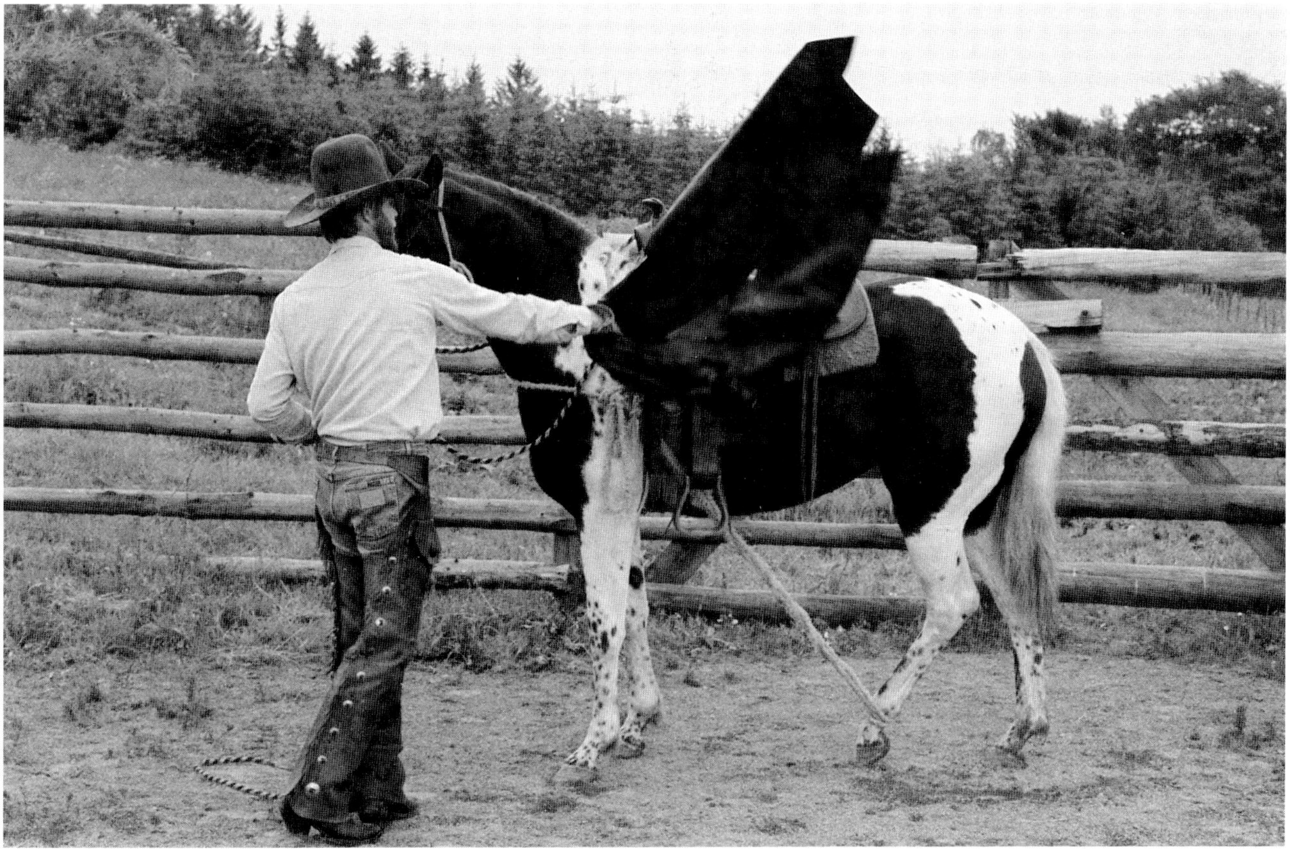

84
Das Anlegen eines Scotch Hobbles kann bei sehr ungebärdigen Pferden anfangs erforderlich sein

Longieren Sie es nun erneut; lassen Sie es in beiden Richtungen herumlaufen, bis sich eine eventuelle Panik aufgrund der Plastikplanen gelegt hat und das Pferd ruhig und gleichmäßig geht. Lassen Sie es auf jeden Fall auch galoppieren! Manche fangen erst an „auszurasten", wenn sie im Galopp gehen.

Es ist keine schlechte Idee und unterstützt den Prozeß, dort, wo das Pferd herläuft, ein paar Stücke Plastikplane auf dem Boden liegen zu haben. Ein zusätzlicher Trick, der eine u.U. vorhandene Spannung offenbaren kann und diese abbauen hilft, ist ein am Sattelhorn befestigter Strick, an dem Sie, während das Pferd galoppiert, mehrmals kräftig ziehen. Bockt es aufgrund dessen, so lange ziehen, bis das Bocken aufhört.

10.
Nun den Gurt kontrollieren, die Planen etc. entfernen und am besten eine leichte Person aufsitzen lassen. Sie kontrollieren das Pferd nach wie vor mit der War Bridle vom Boden aus. Wenn Sie darauf angewiesen sind, allein zu arbeiten, sitzen Sie auf und kontrollieren es mit der War Bridle vom Sattel aus. Sie können dann allerdings nur Wendungen in eine Richtung machen. Ansonsten führen sie es mit dem Reiter ein wenig herum, um es dann auf beiden Händen mit Reiter noch einmal ein paar Runden zu longieren. Danach absatteln, loben und das Pferd entlassen. Die ganze Prozedur hat etwa 1 — 2 Stunden gedauert, je nach dem, wie sich das Pferd angestellt hat. Ich führe die Prozedur aber, wenn eben möglich, bis zum Schluß durch und unterbreche sie nicht gern.

Wenn Sie am nächsten Tag das alles wiederholen — bei den meisten Pferden werden sie kaum noch schreckhafte Reaktionen haben —, können Sie anschließend schon eine Hackamore aufzäumen und das Pferd ein wenig im Corral reiten.

Natürlich gibt es extrem wilde oder besonders schreckhafte oder außergewöhnlich sensible Pferde. Ich persönlich habe noch kein Pferd gehabt, mit dem ich nicht in einer „Sitzung" bis wenigstens zu Punkt 6 gekommen bin und auch nur eins, bei dem ich von Punkt 6 an anders verfahren mußte.

Zu Beginn des Aussackens kann es erforderlich sein, bei wilden, sich stark wehrenden Pferden, ein *Scotch Hobble* anzulegen, um das Tier teilweise zu immobilisieren (Abb.84 und 85). Nachdem sich das größte Entsetzen gelegt hat, kann der Scotch Hobble weggenommen werden, und man verfahre weiter, wie oben beschrieben.

Pferde, die sehr heikel an den Beinen sind, berühre man dort zunächst mit der Peitsche oder einem langen Zweig. Das *Foot Rope* kann hier hilfreich sein (Abb. 86). Schließlich sollte sich das Tier mit dem Sack oder dem Blanket überall, auch zwischen den Beinen, berühren lassen.

Wenn ein Pferd beim Gurten explodiert und wirklich spektakulär und anhaltend bockt, nachdem es sich bis dahin eher programmgemäß verhalten hat, ist es besonders sensibel in der Gurtgegend und wahrscheinlich auch an den Seiten. Ein solches Tier lasse man ausbuckeln und sitze erst nach mehrmaligem Satteln und Gurten auf. In extremen Fällen binde man rechts und links einen Sandsack an den Sattel und longiere es damit, bis sich das Pferd die Berührung der an die Seiten klopfenden Säcke ohne weiteres gefallen läßt. Da das grüne Tier wenig Kondition hat, kann ein so ausgiebiges Longieren über seine Kräfte gehen, und man sollte einen oder mehrere Tage Longierarbeit mit Säcken und Plastikplanen zwischenschalten, bevor man in den Sattel steigt.

Grundsätzlich halte ich es für erstrebenswert, daß das Pferd möglichst nie unter dem Reiter buckelt. Es sollte einen Reiter auf seinem Rücken gedanklich mit gehorsamem Stehen und Vorwärtsgehen verbinden. Auch viele Trainer, die Bocken in der Anfangsphase des Einreitens erlauben, bilden gute Pferd aus, doch kann so etwas schnell zur Gewohnheit werden, und es gibt eine beträchtliche Anzahl Pferde, die kaum geritten werden können, ohne daß sie zuvor eine kleine Rodeo-Einlage bieten, besonders, wenn sie länger nicht gearbeitet wurden oder bei frischem, windigem Wetter.

85 Der Bow Line Knot

86
Hat man einen Helfer, kann auf diese Weise ein zusätzlicher Aussack-Effekt erzielt werden

87
Nachdem das Pferd nach dem Gurten erst ein paar Runden laufen darf und sich an den Sattel gewöhnen kann, wird es dann longiert, während Plastikplanen und Papiertüten am Sattel befestigt sind und flattern (Abb. 88)

88
Eine in das Loch hinter der Fork gesteckte Gerte mit daran befestigter Plastiktüte macht es mit dem Anblick eines Objektes in der Position vertraut, in der sich nachher der Reiter befindet

AUSBINDEN, LONGIEREN, FAHREN VOM BODEN

Nachdem das Pferd ausgesackt und an Sattel und Reitergewicht gewöhnt wurde, und bevor die eigentliche Ausbildung unterm Reiter beginnt, empfiehlt sich das Ausbinden sowie das Longieren und/oder Fahren vom Boden aus.

Wieviel Zeit auf diese Dinge verwandt wird, ist bei den einzelnen Trainern sehr unterschiedlich. Wenn Sie wenig Erfahrung haben sollten im Einreiten junger Pferde, ist es ratsam, eher ausgiebig zu longieren und vom Boden aus zu fahren, um eine gewisse Grundlage zu schaffen, auf der Sie die Reitausbildung sicherer aufbauen können und die hilft, Fehlschläge zu vermeiden.

Das seitliche Ausbinden vor dem ersten Reiten ist etwas, auf das ich in keinem Fall verzichte, wenn ich auch sonst oft nur so viel longiere, um zu sehen, daß keine Verspannung mehr vorliegt, die ein Steigen oder Bocken verursachen könnte. Durch das seitliche Ausbinden lernt das Pferd, dem Zügelzug zu folgen; es lernt, daß dieser aufhört, wenn es ihm nachgibt. Es kann sich damit viel leichter abfinden, kann es leichter herausfinden, wenn es dazu nicht auch noch durch den Reiter verunsichert, abgelenkt oder gar gestört wird.

Bei allem Umgang mit dem Pferd, allem Erziehen, ist eins immer am wirkungsvollsten: wenn es nämlich den Eindruck bekommt, es straft sich selbst. Aus dem Grund lassen wir einem etwaigen „Vergehen" des Pferdes, einem Unartigsein, so unverzüglich wie nur möglich die Strafe folgen, sei es ein Schlag oder ein Ruck an der War Bridle. So bekommt das Tier den Eindruck, daß eine solche Tat automatisch mit einer unangenehmen Reaktion verbunden ist. Das muß so sein, wie wenn es an einen Elektrodraht kommt — blitzartig, hart und ebenso selbstverständlich wie kompromißlos.

Nach demselben Prinzip wirkt das Ausbinden zum Schweif des Pferdes. Jedes Pferd empfindet das Ziehen an seinem Schweif als unangenehm und lehnt sich dagegen auf, indem es zur anderen Seite zieht. Binden wir es darum an seinem Schweif aus, spürt es einen Zug daran, sobald es sich in Hals und Kopf wieder gerade stellen will. Seine Reaktion darauf ist, mit der Hinterhand wegzugehen, weil es sich dem Zug am Schweif entziehen will. Damit zieht es aber

89
Das Ausbinden am Schweif; man kann erkennen, wie sich das Pferd in der gesamten Längsachse biegt

erst recht seinen Kopf und Hals und letztlich sich insgesamt herum (Abb. 89).

Was also passiert, wenn Sie es am Schweif ausbinden, ist, daß es sich im Kreis herum dreht. Es lernt so, dem Zügelzug bzw. seiner Nase zu folgen. Bald findet es aber auch heraus, daß es keinen Zug verspürt — weder im Maul, noch am Schweif — , wenn es nachgibt, d.h. Hals und Kopf in die Richtung des „Zügel"-Zugs stellt. Der Strick („Zügel") hat dann *Slack,* er hängt durch.

Gegenüber der Methode, das Pferd am Sattel auszubinden, hat diese mehrere Vorteile. Erstens erleben die Pferde, daß sie sich selbst herumziehen, sie strafen sich also selbst durch Zug im Maul oder am Schweif, wenn sie nicht nachgeben. Zweitens bleiben sie so besser in der Bewegung, während sie, am Sattel ausgebunden, keinen aktiven Zug erfahren und eher stehenbleiben; sie neigen dabei auch viel mehr dazu, sich aufs Gebiß zu legen (Abb. 90/91). Zum dritten bewirkt das Ausbinden zum Schweif, daß sie sich in der gesamten Längsachse biegen, während das Ausbinden zum Sattel nur ein Nachgeben (Abknicken) in Hals und Genick bewirkt. Das Ausbinden zum Sattel hat deshalb da seinen Platz, wo Pferde gerade in Hals und Genick sich steif machen, bzw. wenn man einen mehr nach oben gerichteten Zügelzug haben will (Abb. 92).

In jedem Fall darf ein Pferd nur so weit ausgebunden werden, daß es ihm möglich ist, den Druck im Maul (Zügelzug) zu vermeiden, indem es nachgibt und der Strick (Zügel) durchhängt! Bindet man ein Pferd zu weit aus, erreicht man genau das Gegenteil. Das Pferd legt sich aufs Gebiß, verkrampft, gerät u.U. in Panik und überschlägt sich vielleicht sogar (Abb. 93 und 94).

Manche Trainer binden ihre Pferde auch im Sinne einer vertikalen Kontrolle aus, indem sie aus beiden Zügeln den Slack nehmen und sie am Horn oder hinterm Cantle festbinden (Abb. 95). Das Pferd soll so lernen zu tucken, das Kinn einzuziehen und sich Slack zu verschaffen. Bei gut veranlagten, sensiblen Tieren bringt das etwas, andere lernen dabei nur, sich aufs Gebiß zu legen. Ich praktiziere das nur in Einzelfällen.

Grundsätzlich braucht ein „grünes" Pferd noch nicht zu tucken, durchs Genick zu gehen, sondern darf zunächst in natürlicher Haltung den Kopf frei tragen. Die vertikale Kontrolle kommt erst im weiteren Trainingsverlauf, in dem Maße, wie es lernt, unter dem Reiter seine Balance wiederzufinden, und das Tucking sollte von hinten nach vorn herausgeritten werden. Denn selbstverständlich nützt mir ein Abkippen im Genick wenig, wenn dabei das Kreuz hohl und die Hinterhand hinten hinausgestellt ist.

90
Das Pferd ist seitlich ausgebunden, wobei der Zügel hinter dem Cantle herläuft und auf der anderen Seite festgemacht ist; das Pferd kämpft mit sich selbst, es legt sich auf den Zügel

Natürlich benutzen Sie in diesem Stadium und bis auf weiteres ein einfaches Snaffle Bit, am besten mit *Bit Guards* (Scheiben, die ein Durchziehen oder Wundscheuern verhindern) oder Doubling Outfit.

Ist ein Pferd aber besonders empfindlich im Maul und kann sich mit dem Gebiß schlecht anfreunden, macht es allerdings einen Sinn, es so ausgebunden im Corral eine Weile sich selbst zu überlassen, daß es nur wenig Slack in den Zügeln hat und so den Kopf nicht zu tief nehmen kann. In gewissen Abständen schauen Sie immer einmal nach, ob es sich auch nicht in irgendwelche prekäre Lage manövriert hat. In ganz hartnäckigen Fällen müssen Sie das Gebiß (ohne Zügel) für einen ganzen Tag oder länger im Maul lassen, so daß es mit dem Gebiß fressen und saufen muß.

Ein Pferd, das sich programmgemäß verhalten hat und nicht besonders nervös oder *broncy* ist, kann nun, nachdem es nach beiden Seiten für etwa 10 Minuten ausgebunden war (auf jeden Fall so lange, daß es herausgefunden hat, wie es sich durch Nachgeben Slack verschaffen kann), geritten werden. Sicherheitshalber lassen Sie es noch ein paar Mal um Sie herumtraben, um zu kontrollieren, ob es locker ist oder Verspannungen zeigt, einen *Hump* im Rücken hat, wie man drüben sagt (Abb. 96).

Meistens rühren die Verspannungen vom Gurten her, das für das Pferd ja noch etwas Ungewohntes ist. Sie entladen sich durch Steigen oder Buckeln, manchmal auch durch rückwärtiges Überschlagen. Das Gurten sollte darum in Etappen vorgenommen werden, wobei das Pferd zwischendurch immer bewegt wird. Vor dem Ausbinden z.B. hatten Sie so stramm gegurtet, daß das Obenbleiben des Sattels gewährleistet war. Beim Wechseln der Seite, nach der es ausgebunden wurde, gurteten Sie noch einmal nach und nach Beendigung des Ausbindens noch einmal...

Ein scharfes Wenden über die Hinterhand sowie Rückwärtsrichten löst solche Ver-

91 Es legt sich immer noch auf den Zügel, wenn auch nicht mehr ganz so stark

92 Es hat herausgefunden, daß es nur seitlich nachzugeben braucht, und der Druck des Gebisses ist weg

spannungen. Ob ein Pferd ausreichend ausgebunden wurde und ob es Verspannungen hat, zeigt mir auch folgender Test: den Zügel auf der mir abgewandten Seite lasse ich hinter der Fork her über den Sitz in meine Hand laufen und ziehe daran, um das Pferd zu wenden (Abb. 97 und 98). Wenn es verspannt ist, biegt es sich nicht im Hals und wendet, sondert wehrt sich und steigt eventuell beim Wenden.

Wie gesagt, rühren diese Verspannungen meistens vom Gurten her. Pferde, die darauf besonders empfindlich reagieren, werden deshalb als *cinchy* oder als *Cinch Binder* bezeichnet. Bei kalter Witterung tritt so etwas stets stärker auf, als bei warmer. In einem besonders ausgeprägten Fall binde ich schon einmal ein Vorderbein hoch (Abb. 40) und zwinge das Pferd so, ein wenig auf drei Beinen zu gehen. Da dies sehr anstrengend ist, wird es schnell warm und die Verspannungen lösen sich.

Wichtig ist, daß Sie nicht durch zu schnelles, zu strammes Gurten einen Gurtzwang erzeugen bzw. Ihr Pferd zu einem Cinch Binder machen. Auch nachdem es die ersten ein, zwei Male gesattelt wurde, sollten Sie immer darauf achten, nicht mit einem Mal ganz stramm zu ziehen. Wenn ich ein Pferd sattele, putze ich es und lege ihm Pad und Sattel auf. Dann nehme ich das Halfter ab und lege den Zaum an und zieh danach den Gurt etwas strammer. Nun räume ich ihm die Hufe aus und gurte erneut etwas nach. Anschließend werden ggf. Splint Boots und Skid Boots angelegt, und danach wird wiederum angegurtet. Schließlich führe ich es in die Reitbahn, wenn ich nicht ins Gelände gehe, und überprüfe dort noch einmal die Gurtung und gurte nötigenfalls nach. So hat das Pferd immer wieder Zeit, sich zu entspannen, Luft abzulassen, und wird nicht so leicht einen Gurtzwang entwickeln.

Manche Pferde sind auch dann noch verspannt. Um das herauszufinden, lasse ich sie rückwärtsrichten oder scharf über einen Hinterfuß wenden, bevor ich aufsitze. Zeigt sich eine Verspanntheit, lasse ich sie ein wenig im Kreis herum laufen, richte sie forciert rückwärts oder binde, wie oben erwähnt, ein Vorderbein hoch.

Beim Aufsitzen achten wir nun darauf, daß wir mit der linken Hand die Zügel halten, und zwar den linken dabei so verkürzt, daß der Pferdekopf nach links gestellt wird (vorausgesetzt, wir wollen von links aufsteigen), außerdem ergreifen wir mit der Linken noch ein Büschel Mähnenhaare, das als Halt dient. Mit der Rechten fassen wir ans Horn. Wenn wir so aufsitzen, kommen wir nicht hinter die Bewegung und können uns immer in den Sattel ziehen, sollte das Pferd beim Aufsitzen einmal eine unvorhergesehene Bewegung machen. Auch geben wir ihm durch die Einwärtsstellung Richtung, so daß es linksherum im Kreis geht, wenn es sich bewegt (Abb. 100).

Ganz im Anfang ist es nicht unbedingt erforderlich, daß es beim Aufsitzen völlig ruhig stehenbleibt. Vielmehr ist das Wichtigste, daß es locker und beweglich bleibt, nicht auf der Stelle „festfriert". Wenn es steif auf der Stelle festfriert und dann zum Antreten aufgefordert wird, reagiert es meistens mit katapultartigem Losschießen und nicht selten mit Bocken.

93
Dieses Pferd ist zu kurz ausgebunden; es ist ihm nicht möglich, durch Nachgeben den Druck des Gebisses zu vermeiden, es kann darum nichts Gutes lernen. Alles, was es so lernt, ist, sich auf das Gebiß zu legen. Wenn es vorher steif war, ist es nachher noch verkrampft dazu. Der Zug auf dem Zügel war so stark, daß es den Sattel nach einer Weile nach vorn zog. Daraufhin band der „Trainer" es noch kürzer aus...

94
... und das passierte anschließend. Da ist es besser, ein Pferd gar nicht auszubinden, als es so zu tun

95
Die Stute ist beidseitig ausgebunden, die Zügel sind hinter dem Cantle verknotet. Dieses Pferd ist sensibel und hat die anatomischen Voraussetzungen (gutgeformter Hals, klar ausgeschnittene Kehle, leichtes Genick), so daß es schnell lernt, zu „flexen", beizuzäumen

96
Wenn sich ein Pferd nach dem Satteln so verkrampft zeigt, einen Hump (Höcker) auf dem Rücken hat, wie man sagt, steigen Sie besser nicht auf. Zwanghaftes Bocken, Steigen und Überschlagen sind zu erwarten

97
Den Zügel auf der mir abgewandten Seite lasse ich hinter der Fork oder hinter dem Cantle herlaufen und ziehe den Kopf des Pferdes herum, es so zu einer scharfen Hinterhandwendung zwingend, um zu kontrollieren, ob eine Verkrampfung oder ein Zwang vorhanden ist

98
Wenn das Pferd so dem Zügel folgt und wendet, liegt aller Wahrscheinlichkeit nach kein Gurtzwang vor und man kann mit sicherem Gefühl aufsitzen. Bei einer zwanghaften Versteifung würde ein Pferd auf diesen Test hin mit Steigen und evtl. sogar Überschlagen reagieren

99
Hier ist das Pferd seitlich am Sattel ausgebunden, und der andere Zügel läuft zwischen den Vorderbeinen her, um dann am Horn festgeknotet zu sein; er verhindert ein Hochwerfen des Kopfes

Es ist okay, wenn es stehenbleibt, solange es dabei locker bleibt. Wenn es aber einen Schritt macht oder zwei beim Aufsteigen, ist das auch gut, denn dann wissen Sie, daß es locker geblieben ist. Blieb es stehen beim Aufsitzen und Sie sitzen nun oben und wollen es in Bewegung bringen, so führen Sie die Zügelhand auf einer Seite tief und deutlich zur Seite und ziehen es herum, dabei seine Vorderbeine aus den „Startlöchern" lösend (Abb. 105). Eine treibende Hilfe gebrauchen Sie nicht, höchstens wenn Sie die Vorhand gelöst haben, schnalzen Sie aufmunternd oder geben ein anderes stimmliches Kommando, daß Sie verwenden.

Hat es seine Beine nach dem Aufsitzen erst einmal bewegt, ist ein kritischer Punkt überwunden. War eine gewisse Verspannung da, und Sie mußten eine bestimmte Hemmschwelle überwinden, um es zu ver-

100
Bei Pferden, die für eine Überraschung gut sind, nimmt man vor dem Aufsitzen den Kopf zu sich herum (man kann dazu auch direkt ans Halfter fassen); ggf. läßt man es beim Aufsitzen im Kreis herum treten

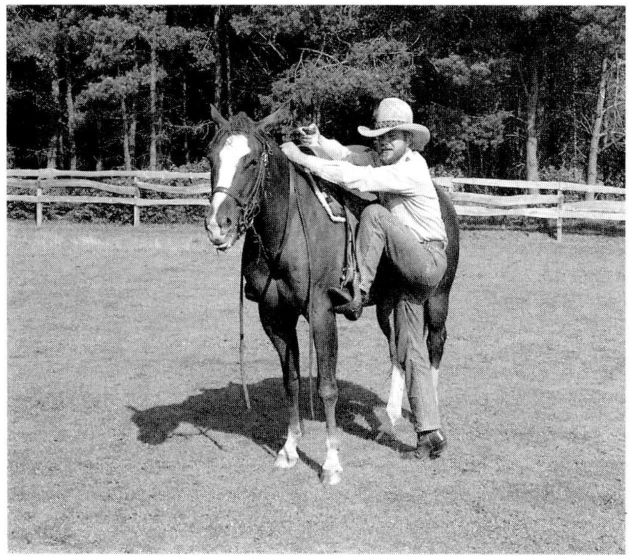

101
Aufsitzen; der Reiter stellt sich dicht ans Pferd, die linke Hand hält die Zügel und eine Mähnensträhne, die rechte hält sich am Horn fest. Auch wenn das Pferd während des Aufsitzens vorangehen sollte, kann man sich so in den Sattel ziehen. Die Stiefelspitze bleibt in Bewegungsrichtung und darf zu keiner Zeit ans Pferd kommen!

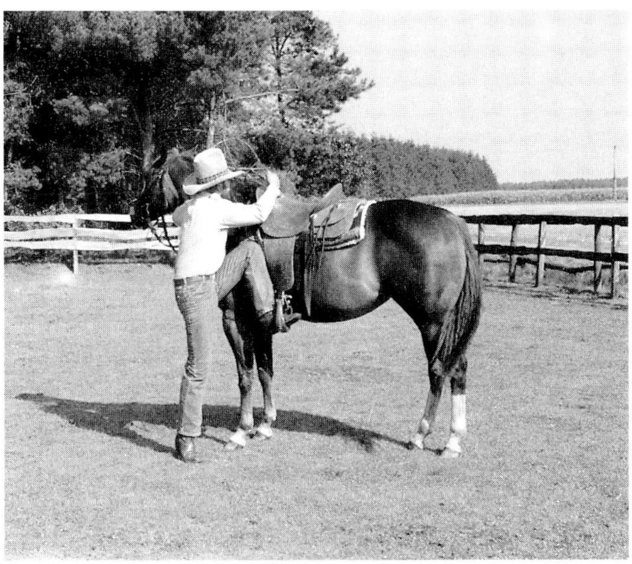

102
Besonders bei großen Pferden, wo man schlecht einen Fuß in den Bügel bekommt, ist diese Aufsitzmethode nützlich: man steht mit dem Rücken zum Pferdekopf, ergreift mit der Linken die Zügel und einen Büschel Mähne, schiebt sich mit der Rechten den Bügel auf den Fuß, um dann ans Sattelhorn zu greifen und sich hochzuziehen

103
Auch dabei ist zu vermeiden, das Pferd mit der Stiefelspitze zu berühen, was kein Problem ist, wenn man sich mit dem Knie abdrückt

104
Wenn die rechte Hand am Horn ist und nicht am Cantle, wie man das oft sieht, muß man sie zu keiner Zeit loslassen, wenn das rechte Bein übergeschwungen wird, bis man im Sattel sitzt

106 Anfangs wird das grüne Pferd mit tiefer, seitlicher Zügelführung geritten (low loose rein)

105
Nachdem auf ein grünes Pferd aufgesessen wurde und dieses ruhig stehengeblieben ist, kommt ein kritischer Punkt: es in Bewegung zu setzen (dabei kann es nochmal ein Explodieren geben). Nehmen Sie dazu den Kopf mit tiefer Zügelhand seitlich herum und lösen es aus seinem Stand (to untrack the horse)

anlassen, seine Beine in Bewegung zu setzen *(to untrack the horse),* so wird es sprungartig, eventuell mit Bocken, reagieren. In dem Fall haben Sie aber den Vorteil, daß Sie ihm schon eine Richtung gegeben haben, und Sie haben auch, solange es Ihnen gelingt, den seitlichen Pull beizubehalten, ein gewisses Maß an Kontrolle, mit dem Sie Bocken weitgehend verhindern können.

Das Schlimmste bei Bockern ist, wenn Sie sich auf der Stelle entfalten können. Deshalb läßt man Pferde, die in dieser Beziehung kritisch sind, schon vor dem Aufsitzen im Kreis um sich herum gehen, sitzt dann während der Kreisbewegung wie oben beschrieben auf und reitet das Pferd dann ohne Unterbrechung vom Fleck weg.

Nachdem Sie also aufgesessen sind und Ihr Pferd in Bewegung gebracht haben, reiten Sie am besten eine Serie von Trabzirkeln — nicht zu weit, etwa von 5 bis 8 Metern Durchmesser —, wechseln die Hand und machen dasselbe zur anderen Seite. Danach sollte es einigermaßen warm und die Gefahr eines Bockens oder Steigens aufgrund von Verspannungen vorbei sein.

Nach einer Verschnaufpause (im Schritt), in der Sie immer wieder Wendungen reiten, beginnen Sie erneut mit Trabzirkeln und beschleunigen es daraus, wenn möglich, in den Galopp. Einige wenige Zirkel im Galopp auf jeder Hand reichen aus. Sie parieren durch, indem Sie „Whoa!" sagen und es gegen den Zaun lenken, und lassen es dann noch eine Weile im Schritt am langen Zügel latschen, um sich zu entspannen. Es sollte nun wenigstens feucht sein; wahrscheinlich ist es aber schon gut naß vom Schweiß.

Bei diesen ersten *Saddlings* lenken Sie es mit tiefer, deutlich seitwärts weisender Zügelhand, die es mit dem Ausbinden bzw. der Longierleine assoziieren kann, die ihm auf jeden Fall verständlicher macht, was Sie von ihm wollen (Abb. 106). Bevor Sie sich in den Sattel wagen, können Sie natürlich eine mehr oder weniger ausgiebige Longenarbeit betreiben sowie das Fahren vom Boden aus. Binden Sie Ihr Pferd aber beim Longieren, wenn überhaupt, nicht zu stark

107 Die Zügelführung, wie sie während des größten Teils der Ausbildung praktisch ist

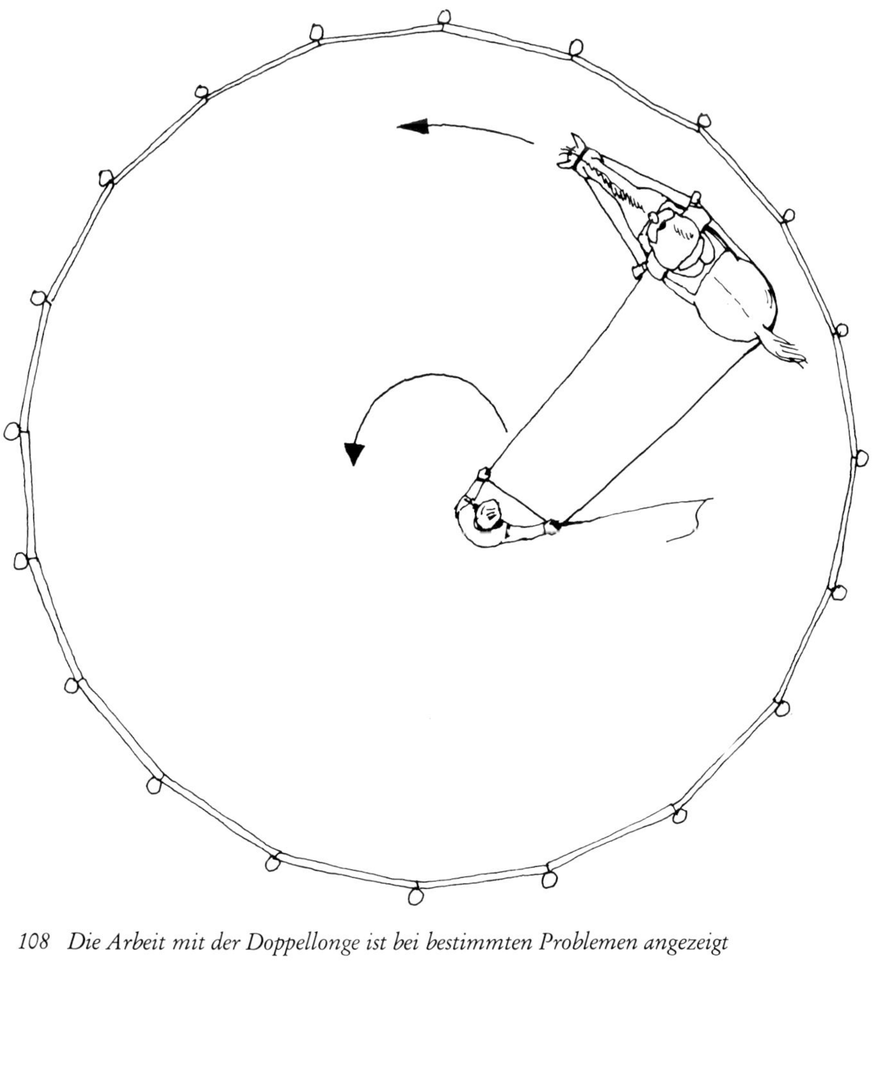

108 Die Arbeit mit der Doppellonge ist bei bestimmten Problemen angezeigt

aus, lassen Sie ihm die Möglichkeit, seinen Kopf in natürlicher Haltung zu tragen. Beim Longieren kann es lernen, in den Gangarten ein gleichmäßiges Tempo beizubehalten und auf stimmliche Kommandos zu reagieren. Auch eine Gymnastizierung und Konditionierung kann dadurch erreicht werden; es kann lernen, den inneren Hinterfuß unter sein Gewicht zu nehmen.

Vielleicht stellen Sie auch beim ersten Reiten fest, daß es auf einer Hand kaum in den Galopp zu bekommen ist. Hier hilft die Arbeit mit der Doppellonge (Abb. 108). Die äußere Longierleine ersetzt dabei den äußeren Schenkel und bringt die Hinterhand des Pferdes nach innen, aber auch insgesamt mehr unter das Pferd.

Für das Longieren sollten Sie einen Round Corral haben oder einen Longierzirkel, den Sie notfalls durch Stangen oder Strohballen abteilen können, wenn Sie nur eine größere Bahn zur Verfügung haben. Ohne äußere Begrenzung des Longierzirkels erfordert es ziemliches Geschick, zu vermeiden, daß sich ein Pferd dabei Unarten angewöhnt, wie Wegdriften, Über-die-Schulter-Ausbrechen oder Kreuzgalopp.

Solange Sie Ihr Pferd antreiben wollen beim Longieren, bewegen Sie sich immer auf seine Kruppe zu. Soll es verlangsamen, treten Sie ihm in den Weg (Abb. 109). Mit der Doppellonge sowie beim Fahren vom Boden aus haben Sie die Möglichkeit, auch Wendungen gegen den Zaun auszuführen. Beim Fahren vom Boden lassen Sie die Leinen durch die Steigbügel laufen, die Sie unterm Pferdebauch zusammengebunden haben (Abb. 110).

Wenn Sie erstmals vom Boden aus fahren und keinen Round Corral haben, steht besser ein Helfer neben Ihnen bereit, der Ihnen beispringen kann, wenn Sie das Pferd einmal nicht halten können sollten.

Es gibt kaum etwas, das das Pferd nicht bei dieser Leinenarbeit schon lernen kann. In der Regel ist man aber mit der Ausführung von Stop und Back Up zufrieden und wenn es sich in beide Richtungen wenden läßt.

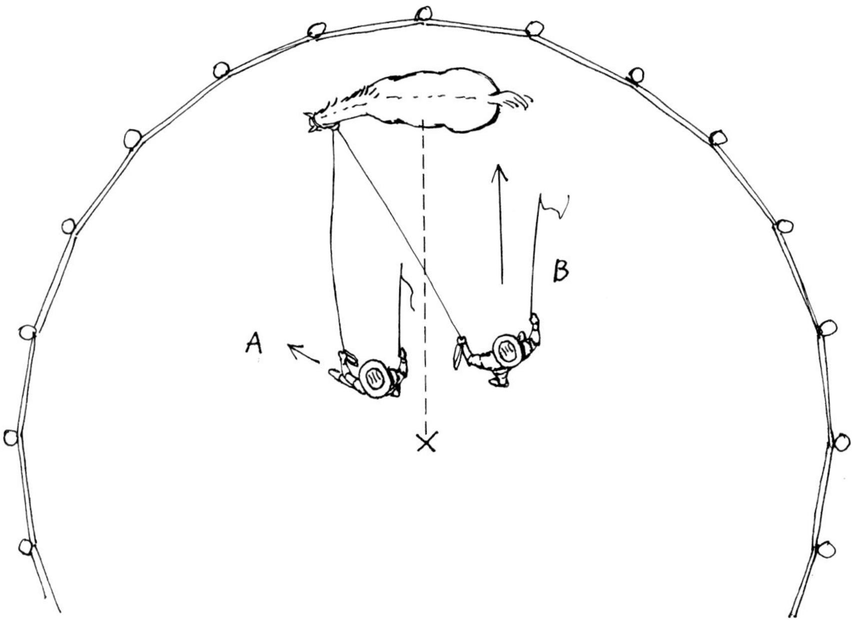

109
Durch Ihre Position in Relation zum Pferd treiben Sie es an oder verlangsamen und stoppen es. Wenn Sie sich auf seinen Kopf zu bewegen (A), verlangsamt es, und wenn Sie in Richtung seiner Kruppe gehen (B), wird es schneller

110
Das Fahren vom Boden aus stellt eine gute Vorbereitung auf das Gerittenwerden dar. Besonders wenn Pferde sich verspannen beim Rückwärtsrichten, ist es sinnvoll, das erst vom Boden aus zu üben

111
Diese Stute wehrt sich durch Steigen gegen das Rückwärtsrichten. Dabei ist ein rückwärtiges Überschlagen immer möglich, und es ist viel gesünder, es vom Boden aus zu lehren

WESTERNDRESSUR, GESTERN UND HEUTE

Es gab eine Zeit, wo die Kalifornier weit und breit, überall, wo echte Horsemen sich trafen, bekannt dafür waren, die brillantesten Reined Cow Horses zu trainieren, zu arbeiten und auf Shows vorzustellen.

Ada M. Morgan, 1950, im Handbook of the California Reined Cow Horse Association

Für mich ist das ein Snaffle Bit-Pferd, das jeden Tag Fortschritte macht, ohne daß der Trainer je mit ihm kämpfen müßte, um ihm irgendeinen Prüfungsteil abzuverlangen.

Les Vogt

Wer mein erstes Buch „Westerntraining für Freizeitreiter" kennt und das hier vorliegende liest, könnte sich fragen, ob das denn alles falsch war, was ich damals geschrieben habe. Dazu muß man sagen, daß jenes Buch vor 12 Jahren geschrieben wurde und die Zeit natürlich nicht stehengeblieben ist. Vielmehr hat sich in den verflossenen Jahren enorm viel getan —, in Amerika ist die Entwicklung sowohl im Bereich der Westküste, wie auch im Reining des Mittelwestens rasant vorangeschritten. Und in Deutschland ist Westernreiten nicht mehr nur Alternative für Freizeitreiter, sondern wir haben ein umfangreiches und beachtliches Western-Turniergeschehen. Die meisten Westernreiter hier sind inzwischen darauf ausgerichtet, zumindest gelegentlich an Turnieren teilzunehmen. Auf Turnieren müssen sie aber das bringen, was die Richter *heute* sehen wollen. Sie erwarten also von einem Buch wie diesem, daß es Ihnen dazu konkrete Information und Hilfe bietet und nicht eine Technik erläutert, die im wesentlichen die der alten kalifornischen Vaqueros darstellt und nicht mehr *up to date* ist.

Die Reitweise der kalifornischen Vaqueros und das Hackamore Training sind nicht falsch. Sie sind in sich schlüssig und richtig, aber sie sind z.T. anders, als was heute auf Turnieren verlangt wird. Sie basieren vor allem auf der Voraussetzung, daß Zeit keine Rolle spielt. Ob das Pferd nach 1 1/2 oder nach 3 Jahren fertig war, spielte in den Tagen der *Dons*, der *Spanish Grants* und der *Vaqueros* keine Rolle, wenn nur das Endprodukt perfekt war.

Heute ist Zeit Geld, ganz besonders beim Training von Westernpferden in Amerika, wo gerade in den Futurities, den Wettbewerben für junge Pferde, meistens Dreijährige, das große Geld zu gewinnen ist. Ohne hier auf die negativen Begleiterscheinungen einzugehen, die eine solche Situation mit sich bringt, kann man doch sehen, daß diese Entwicklung dazu geführt hat, daß schonende und höchst effektive Methoden gefunden wurden, um ein junges Pferd schneller wettkampfreif auszubilden. Hand in Hand damit ging eine Zuchtauslese, die frühreife und psychologisch belastbare Pferde hervorbrachte.

Noch lange nicht jedes gute Westernpferd ist ein gutes Futurity-Pferd. Dazu muß es eine besondere Disposition haben, es muß sehr kooperativ sein und darf sich nicht leicht aufregen. Nur, wenn das Pferd kein Fighter ist, keine Schwierigkeiten macht und auch keine gebäudebedingten Probleme hat, kann es so früh gearbeitet werden, daß es mit ca. 3 1/2 Jahren solche Prüfungen gehen kann. Nur dann kann ihm das alles mit so wenig Arbeit beigebracht werden, daß diese keine zu große physische Belastung darstellt und es das Training ohne gesundheitlichen Schaden übersteht. Letzteres ist allerdings nur ein Idealfall, und die Zahl der Tiere, die gesundheitlichen Schaden nehmen, ist nicht unerheblich. Die Futurities sind aber Realität, und es ist nicht vorstellbar, daß die Altersgrenzen einmal heraufgesetzt werden. *The Almighty Buck*, der allmächtige Dollar steckt dahinter, damit müssen wir uns abfinden, so bedauerlich das ist.

War es früher so, daß das Reined Cowhorse der Westküste und besonders Californiens das höchste an Perfektion darstellte, das der Westen in punkto dressurmäßiger (Reining-)Ausbildung zu bieten hatte, so daß es den Cowboy östlich der Rocky Mountains in ungläubiges und neidvolles Staunen versetzte, hat sich die Lage in den letzten Jahrzehnten umgekehrt. Das Reining im Midwest (Eastern) Style hat in den letzten zwei Jahrzehnten, besonders aber in den letzten zehn Jahren eine gewaltige Spezialisierung und Verbesserung erfahren und bezüglich der Finesse und Perfektion die West Coast-Reiterei überflügelt. Die NRHA (National Reining Horse Association) hat das Reining-Pferd, den *Reiner*, zu einem Spezialisten gemacht, der in der Regel nichts anderes tut und der jedenfalls nicht mit einem Cowboypferd verwechselt werden darf. Es ist ein Spezialist, der auf speziell präparierten Böden geshowt wird, mit speziellem Hufbeschlag versehen. Ein solches Pferd könnte auf solchem Boden und mit solchem Beschlag keine Rinderarbeit tun, es würde meterweit an der Kuh vorbeirutschen, die es stoppen und dirigieren soll.

Hier wurde also aus der Arbeitsreiterei der Cowboys eine Disziplin, ein Sport entwickelt, der Selbstzweck geworden ist und sich von seinem Ursprung entfernt hat, der aber zweifellos begeisternde Resultate hervorbringt.

Die Reiterei an der Westküste hat als wesentlichen Bestandteil noch immer die Rinderarbeit. In der Working Cowhorse-Disziplin wird außer dem Reined Work (Reining) das Fence Work und oft auch Herd Work (Cutting) verlangt. Das bedingt eine andere Problem- bzw. Aufgabenstellung. Boden und Beschlag müssen so beschaffen sein, daß das Pferd nicht ungebührlich weit rutscht, sondern es ihm möglich ist, hart zu stoppen und zu wenden, um ein Rind zu kontrollieren.

Besonders bei den Futurities, den Wettbewerben für Dreijährige, ist es einleuchtend, daß diese Pferde reiningmäßig noch nicht so perfekt gehen können, wie die

112 Beim Fence Work der Working Cowhorse-Disziplin muß ein Rind in beiden Richtungen gegen die Einzäunung abgeblockt und gewendet werden

113 Anschließend soll die komplette Kontrolle über das Rind demonstriert werden, indem es in beiden Richtungen im Kreis getrieben wird

Dreijährigen in den Reining Futurities. Zwar gehen letztere einhändig und auf Kandare, und die Working Cowhorse Futurity-Pferde dürfen zweihändig mit dem Snaffle Bit geritten werden, aber sie müssen auch sehr viel mehr lernen: das Cutting Training ist ein Programm für sich, besonders das Fence Work aber ist eine schwierige Aufgabe, die bei oft hohen Geschwindigkeiten und mit den stets unberechenbaren Rindern in manchmal halsbrecherischen Manövern bewältigt werden muß, und ein Pferd, besonders ein so junges, dabei unter Kontrolle und durchlässig zu halten, ist sehr schwer. Mit anderen Worten, wenn eins dieser haarfein eingestellten Reining-Pferde eine Weile hinter einem rasenden Rind hergehetzt hat, ist es nachher auch nicht mehr so fein eingestellt ...

Daß heute aber der Reiner und nicht das Reined Cowhorse das Höchste in der Westerndressur darstellt, liegt an der Konzeption der jeweiligen Verbände. Die NRHA fördert erklärtermaßen die Vervollkommnung des Reining Horses und setzt immer höhere Maßstäbe. Die NRCHA (National Reined Cowhorse Association, vormals California Reined Cowhorse Association) auf der anderen Seite versteht sich als Hüter und Bewahrer der West Coast-Tradition, wird diesem Anspruch aber nicht oder nur teilweise gerecht. Dahinter steckt in erster Linie das Motiv, eine Industrie und einen Markt zu schaffen, was auch gelungen ist und was völlig legitim ist. Eine andere Idee bildet die Basis für die NRHA auch nicht. Nur, Hüterin der Vaquero-Tradition zu sein, wie sie es gern vorgibt, vermag die NRCHA mit ihrer derzeitigen Konzeption nicht.

Die Wettbewerbe der NRCHA sind unterteilt in Snaffle-Bit-Klassen (Futurities) für Dreijährige, Hackamore-Wettbewerbe (Maturities) für Vierjährige und Bridle-Klassen für ältere Pferde, in denen sie mit einer Kandare (einhändig) geshowt werden, in der Regel einem Spade Bit oder einem Half Breed Bit.

Der Tradition des kalifornischen Vaqueros entspricht eine solch starre Einteilung aber nicht. Zunächst einmal wurden die Pferde damals normalerweise nicht schon so früh eingeritten und trainiert, daß sie mit 3 Jahren fertig waren. Sie wurden mit 3 Jahren bestenfalls gestartet, oft aber erst mit vier oder fünf Jahren eingeritten.

Es wurde nicht ein ganzes Jahr mit Snaffle Bit geritten. Zu Beginn der Ausbildungszeit oder bei bestimmten Problemen wurde der Snaffle Bit gebraucht, aber die eigentliche Ausbildung geschah mit der Hackamore. Das war ja gerade das Besondere.

Es wurde auch nicht unbedingt ein Jahr lang mit der Hackamore gearbeitet, sondern die Umstellung auf den Spade Bit erfolgte, wann immer der Ausbildungsstand des Pferdes dementsprechend war, ob nach weniger als einem Jahr oder nach fast zwei Jahren. Es gab den Ausdruck „das Pferd verlangt nach dem Bit". Ein Anzeichen dafür war, wenn ein Pferd, das seine Lektionen beherrschte, beim Reiten in der Hackamore Speichelschaum in den Maulwinkeln bildete. Ein Pferd kann auch zu lange in der Hackamore gehen.

Die meisten Hackamore-Pferde heute sind in Wirklichkeit keine solchen, sondern wurden mit dem Snaffle und anderen Zäumen trainiert und werden lediglich in der Hackamore geshowt.

Der Stil des Reitens selbst ist heute an der Westküste dem im übrigen Amerika angeglichen und entspricht nicht mehr dem alten kalifornischen Stil. Der Unterschied liegt nur noch in der anderen Aufgabenstellung und im unterschiedlichen Equipment auf Shows. Auch die Trainingsmethoden sind ziemlich dieselben, so weit sie sich auf das Reining beziehen.

Zu erwähnen wäre auch, daß zum Vaquero nicht nur die Reitkunst gehörte und, damit zusammenhängend, die Rinderarbeit, sondern auch die meisterhafte Beherrschung der Reata, des Dally Ropings: das Roping von Hirschen und Bären z.B. war ein beliebter Sport der Vaqueros. Ja, die Reata in der Hand des Vaqueros war nicht nur Werkzeug, sondern auch Waffe! Es hat Fälle gegeben, wo ein Mann mit nichts als der Reata in den Händen einem anderen, der mit einem Revolver bewaffnet war, entgegengetreten ist und letzterer es vorzog, lieber nicht zu ziehen...!

Es ist natürlich klar, daß der wettkampfmäßige Sport reglementiert werden und bis zu einem bestimmten Maß in starre Formen gepreßt werden muß. Dennoch wäre es möglich, die Futurities für Snaffle Bit- und Hackamore-Pferde zugleich offen zu halten und außerdem entweder Klassen zu haben für Pferde, die mit Hackamore und Bit geritten werden (der klassischen Umstellungsphase entsprechend) und Straight-up-Bridle-Klassen oder sich bei den Maturities auf letztere zu beschränken. Vor allem aber müßte das meiste Geld in den Bridle Classes zu gewinnen sein und nicht in den Futurities. Nur dann bekäme das Endprodukt, das Bridle Horse und Reined Cowhorse kalifornischer Prägung, das nötige Gewicht. Daran muß das Reined Cowhorse der NRCHA letztlich gemessen werden, am Endprodukt. Die Krone der Westerndressur, das California Reined Cowhorse oder Bridle Horse, verblaßt gegenüber dem Reiner. Die Snaffle Bit Horses beherrschen die Szene.

Nichts gegen die Snaffle Bit Horses. Es ist ein faszinierendes Feld, aber es wäre nicht weniger faszinierend, wenn Snaffle Bit und Hackamore wahlweise benutzt werden könnten, wie in den Working Cowhorse-Klassen der Rassenverbände, z.B. der AQHA oder der APHA. Und es ist sicher noch beeindruckender, ein voll ausgebildetes Bridle Horse Fence Work und Herd Work absolvieren zu sehen, um ihm dann bei einer wirklich brillianten Reined Work zuzuschauen. Gegen die geschliffenen Darbietungen von Top Reining Horses ist das Reined Work einer Snaffle Bit Futurity leider nur biedere Hausmannskost, und das stimmt jeden traurig, der zu den Bewunderern der alten kalifornischen Reitkunst gehört.

Einige wesentliche Unterschiede der alten West Coast-Reiterei und des modernen, vom Osten her beeinflußten Westernreitens sind folgende:

Sowohl bei Stops und Wendungen, wie auch beim Back Up wurde in der kalifornischen Reitweise der Pferderücken entlastet, das Gewicht mehr oder weniger aus dem Sattel genommen. Beim Stop und beim Back Up wurde Schenkeldruck angewandt.

Demgegenüber gilt es als typisch für das moderne Westernreiten (und das kann heute an der Westküste genauso beobachtet werden, wie im Osten), tief einzusitzen. Beim Stop sind die Unterschenkel oft weit weggestreckt, der Oberkörper eher zurückgenommen, als nach vorn.

Die Spins (Turn-Arounds) wurden in der kalifornischen Schule mehr gesprungen. Ein 360 Grad Spin war eine Aneinanderreihung von zwei oder drei „Sätzen" auf der Hinterhand. Dies bedingte meistens eine mehr oder weniger starke Auf- und Abbewegung.

Die Spins werden heute flach und „laufend" verlangt, wobei die Vorderbeine gleichmäßig um die Hinterhand laufen, daß äußere Vorderbein immer vor dem inneren hergreifend. Das ergibt eine wesentlich gleichmäßigere, glattere Bewegung, und man hat zumindest den Eindruck, als könne sie auch vom Tempo her gesteigerter ausgeführt werden.

In der Ausbildung und auch beim Reiten des fertigen Pferdes waren die Schenkel- und Sporenhilfen des Vaqueros von untergeordneter Bedeutung. Wenngleich die kunstvollen und nicht gerade kleinen Sporen das Gegenteil zu beweisen scheinen, wurde doch fast alles mit den Zügeln, der Zügelführung erreicht.

Heutzutage sind Schenkelhilfen, obwohl sie beim fertig ausgebildeten Pferd selten sichtbar sind, wesentlicher Bestandteil der Ausbildung.

Früher dauerte die Ausbildung des Pferdes mehrere Jahre. Hackamore und Spade Bit erfordern einen bestimmten Zeitaufwand.

Heute wird in erheblich kürzerer Zeit durch zielbewußte und intensive Arbeit sowie durch Methoden, die schneller Resultate zeigen, eine Ausbildung erreicht. Unterstützt wird diese durch besseres, auf besondere Anforderungen und Eignung gezüchtetes Pferdematerial.

Früher orientierte sich alles an der Rinderarbeit. Dazu war ein Stop absolute Notwendigkeit, der genau das war: ein Stop, d.h. ein Zum-Stehen-Kommen.

In der Reining von heute ist aus dem Stop eine Paradoxie geworden, nämlich eine Vorwärtsbewegung. Das Pferd rutscht auf der Hinterhand und läuft mit der Vorhand weiter, um sich auszubalancieren. Ermöglicht wird dies, wie schon angedeutet, durch einen besonderen Untergrund und durch einen Spezialbeschlag der Hinterhufe. Ich bin allerdings der erste, der zugibt, daß es sich hier um eine begeisternde Paradoxie handelt.

GEWÖHNEN ANS REITERGEWICHT

Wenn Sie nun mit der Arbeit unterm Sattel beginnen, gibt es, grob gesprochen, zwei Verfahrensweisen, die sich nach der vorausgegangenen Arbeit mit dem Pferd richten.

Wenn Sie ein Pferd über einen längeren Zeitraum gehabt haben, mit ihm umgegangen sind, es gelegentlich geputzt, ihm die Hufe getrimmt, es hierhin und dorthin geführt haben usw., so haben Sie, wenn Sie richtig mit ihm umgegangen sind, einmal eine Vertrauensbasis geschaffen, und zum anderen hat es gelernt, Ihnen Respekt zu zollen. Vor allem hat es gelernt, das Kommando „Whoa!“ zu befolgen!

Mit einem solchen Pferd oder mit einem, das durch entsprechende Bodenarbeit Vertrauen und Gehorsam gelernt hat, können Sie anders vorgehen, als mit einem, das ein relativ „unbeschriebenes Blatt“ ist und außer dem Aussacken und ein wenig Longieren noch nichts kennt.

Im ersteren Fall wird das Pferd auch nach dem Aufsitzen ruhig bleiben, sich auf ein Schnalzen hin in Bewegung setzen, ohne zu stürmen, und es wird auf Ihr stimmliches Kommando hin durchparieren und stehenbleiben. Ein solches Pferd bewegen Sie zunächst einmal im Schritt, lassen es gelegentlich die Richtung ändern, anhalten, erneut antreten usw. Klappt das alles gut, machen Sie es auch im Trab. In dem Fall ist es nicht schlecht, zunächst auf Galopparbeit zu verzichten und diese erst anzufangen, wenn bei der Trabarbeit schon eine gute Kontrolle eingerichtet werden konnte.

Besonders, wenn es sich schwer lenken läßt, dem seitlichen Zügel nur schlecht nachgibt, empfiehlt es sich, das Pferd vor dem Aufsitzen nach beiden Seiten einige Minuten lang auszubinden, am besten am Schweif.

Bei einem solch ruhigen Pferd können Sie auch schon von Beginn an versuchen, es zum seitlichen Wegtreten zu bewegen, indem Sie den Neck Rein anlegen und gleichzeitig mit dem äußeren Schenkel am oder vor dem Gurt drücken. Wenn das Pferd nur ein wenig zur Seite weicht, ist das ein Erfolg, den Sie mit Slack in den Zügeln und eventuell auch mit Klopfen belohnen. Bald können Sie etwas mehr verlangen und dem Drücken des äußeren Schenkels Nachdruck verleihen, indem Sie zugleich auch mit der Gerte das Pferd außen antippen, gerade so viel, daß es zur anderen Seite weicht, aber nicht so stark, daß es sich aufregt und davonlaufen will. Nach jedem Schritt zur Seite lassen Sie es einige Schritte geradeaus laufen, so daß Sie sich etwa in Form eines Sechsecks oder Achtecks bewegen. Wenn das richtig gut klappt, können Sie das Ganze im Trab machen.

Es gibt Trainer, die ihre Pferde darauf bei der Bodenarbeit vorbereiten, indem sie neben dem Pferd hergehen, die Zügel in beiden Händen haltend. Sie legen dann den Zügel auf ihrer Seite an den Pferdehals in form des Neck Reins und drücken mit ihrem Körper das Pferd von sich weg. So bringen sie ihm den Neck Rein vom Boden aus bei, und wenn Sie mit der Arbeit unter dem Sattel beginnen, hat das Pferd schon einen guten Begriff davon.

Haben Sie ein Pferd, das völlig roh ist und außer dem Aussacken und einigen Runden unterm Sattel an der Longe noch gar nichts kennt, können Sie nicht davon ausgehen, daß es ruhig vorangeht, wenn Sie sich erstmals in den Sattel geschwungen haben. Sie wollen das auch gar nicht, sondern vielmehr muß es zunächst an das Reitergewicht und den Sattel gewöhnt werden, indem es sich recht aktiv bewegt und einen Teil seiner Spannung durch das Laufen verliert. Dazu bringen Sie es am besten auf einen nicht zu großen Trabzirkel und lassen es sich seine Erregung von der Seele laufen. Nach einer Weile gehen Sie auf die andere Hand und lassen es weitere Trabzirkel laufen.

Wenn es in den Trabzirkeln ruhiger wird, halten Sie es an und lassen es verschnaufen, dabei lassen Sie die Zügel durchhängen.

Die Trabzirkel machen Sie, wenn Sie keinen Round Corral haben, in einer Ecke des Corrals oder der Bahn, weil Sie da wenigstens an zwei Seiten die Begrenzung durch den Zaun haben, die Ihnen hilft, daß Pferd auf dem Zirkel zu halten. Wenn Sie es an-

114
Der Versuch, ein Pferd mit Gewalt und Zügelzug zu stoppen, führt immer zu Maulaufsperren, herausgedrücktem Unterhals, Hochwerfen des Kopfes und Hohlmachen des Rückens. Manche Pferde, die per starkem Zügelzug mit der Kandare gestoppt werden, lassen zwar den Kopf unten, rollen sich dann aber auf, werden vorn zu schwer, der Rücken wird meistens dennoch durchgedrückt, und das Maul wird aufgerissen

halten wollen, seien Sie smart genug, dazu nicht am Zügel zu ziehen —, lassen Sie es vielmehr gegen den Zaun oder in eine Ecke des Corrals laufen, nachdem Sie „Whoa" gesagt haben.

Können Sie es nicht auf dem Zirkel halten, macht das auch nichts, solange Sie wenigstens verhindern können, daß die wilde Jagd losgeht. Wohin das Pferd im Corral läuft, ist zunächst von untergeordneter Bedeutung. Es reicht, wenn Sie gelegentlich die Richtung oder eine Richtungsänderung bestimmen. Das Pferd soll aber den Eindruck haben, daß Sie bestimmen. D. h. wenn es eine Richtungsänderung macht, die Sie nicht verhindern können, ohne in ein Gezerre und einen „Ringkampf" zu geraten, bestärken Sie es zunächst darin, nehmen den Zügel auf der Seite an, zu der es drängt, und vermitteln ihm so den Eindruck, es sei Ihre Idee gewesen.

Vermeiden Sie ein Am-Zügel-Ziehen, bei dem das Pferd wahrscheinlich doch nur den Kopf hochnehmen und den Unterhals herausdrücken wird (Abb.114) und bei dem es nur Negatives lernt. Geben Sie ein Kommando zum Anhalten nicht gleich nach dem Aufsitzen, sondern erst, wenn das Pferd schon eine Weile gelaufen ist und „Dampf abgelassen" hat. Zwingen Sie sich, cool zu bleiben und auf's Durchparieren zu verzichten, auch wenn es zuerst etwas hektisch sein sollte und schneller läuft, als Ihnen geheuer ist. Schließlich kann es im Corral ja nicht weit kommen. Versuchen Sie vielmehr, es möglichst bald auf einen Zirkel zu bekommen.

Machen Sie vor allem nicht den Fehler, den man oft beobachten kann: wenn Sie das Kommando „Whoa!" gegeben haben, auch wenn es Ihnen einmal mehr oder weniger ungewollt entschlüpft sein sollte, müssen Sie auf einem völligen Durchparieren, also einem Zum-Stand-Kommen, bestehen. Geben Sie sich nicht damit zufrieden, wenn es zunächst reflexartig verlangsamt, als wolle es anhalten, dann aber doch weiterläuft. Auch nicht, wenn es nur langsam weiterläuft! „Whoa!" bedeutet immer ein Anhalten, und da müssen Sie absolut konsequent sein. Das Pferd darf in diesem Stadium auslaufen und zum Stand kommen, es braucht nicht abrupt zu stoppen, aber es muß kontinuierlich verlangsamen bis zum Stillstand. Wenn Sie es mit Ihrer Stimme beruhigen, beschwichtigen, verlangsamen wollen, müssen Sie dazu eine andere Lautäußerung benutzen.

Sitzen Sie so ruhig wie möglich, vermeiden Sie starke Gewichtsverlagerungen. Bei diesem ersten Bewegen und An-Sattel-und-Reiter-Gewöhnen finden Sie bald heraus, wo besondere Schwachpunkte, Steifheiten, sind. Wenn Sie z.B. merken, daß Ihr Pferd relativ leicht dem Zügel nach links folgt, aber nach rechts kaum zum Biegen des Halses zu bewegen ist, steigen Sie ab und binden es 5 oder 10 Minuten nach rechts aus, was Sie in den nächsten Tagen dann jedesmal vor dem Reiten tun.

Ist das Pferd so weit, daß es den Reiter problemlos akzeptiert, hört das bloße Bewegen auf, und wir beginnen, es Schritt für Schritt unter Kontrolle, d.h. an die Hilfen zu bekommen.

Die Zügelführung mit deutlich seitlich vom Körper geführter Zügelhand, die für das Tier gut sichtbar und einsehbar ist, führt bald dazu, daß es mehr auf das optische Signal hin, als auf eigentlichen Zügelzug reagiert. Man nennt dies den *low loose Rein* (Abb. 106, 245).

VERTIKALE, LATERALE UND DIAGONALE KONTROLLE

Die ersten 60 Tage des Einreitens stellen die Basis dar, auf der man aufbaut. Der Verstand des Pferdes ist dann wie weicher Ton, den man formt. Wenn dieses Gebilde dann hart wird, ist das die generelle Einstellung des Pferdes, die man geformt hat. Manche Probleme können korrigiert werden, aber sie werden nie ganz verschwinden, sondern unter starkem Leistungsdruck können sie wieder auftreten.

Doug Milholland, Reining Horse Trainer und AQHA Reining World Champion

Ich bin sicher, daß manche Reining Horse Trainer anderer Meinung sind, doch ich glaube, daß man die Biegsamkeit erst erreichen muß, bevor man ein Pferd geraderichten kann. Denn ohne das Biegen und die Kontrolle, die man dadurch erreicht, ist es schwer, ein Pferd gerade zu bekommen. Biegsamkeit und geradegerichtetes Arbeiten ist es, worauf ich hinarbeite.

Doug Milholland

Weil so ein Pferd kein Lenkrad hat, wird es durch Bremsen gelenkt. Man könnte das vergleichen mit einem Schlitten: bei einem Bobschlitten sind Bremsen eingebaut, mit denen er gelenkt werden kann, beim normalen Rodelschlitten benutzt man die Füße, um die Richtung zu bestimmen; wenn links gebremst wird, fährt der Schlitten nach links und umgekehrt.

Mit fortschreitender Ausbildung lenken wir das Pferd immer weniger durch „Bremsen", d.h. durch rückwärtige oder seitlich-rückwärtige Zügeleinwirkung, sondern in zunehmendem Maße durch treibende Hilfen, also durch Schenkeldruck und Gewichtshilfen. Obwohl das dressurmäßige Reiten des Westernpferdes als Reining bezeichnet wird, was übersetzt "Zügelung" bedeutet, ist ein gutes Reined Horse oder Reining Horse ein Pferd, das mit einem Minimum an Zügelhilfe geritten werden kann. Wenn darum von einem Pferd gesagt wird, es habe einen „guten Rein", so bedeutet das nichts anderes, als daß man den Rein, den Zügel, bei ihm kaum gebrauchen muß. Was wieder darauf zurückzuführen ist, daß das Pferd besonders gut auf die Schenkelhilfen reagiert, die den Zügelhilfen den entsprechenden Nachdruck verleihen. D.h. es reagiert auf eine so feine Zügelhilfe, weil es weiß, daß andernfalls der Schenkel und ggf. der Sporn in Aktion tritt. Da beim Westernreiten der Schenkel nur dann in Aktion tritt, wenn es nötig ist, andernfalls das Pferd aber in Ruhe läßt (was im Prinzip dasselbe ist wie der Pull und Slack bei der Zügelhilfe), so steht das Pferd am Ende der Ausbildung so fein an den Schenkelhilfen,daß auch diese selten sichtbar eingesetzt werden.

Was wir nun im folgenden erreichen wollen ist, das Pferd möglichst völlig unter Kontrolle, also an die Hilfen zu bekommen. Wir unterscheiden dabei die vertikale, laterale und diagonale Kontrolle. Zur Verdeutlichung dieser Begriffe sollen nebenstehende schematisierte Abbildungen dienen (Abb. 115 — 118).

Wir beginnen mit der lateralen, also der seitlichen Kontrolle, die, wenn sie vorhanden ist, nach und nach die Einrichtung der vertikalen ermöglicht. Allerdings haben wir schon ein gewisses Maß an vertikaler Kontrolle, so weit unser Pferd das Kommando „Whoa!" kennen- und respektieren gelernt hat. Ein folgsames Anhalten auf das stimmliche Kommando hin ist aber keine Kontrolle, wie wir sie für das Reiten gebrauchen und als Hilfe verstehen, weil es nicht dosierbar ist. Ein Verlangsamen durch Zügelzug, wie es beim Fahren vom Boden aus erreicht werden kann, stellt dagegen im Ansatz die entsprechende Kontrolle dar. Wie erwähnt, besteht dabei allerdings das Risiko einer zu starken Einwirkung, weil die langen, durch die Bügel laufenden Leinen schlecht feinfühlig gearbeitet werden können. Zudem kommt, wenn Sie sich im Sattel befinden, die Gewichtsverlagerung als zusätzliche Hilfe hinzu, die das Pferd vorwarnt und ihm die Möglichkeit bietet, auf dieses Signal plus stimmlichem Kommando hin durchzuparieren und so weniger im Maul angefaßt zu werden.

Wann immer Sie Ihr Pferd anhalten wollen, bedienen Sie sich dieser drei Hilfsmittel, um das Durchparieren mit möglichst wenig Zügeleinwirkung zu erreichen:

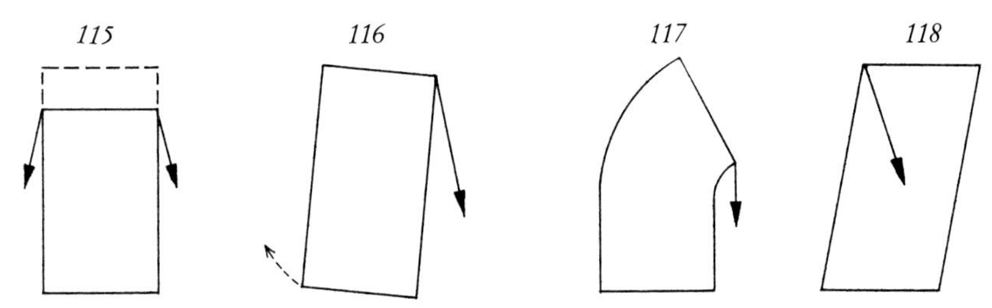

115 Vertikale Kontrolle; das Pferd wird verkürzt, versammelt
116 Laterale Kontrolle beim steifen Pferd; die Hinterhand bricht zur anderen Seite aus
117 Laterale Kontrolle beim gymnastizierten Pferd; es biegt sich
118 Diagonale Kontrolle; die Zügeleinwirkung geht in Richtung diagonal gegenüberliegendem Hinterbein, das Pferd verschiebt sich rhomboidförmig

119
Ein aufwärts/auswärts angenommener Zügel ist beim Biegen besonders dann effektiver, wenn sich die Steifheit mehr im Hals und Genick befindet

1. der Stimme („Whoa!“),
2. der Gewichtsverlagerung nach hinten,
3. des Zaunes / der Bande (Sie lassen es entweder direkt gegen den Zaun laufen oder in eine Ecke, oder Sie führen ein *Double* aus, wie es im folgenden beschrieben wird).

Wir beginnen deshalb mit der lateralen Kontrolle, weil es dem Pferd leichter fällt, auf einen einseitigen, seitlichen oder seitlich-rückwärtigen Zügelzug zu reagieren, d.h. ihm nachzugeben,als auf einen beidseitigen. Ein Zug auf beiden Zügeln gleichzeitig führt bei fast allen Pferden dazu, sich im Hals und im Genick steif zu machen, den Kopf und die Nase hochzunehmen und dagegen anzugehen (Abb. 114).

Das Pferd kann dem seitlichen Zügelzug in zweifacher Weise folgen: es kann steif und in der Längsrichtung kaum gebogen die Richtungsänderung vollziehen (Abb. 116), wobei das fast immer mit dem Ausbrechen der Hinterhand verbunden ist (gestrichelter Pfeil), oder es kann sich mehr oder weniger dabei in der Längsrichtung biegen. Ist es flexibel genug, sich zu biegen, kann dieses Biegen auch im Stand ausgeführt werden. Über kurz oder lang wollen wir erreichen, daß wir es im Stand so biegen können, daß es uns das Bein „küßt“. Dabei soll es dem Zügel ohne Widerstand folgen, also mit leichtester Zügeleinwirkung die Nase zum Reiterbein bringen. Der Zügel wird dabei mehr nach oben geführt und hängt anschließend lose (Abb. 119 und 120).

Ein Pferd, das steif ist und bei dem erheblicher Zügelzug dafür notwendig ist, wird dabei gar nicht stehenbleiben können, sondern mit ausbrechender Hinterhand im Kreis herum treten.

Auch in Trab- und Galoppzirkeln soll nachher der Pferdekopf mühelos nach innen gestellt werden können. Starke Einwärtsbiegungen üben wir allerdings außer im Schritt nur im Stand. Warum? Weil wir vermeiden wollen, ein Pferd mit einem sogenannten „*Rubber Neck*“ zu bekommen, einem „Gummihals“.

Ob in Wendungen oder auf dem Zirkel, das Reining-Pferd soll sein Frontende, also Kopf, Hals und Schultern , als eine Einheit bewegen. Ein *rubber necked horse* ist eins, das der Zügelhilfe mit Kopf und Hals folgt, an der Basis des Halses aber abknickt und mit der Schulter ausfällt, also mit der Schulter in die entgegengesetzte Richtung geht. Um das zu vermeiden, biegen manche Trainer ihre Pferde überhaupt nicht seitlich, binden Sie auch nicht seitlich aus —, das soll hier nicht verschwiegen werden. Diese Trainer bewegen die Vorhand grundsätzlich nur als Einheit nach links oder rechts, sie fangen auch direkt mit dem Neck Reining an. Was sie erreichen wollen, ist ein Pferd, das *lediglich im Genick* so weit nach links oder rechts gestellt ist, daß das innere Auge zu sehen ist. Die meisten Ausbilder halten jedoch ein seitliches Biegen des Pferdes zur Gymnastizierung für unverzichtbar.

Warum fordern wir nun die seitliche Biegung so extrem? Tatsächlich wird eine so starke seitliche Biegung, ob im Hals oder in der gesamten Längsachse, bei keiner Übung in irgendeiner Disziplin des Westernreitens gebraucht. Starke seitliche Biegungen kann man z.B. beim Fence

Work in der Working Cowhorse-Disziplin beobachten, wenn das Rind vom Pferd gegen den Zaun abgelockt wird, wobei das Pferd auf engstem Raum blitzartig wenden muß, um dem Rind in die entgegengesetzte Richtung folgen zu können und es unter Kontrolle zu behalten. Aber auch dabei kommt der Kopf nicht so weit seitlich herum.

Vielmehr ist diese Übung eine reine Gymnastizierung, bzw. der Reiter fordert sie, um sich der völligen Folgsamkeit und Elastizität zu versichern. Dahinter steckt der Grundgedanke, daß ich, wenn ich z.B. ein Abbiegen um 20 Grad brauche, lieber übungsweise sehr viel mehr verlange, damit mir die 20 Grad dann umso leichter und williger gegeben werden, wenn es darauf ankommt. Wenn ich immer nur gerade so viel verlange, wie nötig ist, so probieren die Pferde bald aus, ob es nicht auch etwas weniger sein darf. So sind Pferde nun einmal, das ist ganz natürlich. Dann kommt die Biegung zäher und zäher und mit immer mehr Widerstand.

Wir wollen aber dahin kommen, daß das Pferd sich beispielsweise im Spin selbst die nötige Biegung gibt, gerade so viel, wie es diese für ein effektives Drehen braucht. Da darf nicht nur wenig Widerstand dem direkten Zügel-„zug“ entgegengesetzt werden, sondern da darf überhaupt keiner mehr vorhanden sein, wenn es sich von sich aus in die Bewegungsrichtung stellen soll. Zumal beim fertig ausgebildeten, also mit einer Hand gerittenen Pferd gar keine direkte Zügeleinwirkung mehr da ist und es dem äußeren, dem Neck Rein weichen und sich nach innen stellen muß. Ist es nicht ausreichend gymnastiziert, ist es nicht flexibel genug, um sich ohne Unbehagen, ohne Steifheiten in die Bewegungsrichtung zu stellen, so tendiert es dazu, sich zu gerade zu halten oder gar nach außen zu stellen.

Die laterale Kontrolle ist vorhanden, wenn die oben beschriebenen Übungen im Stand mühelos ausgeführt werden können und das Pferd in jeder Gangart problemlos nach rechts oder links dem Zügel folgt.

120 Dieses Pferd ist seitlich flexibel, es „küßt“ das Reiterbein bei losem Zügel

Haben wir die laterale Kontrolle hergestellt, so haben wir auch keinerlei Probleme mehr, das Pferd gegen den Zaun zu wenden bzw. den Zaun zum forcierten Durchparieren zu Hilfe zu nehmen.

Ihr Gewicht verlagern Sie dabei jedesmal nach hinten, Sie sitzen also tief ein. Mit der Zeit stellt das Pferd eine gedankliche Verbindung her zwischen der Gewichtsverlagerung und dem Durchparieren, und irgendwann kommen Sie dahin, daß es ausschließlich durch Gewichtsverlagerung durchpariert oder beschleunigt werden kann.

Wenn das stimmliche Kommando nicht ausreicht, oder um später Ihren Hilfen zum Stop mehr Nachdruck zu verleihen, benützen Sie den Zaun. Dabei kann es durchaus ausreichend sein, die Nase des Pferdes aus dem Trab oder Galopp heraus so weit gegen den Zaun zu stellen, daß das Pferd, um nicht in den Zaun zu laufen oder um sich die Nase nicht anzustoßen, abbremst (Abb. 121). Wenn es nicht abbremst, lassen Sie es

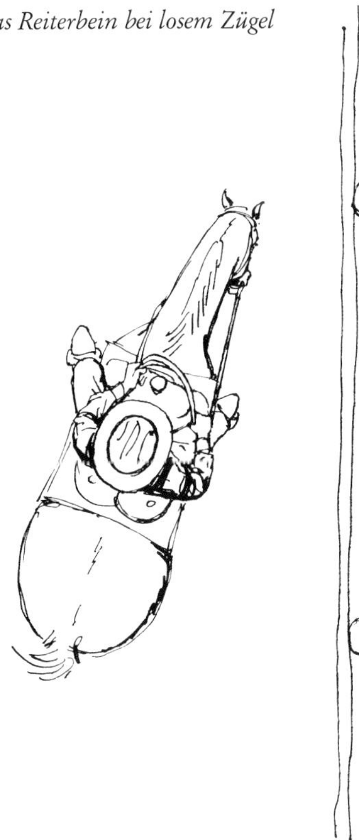

121
Das Gegen-den-Zaun-Lenken erspart starke Zügeleinwirkung

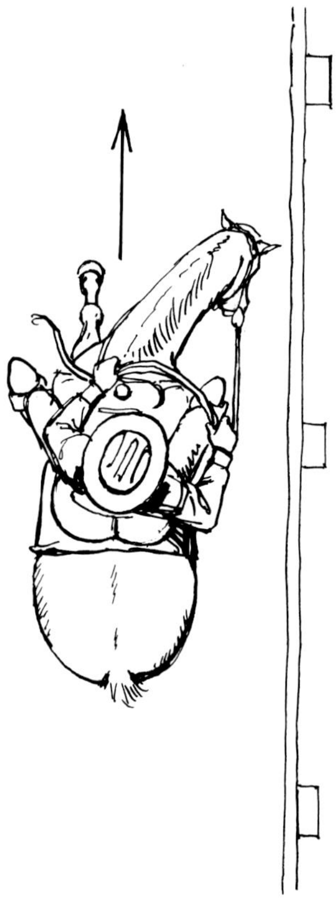

122
Das Pferd bricht über die äußere Schulter aus

eiskalt gegen den Zaun laufen. Beim nächsten oder übernächsten Mal wird es dann besser reagieren. Sie wenden es dann gegen den Zaun und lassen es in entgegengesetzter Richtung weiterlaufen. Es wird so bald der Zügeleinwirkung Aufmerksamkeit schenken, vor allem, wenn Sie sich in Zaunnähe befinden. Am Zaun kommen Sie aber dauernd vorbei. Auch wenn Sie in der Bahnmitte einen Zirkel reiten, kommen Sie ja an zwei Seiten immer in Zaunnähe. Reiten Sie Zirkel an einem Ende der Bahn, haben Sie den Zaun auf drei Seiten zur Hilfe (klar, daß in dieser Phase ein Round Corral Gold wert ist).

Manche Pferde lassen sich so aber nicht überlisten. Es kann Ihnen passieren, daß Sie den Kopf zum Zaun hin gestellt haben, das Roß aber trotzdem geradeaus weiterläuft, indem es einfach im Hals abknickt und über die Schulter ausbricht (Abb. 122).

Hier müssen Sie anders vorgehen. Sie halten das Pferd gerade, auch wenn Sie sich parallel zum Zaun befinden. Wenn Sie es nun zum Durchparieren zwingen wollen, ergreifen Sie den Zügel an der dem Zaun

123
Die Doubling Hackamore. An einem schweren Bosal sind zwei Eisenringe befestigt (Abb. 123 a), durch welche die Zügel nach dem Draw Rein-Prinzip laufen. So werden die Zügel auch angebracht, wenn Sie Draw Reins in Verbindung mit einem Snaffle Bit verwenden wollen. Draw Reins gehören nur in die Hand eines erfahrenen Ausbilders oder sollten unter Aufsicht eines solchen gebraucht werden

zugewandten Seite (das können Sie schon vorher tun, Sie dürfen nur nicht vorher daran ziehen). Und zwar greifen Sie den Zügel etwa auf halbem Wege zwischen dem Pferdemaul und wo Sie ihre Zügelhand normalerweise haben. Sie ziehen nun den Pferdekopf ruckartig herum (gegen den Zaun), bevor das Tier eine Chance hat, über die Schulter auszubrechen. Dies ist im Prinzip das sogenannte Doubling.

Das Durchparieren unter Zuhilfenahme des Zaunes sowie das Doubling müssen immer gleich oft nach beiden Seiten ausgeführt werden. Wenn Ihre Kraft nicht ausreicht, um ein Doubling richtig auszuführen, können Sie Draw Reins benutzen, entweder zusammen mit Snaffle Bit und Doubling Outfit oder mit der Doubling Hackamore (Abb. 123).

Mit den Draw Reins ist das so eine Sache – sie verführen. Man kann leicht der Versuchung erliegen, sie zu lange zu benützen, was verschiedene Probleme hervorrufen kann. Verwenden Sie die Draw Reins nur, um per Doubling dem Pferd Respekt vor der Zügelhilfe beizubringen bzw. Ihrem Kommando „Whoa!" Nachdruck zu verschaffen. Benutzen Sie dann wieder normale Zügel.

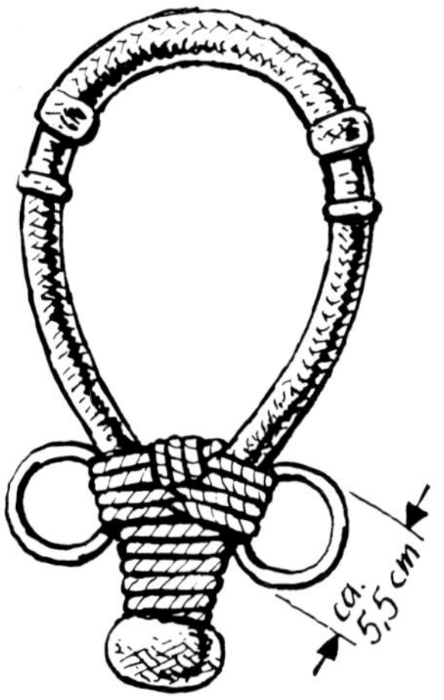

123 a

Am besten ist, wenn Sie ganz ohne Draw Reins auskommen können.

Den Respekt, den es nun der (seitlichen) Zügelhilfe zollt, machen wir uns zunutze, um die vertikale Kontrolle zu erreichen. Ein leichtes Annehmen des Zügels an der dem Zaun zugewandten Seite genügt (dabei die Gewichtsverlagerung nicht vergessen), und das Pferd pariert durch, weil es eine Wendung gegen den Zaun erwartet, für die es durchparieren muß. Jetzt wird es aber nicht sofort gegen den Zaun gewendet, sondern Sie lassen es einen Moment stehen, loben es kurz (mit der Stimme, oder Sie klopfen es auf die Kruppe) und wenden es dann. Alles, was Sie erreichen wollen ist,

124 So müssen die Zügel von innen nach außen durch die Ringe geführt werden

das Pferd für die Zügelhilfe zu sensibilisieren. Es wird nicht geradegerichtet durchparieren, sondern — in Erwartung des Turns — schräg zum Zaun zum Halten kommen. Das ist nicht weiter tragisch, auch nicht, wenn es in seinem Übereifer mal den Turn vollzieht, ohne daß Sie das gewollt oder forciert haben. Versuchen Sie einfach, gelegentlich mal eine kurze Phase „zwischenzuschalten", in der es zum Stand kommt, bevor Sie es gegen den Zaun wenden. Natürlich lassen Sie den Zügel sofort wieder locker, nachdem es durchpariert hat, nachdem Ihre Zügel- (und Gewichts-) Hilfe also durchgekommen ist.

Wenn das gut klappt, nehmen Sie als nächste Übung zuerst den Zügel auf der dem Zaun abgewandten Seite an. Sie geben dem Pferdekopf also eine leichte Stellung zur Bahnmitte. Noch bevor das Pferd dazu kommt, seine Bewegungsrichtung zur Bahnmitte hin zu ändern, nehmen Sie den anderen Zügel auch an, und zwar eher etwas stärker, und sagen „Whoa!". Vergessen Sie nicht die Gewichtsverlagerung. Dies sollte das Pferd zu einem recht prompten Durchparieren bringen, ohne daß es dabei den Kopf hochwirft.

Aus dieser Übung entwickeln Sie nach und nach das „Abspielen" am Gebiß, bei dem erst der eine, dann der andere Zügel angenommen wird und das Pferd dabei verlangsamt und zum Halten kommt. Bei einem stehenden Pferd kommt zuerst die Nase herunter, und in der Weiterentwicklung entsteht dann Versammlung und das Back Up (Rückwärtstreten).

Beachten Sie, daß jedes Manipulieren der Zügel für das Pferd bestenfalls abstrakte Signale darstellt, schlimmstenfalls Belästigung oder gar Schmerz, wenn es nicht bei gleichzeitigem Einwirken der Gewichtshilfe und/oder Schenkelhilfe geschieht. Ob Sie nur Anlehnung haben mit dem Zügel oder ihn stärker Annehmen, die Hilfe wird erst wirkungsvoll, wenn Sie entsprechend dagegensitzen. Übertrieben formuliert schieben Sie das Pferd mit Ihren Gesäßknochen gegen das Gebiß und verkürzen es, schieben es zusammen.

Um zu testen, ob Ihre Gewichtshilfe korrekt kommt, ob Sie wirkungsvoll gegensitzen können, sollten Sie auf einem gut ausgebildeten Pferd rückwärtsrichten, und zwar muß Ihnen das möglich sein, ohne daß Sie dazu die Schenkel anlegen müssen und ohne daß sich der Zügel je strafft (Abb.125).

Das Back Up ist ein Indikator dafür, wieviel an vertikaler Kontrolle wir erreicht haben. Es ist wiederum eine exzellente Übung, um die vertikale Kontrolle zu verbessern und auch, um den Stop selbst, als Reining-Manöver, zu verbessern. Wie auch der Stop oder das Durchparieren ist das Back Up nicht etwas, das durch einen aktiven Zügelzug erreicht wird, sondern es ist sozusagen ein Schuß, der nach hinten losgeht. Das Pferd muß gegen das Gebiß getrieben werden, um Stop oder Back Up richtig auszuführen. Solange wir die vertikale Kontrolle aber noch nicht haben, haben wir auch nichts, gegen das wir treiben können. Darum fangen wir mit der seitlichen Kontrolle an und nehmen den Zaun zuhilfe, um zu vermeiden, ein Durchparieren mit Zug an beiden Zügeln fordern zu müssen. Eine solche Hilfe würde das grüne Pferd gar nicht verstehen und würde mit Kopf-hoch-Werfen und Maulaufsperren reagieren, möglicherweise auch mit dem Gegenteil dessen, was wir erreichen wollen, nämlich mit Beschleunigen, Weglaufen, da eine solche Einwirkung Schmerzen verursacht und es in der Natur des Pferdes liegt, vor allem Unangenehmen oder Bedrohlichen davonzulaufen.

Ein Pferd, das ausgiebige Longenarbeit hinter sich hat und dabei ausgebunden wurde, hat schon gelernt, dem Druck des Gebisses nachzugeben, indem es das Kinn einzieht. Ein gewisses Maß an vertikaler Kontrolle hat es also schon, das in Verbindung mit dem stimmlichen Kommando ausreichen kann, um bereits beim ersten Gerittenwerden ein Durchparieren zu ermöglichen. Gibt unser Pferd der Zügeleinwirkung gut nach, respektiert es sie, indem es dem

125 Back Up ohne Zügel- und Schenkeleinwirkung

Druck des Gebisses durch Abknicken im Genick und Einziehen des Kinns weicht, stellt die Einwirkung des Gebisses für das Pferd — übertrieben ausgedrückt — eine Wand dar, gegen die es läuft und gegen die es auch getrieben werden kann, so ergibt sich das Back Up als logische und zwangsläufige Folge der reiterlichen Einwirkungen:

Das geschieht so, daß ein Vorwärtsimpuls erzeugt wird (Kreuz, Stimme, Schenkel), der sich aber nach vorn nicht entladen kann, weil das Pferd vorn per Gebißeinwirkung festgehalten wird. Versuchen Sie nie, es mit den Zügeln rückwärts zu ziehen! Ihre Zügelhände wirken immer nur exakt so stark ein, wie es nötig ist, um das Pferd am Vorwärtsgehen zu hindern. Der Vorwärtsimpuls kann sich also nach vorn nicht Luft machen. Was passiert ist, daß das Pferd sich „zusammenschiebt" — es kommt gewissermaßen zu einem Stau vor dem Gebiß —, und dann entlädt sich der Impuls nach hinten, indem es einen oder zwei Schritte (oder auch nur einen halben) rückwärts tritt.

Es muß nun die Erfahrung machen, daß es auf diese Weise den Druck des Gebisses loswerden kann. Wenn Sie, nachdem es einen Schritt rückwärts getan hat, die Zügel nicht sofort locker lassen, haben Sie es dem Pferd unmöglich gemacht, zu begreifen, was Sie von ihm wollen.

Sie müssen ihm den Slack lassen, den es sich durch das Rückwärtstreten geschafft hat, als Belohnung und Bestätigung dafür, daß es das Richtige getan hat. Ein zusätzliches Lob ist angebracht!

Diese Übung wird nun immer wieder in die tägliche Arbeit eingebaut, bis es begriffen hat, was es soll und bis es den Hilfen gehorsam Folge leistet. Zu Anfang sollten Sie es aber nicht öfter als zweimal oder dreimal fordern. Später gehen Sie dazu über, nach kurzem Loslassen der Zügel erneut einen Schritt rückwärts zu verlangen und steigern das, bis es zügig mehrere Schritte rückwärts geht.

Das alles zieht sich über Tage und Wochen hin, je nach Kooperationsbereitschaft des Pferdes und Einfühlungsvermögen und Geschick des Ausbilders.

Die volle vertikale Kontrolle ist erreicht, wenn sich das Pferd bei passiver Zügelanlehnung aufgrund von Kreuzhilfe, Schenkeldruck oder gar Sporeneinwirkung in jeder Gangart versammeln läßt und sich aus jeder Gangart so durchparieren läßt bzw. rückwärts tritt. Das heißt, das Pferd wird in einer bestimmten Gangart nicht schneller, wenn treibende Hilfen eingesetzt werden, sondern langsamer, oder es pariert durch, solange die Zügelanlehnung bestehen bleibt und der Vorwärtsimpuls, der durch die treibenden Hilfen erzeugt wurde, vorn nicht herausgelassen wird.

Denken Sie bei der Zügeleinwirkung niemals an ein aktives Zurückziehen, sondern halten Sie nur so viel gegen, daß der Vorwärts*impuls,* den Sie erzeugen, sich nicht als Vorwärts*bewegung* auswirken kann. Besonders am Anfang, wenn das Pferd erstmals gegen das Gebiß getrieben wird, ist besonderes Einfühlungsvermögen erforderlich. Kreuzhilfe, leichter Schenkeldruck, Schnalzen sind meistens ausreichend. Wenden Sie lieber etwas Geduld auf und steigern graduell die treibenden Hilfen, als daß Sie das Tier mit zu starken Hilfen überfallen und es unnötig aufregen. Irgendwann wird es den befreienden Schritt rückwärts tun.

Dem Back Up kommt in der Westerndressur große Bedeutung zu. Nicht nur ist es ein selbständiger Prüfungsteil, der von guten Reining Horses mit Geschmeidigkeit und Speed ausgeführt wird, sondern es ist auch eine Übung, die wesentlicher Bestandteil des Trainings für den Stop ist. Auch für den Spin oder Turn-Around brauchen wir ein Pferd, das sich durch bloße Gewichtsverlagerung gerade so weit nach rückwärts setzen läßt, daß es nicht aus der Drehung läuft, sondern mit der Hinterhand auf dem Punkt bleibt. Im Western Pleasure-Wettbewerb entscheidet nicht selten das Back Up über Sieg oder Niederlage.

Die diagonale Kontrolle ist am besten zu verstehen, wenn man sich die Abb. 118 ansieht. Sie ist ebenso wichtig, wie die vertikale Kontrolle und für das Westernreiten wichtiger als die laterale, obwohl sie von so vielen Westernreitaspiranten übersehen oder vernachlässigt wird.

Gerade für die einhändige Zügelführung, die wir als Endprodukt unseres Trainings anstreben, ist die diagonale Kontrolle entscheidend, da das Pferd ja am äußeren Zügel geführt wird.

Zur Verdeutlichung: wenn Sie ein Pferd nach rechts lenken wollen, ist es das Nächstliegende, am rechten Zügel zu ziehen. Das klappt aber nur, solange das Pferd nichts gegen eine Richtungsänderung nach rechts einzuwenden hat. Tatsächlich können Sie ein Pferd durch den direkten Zügel, in diesem Fall den rechten, überhaupt nicht daran hindern, geradeaus oder gar in die entgegengesetzte Richtung zu gehen.

Es ist sogar normal für ein grünes Pferd, sich zunächst aufzulehnen und sich jeder Einwirkung gegenüber konträr zu verhalten. D.h. wenn Sie nach rechts ziehen, zieht es nach links, wenn Sie es auf einen rechten Zirkel bringen wollen und es keine Lust dazu hat, versucht es, den Zirkel nach links zu verlassen. Daran können Sie es mit dem rechten Zügel absolut nicht hindern. Es knickt ganz einfach im Hals ab, fällt über die äußere Schulter aus, und während Sie ihm den Kopf vielleicht nach rechts herumgezogen haben, daß das Maul sich an Ihrem rechten Knie befindet, läuft es dennoch munter nach links...

Erst durch ein Annehmen des äußeren Zügels (in unserem Beispiel des linken) diagonal in Richtung des rechten Hinterfußes begrenzen Sie seinen Vortritt und können Sie es, zusammen mit dem richtunggebenden rechten Zügel, nach rechts lenken. Wenden Sie den äußeren Zügel, die diagonale Kontrolle, noch stärker an, stellt sich das Pferd nach außen und biegt in Außenstellung nach rechts ab (Abb. 152). So wird klar, daß nur die diagonale Kontrolle letztlich die eigentliche Kontrolle in Bezug auf die Richtungsänderungen darstellt.

Hat Ihr Pferd gelernt, die Zügelhilfe zu akzeptieren und ihr sowohl vertikal wie lateral nachzugeben, wird es sich seitlich zusammenschieben oder verschieben lassen, wie es auf dem Diagramm 118 vereinfacht dargestellt ist. Wenn Sie z.B. den linken Zügel etwas mehr als den rechten annehmen und gleichzeitig mit dem linken Schenkel Druck geben, wird sich das Pferd diagonal nach rechts verschieben. Was durch die diagonale Zügeleinwirkung kontrolliert wird, ist die jeweilige Schulter. Wenn wir die Kontrolle über die äußere Schulter des Pferdes haben, kontrollieren wir im Sinne der Richtungsgebung das ganze Pferd.

Die diagonale Kontrolle können Sie auch üben, indem Sie beim Durchreiten der Ecken das Pferd mit dem inneren Zügel nach außen „drücken" oder indem Sie einen kleineren Zirkel auf dieselbe Weise größer machen. Hierbei handelt es sich um eine von innen nach außen angewandte diagonale Kontrolle. Diese diagonale Kontrolle kann angewandt werden durch eine gerade zurückgehende Zügelhand, im Zusammenhang mit dem Schenkel derselben Seite, oder durch eine nach oben/innen gehende Zügeleinwirkung, also in Richtung der inneren Schulter des Reiters bzw. des inneren Hinterfußes des Pferdes.

Auch im Gelände können Sie solche Übungen immer wieder einbauen. Denn mittlerweile haben Sie genug Kontrolle über Ihr Pferd, um Spazierritte unternehmen zu können (die sich auf die Psyche des Tieres positiv auswirken). Wenn Sie in der glücklichen Lage sind, einen guten und großen Außenplatz zu haben und den größten Teil des Trainings dort durchführen können, sind die Ausritte nicht im selben Maße erforderlich. Je größer der Außenplatz, desto weniger besteht die Notwendigkeit, ins Gelände zu gehen, vorausgesetzt, Sie sind weise genug, nicht ständig konzentrierte Arbeit zu verlangen, sondern viel Entspannendes einzubauen.

Im Gelände weichen Sie etwaigen Hindernissen durch Gebrauch der diagonalen Zügelhilfe aus oder nehmen Richtungsänderungen vor; z.B. können Sie auch von einer Seite des Weges auf die andere wechseln durch Gebrauch des äußeren Zügels. Anfangs üben Sie die diagonale Kontrolle im Schritt. Es ist okay, wenn sich das Pferd dabei etwas nach außen stellt. Wenn Sie nach rechts weichen oder abwenden wollen, benutzen Sie ja den linken Zügel, und das Pferd stellt sich im Hals etwas links dabei. Es soll allerdings nicht stark nach außen gestellt sein oder gar im Hals abknicken. Anfangs sind Sie zufrieden, wenn es dem äußeren Zügel für ein, zwei Schritte weicht, und geben dann sofort wieder nach, lassen es also geradeauslaufen.

Im Zusammenhang mit den Schenkelhilfen kommt im weiterführenden Training der diagonalen Kontrolle oder Schulterkontrolle *(Shoulder Control)* eine zentrale Bedeutung zu.

126 Diagonale Zügeleinwirkung

SCHULTERKONTROLLE, SCHENKELHILFEN, HINTERHAND-KONTROLLE

Wenn man diese Schulterkontrolle hergestellt hat, kann man das Pferd zwischen den Reins halten. Das ist es, woraufhin wir alle trainieren: ein Pferd zwischen die Reins zu bekommen, so daß es ganz gleich ist, wohin man die Reins bewegt — das Pferd bleibt dazwischen.

Doug Milholland

Beobachten wir einen Könner im Westernreiten auf einem hochtrainierten Reining Horse, so fällt uns der entspannte Sitz auf, mit locker herabfallenden Schenkeln, die vom Knie abwärts kaum einmal mehr das Pferd berühren, als durch leichten Wadendruck. Wer's nicht besser weiß, könnte glauben, daß Schenkelhilfen für ihn keine Rolle spielen und macht sich keine Vorstellung davon, in welch hohem Maße Schenkelhilfen bei der Ausbildung des Pferdes angewandt wurden.

Zunächst kommt es darauf an, dem Pferd unsere Schenkelhilfen, die Signale oder Befehle, die wir ihm mit unseren Beinen, Füßen und Sporen geben, verständlich zu machen. Die Grundbegriffe dazu kann das Pferd schon gelernt haben, lange bevor es einen Sattel aufgelegt bekam: wann immer wir es angebunden haben, z.B. zum Putzen, veranlassen wir es hin und wieder, zur Seite zu treten. Dazu nehmen wir einen harten Gegenstand (Striegel, Hufkratzer) und klopfen oder knuffen dort, wo später — hinter dem Gurt — unser Absatz oder Sporn einwirkt. Wir tun dies mit gerade so viel Nachdruck, wie erforderlich ist, um es zum seitlichen Ausweichen, Wegtreten mit der Hinterhand, zu veranlassen. Wenn ein leichtes Anstoßen ausreicht — gut. Wenn nicht, werden wir immer deutlicher, härter mit unseren Knuffen, auch wenn wir anfangs sehr heftig stoßen müssen. Es wird bald lernen, auf ein Antippen hin seitlich zu weichen, und es wird ihm zur Selbstverständlichkeit.

Eins dürfen wir nicht tun, wir dürfen bei einem Pferd, das sich zunächst einmal stur stellt, nicht zimperlich sein und Angst haben, wir könnten ihm weh tun. Wir tun ihm gerade so weh, wie nötig ist, um es zum Ausweichen zu veranlassen. Es kann selbst bestimmen, wie unangenehm es werden soll... Wenn wir aufgeben, aus Sorge, wir würden zu grob zu ihm, geht die erste Runde an das Pferd, und wir haben uns ein Problem geschaffen. Nicht nur, daß es sich das merkt und wir beim nächsten Mal noch grober zu ihm sein müssen, um es zu überzeugen, es überträgt dieses Erfolgserlebnis auch auf andere Bereiche, wo es gern einmal unsere Autorität anzweifeln möchte.

Was wir nie tun ist, kontinuierlich Druck auszuüben. Kontinuierlicher Druck veranlaßt ein Pferd nicht zum Nachgeben oder Ausweichen, sondern wenn er stark genug ist, um lästig zu sein, lehnt es sich dagegen. Klopfen, knuffen oder stoßen Sie es.

In jedem Fall ist es möglich, daß Ihr Pferd zuerst nicht weicht und wegtritt, sondern mit Unmutsbezeugungen, Ohrenanlegen und Schweifschlagen auf Sie zu drängt mit der Hinterhand, sich eventuell sogar mit Kicken zur Wehr setzen will. Bleiben Sie vorn an der Schulter stehen, und lassen Sie sich nicht beeindrucken. Fahren Sie vielmehr mit immer härter werdenden Knuffen fort, bis es klein beigibt und mit der Hinterhand zur anderen Seite ausweicht. Dann natürlich loben im Überschwang! Günstig dabei ist das *Cross Tying* des Pferdes, das Anbinden nach rechts und links (Abb. 127). So halten Sie seine Vorhand weitgehend stationär, ohne sich darum kümmern zu müssen. Ein Pferd sollte allemal das Cross Tying kennen.

So lernt das Pferd im alltäglichen Umgang, auf ein Antippen hin zur Seite zu weichen.

127 Cross Tying

128 *Mit einem Gegenstand oder den Fingerknöcheln wird das Pferd dazu bewegt, mit der Hinterhand zu weichen*

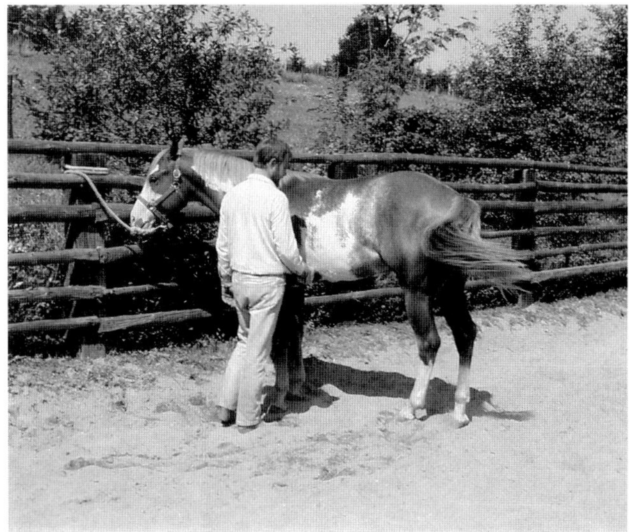

129 *Das Pferd weicht mit der Hinterhand. Das kann schon geübt werden, lange bevor es ans Reiten geht*

130 *Als nächstes wird das Gelernte angewandt, um vom Boden aus eine Vorhandwendung zu vollziehen*

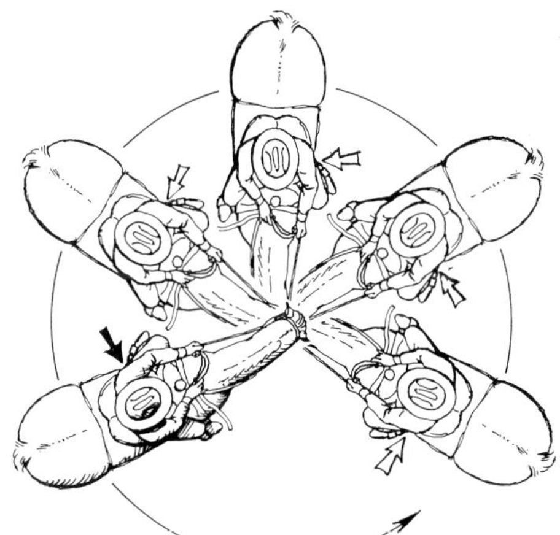

131 *Vorhandwendung vom Sattel aus*

Wenn Sie jetzt gezielter daraufhinarbeiten, *Leg Control* ans Pferd zu bringen, es an die Schenkelhilfen zu bekommen, können Sie auf dieser einfachen Übung aufbauen. Ich beginne immer damit, das gesattelte Pferd vom Boden aus Vorhandwendungen machen zu lassen. Dazu legen wir auf der Seite, auf der wir stehen, den Bügel über das Horn, damit er nicht im Wege ist.

Soll es nach rechts weichen, halten Sie es mit der linken Hand am Kopf (an den Zügeln gleich hinter den Trensenringen), nehmen den Kopf leicht in Ihre Richtung und tippen es mit der rechten Hand hinterm Gurt an. Praktischerweise können Sie dazu einen Sporn nehmen, wenn Sie ohnehin Sporen tragen. Mit der einen Hand halten Sie es mit der Vorhand möglichst auf der Stelle, während Sie es mit der anderen ständig antippen und wegtreten lassen, so daß es mit der Hinterhand einen Kreis um die Vorhand tritt (Abb. 130). Bald brauchen Sie mit der „Sporenhand" nur noch Andeutungen zu machen, und die Reaktion kommt prompt. Gucken Sie auf den Boden, dann fällt es Ihnen leichter, die Vorhand auf demselben Fleck zu halten –, wo die Rippen des Pferdes sind und Ihre Sporenhand eingesetzt werden muß, haben Sie im Gefühl.

Diese Übung führen Sie in beide Richtungen bei jeder Trainingsstunde aus. Wenn sie gut klappt und das Pferd wie automatisch reagiert, können Sie dasselbe vom Sattel aus tun. Sie stellen es ein wenig nach außen – wenn es nach links, also im Uhrzeigersinn um die Vorhand herumtreten soll, stellen Sie es etwas nach rechts –, und „klopfen an" mit dem rechten Absatz oder Sporn, genau an der Stelle, wo Sie es vom Boden aus mit der Hand getan haben, und lassen

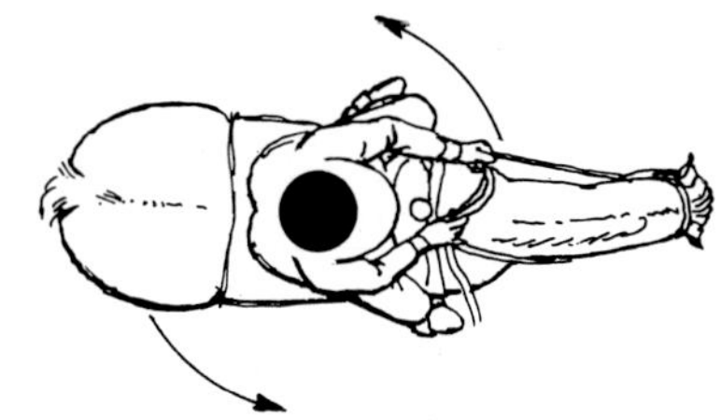

132
Mittelhandwendung: das Pferd mogelt, indem es sich wie eine Flasche um die Körpermitte dreht

133
Hat das Pferd gelernt, mit der Hinterhand zu weichen, kann das Two Tracking vom Boden aus geübt werden. Entlang eines Zaunes geht es am leichtesten

134
Two Tracking nach rechts; das Pferd ist leicht nach außen gestellt, der linke Schenkel drückt hinterm Gurt

es linksherum um die Vorhand drehen. Wenn die Vorhand dabei nicht ganz stationär bleibt und einen kleinen Kreis beschreibt, so macht das nichts. Wichtig ist, daß die Hinterhand immer hinter der Vorhand bleibt, vom Kreismittelpunkt aus gesehen (Abb. 131). Oder anders gesagt, worauf es uns ankommt ist ja, daß das Pferd mit der Hinterhand dem Absatz oder Schenkeldruck weicht. Sie dürfen dem Pferd nur kein Mogeln erlauben, indem es, bevor Sie recht wissen, wie's geschah, vorn und hinten um die Mittelhand herumtritt (Abb. 132).

Die nächste Übung ist das *Two Tracking*, das Sie ebenfalls zuerst vom Boden aus üben können; Sie stellen das Pferd so mit dem Kopf gegen den Zaun, daß es etwa einen Winkel von 45 Grad bildet (Abb. 133). Sie stehen am Kopf des Pferdes, in der Spitze des Winkels. Der Bügel auf Ihrer Seite ist wieder hochgelegt. Alles weitere nun im Prinzip wie bei der Vorhandwendung, nur daß Sie jetzt das Pferd nicht um die Vorhand wenden lassen, sondern es möglichst immer im gleichen Winkel zum Zaun halten. Mit der Sporenhand lassen Sie es von sich weg treten, mit der Zügelhand folgen Sie gleichzeitig, um die Position zur Fence beizubehalten. Das Pferd geht so auf zwei Hufschlägen: die Vorhand macht eine Spur, und die Hinterhand läuft in einer zweiten Spur oder „Schiene“. Wir bezeichnen dies als Two Tracking, und unter dem Reiter wird dies zu einer enorm hilfreichen Gymnastizierung und Voraussetzung besonders für den Spin.

Der Grund, weshalb wir die Vorhandwendung und das Two Tracking zuerst vom Bo-

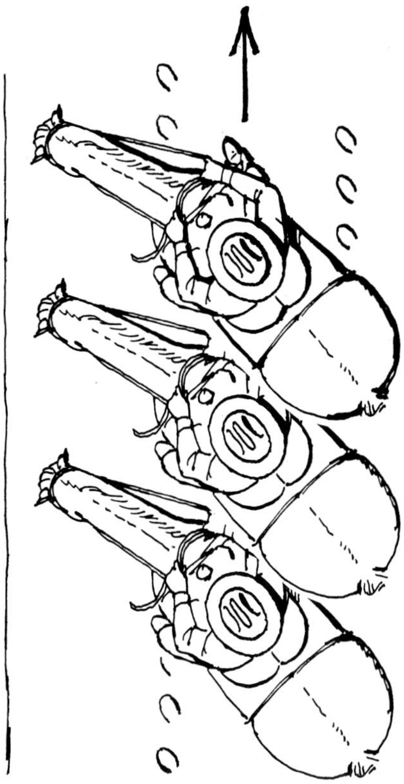

135 Two Tracking nach rechts

den aus verlangen, ist der, daß Sie so einmal das Pferd besser unter Kontrolle haben, daß es ihm zum anderen aber auch leichter fällt. Das Reitergewicht auszubalancieren, muß es ja erst nach und nach lernen, und im Anfang stellt es eben bei allem Neuen, das es verstehen und bewältigen muß, eine zusätzliche Erschwernis dar, zumindest aber eine Ablenkung.

Wenn Sie diese Grundübungen vom Boden aus verlangen, werden Sie u.U. erleben, wie sich ein Pferd dabei zuerst aufregen kann. Verlangen Sie sie gleich unter dem Reiter, ist die Aufregung noch größer und ebenso das Risiko, daß das Pferd dabei außer Kontrolle gerät und dabei negative Erfahrungen macht, die uns zurückwerfen könnten.

Klappt das Two Tracking vom Sattel aus — zunächst entlang des Zaunes, später auch ohne Zaun, anfangs im Schritt, dann auch im Trab —, haben wir etwas Wesentliches erreicht: wir haben nun per Schenkelhilfe die Kontrolle über die Hinterhand des Pferdes. Wenn Sie soweit sind, haben Sie auch bemerkt, daß hierbei die diagonale Kontrolle mit angewandt wurde.

Das Two Tracking bringt das Pferd nicht nur an die Schenkelhilfen, es schult es auch im Bewegungsablauf besonders der Vorhand, den wir im Spin brauchen. Es muß dabei korrekt mit dem äußeren Bein vor dem inneren hertreten; beim Two Tracking von rechts nach links also kreuzt es mit dem rechten Bein vor dem linken Bein über. Es ist ihm unmöglich, sich dabei anders zu bewegen, falsch zu kreuzen, indem es mit dem äußeren Bein hinter dem inneren hertritt (Abb. 134 und 135).

Durch Einbauen immer längerer Two Tracking-Phasen, später vor allem im Trab, gymnastizieren Sie das Pferd also für den Spin, sensibilisieren es in Bezug auf Ihre Schenkelhilfen und bekommen es auch gut in die Hand, bringen es zum Abkauen und Beizäumen (Tucking).

Der häufigste Fehler, der dabei gemacht wird, ist der, daß dem Pferd erlaubt wird, im Hals abzuknicken und sich zu stark nach außen zu stellen. Sie müssen es so gerade wie möglich zwischen den Zügeln halten, eine leichte Außenstellung ist tolerierbar und anfangs hilfreich. Bei vielen Anfängern sieht es so aus, daß das Pferd nach wenigen Schritten geradeaus auf einem Hufschlag geht, parallel zum Zaun, und — im Hals abgeknickt — zum Zaun hin stark nach außen gestellt ist (Abb. 137).

Es kommt auf die Koordination von Zügelhilfen und Schenkelhilfen an. Vor allem

136
Falsches (Hinterher-) Kreuzen der Vorderbeine (vergleiche mit Abb. 134)

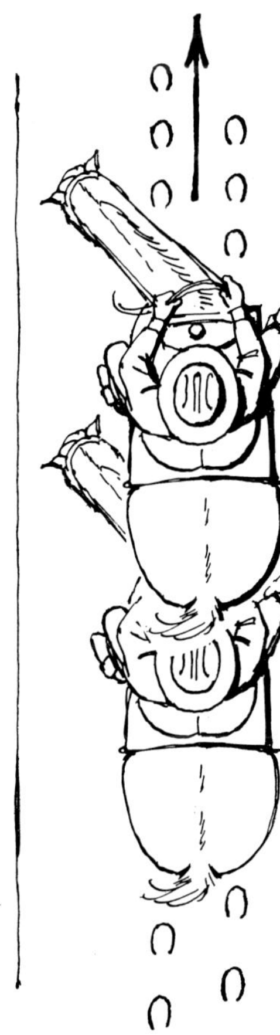

137
Das Pferd mogelt beim Two Tracking nach rechts. Es ist im Hals abgeknickt, läuft aber auf einem, nicht auf zwei Hufschlägen. Es hat die Schenkelhilfe (hier den linken Schenkel) nicht ausreichend respektiert, der Reiter hat den üblichen Fehler gemacht: er hat sich auf das leichte Nachaußenstellen konzentriert und sich durch das Abknicken im Hals täuschen lassen. Nicht die Außenstellung ist wichtig — wenn das Pferd im Hals gerade auf zwei Hufschlägen geht, umso besser —, sondern auf die Reaktion gegenüber der Schenkelhilfe kommt es an

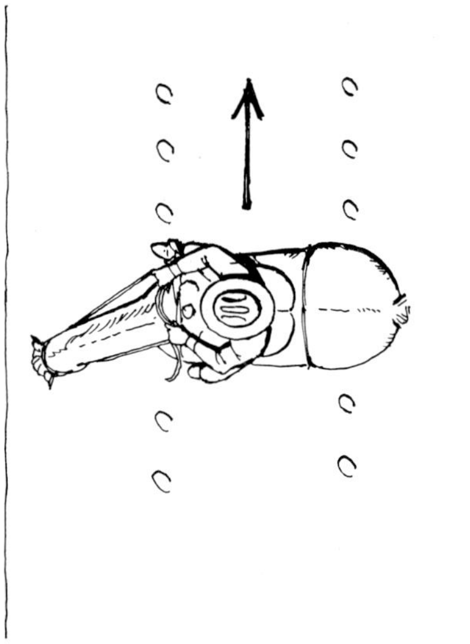

138
Ein weiterer Fehler, der beim Two Tracking gemacht wird: das Pferd befindet sich in einer Position rechtwinklig zur Bewegungsrichtung. Falsches Kreuzen wird die Folge sein

139 Side Pass

verlieren Sie das eine dabei nicht aus dem Auge: die Schrägstellung, die 45-Grad-Stellung zur Bewegungsrichtung, rufen Sie durch Ihre Schenkelhilfe hervor bzw. erhalten sie aufrecht! Weil das Pferd Ihrem äußeren Schenkel weicht, können Sie seine Hinterhand nach innen stellen. Die Zügelhilfen spielen nur eine unterstützende Rolle.

Aber auch der entgegengesetzte Fehler kann beobachtet werden: das Pferd geht nicht vorwärts, wird von der Hinterhand „überholt" und steht plötzlich im rechten Winkel zur Bewegungsrichtung bzw. zum Zaun. Das nächste, was passiert, ist, daß es mit dem äußeren Beinpaar nicht vor-, sondern hinterhertritt (Abb. 136,138). Das ist der schlimmste Fehler, der uns unterlaufen kann und den es unbedingt zu vermeiden gilt.

Es ist weiter nicht tragisch, wenn die Hinterhand einmal außer Kontrolle gerät und das Pferd für ein paar Schritte pfuscht, indem es auf *einem* Hufschlag geradeaus geht. Die Schenkelhilfe kam eben nicht korrekt und deutlich genug, die Feinabstimmung war nicht da –, die Hinterhand kann ja jederzeit durch korrekte Hilfen wieder einwärts gestellt werden. Das Hinterhertreten oder falsche Kreuzen ist dagegen ein ernstzunehmender Fehler, der, einmal zur schlechten Gewohnheit geworden, nur schwer zu korrigieren ist.

Darum ist das Two Tracking dem *Side Pass* in diesem Ausbildungsstadium vorzuziehen. Auch beim Side Pass geht das Pferd auf zwei Hufschlägen, aber im rechten Winkel zur Bewegungsrichtung (Abb. 139). Ein Pferd kann dabei sehr komfortabel auch hinterhertreten, es muß nicht korrekt überkreuzen. Den Side Pass brauchen wir nur in der Trail-Disziplin oder in der Gebrauchsreiterei (z.B. beim Öffnen und Schließen von Toren), und für ein Pferd, welches das Two Tracking beherrscht, stellt das Seitwärtsrichten nie ein Problem dar.

Der Vorteil des Two Trackings ist der, daß das Pferd dabei korrekt überkreuzen muß, wenn es sich nicht die Beine brechen will.

Ein Problem, das auftreten wird, sei noch angesprochen: angenommen, Sie lassen das Pferd im Two Tracking entlang der Fence, entlang des Zaunes gehen. Es geht auf zwei Hufschlägen, seine Bewegungsrichtung verläuft aber nicht parallel zur Fence, sondern entfernt sich immer mehr vom Zaun. Wenn Sie es so weiterlaufen ließen, würde es schließlich einen Kreis beschreiben, wobei der Kreis, den die Vorhand ginge, größer wäre, als der, den die Hinterhand ausführt. Das ist nicht nur nicht weiter tragisch, sondern wird ohnehin bald zu unserem Übungs-Repertoire gehören. Sie sollten aber auch in der Lage sein, das Pferd im Two Tracking auf der Geraden zu halten. Um bei unserem Beispiel zu bleiben: wenn es nach rechts von der Bande wegdriftet, legen Sie nach Bedarf gelegentlich den rechten Schenkel zusätzlich an, und zwar vorne, etwa am, nicht hinter dem Gurt. Dadurch schicken Sie es mehr nach vorn, anstatt zur Seite.

Wie gesagt, das Pferd dabei so gerade halten wie möglich. Eine leichte Außenstellung ist okay, wenn es aber ohne sie geht, umso besser. Eine weitergehende Übung ist die, daß das Pferd im Two Tracking geht, dabei aber im Hals in die Bewegungsrichtung ge-

140+140a
Two Tracking mit in die Bewegungsrichtung gestelltem Pferd

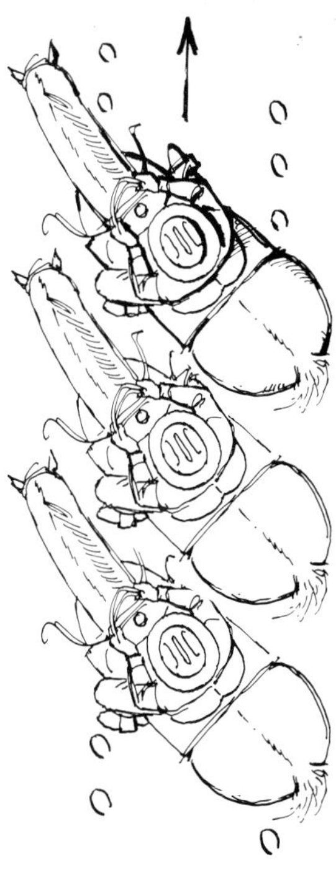

stellt ist (Abb. 140). Dabei zeigt sich dann in besonderer Weise, wie weit der äußere Schenkel respektiert wird.

In diesem Zusammenhang sei eine andere Form der Schulterkontrolle angesprochen, *Leg Yield* genannt, die zu üben sich lohnt. Dazu lassen wir das Pferd zunächst im Schritt gehen, und zwar am durchhängenden Zügel. Wir halten die Zügel in einer Hand (wenn wir nach rechts weichen wollen, halten wir sie in der rechten und umgekehrt), wir legen dann den äußeren Zügel an (nur anlegen, er soll sich dabei nicht straffen) und drücken gleichzeitig mit dem äußeren Schenkel vorn, also am oder leicht vor dem Gurt. Sobald wir spüren, daß das Pferd dem Schenkeldruck weicht, nehmen wir den Schenkel wieder weg und gehen mit der Zügelhand in die Ausgangsstellung zurück (Abb. 141). Die Zügelhand wird dabei durchaus angehoben, weil wir aber so viel Slack haben, wird sich der äußere Zügel in den meisten Fällen dennoch nicht straffen. Das wollen wir jedenfalls erreichen, daß das Pferd auf das bloße Anlegen des losen Neck Reins (bei gleichzeitigem Schenkeldruck auf derselben Seite) zur anderen Seite weicht. Dabei drehen wir den Fuß etwas nach außen, also mit der Ferse zum Pferdeleib, um mit der Wade besser drücken zu können.

Wichtig ist, daß der Schenkeldruck sofort aufhört, die Zügelhand sofort wieder 'runter und mitten über den Mähnenkamm geht, sobald das Pferd auch nur etwas zur Seite weicht. Dann läßt man es geradeaus weiterlaufen bzw. leicht im Bogen, um nach einigen Schritten dasselbe zu wiederholen. Den inneren, direkten Zügel nehmen wir ein wenig kürzer als den äußeren, und wir lassen das Pferd eine ganze Weile immer zur selben Seite hin weichen, ändern also nicht ständig die Richtung. Dadurch beschreiben wir mehr oder weniger Kreise auf dieser Hand, bevor wir irgendwann bewußt die Hand wechseln und alles genauso zur anderen Seite hin durchführen.

141
Ley Yield; der äußere Zügel wird angelegt (ohne sich zu straffen), der äußere Schenkel drückt vorn (Pfeile), das Pferd weicht – und wird wieder losgelassen

142
So können die Zügel dabei in einer Hand gehalten werden und werden aufwärts/diagonal/rückwärts, etwa in Richtung Achselhöhle, geführt. Die andere Hand ist dann frei für eine Gerte

143
Derselbe Vorgang in der Anwendung. Das Pferd ist mit der Vorhand gewichen und wird im nächsten Moment wieder losgelassen, d.h. der Schenkel geht weg und die Hand hinunter auf den Mähnenkamm

Wir wollen möglichst bald dahin kommen, die Schulter des Pferdes deutlich nach innen weichen zu fühlen, sobald wir den Neck Rein und den äußeren Schenkel anlegen. Wenn es nicht wünschenswert reagiert, sich bitten läßt, müssen wir es sensibilisieren, indem wir unserem Schenkel durch Antippen mit der Gerte Nachdruck verleihen. Die Gerte ist dafür anfangs besser geeignet, als der Sporn. Die Gerte kommt da zum Einsatz, wo auch der Schenkeldruck angewandt wird, also vorn. Möglicherweise reicht es, wenn Sie mit der Gerte gegen Ihren Stiefel schlagen. Die Gerte halten wir in der freien Hand. Um die Hand für die Gerte frei zu haben, nehmen wir bei dieser Übung die Zügel in eine Hand.

Das Pferd soll dabei ganz ruhig bleiben. Hat es sich durch den Gebrauch der Gerte aufgeregt, warten wir erst ab, bis es wieder am durchhängenden Zügel entspannt Schritt geht, bis wir das Einwärtsweichen mit der Schulter erneut exerzieren.

Die Zügelhand geht dabei in Richtung aufwärts/rückwärts/seitwärts, also nicht einfach nur seitwärts. Wir winkeln dabei den Arm etwas an, die Zügelhand, und da wiederum der kleine Finger, geht in Richtung Achselhöhle oder Ellbogen (Abb. 142). Eine solche Zügeleinwirkung bringt von der Tendenz her das Pferd auf den inneren Hinterfuß, sein Gewicht mehr nach hinten, seine innere Schulter wird oder bleibt aufgerichtet. Weil wir viel Slack im Zügel haben, hat das Pferd die Chance, auf den Neck Rein, den es am Hals „hochkriechen" fühlt, zu reagieren, lange bevor er sich strafft.

Beim Two Tracking haben wir die diagonale Kontrolle oder diagonale Zügeleinwirkung bereits angewandt, die nichts anderes ist, als Schulter-Kontrolle. Wann immer wir einen Zügel diagonal annehmen, kontrollieren wir damit die Schulter auf derselben Seite. Anders als beim Leg Yield, wo der äußere Zügel nur als Signal zur Anwendung kommt und das Pferd dem äußeren Schenkel weicht, kontrollieren wir mit dem diagonalen Zügel direkt die entsprechende Schulter, also auch ohne Schenkel.

Wir können nun dieselbe Übung, die wir mit Leg Yield ausgeführt haben, auch mit der diagonalen Zügeleinwirkung exerzieren. Dabei können wir auch ruhig den äußeren Schenkel zur Unterstützung gebrauchen, entweder am oder hinterm Gurt. Hierbei nehmen wir die Zügel in beide Hände, die Zügelhand auf der Seite, in die wir weichen wollen, wird höher gehalten, als die am diagonal einwirkenden Zügel. Die Zügelhand am diagonal einwirkenden Zügel bewegt sich in Richtung diagonal gegenüberliegendem Hinterfuß bzw. in Richtung Ihres Bauches oder Ihrer diagonal gegenüberliegenden Hüfte. Zum Beispiel: wenn Sie das Pferd nach rechts weichen lassen wollen, geht die linke Zügelhand in Richtung Ihrer rechten Hüfte. Auch hier gilt wieder, daß unverzüglich Slack gegeben werden muß und der Schenkel unverzüglich wieder weggenommen werden muß, sobald das Pferd zur Seite gewichen ist: in unserem Beispiel, sobald es mit der Schulter nach rechts „weggetaucht" ist, ein gleichzeitiges Anlegen des diagonalen Zügels und des Schenkels auf derselben Seite, das Pferd weicht mit der Schulter — und darf hinauslaufen.

Ein oder zwei Schritte reichen völlig, Sie wollen nicht schon eine Wendung oder Drehung reiten. Sie müssen das Gefühl dafür entwickeln, zu merken, wenn es so stark über die Schulter nach innen weicht, daß es über das innere Hinterbein abrollt. „Innen" bedeutet hier innerhalb der Viertel- oder Achteldrehung, die Sie reiten; in Relation zur Stellung des Pferdes handelt es sich um den äußeren Hinterfuß, weil das Pferd bei diesem Manöver leicht nach außen gestellt ist (Abb. 144). Bei dieser Form des Schulterweichens oder der Schulterkontrolle hat das Pferd die Tendenz, die Schulter auf der der Bewegungsrichtung zugewandten Seite fallen zu lassen. Darum halten wir die Zügelhand auf der Seite höher, um dem entgegenzuwirken. Wir können es nicht verhindern, daß es die Schulter etwas fallen läßt und nehmen das in Kauf, weil es grundsätzlich eine wertvolle Übung ist, um mehr Kontrolle ans Pferd zu bringen und um es auf den inneren Hinterfuß zu bringen.

144
Die Schulterkontrolle durch den direkten diagonalen Zügel

Beide hier beschriebenen Übungen, Leg Yield und diagonale Schulterkontrolle, üben wir im Schritt und vorzugsweise in Entspannungsphasen. Für die direkte diagonale Zügeleinwirkung müssen Sie Anfangs mit Anlehnung reiten, später können Sie auch das mit „langen Leinen" ausführen.

Beim Two Tracking kontrollieren Sie in erster Linie die Hinterhand des Pferdes per Schenkelhilfe hinterm Gurt; die diagonale und direkte Zügeleinwirkung tritt dabei nur insoweit in Aktion, wie nötig ist, um das Pferd vorn in Position zu halten. Beim Leg Yield kontrollieren Sie die Vorhand, die Schulter des Pferdes per Schenkelhilfe am oder (anfangs) leicht vor dem Gurt, der äußere Zügel wird (ohne Spannung) nur als Signal angelegt. Bei der diagonalen Schulter-Kontrolle bewegen Sie die Schulter des Pferdes durch direkte diagonalrückwärtige Zügeleinwirkung.

SCHOOLING

Es ist eine Sache, ein Pferd zu trainieren und eine andere, es auf Turnieren vorzustellen. Ich kenne einige Trainer, die furchtbar schwer zu schlagen wären, wenn sie ein Pferd so gut im Wettkampf reiten könnten, wie sie es ausbilden können.

Doug Milholland

Die Pferde ausreichend verschnaufen zu lassen, ist der Faktor Nummer 1 in meinem Trainingsprogramm. Ich schule nie ein Pferd, das außer Atem ist. Wenn z.B. ein Pferd gut dreht und dabei außer Atem kommt und der Trainer dann weiterhin Spins verlangt, wird das Pferd Furcht davor entwickeln oder Abneigung. Anstatt zu versuchen, es dem Reiter recht zu machen, wird es dann nach einem Ausweg suchen. Außerdem tun ihm dann seine Sehnen und Muskeln weh, wenn es außer Atem ist, und es kann dann leicht gesundheitlichen Schaden nehmen. Ein Trainer verliert das geistige Mitmachen eines Pferdes, wenn dies physisch erschöpft ist. Lassen Sie das Pferd verschnaufen und seinen Körper wieder mit Sauerstoff auffüllen. Werfen Sie die Zügel weg und sitzen Sie nur auf ihm. Das ist die beste Belohnung, die ein Trainer seinem Pferd geben kann. Klopfen oder ihm Zucker geben ist keine Belohnung; davon werden Pferde nur verzogen.

Bob Loomis

Ich versuche, meine Pferde ruhig und klar im Kopf zu halten. Ich bin ein Fanatiker, wenn es darum geht, sie psychisch nicht zu überfordern. Ich lasse es sehr langsam angehen mit dem Training und nehme mir viel Zeit, um das Vertrauen des Pferdes zu gewinnen. Manche Trainer sagen, sie hätten keine Zeit, um ein Pferd in der Art auszubilden. Nach meiner Überzeugung kann man es sich nicht leisten, es nicht zu tun.

Bob Loomis

Da der Snaffle Bit keine Hebelwirkung hat, basiert die Reaktion des Pferdes darauf auf Erziehung, nicht auf Zwang. Wenn man am Zügel zieht, sollte man nicht mehr Widerstand fühlen, als wenn das Zaumzeug an der Wand hinge. Wohin der Snaffle Bit geht, folgt ihm das Pferd. Idealerweise soll man das Pferd nie fühlen. Es sollte so trainiert sein, daß hartes Ziehen am Zügel gar nicht möglich ist —, das Pferd reagiert zu schnell, um das zuzulassen.

Les Vogt

Wir haben jetzt unser Pferd mit allem ausgerüstet, was für seine Basisfunktion als Reitpferd erforderlich ist: wir haben die vertikale Kontrolle, mit der wir es versammeln, anhalten oder rückwärtsgehen lassen können; wir haben die laterale und diagonale Kontrolle, die im Zusammenspiel ein genaues Lenken des Pferdes ermöglichen, und wir haben Leg Control, haben es an den Schenkelhilfen, die einmal beim Versammeln, Durchparieren oder Back Up mithelfen, uns aber auch ermöglichen, die Vorhand und die Hinterhand zu kontrollieren.

Mit diesen Grundvoraussetzungen machen wir uns daran, die Rittigkeit des Pferdes zu verbessern und spezielle Übungsteile zu trainieren.

Wie sieht die tägliche Trainingsarbeit jetzt praktisch aus? Zunächst einmal sollten Sie das Pferd sich aufwärmen und lockern lassen. Sie sitzen mehr oder weniger dabei nur als Passagier im Sattel, die Zügel hängen durch, und das Pferd kann weitgehend das Tempo bestimmen. Sie achten lediglich darauf, daß es zuerst etwas im Schritt, dann Trab und Galopp geht, außerdem auch darauf, daß es nicht nur auf einer Hand, sondern links und rechts herum läuft. Sie beeinflußen seine Kopfhaltung dabei nicht —, ob es die Nase vorstreckt oder in Zirkeln und Wendungen nach außen stellt, spielt dabei keine Rolle. Geben Sie ihm größtmögliche Freiheit.

Ist das Pferd noch immer etwas broncy, lassen Sie es allerdings am Anfang nicht so frei laufen, sondern halten es auf nicht zu großen Zirkeln, bis es warm geworden ist. Hat es lediglich viel Gehlust, ohne zum Bocken zu neigen, lassen Sie es größere Zirkel galoppieren, es dabei gerade so viel kontrollierend, daß es auf dem Zirkel bleibt. Irgendwann merken Sie, daß es genug Dampf abgelassen hat: es wird von allein ein wenig langsamer im Tempo. Sie ermuntern es aber, weiterhin schneller zu galoppieren, wobei dazu wahrscheinlich keine Schenkelhilfe erforderlich sein wird, sondern es ausreicht, wenn Sie aufmunternd die Zügelhände am Hals höher führen und mit ihrem Gewicht etwas vorgehen. Damit stellen Sie es dem Pferd gegenüber so dar, als hätten nicht Sie seinem Bewegungsdrang Rechnung getragen, sondern als sei das Ganze von vornherein Ihre Idee gewesen, und Sie bestimmen natürlich auch, wann's genug ist.

Erst wenn Sie das Gefühl haben, daß es einen Vorschlag zum Anhalten augesprochen dankbar aufgreifen würde, parieren Sie weich durch. Wenn Sie bis dahin alles richtig gemacht haben, wird nur ein tiefes Einsitzen und „Whoa", mit minimaler Zügelhilfe, dazu notwendig sein. Da Sie es nun anschließend verschnaufen lassen, wählen Sie für Ihr Anhalten eine Stelle im Corral oder der Bahn, die entgegengesetzt der Hälfte liegt, zu der hinzudrängen es eine Tendenz hat.

Mit einem Pferd, das nicht zum Stürmen neigt, verfahren Sie so, daß es sich zunächst in der eingangs erwähnten Weise warmlaufen darf, ohne große Einwirkungen Ihrerseits. Dann können Sie irgendwann beginnen, die Zügel allmählich aufzunehmen

145
Das Üben von Zirkeln im frisch abgeschleppten Corral (oder, wie hier, nach Regenfällen)

und es an die Hand zu reiten, ihm in den Zirkeln die korrekte leichte Einwärtsstellung zu geben (gerade so viel, daß Sie das innere Auge sehen können). Sie bringen es so weit zum Tucken, wie es seinem Ausbildungsstand entspricht, was zugleich mit einer Verlangsamung des Tempos bzw. einem mehr versammelten Laufen des Pferdes verbunden ist.

Einige Lockerungsübungen sind nun angebracht, wie das Biegen des Halses in beide Richtungen zum Reiterbein, im Schritt und im Stand.

Verschnaufpausen sind wichtig, nicht nur, um das Pferd bei Luft zu halten, sondern auch, um es sich immer wieder entspannen zu lassen. Die Stops führen Sie immer an anderen Stellen aus, um zu vermeiden, daß das Pferd sie an bestimmten Stellen erwartet und diese ausführt, ohne daß Sie ihm dazu ein Signal gegeben haben. Dieses Antizipieren zu vermeiden, egal ob es sich um Stops, Galoppwechsel oder sonst irgendetwas handelt, ist eins der Hauptprobleme beim Training eines Reining-Pferdes.

Wenn Sie es nur in der ihm unsympathischen Hälfte des Corrals stoppen und Verschnaufen lassen, um ihm diese sympathischer zu machen, limitiert das natürlich Ihre Möglichkeiten. Sie können es auch mal in der anderen Hälfte stoppen, es aber dann entweder rückwärts richtend oder im Schritt in die unbeliebte Hälfte reiten, um dort wiederum zu pausieren.

Im folgenden sind Übungen und Aufgaben beschrieben, an denen Sie in dieser Phase des Trainings arbeiten. Denken Sie aber daran, Ruhe- bzw. Entspannungspausen einzubauen, in denen Sie dem Pferd die Zügel lang hingeben, ob es nun dabei steht oder im Schritt geht. Auch zum Ende der Arbeit lassen Sie es bei durchhängenden Zügeln im Schritt gehen und abtrocknen. Am besten trocknen die Pferde ab, wenn Sie die Bahn verlassen und sie außerhalb eine Weile mit tiefem Kopf „latschen" lassen. Das Absatteln nehme ich immer im unbeliebten Teil des Corrals vor, und ich sehe es auch gern, wenn sich die Pferde im Corral wälzen. So verbinden sie, als letzte Erfahrung darin, in der Erinnerung etwas Angenehmes mit dem Corral oder der Reitbahn, denn für die Pferde ist das Wälzen etwa so, wie wenn wir unter die Dusche gehen. Außerdem bringt das Wälzen einen Massageeffekt vor allem für den Pferderücken, der nicht zu unterschätzen ist.

Übungen

Eine lohnenswerte Übung ist, im frisch abgeschleppten Corral Zirkel zu reiten, am besten im Trab. Saubere, gleichmäßig runde Galoppzirkel sind wesentlicher Bestandteil jeder Reining Pattern, und dies ist die Vorübung dafür. Diese Übung ist aber sehr gut geeignet, generelle Schwächen in der Kontrolle und Feinabstimmung zu offenbaren (Abb. 145).

Auf dem frisch abgezogenen Boden (oder bei Außenplätzen nach Regenfällen) können Sie nun die Hufspuren gut erkennen. Sie reiten einen Zirkel, so rund und gleichmäßig es Ihnen nur möglich ist. Das ist die erste Schwierigkeit (lassen Sie ihn ruhig von Außenstehenden begutachten). Einen wirklichen Kreis zu reiten, ist eine Sache, jetzt genau über die Spuren, die Sie gemacht haben, weitere Zirkel zu reiten, ist eine andere.

Gebrauchen Sie nicht nur die Zügel (laterale und diagonale Kontrolle) sondern auch die Schenkelhilfen. Schneidet das Pferd den Zirkel ab, will es nach innen abweichen, gebrauchen Sie den inneren Schenkel am Gurt; auch mit dem inneren Zügel können Sie es nach außen bringen. Drängt es nach außen, halten Sie es mit äußerem Schenkel und äußerem Zügel „auf Kurs". Gewichtshilfen setzen Sie ein, indem Sie sich entweder auf den inneren oder auf den äußeren Gesäßknochen setzen. Mit einem Neigen des Oberkörpers nach innen oder außen hat das nichts zu tun.

Wenn Sie zwanzig oder dreißig solcher Zirkel geritten haben und die Spur, die Sie hinterlassen haben, überall nicht breiter als ein guter halber Meter ist, so ist das schon eine Leistung.

Natürlich machen Sie das sowohl auf der linken, wie auch auf der rechten Hand, auf der „Schokoladenseite" weniger oft als auf der anderen.

Beim Two Tracking wurde schon andeutungsweise eine andere Übung erwähnt: das Two Tracking auf dem Zirkel. Die Gefahr, daß Sie dabei nicht in der Vorwärtsbewegung bleiben, sondern Ihre Position auf einmal in einem rechten Winkel zur Bewegungsrichtung ist, ist recht groß und damit das Risiko des fehlerhaften Kreuzens. Begnügen Sie sich damit, die Hinterhand per äußerem Schenkel und diagonaler Kontrolle nur leicht einwärts zu stellen. Sie sollen das Gefühl haben, daß die Hinterhand einen etwas kleineren Kreis beschreibt, als die Vorhand (Abb. 147). Was Sie im Endeffekt erreichen wollen ist, das Pferd, das von Natur aus die Tendenz hat, mit der Hinterhand oder dem Rumpf auszubrechen, wegzudriften (übertrieben: mit der Hinterhand einen größeren Kreis zu machen, als mit der Vorhand), genau gerade auf der Zirkellinie zu haben. Lediglich die Nase des Pferdes soll leicht nach innen zeigen (Abb. 148).

Die Bedeutung, die dem äußeren Zügel, der diagonalen Kontrolle zukommt, ist vielleicht der wesentlichste Unterschied zwischen der Reining-Ausbildung (Westerndressur) und der hiesigen Dressur. Auffällig ist jedenfalls, daß hierzulande viel mit lateraler Biegung, also mit deutlich einwärts gestellten Pferden gearbeitet wird, während in der Westernausbildung das Pferd geradegestellt arbeiten soll und die Entwicklung der diagonalen Kontrolle dominierendes Element ist.

Ohne Frage soll unser Westernpferd sich auch nach innen biegen lassen —, das wurde bereits angesprochen. Aber das A und O, den Schlüssel zum Erfolg stellt die diagonale Kontrolle dar! Dazu kommt der äußere Schenkel, der uns die Kontrolle über das *ganze* Pferd gibt. Die Sensibilisierung dem äußeren Schenkel gebenüber ist ebenso wichtig, wie die dem äußeren Zügel gebenüber. Äußerer Zügel und äußerer Schenkel müssen Ihnen jederzeit die Möglichkeit geben, das Pferd nach links oder rechts seitlich zu versetzen, ohne daß es dabei über die äußere Schulter ausfällt oder mit der Hinterhand nach außen wegdriftet. Ist es derart sensibilisiert, können Sie es immer gerade, d.h. zwischen Ihren Zügeln halten.

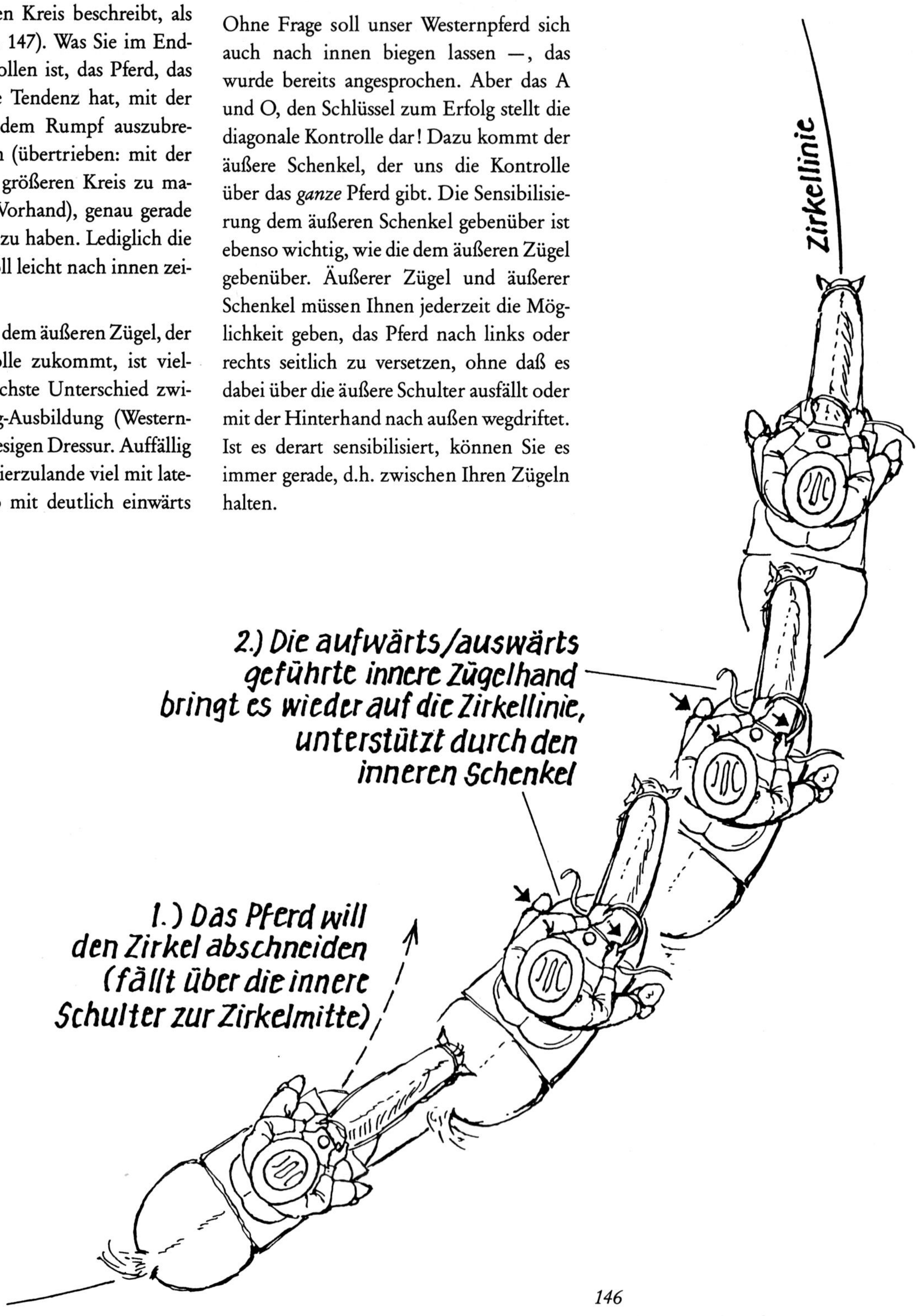

146
Von innen nach außen angewandte diagonale Kontrolle

147 *Two Tracking-Zirkel; die Hinterhand beschreibt einen kleineren Kreis als die Vorhand*

Half Spins während der Entspannungsphasen einzubauen), dann legen Sie gleichzeitig den äußeren Schenkel an und lupfen den äußeren Zügel in Form der diagonalen Kontrolle, den inneren nehmen Sie gerade soviel an, um dem Pferd genug Richtung zu geben. Während der direkte, der innere Zügel kontinuierlich die Richtung gibt, ist es zweckmäßig, den äußeren mehr mit Pull-and-Slack zu bedienen. Sobald es dem äußeren Schenkel und Zügel gewichen ist und herumgeschwenkt hat, über den inneren Hinterfuß „gerollt" ist, lassen Sie die Zügel sofort wieder durchhängen und das Pferd „hinauslaufen".

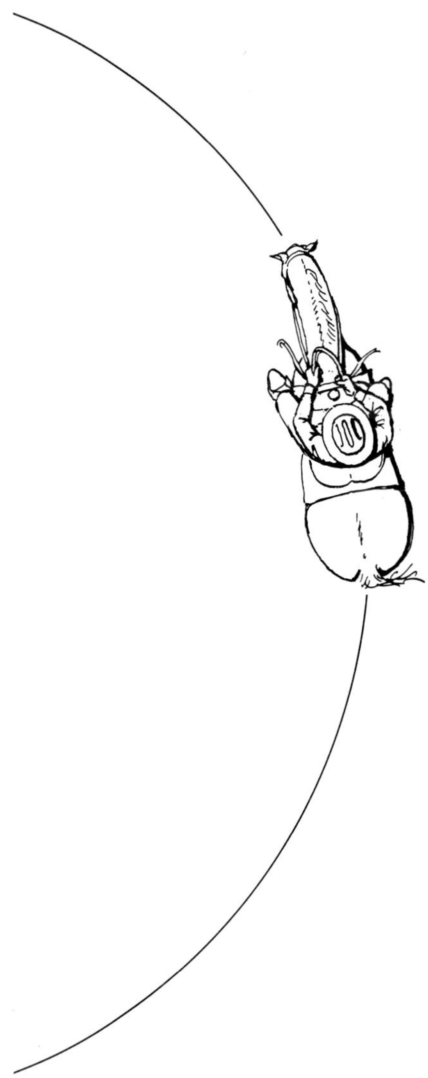

148
Hat das Pferd nicht mehr Biegung auf dem Zirkel, als es der Zirkellinie entspricht, läuft es „gerade" auf dem Zirkel. Tatsächlich darf es eher ganz gerade als zu stark gebogen sein

Wenn Sie das üben, kümmern Sie sich nicht darum, ob Ihre Zirkel rund sind oder „Pflaumen". Sie konzentrieren sich nur auf die *Body Position* des Pferdes. Mit den Zügelhilfen, besonders mit dem äußeren Zügel, nehmen Sie die Vorhand herum, mit dem äußeren Schenkel nehmen Sie die Hinterhand gleichzeitig mit. Dieses üben Sie zuerst im Schritt und Trab, später auch im Galopp.

Korrigieren Sie die Zirkellinie, die Sie reiten, öfter nach innen, indem Sie, wie oben erwähnt, das gesamte Pferd per Zügelhilfen und äußerem Schenkel nach innen versetzen (Abb. 149). Schon daraus ergibt sich, daß wir dabei keine schönen, kreisrunden Zirkel reiten, sondern nur Wert auf gehorsame Reaktionen auf unsere Hilfen legen. Auch sind halbe Zirkel und Wendungen einzubauen.

Bei den Wendungen kontrolliert der äußere Schenkel die Hinterhand so, daß er sie derart begrenzt, daß sie möglichst stationär bleibt, höchstens aber einen ganz kleinen Kreis tritt, während das Pferd gerade, in korrekter Position, ohne hinten auszubrechen oder die Mittelhand herauszudrücken, herumkommt (Abb. 150 und 151).

Zwischendurch reiten Sie Zirkel, halbe Zirkel und Wendungen mit stark angewandter diagonaler Kontrolle und äußerem Schenkel, so daß das Pferd nach außen gestellt ist *(Reverse Arc)*. Dies bringt das Pferd auf den inneren Hinterfuß (Abb. 152). Die Leg Control oder Schenkelhilfe, die Sie über die Vorhandwendung „installiert" haben, versetzt Sie nun in die Lage, eine Hinterhandwendung auszuführen.

Es macht sich bezahlt, oft nur Vierteldrehungen oder etwas mehr zu reiten, dem Zügel dann sofort wieder Slack zu geben. Sie reiten mit durchhängendem Zügel (es ist vorteilhaft, diese Vierteldrehungen und

149
Ob auf der Geraden oder auf dem Zirkel – immer wieder wird das Pferd nach innen „versetzt". Die Einstellung der Hilfengebung muß sofort erfolgen, nachdem es gewichen ist

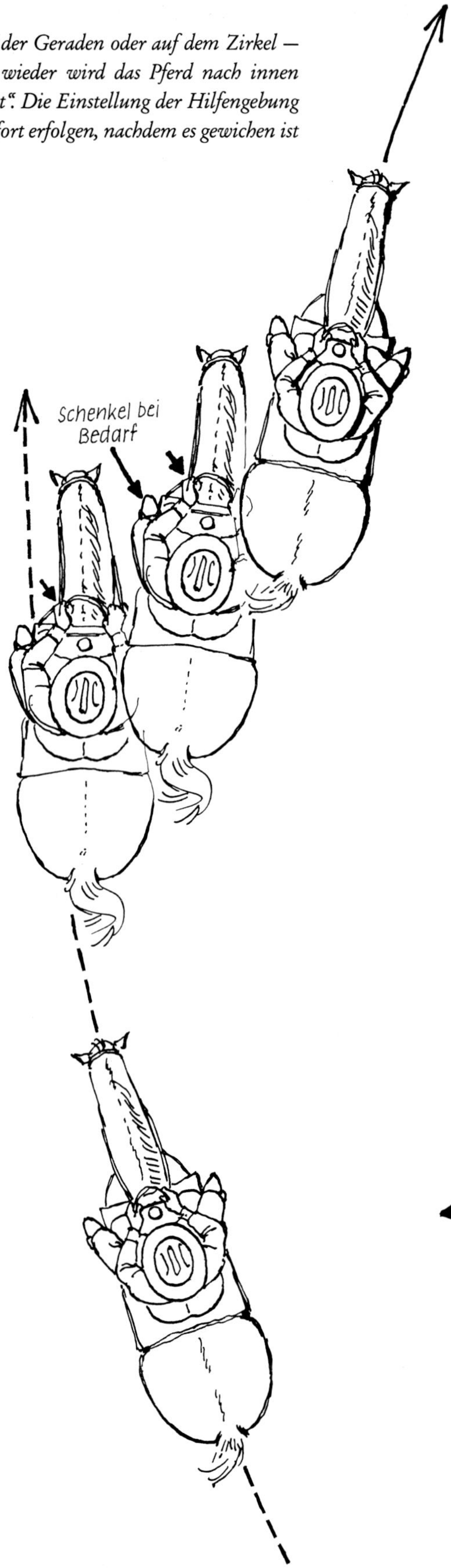

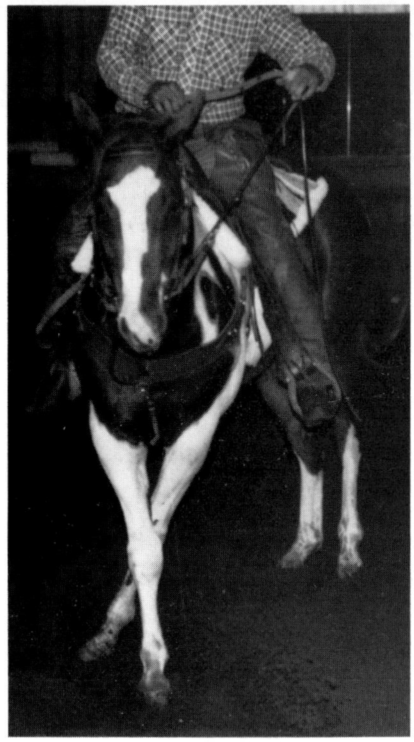

150
Wendung mit fast stationärer Hinterhand

151
Der äußere Schenkel hält die Hinterhand stationär, und das Pferd lernt, mit der Vorhand um die Hinterhand herum zu treten

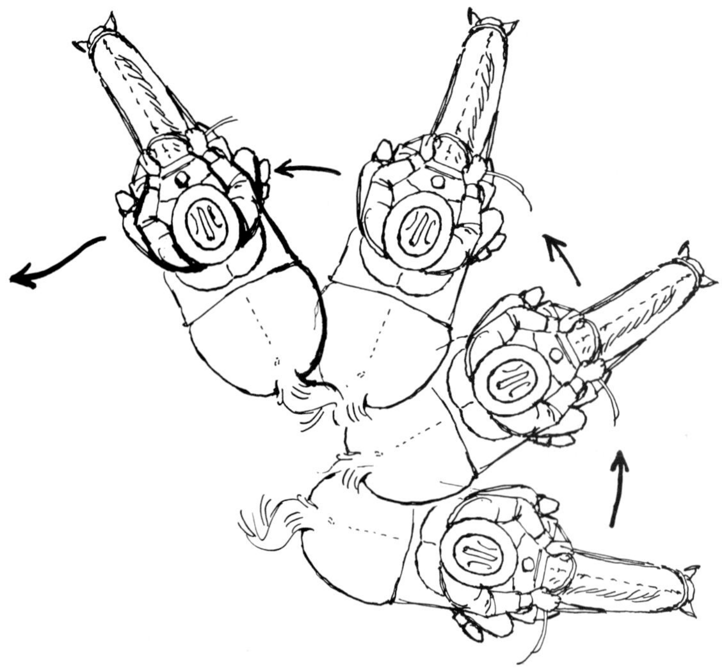

Bieten Sie ihm immer ein „Loch", einen Ausweg, wenn Sie etwas von ihm verlangen. Sie applizieren bestimmte Hilfen = Druck. Dem Druck kann es entgehen: der Ausweg ist, zu tun, was Sie von ihm wollen. Es wird bald gern eine Vierteldrehung oder eine halbe auf dem inneren Hinterfuß machen, wenn es weiß: am Ende ist der „Durchschlupf", der Ausweg, wo ich unbelästigt und frei bin.

Wenn es stoppt, hat es sozusagen seinen Ausweg hinter sich zu vermuten. Vor ihm befinden sich Druck durchs Gebiß und Schenkeldruck; dort, wo ihm das Signal zum Stoppen gegeben wurde, findet es Unbehelligtsein von jedem Druck, Verschnaufen, Entspannung.

Außerdem ist es auch gern geübte Praxis, das Pferd direkt nach dem Stop einige Schritte rückwärts zu richten, um es dann völlig entspannt stehen zu lassen. Das läßt es in seiner Vorwärtsbewegung noch mehr „rückwärts denken", sich nach rückwärts zu orientieren, was seinen Stop verbessert.

Jetzt sind wir aber abgeschweift und beim Stop gelandet, wir wollen aber noch ein wenig beim Zirkelreiten bleiben.

Nicht nur das Wegdriften nach außen muß bei den meisten Pferden korrigiert werden, sondern viele tendieren auch dazu, den Zirkel zu verkleinern, innen abzuschneiden. Das wird durch den inneren Zügel korrigiert sowie durch Schenkeldruck innen am Gurt, der es nach außen drückt. Es mag unsinnig erscheinen, das Pferd, das nach innen drängt, mit dem inneren Zügel nach außen zu bringen, es ist aber ganz einfach eine von innen nach außen angewandte diagonale Kontrolle. Die Hilfe mit dem *Direct Rein*, dem inneren Zügel, wird also nicht so ausgeführt, daß der Pferdekopf nach innen gezogen wird — das wäre in der Tat unsinnig. Sondern der innere Zügel wird gegen die innere Halsseite des Pferdes gelegt und nach oben/außen angenommen (Abb. 146, 126).

Gerade Pferde, die abschneiden, zum Inneren des Zirkels drängen, lassen gern die innere Schulter fallen. Die innere Schulter muß, in den Zirkeln wie in den Drehungen, aufgerichtet bleiben, was durch den inneren Zügel geschieht.

Beides muß das Pferd lernen: den äußeren Hilfen zu weichen und sich durch den inneren Zügel anheben, aufrichten zu lassen; gerade so wie es auch lernen muß, sich in beide Richtungen biegen zu lassen: Zirkel und Wendungen im Reverse Arc und Zirkel und Wendungen mit deutlicher Einwärtsstellung. Erst, wenn in beiden Richtungen kein Widerstand mehr überwunden werden muß, kann es sich selbst im Spin optimal positionieren, wird es auf dem Galoppzirkel zwischen den (losen) Reins bleiben.

Eine wertvolle Gymnastizierung stellt auch das Reiten von möglichst engen, schnellen, rythmischen Trabzirkeln mit deutlicher Einwärtsstellung dar.

es durch gründliche Longenarbeit vorbereitet worden, wird es aus Gewohnheit auf dem Rechtszirkel im Rechts- und auf dem Linkszirkel im Linksgalopp anspringen.

Wenn Sie es nun per Schenkelhilfe angaloppieren lassen wollen, so geschieht das aus dem Two Tracking heraus. Für den Rechtsgalopp stellen sie z.B. die Hinterhand des Pferdes nach rechts, außerdem können Sie es anfangs im Hals ein wenig nach außen stellen (also nach links), was die rechte (innere) Schulter frei macht, um weiter vorgreifen zu können. Ihr rechtes Bein geht etwas nach vorn und weg vom Pferd, im linken Bügel haben Sie das meiste Gewicht. Mit den Zügeln halten Sie Anlehnung, geben also keinen Slack. Die rechte (innere) Zügelhand halten Sie höher. Auf Ihren

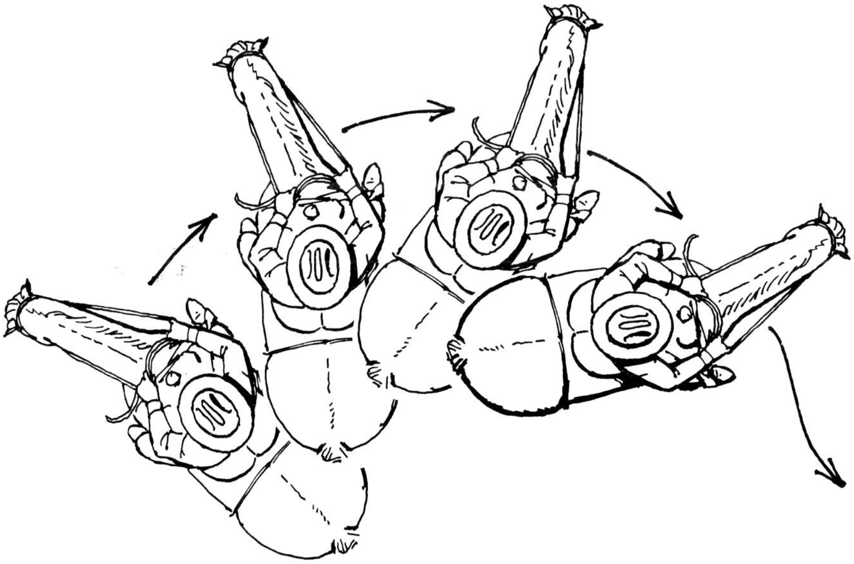

152
Wendung aus der Bewegung heraus im Reverse Arc. Dies bringt das Pferd auf den inneren Hinterfuß, ob die Hinterhand nun stationär oder, wie hier, etwas in der Vorwärtsbewegung bleibt

äußeren Schenkeldruck und aufmunterndes Schnalzen hin sollte es im Rechtsgalopp anspringen.

Die Leg Control ermöglicht uns auch, auf der gewünschten Hand anzugaloppieren. Solange wir das Pferd nicht an den Schenkelhilfen haben, können wir aus einer Ecke heraus oder aus einem Trabzirkel angaloppieren und es so auf der richtigen Hand, dem korrekten *Lead*, wie es in der Western-Terminologie heißt, anspringen lassen. Ist

Solange es mit der Hinterhand nach innen (also hier nach rechts) gestellt ist, kann es nicht anders, als im Rechtsgalopp anspringen. Springt es falsch an, so hat es sich im letzten Moment den Hilfen entzogen und seine Stellung so weit verändert, daß es ihm möglich war, auf der anderen Hand anzugaloppieren.

Zu Beginn sollten Sie das Angaloppieren noch nicht aus dem Schritt oder gar aus dem Stand versuchen oder verlangen. Am besten klappt es aus einem Trabzirkel heraus. Tatsächlich springt ein halbwegs talentiertes Pferd fast von allein im richtigen Galopp an, wenn Sie auf dem Trabzirkel Ihr Gewicht im äußeren Bügel haben, das Pferd durch die Einwirkung des äußeren Schenkels und ggf. des äußeren Zügels etwas nach innen versetzt „neben sich“ haben und die innere Zügelhand anheben. Sie „schieben es mit dem äußeren Schenkel vor sich her“.

Zum Angaloppieren hebe ich die innere Zügelhand etwas an (wenn es im Rechtsgalopp anspringen soll, also die rechte) und lege den äußeren Schenkel hinterm Gurt an. Denken Sie beim Angaloppieren nicht an Beschleunigung, versuchen Sie nicht, es zum Angaloppieren einzuladen, indem Sie ihm die Zügel schießen lassen. Sie müssen das Pferd aufnehmen, aufrichten zum Angaloppieren, wir wollen es nicht in den Galopp jagen.

Sie müssen fühlen lernen, ob es sich für den korrekten Galopp stellt und im Begriff ist, richtig anzuspringen. So lange halten Sie es vorn fest, bis es sich richtig anfühlt, dann lassen Sie den Sprung heraus.

Natürlich gibt es Pferde, die stark einseitig sind und auf einer Hand — meistens ist es die rechte — nicht angaloppieren wollen. Zwei Vorübungen sind zur Korrektur geeignet: 1. fleißiges Two Tracking in der entsprechenden Richtung, also bei Verweigerung des Rechtsgalopps mit nach rechts einwärts gestellter Hinterhand, 2. Longieren mit der Doppellonge, möglichst in einem Round Corral.

Die äußere Leine der Doppellonge bringt, anstelle des äußeren Schenkels, die Hinterhand nach innen und unter Kontrolle. Ist das Pferd einmal auf seiner schwachen Seite richtig angesprungen, halten Sie es möglichst lange darin! Je öfter und länger das Pferd auf dieser steifen Seite galoppiert wird, desto leichter fällt es ihm nach und nach, in dem Galopp zu laufen, und desto weniger wird es sich weigern, in den Galopp zu springen.

Der Boden muß in einem solchen Fall ideal sein. Hängiger, unebener, holperiger oder rutschiger Boden geben dem Pferd Anlaß, aus der Gangart zu fallen oder umzuspringen. Oft springen sie dann nur hinten um und gehen Kreuzgalopp, was zur sehr lästigen Angewohnheit werden kann. Wichtig ist auch, daß die treibenden Hilfen beim Longieren weich und gefühlvoll kommen —, ein wenig zu stark oder zu plötzlich mit der Peitsche gewunken, und das Pferd springt aus dem für es noch ungewohnten und unbequemen Galopp!

Daß das Pferd auf einer Seite besser als auf der anderen Seite geht, werden Sie bei fast jeder Übung feststellen. Dabei ist die „Schokoladenseite“ nicht immer dieselbe — galoppieren tut es vielleicht linksherum besser, der Roll Back, die Wendung gegen den Zaun kommt möglicherweise nach rechts besser, das Two Tracking klappt u.U. ebenfalls rechts besser, während der Spin ihm wiederum linksherum leichter zu fallen scheint. Immer müssen Sie durch vermehrtes Üben auf der schwächeren Seite versuchen, es möglichst auf beiden Seiten gleichmäßig gut auszubilden. Natürlich hängt das nicht nur mit eventuellen Steifheiten des Pferdes zusammen, sondern auch mit denen des Reiters. Nicht nur das Pferd hat Seiten, die besonders geschult und gymnastiziert werden müssen, sondern auch der Reiter hat Steifheiten und dumme Angewohnheiten, die beim Pferd Einseitigkeiten und Fehler hervorrufen. Hilfreich ist es immer, wenn man sich von anderen beobachten und kritisieren lassen kann; Fotos und Filme sind erbarmungslose Kritiker.

Dieser Prozeß, die schwachen Seiten vermehrt zu trainieren, hört nie auf, denn die Schokoladenseiten wechseln. Nachdem Sie vielleicht ein Vierteljahr lang den Spin hauptsächlich rechtsherum üben mußten, klappt er möglicherweise auf einmal — fast über Nacht — rechtsherum besser, und Sie sind für die nächste Zeit damit beschäftigt, ihn linksherum so gut hinzubekommen wie rechtsherum.

Speed Control ist etwas anderes, das Sie üben müssen. Sie machen damit das Pferd sensibler für Ihre Gewichts- und Zügelhilfen im Sinne der vertikalen Kontrolle. Auch hierbei läßt sich am besten auf einem Zirkel arbeiten, zunächst im Trab, später auch im Galopp.

Voraussetzung ist, daß Sie in der Lage sind, ein langsames, ruhiges Tempo gleichmäßig beizubehalten. Das Reiten eines ruhigen, gleichmäßigen Tempos ist für sich schon eine lohnende Übung.

Sie reiten nun ein langsames Tempo, gerade so schnell, daß das Pferd nicht aus der Gangart fällt, und behalten das gleichmäßig für einige Runden bei. Dabei halten Sie nicht nur Ihren Körper in einer bestimmten, gleichmäßigen Position, sondern auch Ihre Hände. Wenn Sie Ihre Hände bei diesem langsamen Tempo relativ tief halten, so signalisieren Sie „Beschleunigen“ durch in eine höhere Position gebrachte Hände und leichtes Vorneigen des Oberkörpers. Sie behalten nun dieses schnellere Tempo für eine bestimmte Zeit bei, d.h. Sie beschleunigen nicht kontinuierlich, sondern gehen ein schnelleres Tempo, aber auch das gleichmäßig. Das Pferd soll nicht stürmen. Wenn Sie traben, soll es auch nicht angaloppieren; es muß lernen, sich auch im Trab beschleunigen zu lassen.

Nachdem Sie in dem schnelleren Tempo geritten sind — möglicherweise nur einen Zirkel, wenn das Pferd eine Tendenz zum Stürmen zeigt — gehen Sie mit Zügelhand und Oberkörper wieder in die Ausgangsposition zurück, um ihm zu signalisieren, daß jetzt wieder „langsam“ angesagt ist. Zu Anfang wird es vermutlich nicht allein daraufhin verlangsamen oder nicht ausreichend verlangsamen, so daß etwas Zügelannehmen erforderlich ist. Es wird aber lernen, fast nur auf die Veränderung von Zügelhandposition und Gewichtshilfe hin zu beschleunigen und zu verlangsamen.

Bei langsamem Tempo können Sie einen kleineren, beim schnelleren Tempo einen größeren Zirkel reiten. Das hilft mit, und so wird es auch in den Reining-Aufgaben verlangt.

Je klarer Sie mit Ihren Hilfen sind, desto schneller und besser lernt das Pferd, darauf zu reagieren. Das heißt nicht, daß Sie Ihre Zügelhände einmal auf dem Widerrist und das andere Mal über den Ohren halten sollen — da reichen schon 10 bis 15 cm Unterschied, im Verein mit der Gewichtshilfe. Die Klarheit schaffen Sie durch den deutlichen Unterschied zwischen dem *gleichmäßigen langsamen* Tempo und dem *gleichmäßigen schnelleren* Tempo im Zusammenhang mit Ihren Hilfen. Die Konsequenz, mit der Sie die Übung durchführen, macht die Klarheit aus.

Was Sie generell im Auge behalten müssen ist, daß häufige Tempowechsel und häufige Richtungsänderungen ein Pferd aufwecken und auch aufregen, langes Reiten bei gleichbleibendem Tempo und in derselben Richtung es ruhiger machen. Ein eher ruhiges, vielleicht etwas faules Pferd können Sie durch ein paar Wendungen und Tempo- bzw. Gangartenwechsel aufmerksamer machen und „auf die Zehenspitzen" bekommen, während bei einem temperamentvollen oder gar nervösen Pferd Wendungen, Stops und Tempounterschiede wohldosiert werden müssen und den Entspannungspausen zwischendurch besondere Bedeutung zukommt.

Leg Yield und Two Tracking üben wir nun in einer weiteren Variante. Und zwar praktizieren wir das Leg Yielding jetzt auf der Geraden, indem wir diagonal durch die Länge der Bahn traben, dabei den Schenkel vorn einsetzend und gerade so viel direkte und diagonale Zügeleinwirkung anwendend, daß wir das Pferd in Position und in der Bewegungsrichtung halten. Wenn das gut klappt, fangen wir, bevor wir die Bande oder den Zaun erreichen, mit dem Two Tracking an und bewegen uns dann einige Schritte parallel zum Zaun (Abb. 153). Dies üben wir im Trab. Zwisch dem Leg Yield und dem Two Tracking soll keine Unterbrechung sein, sondern es soll fließend ineinander übergehen. Dazu bleibt der Schenkel vorn am Gurt, die Zügelhand auf derselben Seite soll etwas höher getragen werden, und dann kommt am Punkt X der andere Schenkel dazu, und zwar natürlich hinter dem Gurt.

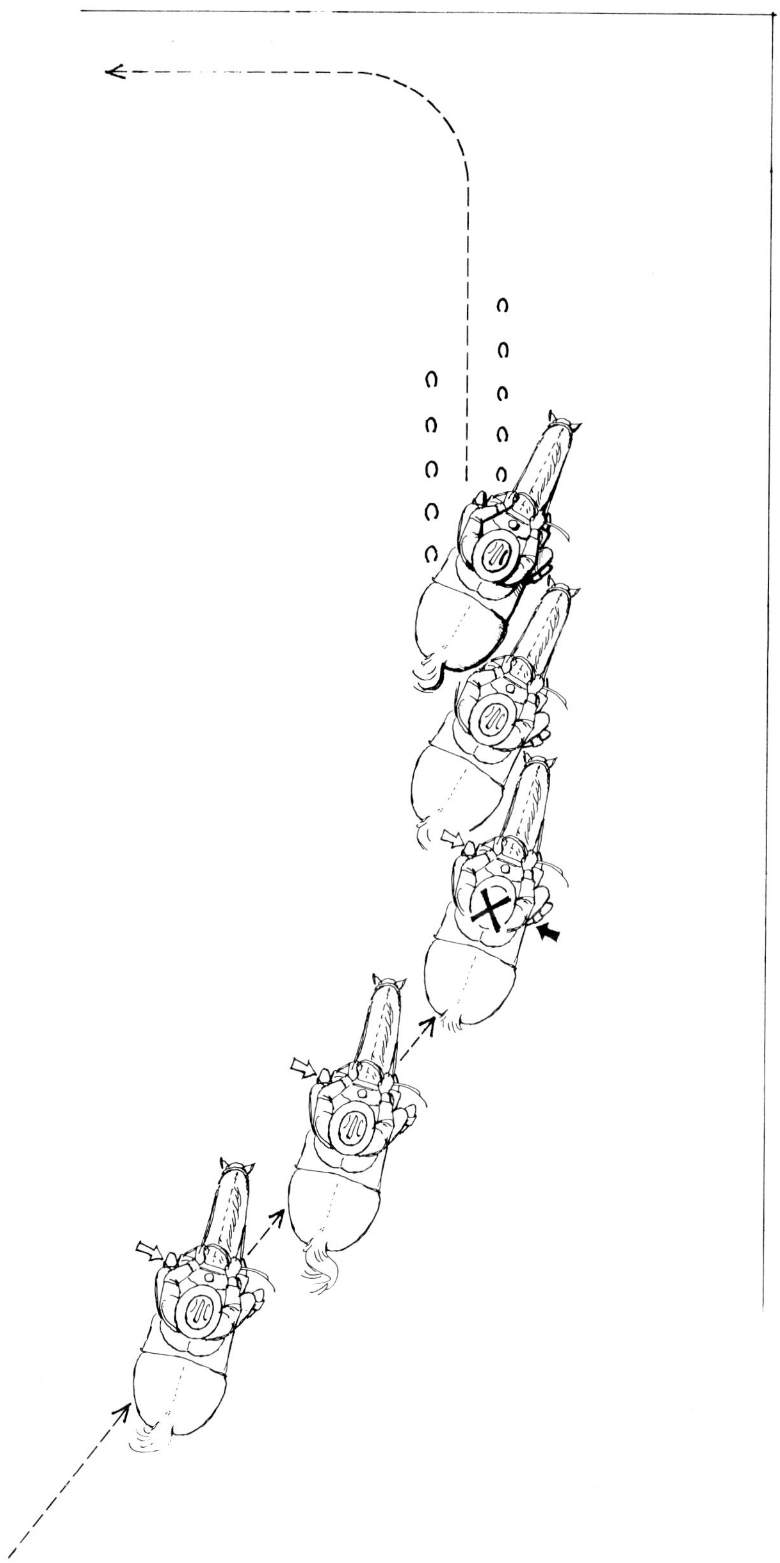

153 Leg Yield mit anschließendem Two Tracking als Vorübung für den Galoppwechsel

Das üben wir in beiden Richtungen, und es stellt eine Grundsteinlegung dar für unser späteres Training für den fliegenden Galoppwechsel.

Hier noch ein Tip für das eher nervöse Pferd, das dazu neigt, sich zu sehr „aufzudrehen“:

Egal, was Sie trainiert haben, ob Two Tracking, Spin, Back Up oder Galoppwechsel –, wenn sich das Pferd stark aufgeregt hat, lassen Sie ihm anschließend die Zügel ganz lang, greifen mit einer Hand weit hinunter an einem Zügel (vorzugsweise an dem auf der „schlechten, steifen Seite), und wenn es nun davonlaufen will – was es mit Sicherheit versucht, wenn es so „unter Strom steht“ –, ziehen Sie ihm den Kopf in einer Bewegung ganz herum, bis an Ihr Bein, und lassen ihn sofort wieder los. Das machen Sie so oft hintereinander, bis es mit tiefem Kopf und durchhängendem Zügel entspannt daherlatscht. Das gönnen Sie ihm dann eine Weile, bis Sie die Arbeit wieder aufnehmen.

Der Pull, mit dem Sie den Kopf herumholen, soll dabei nicht ruckartig sein. Sie setzen weich an, ziehen ihn dann aber ruhig, zügig und bestimmt in einer Bewegung herum. Das sofortige völlige Loslassen anschließend ist wichtig. So simpel das ist, so wirksam ist es.

EINIGES GRUNDSÄTZLICHES ZUR REITWEISE UND HILFENGEBUNG

DRESSUR UND REITEN

Wenn ich in die Arena reite auf einer Show, denke ich nicht daran, wie ich sitzen will oder wie ich meine Zügel halten will. Das mache ich alles aus dem Gefühl heraus. Dies ist keine Horsemanship Class, sondern eine Reining Class. Ich will keinen im Sattel sitzen sehen, als habe er einen Besenstiel im Rücken. Ich will einem Teilnehmer ansehen, daß er reitet.

Bob Loomis

Man darf dem Pferd nicht im Weg sein. In einem Spin zum Beispiel setze ich mich ein wenig nach außen, hinter den Spin.

Doug Milholland

„Nichts ist so beständig wie der Wechsel" lautet ein Sprichwort. Und obwohl man Veränderung und Wechsel nicht mit Fortschritt verwechseln sollte, muß man Neuem und Anderem gegenüber doch offen genug bleiben, um ggf. seine Meinung ändern und seine Methoden umstellen zu können. Zumindest aber muß man fähig sein, Andersartiges zu respektieren und anzuerkennen, wo andere Methoden zum Erfolg geführt haben.

So habe ich stets Wert auf die Feststellung gelegt, daß das in unserem Lande etablierte, „klassisch" genannte Reiten in den wesentlichen Kernpunkten mit dem Westernreiten übereinstimmt, daß beide Reitweisen auf denselben fundamentalen Grundsätzen beruhen.

Das läßt sich mit gewissen Einschränkungen nach wie vor vertreten. Aber eben nur mit gewissen Einschränkungen: die Gewichtshilfen werden z.T. genau entgegengesetzt gegeben. Das hat mir eine Weile zu schaffen gemacht. Anfangs, als ich die ersten Statements in dieser Beziehung von Trainern gehört oder gelesen hatte, habe ich sie als Außenseiteransichten abgetan. Auch in Deutschland gibt es z.B. Reiter und Ausbilder, deren Pferde kaum einer nachreiten kann. Wenn man aber feststellt, daß mittlerweile ein großer Teil der Trainer in Amerika, vielleicht gar das Gros der Reining Horse Trainer, sich mehr oder weniger stark nach außen setzt, dann muß man sich damit auseinandersetzen.

Reining ist aber zu einem hochspezialisierten Wettbewerb geworden, mit spezifischen Aufgabenstellungen und Problemen. Methoden haben sich eingebürgert, weil sie Erfolg brachten; sie konnten sich breitmachen, weil die Amerikaner allgemein offener sind und es im Western Riding im besonderen keinerlei starres Reglement, kein traditionelles „So-und-nicht-anders" gab und gibt. Niemand ist auf eine überkommene Reitlehre verpflichtet. Was zählt, ist allein der Erfolg.

Dreht ein Pferd besser, wenn der Reiter sich nach außen setzt, so belastet sich ein Western Trainer nicht mit Reittheorien und zögert nicht, sich eben nach außen zu setzen. Macht es einen Galoppwechsel auf diese Weise leichter oder erlernt ihn schneller, so ist das alles, was nötig ist, diesen Trainer zu überzeugen...

Warum aber, so fragt man sich, warum kann das überhaupt sein, daß ein Nach-außen-Sitzen ein Pferd dabei besser arbeiten läßt? Die Hilfen in der Reiterei sind ja nicht willkürlich festgelegt worden, sondern in der Natur, im natürlichen Bewegungsablauf des Pferdes, in seinen natürlichen Reaktionen begründet und daraus entstanden.

Ist ein Nach-außen-Setzen eine unnatürliche, widernatürliche Hilfengebung, also eine Dressur im eigentlichen (hier negativen) Sinne?

Wenn man einen Galoppzirkel reitet, so ist es eine natürliche Hilfe, vermehrt auf dem inneren Gesäßknochen zu sitzen —, bei einem gutgerittenen Pferd bedarf es nur dieser Hilfe, um es den Zirkel ausführen zu lassen. Pferd und Reiter stimmen mit ihren Schwerpunkten überein.

Wenn man den inneren Gesäßknochen mehr belastet, bedeutet das aber nicht, daß man auch mit dem Oberkörper nach innen lehnen muß. Vielmehr ist es ganz natürlich und ergibt sich von selbst, daß sich der Oberkörper weiter außen befindet, wenn man die innere Hüfte vor und nach innen schiebt. Das ist im Prinzip der Außensitz, wobei die Masse oder das Gewicht des Reiters durchaus über dem Schwerpunkt des Pferdes bleibt (sonst würde er auch außen herunterfallen), aber sie verteilt sich so, daß sie im Bereich der Hüfte und es Gesäßes etwas mehr innen, im Bereich der Schultern etwas mehr außen ist. So wirkt die Wirbelsäule des Reiters wie eine Stange, die das Pferd nach innen schiebt, und der äußere Schenkel geht wie von selbst ans Pferd und begrenzt es nach außen.

Der Unterschied liegt darin, daß das Reitergewicht über dem Schwerpunkt des Pferdes bleibt und sich nicht vor den des Pferdes, also nach innen, begibt. Wer mit seinem Gewicht der Bewegung (und dem Schwerpunkt) des Pferdes voraus ist, erwartet, daß das Pferd dem folgt, daß es sich wieder unter den Schwerpunkt des Reiters begibt. Der im Außensitz Reitende verläßt sich darauf nicht, sondern lenkt das Pferd durch treibende Hilfen (Gewicht und Schenkel). Das ist der wesentliche Unterschied. Daraus ergibt sich, daß der Außensitz absolut keine unnatürliche Hilfengebung ist, denn es ist natürlich für ein nicht aufsässiges Pferd, dem Druck zu weichen.

Der Reiter hat auf dem Zirkel wenigstens ebenso viel Gewicht im äußeren Bügel, wie im inneren. Beim Galoppwechsel stellt sich der Reiter in den inneren Bügel, der dann zum neuen äußeren wird, wobei das Bein dann stärker gegen das Pferd kommt und Druck ausübt und das Pferd zum Umspringen veranlaßt. Außerdem wird dadurch die neue innere Schulter frei, die so aufgerichtet bleiben kann und ein korrektes Umspringen erleichtert.

Tatsache ist auch, daß Pferden, die Schwierigkeiten beim (fliegenden) Galoppwechsel haben, so geholfen werden kann: wenn Sie sich in der Phase des fliegenden Galoppwechsels nach außen hängen — mit einer Hand ans Horn greifen und sich buchstäblich nach außen hängen, während die andere (Zügel-) Hand das Pferd in die neue Richtung lenkt —, so wird es in den meisten Fällen korrekt umspringen. Ich vermute, daß darauf die Technik des In-den-äußeren-Bügel-Stellens beruht. Man darf nicht vergessen, daß hier schon Dreijährige in schwierigen Manövern geshowt werden. Und wenn sie es so schneller lernen, wird's eben so gemacht. Auch im Spin ist es geboten, das „Droppen", das Fallenlassen der inneren Schulter zu vermeiden. Daher wird auch dabei meistens eher nach außen gesessen. Außerdem ist es so leichter, das Pferd mit dem äußeren Schenkel in die Drehung zu treiben.

Ich möchte noch eine Erklärung zum besten geben, die mir ein kalifornischer Trainer — ein guter — gab, um zu begründen, warum er „außen" sitzt:

„Wenn du am Zügel ziehst, ist die natürliche Reaktion eines Pferdes erst einmal, zur anderen Seite zu ziehen, von dir weg zu ziehen.

Wenn du einen Zirkel reitest oder einen Spin und bist innen, versuchst, das Pferd nach innen, zu dir hin zu ziehen, hast du immer bis zu einem bestimmten Grad mit diesem Widerstand zu kämpfen.

Meine Pferde wollen nicht nach außen ziehen, wenn meine Zügelhand nach innen zieht, weil — außen, da bin ich! Und ich (dies mit einer Bände sprechenden Bewegung der anderen Hand:), ich SCHICKE sie!!"

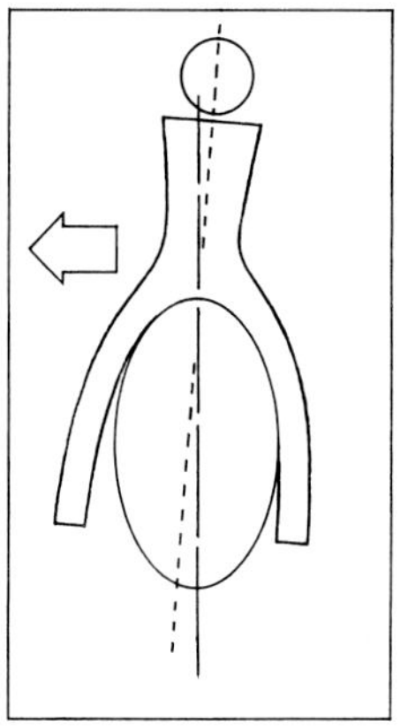

154 a
Zum Thema Innensitz und Außensitz. Pfeil = Bewegungsrichtung, kurz gestrichelte Linie = Mittelachse des Reiters, langgestrichelte Linie = Mittelachse des Pferdes; das Diagramm verdeutlicht, daß beim leichten Außensitz der äußere Schenkel die Tendenz hat, ans Pferd zu kommen und der innere, vom Pferd weg getragen zu werden; dadurch wird das Pferd innen entlastet, die innere Schulter wird frei gemacht, der äußere Schenkel lenkt als treibende Hilfe

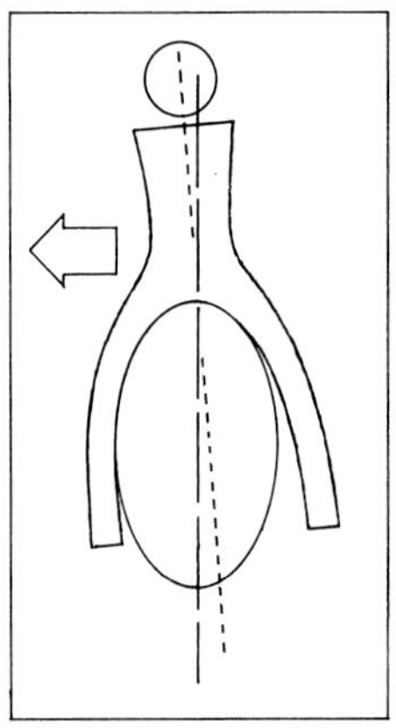

154 b
Der innen sitzende Reiter hat die Tendenz, mit dem inneren Schenkel ans Pferd zu kommen und den äußeren abzustellen, genau entgegen der Hilfengebung, wie wir sie anwenden wollen

So weit die Philosophie dieses Originals, die den wesentlichen Punkt zum Ausdruck bringt: Der innen sitzende Reiter ist *vor* dem Pferd, er will es dadurch veranlassen, ihm zu folgen, sich erneut unter seinen Schwerpunkt zu begeben. Der "außen" sitzende Reiter treibt das Pferd vor sich her, und zwar mit Sitz, äußerem Schenkel und äußerem Zügel. Das sind grundsätzlich entgegengesetzte Auffassungen bzw. Methoden. Das Innensitzen (Voraussitzen) hat den Nachteil, daß der Reiter vom Wohlwollen des Pferdes abhängig ist und kaum Korrekturmöglichkeit hat, wenn das Pferd seine Hilfe nicht oder nicht ausreichend gut befolgt. Denn wenn er mit seinem Oberkörper innen ist, kann er seinen äußeren Schenkel nicht sehr effektiv einsetzen. Folgt das Pferd nicht entsprechend, neigt der Reiter dazu, seine Gewichtshilfe zu übertreiben, was zum Nach-innen-Lehnen führt und jene bekannten Bilder hervorruft, wo der Reiter in einer Wendung eine Vierteldrehung oder mehr dem nur zögernd folgenden Pferd voraus ist. Auch ist es generell schwerer zu beurteilen, wenn man dem Pferd vorausreitet, es "mitnehmen" will, wie gut es die Hilfe annimmt.

Der "mitten im Pferd" sitzende Reiter, wie man statt "außen" besser sagen sollte, der sein Pferd vor sich her treibt, hat dagegen eine bessere Kontrolle. Er wirkt durch Gewicht und Schenkel direkt mechanisch ein und kann bei nur zögernder Befolgung der Hilfen entsprechend dem Grad der Verzögerung oder Verweigerung stärker oder weniger stark einwirken (treiben).

Ob Wendungen oder Zirkel — denken Sie beim Lenken Ihres Pferdes also nicht ans Mitziehen oder Mitnehmen, sondern an ein Lenken durch treibende Hilfen, indem Sie das Pferd nämlich vor sich her in die entsprechende Richtung treiben. Das ist ganz ähnlich wie beim Longieren: die Longe ist vergleichbar mit dem inneren Zügel, beide geben die Richtung an. Ähnlich wie Sie beim Longieren das Pferd von

155 Galoppzirkel auf der linken Hand; Außensitz

156 Außensitz im Spin

hinten antreiben und es nicht mit der Longe im Kreis herum ziehen, treiben Sie das Pferd auch vom Sattel aus auf dem Zirkel oder in der Drehung vor sich her.

Derselbe Trainer sprach auch folgendes: „Ich reite hinter meinen Pferden (hinter der Bewegung), aber ich *denke* ihnen voraus!"

Womit wir bei einem anderen Punkt sind.

Bei manchen Reining Horse Trainern kann beobachtet werden, daß sie leicht hinter der Bewegung sitzen. Letztlich ist auch das Außen-Sitzen in der Drehung ein Hinter-der-Bewegung-Sitzen. In der Vorwärtsbewegung kann man besonders beim Run Down manchmal beobachten, daß hinter der Bewegung gesessen wird, einmal, um dem Pferd die nötige Aufrichtung zu geben - es muß, um gut stoppen zu können, "bergauf" galoppieren -, aber auch, um beim Stop selbst nicht vor die Bewegung zu geraten. Ein Stop auf der Hinterhand aus vollem Galopp stellt nicht nur das Pferd vor Balance-Probleme; es werden enorme Fliehkräfte wirksam, die den Reiter mit Macht dem Pferd auf den Hals schleudern wollen. Als Reiter muß man demgegenüber vorbereitet und in einer Position sein, in der man das Pferd „gut vor sich hat" und die einem ermöglicht, entweder leicht hinter der Bewegung zu bleiben oder, im Idealfall, im Stop schwerpunktmäßig genau mit dem Pferd zu sein. Auf jeden Fall aber will man vermeiden, nach vorn geworfen zu werden.

Wie gesagt, so ein Stop stellt das Pferd vor Balance-Probleme, und der Reiter erschwert es ihm zusätzlich, wenn er dabei nicht ruhig sitzt oder das Gleichgewicht nach vorwärts verliert. Solange er leicht hinter der Bewegung bleibt, stört er dabei nicht.

Ein Studium von Stop-Fotos ist leichter, als diese in Sekundenbruchteilen sich vollziehenden Bewegungsabläufe in natura zu studieren. Es zeigt uns, daß im Verhältnis zum Pferd der Reiter meistens im Endeffekt mit dem Pferd ist, auch wenn er auf den ersten Blick nach hinten zu lehnen scheint. Das Pferd befindet sich ja in einer „Bergauf-Position", und wenn man es in die Waagerechte rückt, zeigt sich, daß der Reiter im Verhältnis zum Pferd in einer Vorwärtsposition ist (Abb. 157,158). Während er den Stop einleitet, sitzt er für einen Moment nach hinten; sobald das Pferd das Signal zum Stop angenommen hat und die Hinterhand untersetzt, sitzt der Reiter in Harmonie mit dem Pferd.

Man kann auch sehen, daß viele Top Reining-Leute in der eigentlichen Stop-Phase, nachdem dieser eingeleitet wurde, nicht die Beine extrem nach vorn schieben, sondern je besser ein Pferd ausgebildet ist und arbeitet, desto natürlicher und dem eigentlichen Dressursitz entsprechender sitzt der Reiter.

„Hinter der Bewegung reiten" ist eine Ausdrucksweise, die leicht mißverstanden werden kann. „Das Pferd gut vor sich haben" drückt es für mich positiver aus, obwohl es sich so anhören mag, als käme das auf dasselbe hinaus. Praktisch ist das aber etwas,

157 Bob Anthony bei einem Sliding Stop auf Titan Cody

158
Derselbe Stop mit in die Waagerechte gebrachtem Pferd zeigt, daß der Reiter im Verhältnis zum Pferd nicht zurücklehnt, sondern eher vorwärts sitzt

daß man sehr wohl fühlen kann. Man muß lernen, zu fühlen, wann man es „gut vor sich hat".

Über den korrekten Sitz gibt es hierzulande natürlich genaue Vorschriften und Definitionen. In Amerika, im Westernreiten, kann jeder sitzen, wie er will, von ein paar Disziplinen abgesehen. Was zählt ist, wie das Pferd arbeitet. Für bestimmte Disziplinen hat man jedoch schon vor Jahren versucht, den „Idealsitz" zu definieren. Das geschieht aber nicht einheitlich, von zentraler, autorisierter Stelle aus, sondern prominente Ausbilder oder Richter tun das, jeder mehr oder weniger für sich. Im Endeffekt entscheidet jeder Richter für sich selbst, was er gern sehen möchte und was nicht, wenn auch allgemeine Trends zu beobachten sind.

Wie unsinnig es ist, solche Definitionen und damit Zwänge schaffen zu wollen, geht daraus hervor, daß die prominenten Trainer selbst nicht so reiten, wie sie den „vorschriftsmäßigen" Sitz definieren. Ich erinnere mich an eine Auseinandersetzung im „Western Horseman" über dieses Thema, wo der renommierte Trainer Al Dunning nicht nur einen Idealsitz definiert hatte, der anatomischen Voraussetzungen nicht entspricht, sondern den er selbst auch nicht praktiziert. Wozu ist ein „Idealsitz" gut, der nur in solch verhaltenen, langsamen Bewegungsabläufen wie im Western Pleasure praktiziert werden kann, der aber für Reining oder gar Rinderarbeit unpraktikabel ist und der auch für Spazier- und Wanderreiten wertlos, weil unkomfortabel, ist? Er wird zum Selbstzweck.

Man sollte jeden sitzen lassen, wie er will, solange sein Pferd Leistung bringt. Letzteres ist ohne Harmonie mit dem Pferd nicht möglich, und die wiederum bedingt einen Sitz, der sich nie sehr weit von einer bestimmten Grundposition entfernen wird, die vielleicht als ideal angesehen werden könnte, die man aber nicht festschreiben muß. Wobei extreme Anforderungen auch einen anderen Sitz mit sich bringen (Springen, Rennen). Das wichtigste ist doch eigentlich, daß der Reiter entspannt, losgelassen sitzt. Ihn in eine bestimmte Form zu zwängen, hat den gegenteiligen Effekt. Korrekturen haben nur insoweit einen Sinn, wie sie ihm helfen, einen losgelassenen Sitz, aus dem er richtig einwirken kann, zu finden.

Zu den Schenkelhilfen: sie dürfen laut Regelbüchern im Wettbewerb nie vor dem Gurt gegeben werden. Im Training bedienen wir uns durchaus der Schenkel- bzw. Sporenhilfe vor dem Gurt. Die treibende Schenkelhilfe wird in der Regel am Gurt gegeben, für das Back Up hinterm Gurt. Als Signal zum Angaloppieren wird meistens nur der äußere (verwahrende) Schenkel hinterm Gurt angelegt, der während des Galopps beim guttrainierten Pferd nicht mehr oder nur bei Bedarf einmal anliegt.

Die größten Mißverständnisse existieren bezüglich der Zügelhilfen; vor allem der „lose Zügel" wird falsch verstanden. Es ist richtig, daß für ungeübte Reiter oder solche mit wenig feinfühligen Händen der durchhängende Zügel von Vorteil ist. D.h. eigentlich ist er für das Pferd von Vorteil, das so nicht ständig im Maul gestört wird. Auf diese Weise kann der durchhängende Zügel für Pleasure-, Trail-, Spazier- und Wanderreiter eine Lösung sein.

Wer dressurmäßig mit seinem Pferd etwas machen will, im Westernreiten weiterkommen will, darf sich jedoch nicht einbilden, er komme dabei mit weniger feinfühligen

159
Guter, sicherer Sitz für das Training und für das Reiten im Gelände. Die vielzitierte vertikale Linie vom Reiterohr über die Schulter und die Hüfte zum Absatz würde hier nicht ganz den Absatz treffen, da die Unterschenkel etwas davor herabfallen. Dieser Sitz ermöglicht das Reiten in der Balance und bietet Sicherheit bei unvorhergesehenen Bewegungen des Pferdes

160
Diese Übung (einen Gegenstand, z.B. ein Rope über dem Kopf zu schwingen) macht offenbar, wie weit man einen unabhängigen Sitz hat

Händen aus, als beim hier herkömmlichen Dressurreiten. Ob es für das Westernreiten sogar mehr Feingefühl braucht, sei dahingestellt, auf jeden Fall ist beim guten Westernpferd/Westernreiter im Durchschnitt weniger Zug auf den Zügeln.

Was sich viele nicht klar machen ist, daß ein Westernpferd genauso von hinten nach vorn geritten werden muß, wie ein herkömmliches Dressurpferd. Wenn der Zügel dabei nicht so stramm wird, dann ist trotzdem Anlehnung da, Anlehnung, die schon durch das Zügelgewicht hergestellt und aufrecht erhalten wird. Das Gewicht des Zügels wird schon beim Annehmen für das Pferd fühlbar, lange bevor er sich strafft (Abb.161 und 162).

Wenn das Pferd von hinten nach vorn geritten, also durch treibende Hilfen ans Gebiß geritten wird, schafft es sich den Slack im Zügel, das (leichte) Durchhängen des Zügels selbst, indem es tuckt, also das Kinn einzieht, und auf diese Weise die Distanz zwischen Maul und Reiterhand verkürzt. Das ist etwas ganz anderes, als wenn dem Pferd die Zügel „hingeworfen" werden, weil man gehört hat, daß beim Westernreiten die Zügel durchhängen. Letzeres führt zu nichts anderem, als daß das Pferd auseinandergefallen daherlatscht. Zu einem weichmäuligen Pferd, das auf feine Zügelhilfen reagiert, führt es sicher nicht.

Weichmäuligkeit — in Amerika spricht man von einem *light mouth,* einem leichten Maul — kann auch falsch verstanden werden. Viele stellen sich darunter ein besonders sensibles, empfindliches Maul vor. Das ist nur in gewisser Weise richtig.

Ein besonders empfindliches Pferdemaul stellt ein Problem dar, keinen Vorteil. Ist ein Pferd besonders empfindlich im Maul, so neigt es zum Aufsperren des Maules und dazu, bei der geringsten Einwirkung des Gebisses die Nase hochzuwerfen. Was wir wollen, ist ein Pferd, das eine Zügelhilfe vertrauensvoll und ruhig annimmt und dem Druck des Gebisses seitlich oder nach unten/hinten folgt, um sich dieses Druckes zu entledigen. Um sich zusammenschieben, versammeln zu lassen, muß ein Pferd zunächst ein gewisses Maß an Druck durch das Gebiß tolerieren, annehmen. Beson-

161+162
Lange bevor er sich strafft, hat der Zügel schon eine Wirkung, wenn er angenommen wird

163
Solche Bilder kann man immer wieder beobachten: 1. wird eine übertriebene und dazu noch falsche Gewichtshilfe gegeben, der Oberkörper in die gewünschte Richtung geneigt und verdreht, 2. wird das Pferd im Neck Reining herumgezwungen oder versucht, es herumzuzwingen; es reagiert aber nicht, sondern wird durch den Neck Rein nach außen gestellt und verkantet sich im Kopf und Genick; der Reiter versucht, das mangelnde Befolgen seiner Zügelhilfe durch übertriebenes Herum- und Hinauslehnen zu kompensieren. Was er tun sollte ist, mitten über dem Pferd zu sitzen, außen Schenkeldruck zu geben und vor allem den inneren Zügel impulsartig zu bedienen, um die Nase des Pferdes in die gewünschte Richtung zu bringen

ders bei einem Stop in tiefem Boden sind Pferde Gold wert, die sensibel genug sind, gehorsam zu reagieren, sich aber entsprechend anfassen lassen und nicht so empfindlich sind, daß sie dabei das Maul aufreißen oder die Nase hochwerfen.

Sensibilität — ja! In dem Sinn, daß es unsere Hilfen annimmt und darauf reagiert. Überempfindlichkeit — nein. Im Zweifelsfall aber lieber ein sensibleres Tier als ein stures, unempfindliches.

Der Vollständigkeit halber sei das Kauen des Pferdes auf dem Gebiß erwähnt. Eigentlich ist es mehr ein zufriedenes Bewegen des Gebisses im Pferdemaul, und das ist immer erwünscht. Ein völlig „trockenes" Maul, d.h. ein Pferd, das das Gebiß überhaupt nicht bewegt, sondern ignoriert, ist ein Hinweis, daß irgendetwas nicht in Ordnung ist. Ebenso deutet übertriebenes Kauen und übertriebene Speichelproduktion auf ein Problem hin.

Je schneller die Bewegungsabläufe, die geritten werden, desto weniger hängt der Zügel durch. Gedankenschnelles Reagieren kann ich nicht erwarten, wenn ich den Zügel weit durchhängen habe und erst einmal aufnehmen muß, bevor eine Hilfe gegeben werden kann. Die Gefahr beim Reiten mit zu weit durchhängenden Zügeln ist darum auch in erster Linie die, daß Zügelhilfen für das Pferd leicht unerwartet und zu hart kommen.

Wie die durchhängenden Zügel, so bringt auch die einhändige Zügelführung, das Neck Reining, die meisten Anfänger auf eine falsche Fährte. „Western" reitet man gefälligst nur mit einer Hand, meinen sie, und das führt dann zu den grotesken Bildern, die man oft zu sehen bekommt. Das die einhändige Zügelführung erst am Ende einer langen Ausbildung steht, ist ihnen entweder nicht klar, oder sie verdrängen diese Einsicht. Die mangelhafte Reaktion auf ihre Zügel-„Hilfe" versuchen sie durch eine übertriebene (und ebenso falsche) Gewichtshilfe wettzumachen, indem sie sich

164 + 165 Ein gut ausgebildetes Westernpferd funktioniert auch ohne Zügel *Foto: Trout*

weit in die gewünschte Richtung drehen und neigen. Das so „gerittene" Pferd guckt dabei in die entgegengesetzte Richtung (Abb. 163). Warum? Weil die Zügelhilfe ihm völlig unverständlich ist und der Reiter, anstatt den inneren Zügel dazuzunehmen, nur umso mehr am äußeren zieht.

Das Hinauslehnen des Oberkörpers ist im übrigen ein untauglicher Versuch einer Gewichtshilfe. Die Gewichtshilfe besteht in einer vermehrten Belastung des entsprechenden Gesäßknochens, dazu braucht der Oberkörper kaum verändert werden.

Ein Pferd, das nicht nur dressurmäßig geritten wird, sondern mit dem z.B. Rinderarbeit oder anderes getan werden soll, muß auch allein durch Zügelhilfen geritten werden können. Die Zügelhilfe spricht u. U. das letzte Wort. Es kommt nicht darauf an, daß ein Pferd in der Bahn ganz ohne Zügel gelenkt werden kann, etwas, das mit sehr gut trainierten Reining Horses schon oft demonstriert wurde (Abb. 164). Ist das Pferd zu sehr auf Gewichtshilfen sensibilisiert und der Reiter kommt bei der Rinderarbeit, z.B. beim Working Cowhorse, einmal hinter die Bewegung (oft kann er dabei nur dank des Sattelhorns oben bleiben), so kann das Pferd dadurch irritiert werden und nicht der durch die Zügel vorgegebenen Richtung folgen, sondern dem Reitergewicht, dessen Schwerpunkt sich vorübergehend in eine andere Richtung bewegt. Beim Cutting ist es praktisch unmöglich, mit dem Schwerpunkt immer über dem des Pferdes zu bleiben. „Oben bleiben" ist da die Devise, und der Zügel hat dabei nur insofern das letzte Wort, als daß er bestimmt, wann die Arbeit beendet wird.

Gerade die kraftvollen, beweglichen Westernpferde können sich mit ungeheurer Wucht herumwerfen und besonders, wenn sie ihre Aufgabe erfaßt haben und selbständig mitarbeiten, den Reiter überraschen. Pine Johnson, berühmt als Trainer und Reiter des legendären Poco Bueno, erzählte, wie er einmal von diesem überrascht und überzeugt wurde, daß es nichts Ehrenrühriges ist, beim Cutting eine Hand am Horn zu haben:

Als Poco Bueno weit genug in seiner Ausbildung fortgeschritten war, um von sich aus *fancy moves* zu machen, wurde Pine Johnson eines Tages von einer Gruppe von Zuschauern beim Training beobachtet. Bis dahin hatte er mit Geringschätzung auf jene gesehen, die beim Cutting eine Hand am Horn behielten. Bei einem entsprechenden Haken eines Rindes tauchte Poco Bueno dann so blitzartig weg, daß Ol' Pine Johnson keine Möglichkeit hatte, mitzukommen... Die Zuschauer hielten das Ganze für einen einstudierten Trick, eine artistische Art, abzusteigen. Pine Johnsen aber hielt sich seitdem beim Cutting mit einer Hand am Horn fest.

Selbst beim Wander- oder Spazierreiten können sich im Gelände Situationen ergeben, wo der Reiter, um beispielsweise einem tiefhängenden Ast auszuweichen, sein Gewicht deutlich verlagern muß, sein Pferd aber geradeaus laufen soll.

166
Hohe Hände müssen nicht hohe Köpfe bedeuten: Tucking im Stand bei extrem hohen Zügelhänden

167
Tucking in der Bewegung bei extrem hohen Zügelhänden; eine solche Hilfengebung kann mithelfen um ein Pferd, das sich vorn schwer macht, in der Vorhand aufzurichten (z.B. beim Run Down vor dem Stop)

Das Pferd kann auf die Zügelhilfe nur so sensibel reagieren, wie die Hände des Reiters sensibel sind. Der Reiter muß in der Lage sein, das Pferdemaul zu erfühlen und gleichmäßig viel oder wenig Kontakt zu halten. Anlehnung durch das Zügelgewicht allein ist nur möglich, wenn die Reiterhand im selben Rythmus des Pferdemaules vor und zurück geht, so daß stets dieselbe Spannung auf dem Zügel bleibt. Hängt der Zügel z. B. leicht durch, strafft sich aber in Intervallen mehr oder weniger leicht, weil die Bewegungen des Pferdekopfes dies hervorrufen, so stumpft das Pferd gegenüber diesen Bewegungen des Zügels ab, denn sie kommen ständig wiederkehrend, ohne etwas zu bedeuten. Die Zügelhand muß die Bewegungen des Pferdekopfes/maules mitmachen. Dieses Gefühl zu entwickeln, braucht seine Zeit, ist aber unumgänglich. Im Schritt kann es besten geübt werden; im Schritt schwingt der Pferdekopf erheblich auf und ab. Im Galopp ebenfalls, aber der Galopp stellt dann schon wieder größere Anforderungen an den losgelassenen Sitz des Reiters. Wenn der Reiter nicht losgelassen und unabhängig vom Zügel sitzen kann, kann er auch keine feindosierten Zügelhilfen geben, das leuchtet jedem ein. Im Trab bewegt sich der Pferdekopf am wenigsten.

Übungen zur Kontrolle des zügelunabhängigen Sitzes sind empfehlenswert. Lassen Sie sich an die Longe nehmen, und reiten Sie in allen Gangarten, ohne die Zügel anzufassen. Halten Sie dabei die Arme mal seitwärts, mal hochgereckt; klammern Sie nicht mit den Schenkeln. Das Schwingen eines Ropes (Lassos) oder eines anderen Gegenstandes über dem Kopf ist eine gute Übung (Abb. 160).

High hands make high heads (hohe Hände machen hohe Köpfe) —, das ist ein geflügeltes Wort in Amerika, welches lange Zeit als unumstößlicher Grundsatz galt. Heute sind nicht wenige Trainer mutig genug, dem zu widersprechen. Tatsächlich kann zumindest auch bei hohen Händen die Nase des Pferdes unten sein, und ein Pferd kann in korrekter Haltung am Gebiß gehen, trotzdem der Reiter die Zügelhand (-hände) eher hoch trägt. Das ist einfach eine Frage der Ausbildung. Wenn es gelernt hat, zu tucken, das Gebiß anzunehmen, indem es im Genick abknickt und das Kinn einzieht, so kann und wird es dies auch bei höher gehaltenen Zügelhänden tun (Abb. 166, 167).

Das Tucking oder die tiefe Kopfhaltung kann durch tiefe Hände unterstützt oder leichter erreicht werden, doch müssen die Hände dazu so tief genommen werden, wie es für unser Endprodukt allemal unpraktikabel ist (Abb. 168, 169). Auf der anderen Seite wird durch einen nach oben gerichteten Zügelzug bei entsprechend hoch getragenen Händen selbstverständlich der Kopf hochgebracht. Auch das kann nötig sein, wenn ein Pferd z. B. beim Stop vorn zu tief, zu kopflastig bleibt, vielleicht die Tendenz hat, sich aufzurollen (Abb. 170).

168
Eine extrem tiefe Handhaltung kann die Nase des Pferdes herunterbringen

169
Tucking (Beizäumen) des Pferdes bei tiefen Zügelhänden (tiefer als das Sattelhorn)

170
Durch nach oben gerichtete Zügeleinwirkung wurde dieses Pferd, das sich beim Stop vorn zu schwer gemacht hatte, aufgerichtet

Ein gut trainiertes Pferd wird aber bei anstehendem Zügel in normaler Kopfhaltung reagieren, tucken, durchparieren oder rückwärtsrichten, ob die Hände nun etwas höher oder tiefer getragen werden. Die hohe Zügelhand hält das Pferd aber in der Schulter aufgerichtet.

Das Wort Dressur wird in reiterlichem Zusammenhang anders als in seiner eigentlichen Bedeutung verstanden. Es ist die Schulung und Förderung des Pferdes in reiterlicher Hinsicht, seine Gymnastizierung und Sensibilisierung den Hilfen gegenüber, so daß es dem Reiter möglichst ganz zur Verfügung steht, als wäre es ein Körperteil von ihm. Dies wird mit reiterlichen Mitteln erreicht, d. h. Hilfen, die sich in natürlicher Weise aus der Anatomie und dem Bewegungsablauf des Pferdes ergeben, und es werden von ihm auch nur Bewegungsabläufe verlangt, die für das Pferd natürlich sind, die man an freilaufenden Pferden zumindest ansatzweise beobachten kann.

Dressur ist eigentlich etwas anderes: wenn z. B. ein Zirkuspferd gelernt hat, sich hinzulegen und eine Bettdecke über sich zu ziehen, so ist das etwas Künstliches, Andressiertes.

Im folgenden ist Dressur im eigentlichen Sinne von künstlich und andressiert gemeint:

Es ist Dressur, ein stimmliches Kommando, z. B. „Whoa!“, zu geben und dem Pferd beizubringen, daraufhin zu stoppen. So gibt es auch Trainer, die ihrem Pferd beibringen, auf eine tiefere Zügelhandposition hin (ohne vermehrten Zügelzug) durchzuparieren; andere benutzen das genau gegenteilige Zeichen, sie heben die Zügelhand, und das Pferd pariert durch. Beides ist Dressur.

Es ist legitim, bei der Ausbildung Dressur da anzuwenden, wo sie mithilft, das Pferd an die reiterlichen Hilfen zu bekommen, sich ihm verständlich zu machen. Stimmliche Kommandos sind da das beste Beispiel. Dressur soll aber lediglich unterstützendes Hilfsmittel bleiben, etwa so, wie die Fence zu Hilfe genommen wird, um das Pferd unter Kontrolle oder auf die Hinterhand zu bekommen, oder wie man sich eines Tores bedienen kann, um dem Pferd einen Sinn für das Back Up zu geben.

Es nützt uns nichts, wenn das Pferd z.B. nur auf das „Whoa!“ hin stoppt, weil wir das nicht dosieren können. Reagiert es nur auf ein künstliches Signal, können wir es nicht stufenlos regeln, es nur etwas verlangsamen, entschieden verlangsamen oder weich zum Halten bringen. Und wir haben dann auch keinen ausreichenden Einfluß auf die Art und Weise, *wie* es verlangsamt oder stoppt, ob es auf die Vorhand geht, ob es geschmeidig unter sich geht, ob es alle Viere in den Boden rammt.

Dressur, künstliche Hilfsmittel, haben darum nur so weit ihren Platz, wie sie helfen, uns besser und schneller verständlich zu machen oder unseren Signalen Nachdruck zu verleihen.

SPEZIELLES TRAINING FÜR DIE EINZELNEN REINING-ELEMENTE

BACK UP

Ich lernte Quarter Horses und Reining Horses kennen, als ich 20 war. Es war wie eine ansteckende Krankheit. Von da ab wollte ich nichts anderes tun, als Reiners reiten.

Bob Loomis

Worauf konzentrieren Sie sich nun als erstes? Auf den Stop, den Spin, das Back Up oder fliegende Wechsel?

Auch unter den Top Trainern kann man da unterschiedliche Ansichten finden. Der eine lehrt den Sliding Stop erst zum Schluß, der andere hält (Galopp-) Zirkel für das A und das O. Für manche ergibt sich der Roll Back mehr als ein „Nebenprodukt", wieder andere sehen ihn als elementare Vorübung für den Sliding Stop.

Für dieses Buch mußte zwar eine Reihenfolge getroffen werden, sie ergibt sich aber nicht zwangsläufig und ist nicht bindend. Eigentlich arbeitet man an allen Übungsteilen mehr oder weniger gleichzeitig, und es stellt sich nach und nach insgesamt ein Fortschritt ein. Dennoch ist es sicher sinnvoll, dem Back Up eine grundlegende Bedeutung beizumessen, weil es die Voraussetzungen für den Stop schafft und in gewisser Weise auch für alles andere.

Haben wir ein Pferd, das auf leichtes Annehmen der Zügel hin (die sich dabei nicht einmal straffen müssen) in Zusammenhang mit Gewichts- und Schenkelhilfen zügig und willig rückwärts geht, so haben wir ganz einfach ein durchlässiges Pferd. Und ohne Durchlässigkeit haben wir kein gutes Reitpferd.

Man kann dem Pferd zwar alles mögliche andressieren, ihm beibringen, auf Signale, die nicht reiterliche Hilfen darstellen, mit Anhalten oder Antreten zu reagieren oder mit einer Richtungsänderung — dadurch wird es aber kein *Reitpferd,* kein Pferd, das durch das Zusammenspiel der Hilfen dem Reiter zur Verfügung steht, als wäre es ein Teil von ihm.

Aus dem Schritt und besonders aus dem Trab halten wir immer wieder an, um es unverzüglich einige Schritte rückwärts treten zu lassen. Das Ganze soll möglichst eine Bewegung sein: durchparieren und zurück, wie wenn ein Jo-Jo auf und ab geht. Das muß so lange geübt werden, bis es geschmeidig und ohne Hakeln vom Pferd ausgeführt wird.

Es gibt mehrere Möglichkeiten, das Pferd beim Back Up zu beschleunigen, und zwar
a) durch die Stimme (z.B. Schnalzen),
b) durch Einsatz von Schenkeln oder Sporen hinterm Gurt, mit beiden Schenkeln gleichzeitig,
c) durch Einsatz der Füße (Steigbügel oder Sporen) an der Pferdeschulter,
d) durch den Einsatz einer Gerte o.ä.

Das Rückwärtsrichten durch Steigbügel-/Sporeneinsatz an der Pferdeschulter bzw. durch das Androhen desselben hat durchaus seinen Sinn. Ein deutscher Dressurreiter würde das vermutlich ablehnen, weil es nicht seiner Vorstellung von klassischer Hilfengebung entsprechen mag. Aber beim hiesigen Dressurreiten werden auch nur drei oder vier Schritte rückwärts verlangt und das gesetzt und langsam. Das Reining-Pferd aber soll möglichst schnell rückwärts laufen, und eine Begrenzung in der Anzahl der Schritte gibt es dabei nicht.

Es ist Tatsache, daß die meisten Pferde auf vermehrten Druck hinterm Gurt, besonders, wenn Sporen benutzt werden, mit Schweifschlagen reagieren. Geht man dagegen mit den Füßen zur Pferdeschulter und treibt sie auf solche Weise rückwärts, unterbleibt das Schweifschlagen in der Regel. Pferde, die sich generell schwer tun mit dem Back Up, wehren sich auch gerne durch Steigen, eine Tendenz, die durch Schenkeldruck/Sporeneinsatz hinterm Gurt noch verstärkt wird. Die Einwirkung an der Pferdeschulter wirkt da längst nicht so provozierend.

Das Klopfen an der Schulter soll die Schenkelhilfe hinterm Gurt nicht ersetzen, sondern ergänzen. Wir haben bereits unser Pferd so weit gebracht, daß es aufgrund treibender Hilfen (Kreuz, Schenkel) bei anstehendem Zügel rückwärts geht. Uns geht es jetzt darum, das Back Up zu beschleunigen und auch, es beliebig lang fortsetzen zu können — 5 Meter, 10 Meter, 15 Meter... Das zu erreichen, kann das Klopfen an der Schulter sehr gut mithelfen.

Sie bereiten das Pferd darauf vor, indem Sie den Zügel anstehen lassen und mit vorgestreckten Beinen auseinander und zusammenschwingen, zunächst ohne mit den Bügeln oder Sporen das Pferd zu berühren. Mal stärker, mal weniger stark drücken Sie aber dabei mit den Waden ans Pferd. Lehnen Sie sich deutlich zurück. Wenn es durch dies nicht zum Rückwärtsgehen veranlaßt wird, steigern Sie Ihre „Beintätigkeit", indem Sie zunächst mit den Bügeln gegen die Schulter boxen oder, wenn erforderlich, als weitere Steigerung mit den Sporen an die Schulter gehen. Sie werden so lange immer deutlicher mit Ihren Beinen, bis es rückwärts geht (Abb.171).

Natürlich muß es sich durch sein Rückwärtsgehen sofort Slack schaffen können, d.h. in dem Moment, wo es zurückgeht, hört der Druck des Gebisses auf und auch die Sporenandrohungen durch Ihre Beine. Sobald es aber erfaßt hat, was Sie von ihm wollen, bleiben Sie mit Ihren Beinen für einige Schritte länger tätig, und Ihr Pferd läßt sich dadurch nach rückwärts treiben, ohne sich am Gebiß zu stoßen, d.h. bei durchhängendem Zügel.

171
Das Pferd wurde mit den Bügeln und ggf. mit den Sporen solange an den Schultern geklopft, bis es sich nach rückwärts in Marsch setzte

172
Hier klappt es schon etwas besser, es ist auch weniger Spannung auf dem Zügel

173
Das Pferd macht nun bei losem Zügel und nur angedrohten Bügeln ein zügiges Back Up

174
Der Zügel ist jetzt ganz weggeworfen und das Back Up wird sehr flott und nur auf Gewichtshilfe und angedrohte Schenkel hin ausgeführt

Wenn Sie das oft genug wiederholen, erreichen Sie bald ein zügiges Back Up nur durch die vorgestreckten Beine, die nach Bedarf „wedeln" und dem Pferd die Sporen androhen, und ohne Zügeleinwirkung. Sie bewirken zunächst ein hastiges, unregelmäßiges Back Up, das aber immer flüssiger wird. Der eigentliche Wert der Übung liegt darin, daß Ihr Back Up zügelunabhängig wird. Nach kurzer Zeit brauchen Sie sich nur noch nach hinten zu setzen und die Beine vorstrecken, eine Position, die Sie zur Einleitung des Stops ohnehin einnehmen, und das Pferd stoppt, ohne daß Sie den Zügel anfassen müssen. Bleiben Sie dann in dieser Haltung und „wedeln" Sie etwas mit den Beinen, setzt es sich nach rückwärts in Marsch.

So machen Sie das Back Up schneller und verbessern gleichzeitig den Stop, sensibilisieren es gegenüber Ihren Signalen für den Stop. Sie dürfen im Wettbewerb, wie schon gesagt, die Sporen nicht vor dem Gurt einsetzen, aber Sie trainieren Ihr Pferd so, daß es auf die Hinterhand geht, sobald es Ihre Beine nach vorn kommen sieht und spürt, daß Sie sich nach hinten setzen. Ihre Bei-

ne brauchen gar nicht mehr ans Pferd zu kommen...

Sie werden merken, daß Ihr Pferd danach auch verbessert reagiert, wenn Sie es auf „reguläre" Art rückwärtsrichten. Es hat nun vermehrten Respekt vor Ihren Beinen, und wenn Sie die Schenkel nun bei anstehendem Zügel nur andeutungsweise hinterm Gurt anlegen, gewissermaßen „vibrierend" damit ans Pferd kommen, wird es sich daraufhin spontaner nach rückwärts in Bewegung setzen. Ebenfalls wird es nun beim Back Up nur durch die Gewichtshilfe, also durch ein Gegen-das-Gebiß-Schieben mit den Gesäßknochen, mit neuer Sensibilität reagieren.

Achten Sie darauf, daß das Pferd sich nicht aufrollt, d.h. mit der Nase auf der Brust verkriecht. Es soll tucken, also im Genick abknicken, aber mit dem Kopf oben, in Hals und Schulter aufgerichtet sein (Abb. 176).

Durch Schenkelhilfe bzw. Sporen hinterm Gurt rückwärts getrieben, tendieren die Pferde dazu, sich so sehr zu versammeln, ja zusammenzuballen, daß sie nicht frei und zügig oder gar schnell rückwärtslaufen können. Beim Stop ist es dasselbe: der Schenkeldruck hinterm Gurt ist eine sichere Methode, die Hinterhand zum Untersetzen zu bringen, aber das Pferd kriecht da-

175
Back Up ohne Zügel und ohne Schenkel

176
Das Pferd rollt sich auf; die Nasenlinie des Pferdes soll nicht hinter der Senkrechten sein

177
Das Pferd will beim Back Up mit der Hinterhand nach links ausbrechen. Es wird durch den rechten Schenkel, Bügel oder ggf. Sporn an der rechten Schulter geradegerichtet

178
Das Korrigieren desselben Fehlers durch diagonale Zügeleinwirkung (kleiner Pfeil)

durch leicht zusammen, ballt sich so sehr zusammen, daß es in der Vorhand steif wird und zum Bouncen, zum Abstoßen mit der Vorhand, tendiert.

Wenn es auf die oben beschriebene Weise gelernt hat, ein flottes Back Up auszuführen und sich dabei nicht mehr aufregt oder verspannt, kann es auch durch Schenkel oder Sporen hinter dem Gurt angetrieben werden und trotzdem locker dabei bleiben.

Achten Sie darauf, daß Back Up weder in zu tiefem Boden zu verlangen, noch dort, wo es bergan geht! Z.B. steigt der Boden in den meisten Reitbahnen zur Einzäunung hin an; weil sich das Material ständig nach außen arbeitet, liegt es dort dicker als in der Bahnmitte. Es ist unklug, dem Pferd die Übung so zu erschweren, indem man es dort in Richtung Zaun rückwärtsrichten läßt, weil es dorthin ansteigt und jeder Schritt schwerer fällt, als der vorangegangene. Da ist es eher sinnvoll, anfangs leicht bergab rückwärtszurichten, um dem Pferd Selbstvertrauen zu geben.

Wie bei allen Übungen, ist es beim Back Up besonders wichtig zu wissen, zu fühlen, wann's genug ist. Sie wollen dahin kommen, daß Sie Ihr Pferd beliebig lange rückwärtsgehen lassen können, aber auf dem Wege dahin müssen Sie immer einen Schritt eher aufhören, bevor das Pferd den Punkt erreicht, wo es streikt, wo es sozusagen die Klappe 'runterfallen läßt, am Fleck festfriert und nichts mehr läuft.

Stop und Back Up können (im Training) fließend ineinander übergehen. In der Prüfung ist es ratsam, dem Pferd nach dem Stop die Möglichkeit zu geben, sich etwas aus der extremen Versammlung zu lösen, in die es durch den Stop gekommen ist, bevor es in das Back Up geschickt wird. Dadurch wird das Back Up geschmeidiger und harmonischer. Im Training, vor allem aus dem Trab heraus, versuchen Sie eine Ausführung von Stop und Back Up als Einheit, weil das den Stop verbessert.

Wie gut oder wie schwach das Back Up ist, spiegelt die Durchlässigkeit Ihres Pferdes wieder. Das Back Up und der Stop hängen ursächlich zusammen, auch wenn man gelegentlich einmal ein Pferd sieht, das recht gut stoppt, aber Schwächen beim Back Up zeigt. Es ist ein empfehlenswerter Grundsatz, die Ausbildung auf einem guten Back Up aufzubauen.

Die meisten Pferde treten zu Beginn der Ausbildung nicht gerade rückwärts, sondern brechen mit der Hinterhand nach rechts oder links aus. Anfangs sollten Sie dem keine Bedeutung beimessen, sondern lediglich auf ein williges, zügiges Back Up Wert legen, bei dem das Pferd nicht gegen die Hand geht. Wenn das klappt und es einen guten Begriff von den Schenkelhilfen hat, können Sie es damit geraderichten im Back Up. Geht es z.B. mit der Hinterhand nach rechts, legen Sie den rechten Schenkel hinterm Gurt an und richten es wieder gerade aus.

Zeigt das Pferd die Angewohnheit, immer zur selben Seite mit der Hinterhand auszubrechen, liegt dem eine Steifheit zugrunde, die es zu beseitigen gilt. Nehmen wir an, es bricht mit der Hinterhand immer nach links aus. Sie können sich einmal die Fence zunutze machen, indem Sie beim Back Up die Fence an Ihrer linken Seite haben und diese ein schiefes Back Up nach links verhindert. Man kann dem Pferd so dieses Ausbrechen abgewöhnen. Sie können dem

179
Das Pferd wird bewußt schief rückwärtsgerichtet, in diesem Fall mit nach links gestellter Hinterhand

180
Schnelles Back Up, hervorgerufen durch Schenkeldruck hinterm Gurt (auf das viele Pferde unwillig und mit Schweifschlagen reagieren)

Problem aber auch mit Schenkel- und Zügelhilfe begegnen. Außer einem Einwärtsdrücken mit dem Schenkel hinterm Gurt, in diesem Fall dem linken, können Sie auch mit dem gegenüberliegenden an die Schulter bzw. den Oberarm gehen und es so geraderichten (Abb. 177). Ebenso können Sie die gegenüberliegende Schulter durch aufwärts/einwärts geführten Zügel auf der Seite hereinholen (Abb. 178). Wenn Sie dies durchführen, während Sie die Fence auf der Seite neben sich haben, auf der es mit der Hinterhand ausbricht, ist die Korrektur besonders effektiv, obwohl man das auch mitten in der Bahn machen kann.

Nicht wenige Reining Trainer üben auch das Back Up auf zwei Hufschlägen, nach demselben Prinzip, wie sie auch die Kontrolle und das Geradegerichtetsein beim Vorwärtsgehen durch das seitliche Ausstellen der Hinterhand erreichen. Ein Pferd das so rückwärtstreten kann (Abb. 179), wird auch geradegerichtet rückwärtsrichten, wenn die Hilfen gleichmäßig, also symmetrisch, gegeben werden. Manche Reiter provozieren ein schiefes Back Up, weil sie nicht symmetrisch sitzen.

DER STOP

Um einem Pferd den Sliding Stop beizubringen, müssen Sie zuerst aufhören, es stoppen zu wollen. Sie wollen, daß es gleitet. Wozu sie das Pferd auffordern, ist nicht, zu stoppen, sondern nur, die Hinterhand vorzustemmen. Wenn es das tut, wird es durch die Fliehkraft gezwungen, mit der Vorhand weiterzulaufen – wenn Sie es nicht durch starken Zügelzug zum Anhalten bringen.

Bob Anthony, Champion Reining Horse Trainer

Wesentliches über das Training für den Stop wurde zwangsläufig schon im Kapitel Back Up gesagt.

Ihrem Pferd ist das Kommando „Whoa!" inzwischen in Fleisch und Blut übergegangen, aber wenn Sie einigermaßen ernsthaft gearbeitet haben, reagiert es nun nicht nur darauf reflexartig, sondern auch auf Ihre Hilfen, besonders auf Ihre Gewichtshilfen. Sie haben einen beachtlichen Grad an Durchlässigkeit erreicht und wollen jetzt den Stop weiterentwickeln zu einem gleitenden Stop auf der Hinterhand, dem sogenannten Sliding Stop.

Wenn Sie alles richtig gemacht haben und Ihr Pferd eine ausreichende Eignung mitbringt, so hat es bei den Stop/Back Up-Übungen schon oftmals die Hinterhand weit untergeschoben und ist dabei etwas auf einem oder beiden Hinterbeinen gerutscht. Vom Ansatz her müßte der Stop inzwischen da sein.

Achten Sie darauf, Stops nur da zu üben, wo der Bodengrund geeignet ist, d.h. er soll weich sein (Sand, Sägespäne etc.), ohne Steine und nicht zu tief. Ein tiefer Boden ist ungünstig für unser gesamtes Training.

Auch ist es empfehlenswert, jetzt dem Pferd eine zusätzliche Hilfe durch einen Spezialbeschlag der Hinterhufe zu geben. Ein Westernpferd kann, wenn Ihr Gelände nicht sehr steinig ist und Sie es wegen der immer wieder einzubauenden Ausritte nicht vorn auch beschlagen lassen müssen, durchaus vorn unbeschlagen bleiben. Hinten muß es aber beschlagen werden, sobald die Trainingsarbeit intensiver wird, denn unsere gesamte Arbeit zielt darauf ab, das Pferd auf die Hinterhand zu bringen, und auch auf relativ weichen Böden können vermehrte Stops und Drehungen auf der Hinterhand die Hufe stark abnutzen, und ein Beschlag derselben ist erforderlich.

Die Eisen nun, die das Gleiten auf der Hinterhand fördern sollen, sind breiter als normale, sind glatt von der Oberfläche her, die den Boden berührt, d.h. haben möglichst keine Falz, und die Nagelköpfe werden bündig mit der Eisenoberfläche gefeilt, so daß sie nicht vorstehen und hemmen. Die Schenkel sind etwas länger als bei normalen Eisen und vergrößern so die Oberfläche, schützen aber auch die Trachten und Ballen. Es ist darauf zu achten, daß die Schenkel parallel zueinander stehen und genau parallel zur Längsachse. Die Trachten werden verkürzt und die Zehe etwas länger gelassen; eine leichte Zehenrichtung ist von Vorteil (Abb. 181).

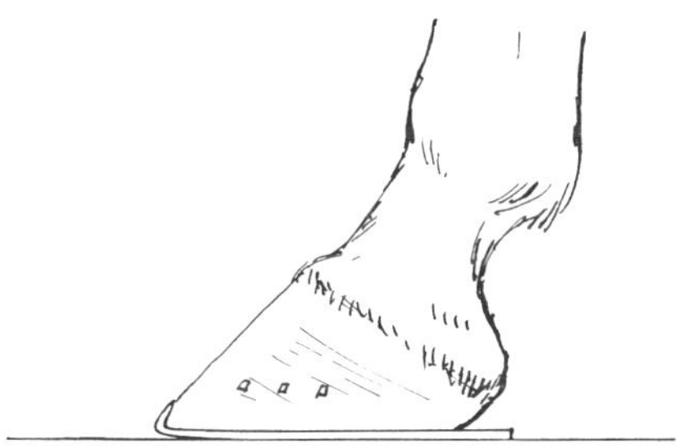

181
Seitenansicht des Sliding-Beschlages

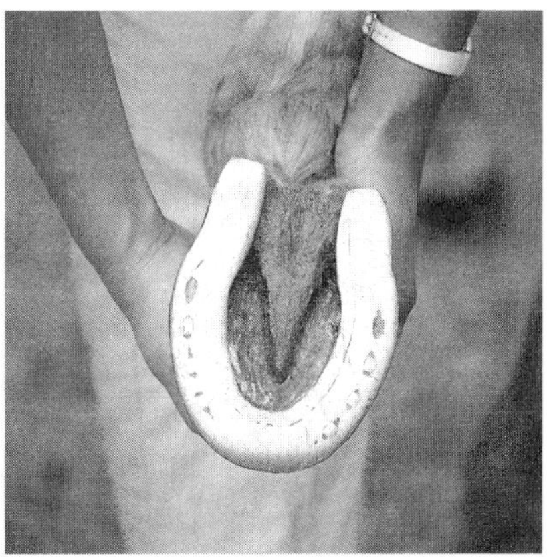

182
Unterseite einer Sliding Plate, *eines Eisens zur Förderung des Gleitens auf der Hinterhand*

Nicht nur dem Pferd, auch Ihnen selbst fällt es leichter, den Stop zunächst aus dem Trab heraus zu üben. Dazu müssen Sie in der Lage sein, Ihr Pferd auch im Trab zu beschleunigen, ohne daß es in den Galopp fällt.

Grundsätzlich verlangen Sie den Stop immer aus der Beschleunigung heraus, ob Sie nun traben oder galoppieren. Nur wenn das Pferd beschleunigt, kann ein guter Stop zustandekommen. Das liegt daran, daß es dabei sein Gewicht mehr auf die Hinterhand nimmt, in einer „Bergauf-Position" ist, aus der es dann besser die Hinterhand unterschieben kann. Beschleunigt es nicht, geht es ein gleichmäßiges Tempo, so hat es nicht so viel Aufrichtung, wie wenn es beschleunigt. Auf einem gut ausgebildeten Pferd kann man aus einem gleichmäßigen Tempo heraus durchaus einen guten, harmonischen Stop reiten, aber für das Training ist es besser, ihn aus der Beschleunigung zu verlangen. Solange es zulegt, antizipiert es auch den Stop nicht.

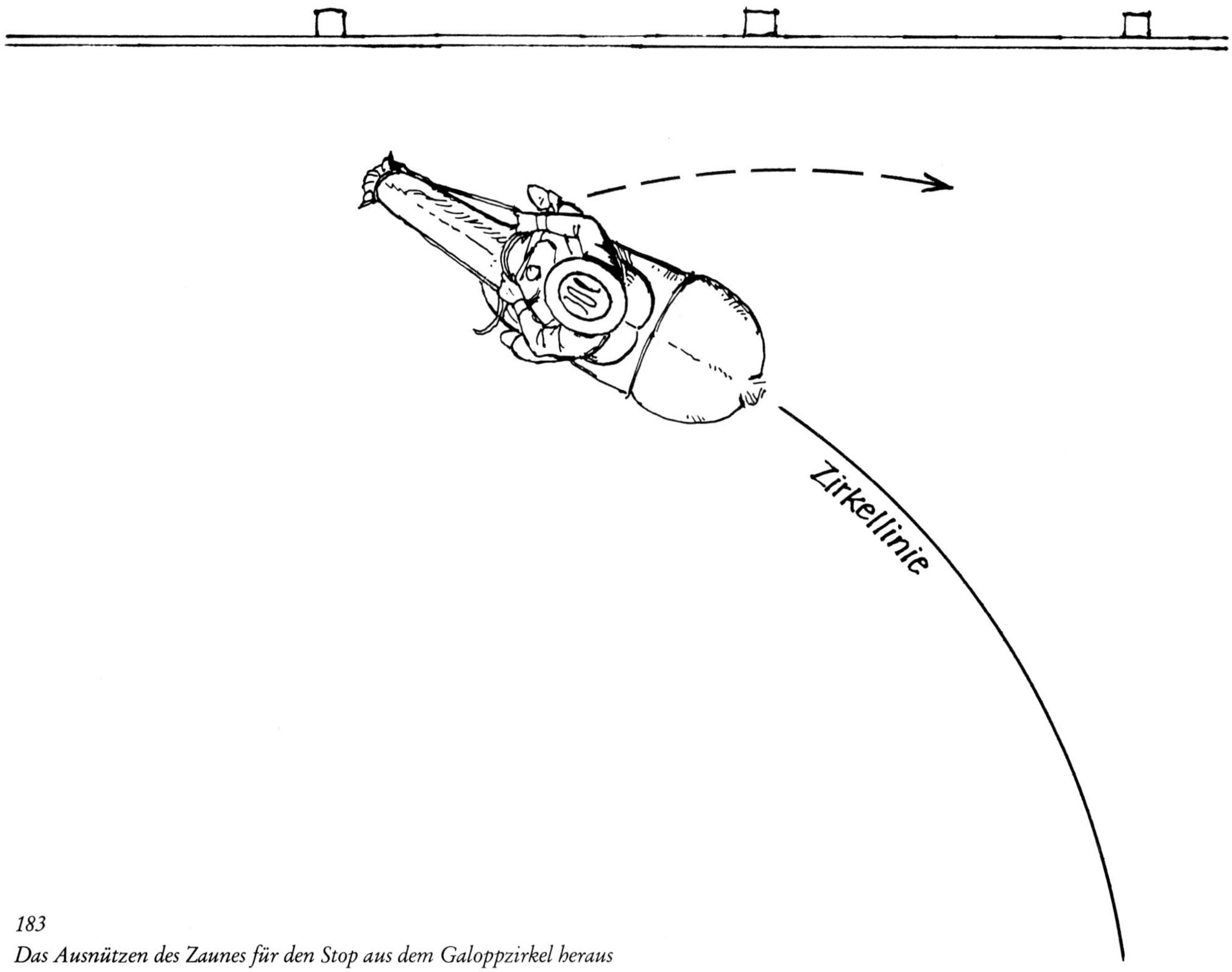

183
Das Ausnützen des Zaunes für den Stop aus dem Galoppzirkel heraus

Die Hauptschwierigkeit besteht darin — wie bei anderen Übungsteilen auch —, zu vermeiden, daß das Pferd etwas vorwegnimmt, in diesem Fall den Stop. Dieses Antizipieren ist unser Hauptproblem beim Reining Training, das Ihnen immer gegenwärtig sein muß und dem Sie immer Rechnung tragen müssen.

Pferde beobachten unglaublich fein, und Ihr Pferd merkt Ihnen an Kleinigkeiten an, die Ihnen selbst gar nicht bewußt sind, ob Sie z.B. vorhaben, einen Stop zu verlangen. Deshalb kommt das vielen wie Gedankenlesen vor. Sie müssen vermeiden, oft an denselben Stellen zu stoppen und darauf achten, Ihre Absicht dem Pferd nicht vorher zu verraten.

In dem Moment, wo daß Pferd den Stop antizipiert, verliert es seinen Vorwärtsimpuls zum größten Teil, bringt mehr Gewicht auf die Vorhand, und ein guter Stop ist dann nicht mehr möglich. Wenn Sie deshalb bemerken, daß es seine bis dahin kontinuierliche Beschleunigung unterbricht, daß es nicht zügig durchläuft, halbe Paraden macht etc., so reiten Sie es konsequent nach vorn, bis es gleichmäßig durchzieht. Erst wenn Sie sicher sind, daß Ihre Aufforderung für das Pferd unerwartet sein wird, geben Sie die Hilfen zum Stop.

Der dritte wichtige Punkt im Zusammenhang mit dem Stop ist der Run Down, daß das Pferd in gerader Linie läuft. Ist der Geradeauslauf unbefriedigend, wird auch der Stop unbefriedigend ausfallen. Solange es irgendwo gebogen — verbogen — ist, solange seine Längsachse nicht von der Nase bis zum Schweif gerade und identisch mit der Laufrichtung ist, kann es keinen korrekten und harmonischen Stop ausführen.

Häufiges Antraben, Beschleunigen (Oberkörper dabei etwas nach vorn, Zügelhände etwas höher) und Stoppen (Hände 'runter, Gewicht in den Sattel/Oberkörper nach hinten, Füße nach vorn) mit direktem anschließendem Back Up sensibilisieren das Pferd nun immer mehr für den Stop, es lernt nach und nach, die Hinterhand immer besser unterzusetzen und reagiert auf Ihre Hilfen immer prompter und zugleich weicher.

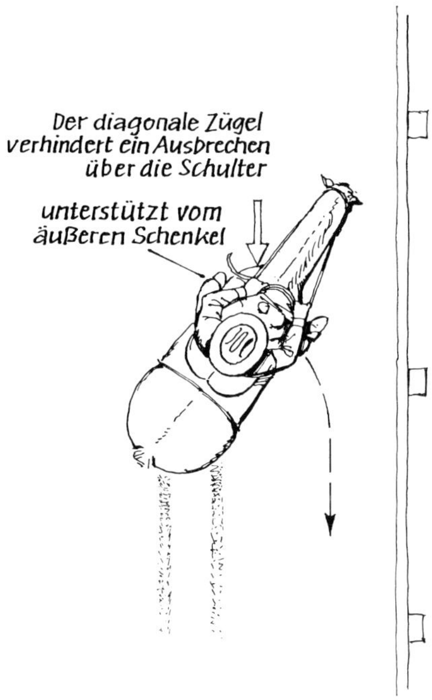

184
Der Stop unter Zuhilfenahme des Zaunes, nachdem parallel zum Zaun galoppiert wurde

Besonders bei Pferden, die keine ausreichende Neigung zeigen, die Hinterhand unterzusetzen, bauen Sie Stops ein, die Sie durch Schenkeldruck und ggf. Sporen am Gurt herbeiführen. Treiben Sie es einfach mit den Schenkeln gegen das Gebiß — lassen Sie die Hand stehen und treiben Sie, bis es stoppt und rückwärtsrichtet. Mit dem Schenkeldruck bekommen Sie die Hinterhand immer unters Pferd. Aus vorher erwähnten Gründen ist es aber empfehlenswert, das Stop Training nicht allein darauf aufzubauen, sondern den Schenkeldruck nur hin und wieder oder während einer bestimmten Ausbildungsphase anzuwenden. Achten Sie darauf, daß das Pferd sich nicht aufrollt, wenn Sie es gegen das Gebiß treiben.

Die Fence oder Bande benutzen wir nach wie vor, um ein forciertes Stoppen auf der Hinterhand zu erreichen und zu fördern. Dazu können wir einmal direkt gegen die Fence reiten. Am besten beginnt man in langsamem Tempo an einer Schmalseite der Bahn, reitet in möglichst gerader Linie durch die ganze Länge der Bahn, dabei stetig beschleunigend, so daß man im vollen Galopp und rechten Winkel auf den Zaun an der gegenüberliegenden kurzen Seite trifft. Dabei beschränkt man sich darauf, das Pferd gerade zu halten und läßt den Zaun das Pferd stoppen. In dem Maße, wie es Ihnen gelingt, bis unmittelbar vor den Zaun zu beschleunigen, wird daraus ein Stop auf der Hinterhand. Wenn es schon vorher abbremst — was es bestimmt versuchen wird — kommt kein Stop zustande.

Dieses Durch-die-ganze-Bahn-Laufen macht aber in jedem Fall einen Sinn, auch wenn Sie es nicht schaffen sollten, es energisch solange zu treiben, daß es vor dem Zaun zu einem Stop auf der Hinterhand gezwungen wird. Es dient in jedem Fall dazu, das Antizipieren beim Run Down zu verhüten oder abzubauen. Halten Sie das Pferd dabei so ruhig wie möglich, und geben Sie ihm an der Fence jeweils eine kleine Ruhepause.

Noch auf andere Weise können Sie sich den Zaun zunutze machen: ob im Trab oder Galopp — wenn Sie einen Zirkel reiten und kommen in die Nähe des Zaunes, nehmen Sie gleichzeitig mit den anderen Stop-Hilfen den Zügel an der dem Zaun zugewandten Seite etwas mehr an, und zwar in dem Moment, wo Sie in spitzem Winkel auf den Zaun zureiten (Abb. 183). Da es mit einer Wendung rechnet und sich in Raumnot kommen sieht, wird es hart stoppen und die Hinterhand weit untersetzen.

185
Die Wendung gegen den Zaun, aus der das Pferd im Galopp herauskommen soll. In diesem Moment, wenn es die Wendung zu etwas mehr als der Hälfte vollzogen hat, tritt der Quirt (kurze Reitpeitsche) oder die Gerte in Aktion ...

186
... und das Pferd kommt im Galopp aus der Wendung. Es hat einen Roll Back gegen den Zaun ausgeführt

187 Deutlicher „Bergaufgalopp"; das Pferd ist, wenn es beschleunigt, vorn höher als hinten

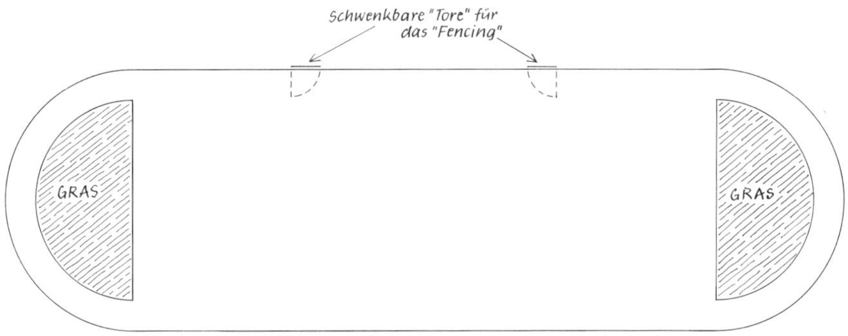

188 Grundriß des Training Tracks von Bob Loomis

Nach demselben Prinzip bringen Sie es zum Untersetzen, indem Sie es gegen den Zaun doublen oder ihm ein Doubling nur androhen. Jetzt führen Sie ein eventuelles Doubling aber anders aus als in der Breaking-Phase.

Sie reiten parallel zum Zaun, in etwa einer knappen Pferdelänge Abstand. Nun geben Sie Ihre Signale zum Stop, nehmen aber den Zügel auf der Seite des Zaunes etwas mehr an. Die Erwartung, daß eine Wendung gegen den Zaun erfolgen wird, bringt es wiederum dazu, härter zu stoppen und die Hinterhand unterzusetzen. Nach kurzem Verharren führen Sie dann auch tatsächlich eine Hinterhandwendung gegen den Zaun aus. War der Stop besonders gut, bleiben Sie aber eine Weile stehen und belohnen es mit einer Verschnaufpause (das tun Sie immer, wenn es besonders gut gestoppt hat, egal wo).

Reagiert es nicht in gewünschter Weise, lassen Sie den Zaun das Pferd stoppen, indem Sie es aus vorherigem Lauf entlang des Zaunes gegen diesen stellen (Abb. 184). Sie können das jetzt tun, weil Sie ein Ausbrechen über die Schulter verhindern können, denn Sie haben nun die diagonale Kontrolle. Anschließend erfolgt eine forcierte Wendung gegen den Zaun und Sie reiten möglichst im Galopp in die entgegengesetzte Richtung weiter.

Bei den Wendungen gegen den Zaun, und um das Pferd möglichst im Galopp herausspringen zu lassen, wenden Sie entweder den äußeren Sporn hinterm Gurt an, oder Sie geben ihm einen Klatsch mit dem Zügelende oder dem Quirt. Der Sporn oder der Klatsch kommt in dem Moment, wo es so weit die Wendung vollzogen hat, daß es etwa mit dem Gesicht zum Zaun steht, also nicht mehr zurück kann und seine Reaktion sich in die gewünschte Richtung entladen muß (Abb. 185, 186).

Schließlich können Sie auch ein volles Doubling ausführen, wenn die Reaktion noch immer zu wünschen übrig läßt. Jetzt ziehen Sie aber den Kopf nicht ruckartig herum, sondern setzen den Pull weich an und ziehen zügig und entschieden gegen den Zaun und in die andere Richtung, in die Sie dann auch im Galopp weiterreiten. Dieses ist ein Exempel, das Sie ein paar Mal setzen, um das Pferd dahin zu bekommen, daß es wie eingangs beschrieben reagiert: bei leichtem Annehmen des Zügels auf der dem Zaun zugewandten Seite sofort reflexartig und gut untersetzend zu stoppen.

Generell sollten Sie sich aber des Zaunes nicht mehr bedienen, als notwendig ist. D.h. es gilt zu vermeiden, vom Zaun abhängig zu werden. Auch gewöhnen sich Pferde gerne an, zum Zaun hin, zum Hufschlag zu driften.

Sie müssen Ihrem Pferd gelegentlich einmal zeigen, daß Sie es ernst meinen und daß Sie unangenehm werden können. Sie müssen aber auch immer daran denken, daß Pferde letztlich nicht auf die Gewaltanwendung reagieren, sondern auf die Androhung derselben. Das ist eigentlich noch zu stark ausgedrückt —, Sie fordern es auf, etwas zu tun (wenn schon ein Suggerieren reicht, umso besser), und wenn es dieser Aufforderung nicht Folge leistet, dann werden Sie deutlich und notfalls auch hart.

Zuhilfenahme des Zaunes, Boxen gegen die Schulter, Doubling — das alles sind letztlich nur Hilfsmittel. Was zählt, ist die Durchlässigkeit. Nur ein wirklich durchlässiges Pferd wird auf Dauer gute Stops machen, und die Hilfsmittel haben nur insofern eine Berechtigung, wie Sie uns helfen, die Durchlässigkeit schneller zu erreichen.

Das vermehrte Annehmen eines Zügels beim Stop wirkt sich insoweit vorteilhaft aus, als daß das Pferd dabei mit der Vorhand mobil bleiben kann. Beim idealen Stop rutscht es ja auf der Hinterhand, während es vorn weiterläuft. Eine beidseitig gleichmäßige Zügeleinwirkung dagegen bewirkt die Tendenz, sich vorn steif zu machen. Die Vorhand hat dann nicht nur eine stützende Funktion für den Rest des Körpergewichts des Pferdes, der nicht von der Hinterhand aufgenommen und getragen wird, sondern fängt auch den Vorwärtsschub mit ab, indem sie einmal oder mehrmals in den Boden gerammt wird. Ein solcher Stop entspricht nicht nur den Anforderungen nicht, die heute an ein gutes Reining Horse gestellt werden, sondern stellt auch eine Belastung für die Vorderbeine dar, die es im Interesse der Gesundheit des Pferdes zu vermeiden gilt.

Bei der Trainingsarbeit von Bob Loomis, dem vielleicht berühmtesten und erfolgreichsten Reining Trainer, konnte ich beobachten, wie gerade das Training für den Stop ohne besondere Tricks ablief und schlicht auf äußerster Durchlässigkeit basierte. Auf seinem „Track", auf dem er trainiert, steht ihm nicht einmal eine Fence zur Verfügung, das Ding ist gar nicht eingezäunt. Wohl aber hat er zwei schwenkbare Zaunelemente, etwa vier oder fünf Meter breit, die bei Bedarf in die Bahn geklappt werden können und gegen die dann beim Stop Training nicht so weit fortgeschrittener Pferde geritten wird (Abb.188).

Da die Pferde gewohnt sind, dort, wo die Zaunelemente sich dann befinden, sonst frei durchlaufen zu können, haben sie eine umso bessere Wirkung. Außerdem sind sie aus Rohren zusammengeschweißt, also überwiegend „durchsichtig", und auch nur etwa brusthoch für die Pferde.

Der Track von Bob Loomis ist für deutsche Verhältnisse riesig (ca. 75 x 250 m), es könnten etwa 25 normale Reitplätze darauf untergebracht werden. Er ist langrechteckig, hat aber an jedem Ende einen recht breiten Streifen, der in weitem Bogen halbkreisförmig verläuft (Abb.188). Wird ein Pferd nun entlang der langen Seite galoppiert, um gestoppt zu werden, und ist der rechte Zeitpunkt dazu noch nicht gekommen, wenn es am Ende des Vierecks angekommen ist,

189
Al Dunning auf dem berühmten Expensive Hobby. Er stoppt ihn mit Sporeneinsatz hinterm Gurt, das Pferd ist vorn steif, es streckt beide Beine zugleich vor. Das Auffußen mit beiden Vorderbeinen verursacht unangenehme Stöße während des Stops, die schwer auszusitzen sind

190
Al Dunning ein paar Jahre später auf demselben Pferd. Er sitzt beim Stop ein und hat die Beine nicht dran — das Pferd stoppt elastischer und bleibt vorn mobil, es läuft vorn weiter, solange der Vorwärtsimpuls noch vorhanden ist

191, 192, 193
Junge Stute bei verschiedenen Stops. Sie setzt die Hinterhand gut unter, macht einen losgelassenen Eindruck, und es ist kein Zug auf den Zügeln. Ihre Vorhand ist locker und läuft mit
Fotos: Wienrich

so kann einfach durchgaloppiert werden, bis man auf die Gegengerade kommt usw.

Mit anderen Worten: Platz spielt dort keine Rolle, und man kann ein Pferd solange laufen lassen, bis es einem Stop mit mehr als nur wohlwollendem Interesse entgegensieht, und auch, bis es *just right* dafür ist, d. h. bis es schnurgerade läuft, zügig „bergauf" läuft, es weich am Zügel ist und man es gut vor sich hat. — So lange weiß der Champ wohl zu warten, und wenn er dann schließlich bei verhaltener Zügelhand einsitzt, ist das alles, was nötig ist, und das Pferd setzt sich, daß es nur noch so qualmt, und pflügt 10, 15 Meter durch den (gut gepflegten) Sandboden...

Mehr noch als beim Back Up, wo viele auch der Versuchung nicht widerstehen können, am Zügel zu ziehen, gilt für den Stop, daß er nicht durch Zügelzug bewirkt werden kann. Wenn man das so hört oder liest, daß man ein Pferd nicht mit Gewalt stoppen kann, ist man schnell geneigt, das zu glauben. Doch wenn man im Sattel sitzt und die Parade nicht so durchkommt, wie man sich das wünscht, sieht es anders aus. Da erliegt man doch leicht der Versuchung, mit mehr Zügelzug nachhelfen zu wollen. Das Ergebnis ist immer unbefriedigend, das Pferd reißt das Maul auf, drückt den Unterhals heraus, geht auf die Vorhand, wehrt sich...

Sie können durch Zügelzug keinen Stop hervorrufen! Jedenfalls keinen, mit dem Sie einen Blumentopf gewinnen können, wie man so sagt. Nicht die Kraft, mit der Sie am Zügel ziehen, bewirkt den Stop, sondern die Durchlässigkeit, die Feinheit, mit der Ihr Pferd an den Hilfen steht. Und hat ein Pferd auch nur eine Neigung, beim Stop mit der Hinterhand auseinanderzugrätschen, so wird das durch zuviel Zügelzug arg verschlimmert.

Sie können ein Pferd nicht mit Kraft stoppen!

Den Unterschied zwischen Anlehnung und anstehendem Zügel und zwischen dem aktiven Zügelzug müssen Sie erfühlen lernen. Es ist immer die treibende Hilfe, die Stop und Back Up hervorrufen —, der Zügel bzw. das Gebiß stellt nur die Wand dar, gegen die getrieben wird. Die treibende Hilfe ist nicht unbedingt eine aktive Schenkel- oder Sporenhilfe, sondern nur die „Androhung" derselben, oder es ist nur der treibende Sitz oder der Vorwärtsschub selbst, der aufgrund der Geschwindigkeit vorhanden ist.

Wenn Ihr Pferd nun immer besser stoppt und das auch aus dem Galopp tut, so ist, besonders bei verhältnismäßig tiefem Boden, ein gewisses Maß an Gegenhalten erforderlich, welches das Pferd zum Untersetzen der Hinterhand veranlaßt. Es wäre irreführend, von Zug am Zügel zu sprechen, wir wollen es lieber Spannung nennen, denn es soll nie in aktiven Zug übergehen. Sondern egal, wieviel Spannung nötig ist, um das Pferd zu veranlassen, sich zusammenzuschieben und auf die Hinterhand zu gehen

194
Stop mit Curb Bit auf Gras. Auch hier bleibt das Pferd gelassen und in der Vorhand beweglich

(und das kann aus vollem Galopp schon erheblich sein), es gibt immer eine Grenze, wo aus dem Gegenhalten ein aktives Ziehen wird, und diese Grenze darf nicht überschritten werden.

Sie machen also einen Stop aus dem Galopp heraus und müssen mit der Zügelhand deutlich gegenhalten, um zu erreichen, daß es sich hinsetzt. Sobald Sie nun merken, daß die Hinterhand rutscht, merken Sie auch, daß Sie nicht mehr so stark gegenhalten müssen. In dem Moment, wo das Gleiten auf der Hinterhand eingesetzt hat, kommt weniger Druck auf das Gebiß von hinten nach vorn. Wie gut und wie weit Ihr Pferd slidet und zu sliden lernt, hängt nun erheblich davon ab, wie feinfühlig Sie mit der Zügelhand werden, um im Moment des Gleitens weniger gegenzuhalten, fast Slack zu geben und dann erst, am Ende des Stops, gerade so viel wieder aufzunehmen, daß es nicht hinausläuft, sondern zum Stehen kommt.

Die Länge des Slides wird von der Beschaffenheit des Bodens beeinflußt, hängt aber im übrigen von der Geschwindigkeit ab, aus der heraus gestoppt wird. Der Vorwärtsschwung oder -schub läßt das Pferd gleiten. Sie müssen aber die Geschwindigkeit, aus der heraus Sie stoppen, dem Ausbildungsstand des Pferdes anpassen. In dem Maße, wie es zu stoppen und zu gleiten lernt, können Sie das Tempo steigern, aus dem Sie den Stop fordern. Maulaufsperren, Hochwerfen der Nase, Herausdrücken des Unterhalses und Bouncen sind Anzeichen

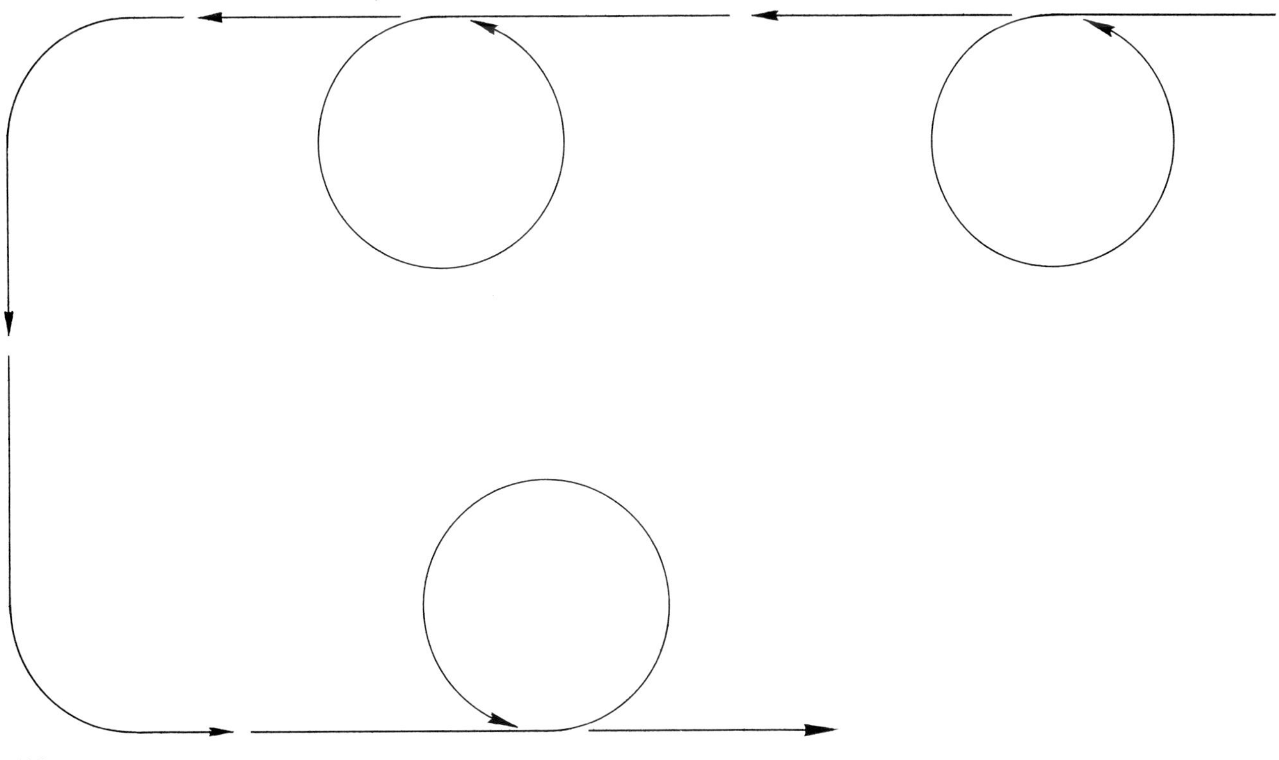

195
Wird ein Pferd hektisch und will beschleunigen, sobald Sie auf eine Gerade gehen, weil es einen Run Down und anschließenden Stop antizipiert, so reiten Sie enge Zirkel, sobald es schneller wird, bis es gleichmäßig durchläuft

196a, 196b, 196c
Harmonische Stops bei mobiler Vorhand; Bild 196c zeigt einen Stop mit völlig durchhängenden Zügeln

dafür, daß entweder Ihre Hilfen nicht gestimmt haben oder Sie das Pferd mit einem Stop aus zu hohem Tempo überforderten.

Viele Trainer halten es für erforderlich, das Pferd mit einem bestimmten Signal auf den Stop vorzubereiten. Z.B. kann man einen Galoppsprung vor dem eigentlichen Stop das stimmliche Kommando geben oder ein anderes Signal, um dann beim nächsten Galoppsprung die Hilfen zum Stop zu geben und den Stop durchzuführen. Manche geben kurz vor dem Stop mit den Zügeln nach, um sie dann einen Sprung später anzunehmen und zu stoppen. Aber auch das Annehmen des Zügels selbst kann das vorbereitende Signal für den Stop sein.

Ich kann Ihnen nur empfehlen, sich nicht abhängig von einem stimmlichen Kommando zu machen. Das „Whoa!", oder was immer Sie sonst benutzen, kann nur zusätzliches Hilfsmittel sein, besonders im Anfang der Ausbildung, um sich dem Pferd besser verständlich zu machen und mitzuhelfen, unabhängiger vom Zügel zu werden. Wenn Sie in einer Wettbewerbsklasse leise „whoa!" sagen, kann es sein, daß Ihr Pferd das aufgrund des allgemeinen Geräuschpegels gar nicht hört und entsprechend auch nicht reagiert, wenn es in erster Linie auf das stimmliche Kommando eingestellt ist. Genau das ist dem Mann einmal passiert, der als der Vater des modernen

197
Negativbeispiel für einen Sliding Stop. Das Pferd stoppt zwar hart, weil der Stop aber durch starken Zügelzug erzwungen wird, sperrt es das Maul auf, drückt den Unterhals heraus, und die Vorderbeine werden steif vorgestreckt

Reinings gilt, Dale Wilkinson. In einer Reining auf der Quarterama, der größten Quarter Horse Show in Canada, hatte er eine bis dahin exzellente Prüfung geritten, und das Publikum raste. In dem Toben der Zuschauer ging sein „Whoa!" völlig unter, und nach Dale war das Pferd noch immer „in voller Karriere", als es die Bande am anderen Ende der Arena erreichte. Seitdem spielt das „Whoa!" bei ihm nur noch eine untergeordnete Rolle.

Dale Wilkinson sagt, er nimmt Gewicht aus dem Sattel, wenn er den Stop einleitet, und erst, wenn das Pferd mit der Hinterhand in den Boden geht, sitzt er nach und nach tief ein. Er gebraucht auch keine Schenkelhilfe beim Stop, nur seine Körperhaltung und seine Hände: „Ich stelle leichten Kontakt her zum Pferdemaul und setze mich dann hin und 'reite ihn aus'. Meine Überzeugung ist, daß ich ohnehin nichts gewinnen kann, wenn ich ziehe", sagt er.

Noch ein Ausspruch von Dale Wilkinson: „Ich kann ein Pferd nicht zwingen, zu stoppen, aber ich kann anschließend dafür sorgen, daß es wünscht, es hätte gestoppt".

Bei einem Reining Horse, das formvollendet stoppt, spricht man davon, daß es „in den Boden schmilzt" (mit der Hinterhand). Nur, wenn ein Pferd mit Finesse gestoppt wird, kann diese bildhafte Beschreibung mit Recht angewandt werden. Da ist nichts Abruptes, Hartes oder Hastiges an einem solchen Stop, schon gar keine Gewaltanwendung, sondern wohl ausbalanciert setzt sich das Pferd in den Boden, „gräbt seinen Schweif in den Boden", wie es auch schon einmal ausgedrückt wird, in voller Harmonie mit dem Reiter.

Aus dem Grund kommt dem *Timing*, kommt einer besonderen Galopp-Phase für das Einleiten des Stops auch keine solche Bedeutung mehr zu. Beim anfänglichen Stop Training kann es nützlich sein, die Hilfe zum Stop genau in der Schwebephase des Galopps zu geben. Bei der Trainingsarbeit der kalifornischen Vaqueros wurde dieser Phase des Galopps eine große Bedeutung beigemessen. Solange ein Pferd noch nicht sehr sicher ist, was den Stop aus dem Galopp anlangt, und aus einem recht verhaltenen Galopp gestoppt wird, macht man es dem Pferd tatsächlich schwerer, wenn es aus der falschen Galopp-Phase heraus gestoppt wird, nämlich, wenn die Vorhand den Boden berührt. Nur, wenn der Stop zu dem Zeitpunkt begonnen wird, wenn die Vorhand sich vom Boden löst oder zu lösen beginnt, kann das Pferd in einer einzigen kontinuierlichen Bewegung stoppen (Abb. 198).

Hat das Pferd zu stoppen gelernt, und wird es aus höherem Tempo gestoppt, wird aus dem abrupten Stop, in den das Pferd mit der Hinterhand sozusagen hineinspringt, ein sehr viel ausbalancierterer Stop, der als Bewegungsablauf auch länger andauert. Dem Pferd wird dabei die Möglichkeit gelassen, seine Beine zu „sortieren", zu positionieren, einen *Soft Start* zu finden, und wenn es die Hinterhand unter sich gebracht hat, ist immer noch so viel Vorwärtsschub da, daß es dadurch meterweit vorwärtsrutscht.

Hat Ihr Pferd gelernt, auf der Hinterhand zu stoppen, bleibt aber mit der Vorhand nicht locker, so können Sie versuchen, das folgendermaßen zu korrigieren: Sie geben ihm die Hilfen für den Stop, lassen es aber, bevor es zum Stehen kommt, bewußt aus dem Stop herauslaufen. Sie können das sowohl aus dem Trab, wie aus dem Galopp heraus üben. Häufiges Wiederholen dieser Übung lehrt das Pferd, mit den Vorderbeinen mobil zu bleiben und weiterzulaufen, während es mit der Hinterhand stoppt.

Wenn Ihr Pferd vorbildlich stoppt, d. h. auf der Hinterhand gleitet und mit der Vorhand weiterläuft, und wenn der Boden entsprechend gut ist, so merken Sie gar nicht, daß es hinten gerutscht ist. Da es vorn weiterläuft, stellen Sie erst fest, wenn Sie sich umwenden und Ihre *Tracks* sehen, Ihre Gleitspuren, daß Ihr Pferd auf der Hinterhand gerutscht ist. Das sind die besten Stops, weil sie so weich und harmonisch sind.

Manche Trainer reiten den Run Down, den Geradeauslauf vor dem Stop, mit deutlicher Anlehnung ans Gebiß, ähnlich wie ein Rennpferd Anlehnung hat; sie sitzen dann für den Stop gegen, schieben das Pferd so zusammen, und wenn es dann in der Hüfte abkippt , die Hinterhand untersetzt und gleitet, geben sie mit der Zügelhand nach, um es zum Ende des Stops wieder aufzunehmen und am Hinauslaufen aus dem Stop zu hindern. Andere machen es genauso, geben aber kurz vor dem Stop etwas Slack — gewissermaßen als Signal —, um dann wieder Anlehnung aufzunehmen. Bei einem Studium der Reiter eines Futurity-Finales der National Reining Horse Association kann man beobachten, daß fast alle beim Run Down mit der Zügelhand hochgehen, nicht direkt Slack geben, aber doch nur leichten Kontakt zum Maul halten. Beim Stop nehmen sie dann den Zügel weich an, setzen sich zurück und halten die Zügelhand tiefer.

Die meisten behaupten, sie würden sich dabei tief in den Sattel setzen. Ein Studium von Stop-Fotos offenbart aber, daß das meistens nur Absicht ist und daß zumindest während bestimmter Phasen des Stops kaum oder kein Gewicht im Sattel ist. Al Dunning z.B. behauptet, tief einzusitzen und den größten Teil seines Gewichtes während des Stops im Sattel zu haben. Fotos von seinen Stops zeigen, daß er teilweise das Gesäß sogar aus dem Sattel hat, und bei den meisten ist offensichtlich, daß ein erheblicher Teil seines Gewichtes in den Bügeln ist. Er selbst sagt, daß ein wirklich guter Stopper, wenn er die Hinterhand eingräbt, unter dem Reiter wegtaucht und ihn „in der Luft schwebend zurückläßt".

Diese Aussagen zeigen aber, welche Methoden sich diese Trainer zu eigen gemacht haben. Es ist nicht ausschlaggebend, wieviel Gewicht tatsächlich in den Sattel, sprich auf die Gesäßknochen, gebracht wird. Wichtig ist die Erkenntnis, daß das Bestreben, sich so hinzusetzen, zum zweckmäßigen Sitz beim Stop führt. Auf der anderen Seite kann eine Analyse und ein Vergleich dessen, was diese Leute sagen und was sie praktisch tun, insofern hilfreich sein, als man dann nicht verwirrt zu sein braucht,

198 Die richtige Galopp-Phase für das Stopsignal: wenn die Vorhand sich vom Boden löst

wenn man selbst versucht, beim Stop gegenzusitzen, das meiste Gewicht in den Sattel zu bringen, und beobachten muß, daß man nach eigener Einschätzung mindestens so viel in den Bügeln hat.

Es wurde angesprochen, daß nur aus einem geradegerichteten Run Down heraus ein korrekter Stop möglich ist. Das Pferd soll ja idealerweise völlig gerade stoppen und anschließend gerade in seiner Spur stehen (es soll auch, wo verlangt, gerade in seiner Stop-Spur rückwärtsrichten). Eine korrekt gerade Position des Pferdes ist eine Voraussetzung dazu, die andere ist, daß der Reiter gerade und im Schwerpunkt genau mit dem des Pferdes übereinstimmend sitzt. Wenn der Reiter nach einer Seite hin verschoben sitzt, also nicht symmetrisch und im Gleichgewicht, kann auch der Stop nicht symmetrisch ausfallen.

Der korrekte Geradeauslauf muß immer wieder geübt werden, indem durch die Mitte der Länge der Bahn galoppiert wird, vor allem aber auch in 6 Meter Abstand zur Bande. Die meisten Pferde tendieren dazu, sich an der Bande "anlehnen" zu wollen und driften während des Run Downs in Richtung Bande bzw. Zaun.

Diese Übung nützt auch, um das Antizipieren zu unterdrücken, da Sie Runde um Runde reiten, ohne zu stoppen.

Hier noch einmal die wesentlichen Grundsätze für das Stop Training:

- Immer aus dem Beschleunigen heraus stoppen; den Run Down langsam beginnen und die Geschwindigkeit gleichmäßig und kontinuierlich steigern bis zum Stop.
- Niemals versuchen, das Pferd durch Am-Zügel-Ziehen zu stoppen.
- Erst stoppen, wenn das Pferd geradegerichtet geradeaus läuft, Sie es gut vor sich und am Zügel haben.
- Ein Antizipieren vermeiden.
- Nur auf geeignetem Boden stoppen.
- Möglichst gerade und symmetrisch im Gleichgewicht sitzen.

ZIRKEL

In den Galoppzirkeln achte ich besonders darauf, daß die Pferde gerade bleiben. Wenn ich sie nach innen nehme, muß die innere Schulter aufgerichtet bleiben, und sie müssen mit dem ganzen Körper nach innen kommen und dabei gerade bleiben. Auch für die Lead Changes soll das Pferd geradegerichtet galoppieren. Oft, wenn Pferde den Lead Change verpatzen, rührt das von zu starker Einwärtsstellung her, aus der sie sich nicht schnell genug in die andere Richtung stellen können. Ein Pferd muß in gerader Linie laufen für den Lead Change.

Bill Horn, Reining Horse Trainer und mehrfacher NRHA Champion

Im Training reite ich nicht viele Zirkel — bei den Zirkeln lernen die Pferde nur alle möglichen Unarten, wie die Schulter fallen zu lassen oder den Rib Cage rauszudrücken. Ich reite lieber Geraden mit gelegentlichen Richtungsänderungen und achte darauf, sie schön gerade und zwischen den Zügeln zu halten.

Bill Waterman, Trainer von World Champion Reining Horses

Die Kontrolle über Ihr Pferd entwickeln Sie hauptsächlich beim Reiten von Zirkeln. Beim Zirkelreiten lernt es, stets zwischen den Zügeln zu bleiben und auch, sich in seiner Geschwindigkeit genau Ihren Wünschen anzupassen. Die Zirkel lehren das Pferd *Speed Control.*

Ein Pferd, das stürmt, will sich der Einwirkung des Reiters entziehen, genaugenommen will es ihm davonlaufen. Wenn es Zirkel um Zirkel läuft, dämmert es ihm bald, daß das nirgendwohin führt: es bleibt, trotz allen Laufens, doch auf demselben langweiligen Zirkel. Ohne daß der Reiter es besonders zurückhalten muß, lernt es deshalb so von selbst, nicht zu stürmen, sondern auf den Reiter und seine Hilfen zu achten.

Sind Sie erst einmal so weit, daß Ihr Pferd am losen Zügel gleichmäßig und ruhig geht, so können Sie daran arbeiten, es noch weiter zurückzunehmen, zu versammeln, oder aber Zirkel in schnellerem Tempo zu reiten. Zirkel in schnellerem Tempo üben Sie erst dann, wenn Sie das Pferd dazu auffordern, antreiben müssen. Solange es stürmen will, bleiben Sie möglichst passiv und beschränken Ihre Einwirkungen darauf, es auf dem Zirkel zu halten.

Auf jeden Fall gilt es zu vermeiden, daß das Pferd ständig per Zügelhilfe zurückgehalten werden muß. Sonst kommen Sie zu keinem Reiten am losen Zügel, vielmehr kommen Sie bald ohne permanente Zügeleinwirkung nicht mehr aus. Ein Pferd, das dauernd so zurückgehalten wird, rennt sofort los, wenn die Zügeleinwirkung einmal aufhört, gerade so, wie eine Feder losschnellt, die zuvor gespannt gehalten worden war.

In solcher Situation hilft nur eins: laufen lassen. Zwingen Sie sich, die Zügel hinzugeben und es laufen zu lassen, bis es selbst zu dem Ergebnis kommt: „Das hat keinen Zweck. Ich verausgabe mich hier, und es kommt nichts dabei heraus!“

Bei der Westerndressur wollen wir erreichen, daß das Pferd in guter Selbsthaltung, ohne ständig zwischen Gebiß und treibenden Hilfen eingespannt zu sein, arbeitet. Das zu erreichen, helfen die Zirkel. In diesem Sinne könnte man kurz formulieren: Zirkel statt Zügel.

Es ist allerdings auch denkbar, daß dies nur mit dem Typ Pferd erreichbar ist, den die Westernpferde verkörpern: kompakt, von Natur aus mehr die Hinterhand untersetzend, damit mehr versammelt. Dazu kommt noch die günstige *Disposition* der Western Horses. Bei vielen europäischen Pferden scheint eine wesentlich aufwendigere reiterliche Aktivität erforderlich zu sein, damit sie nicht auseinandergefallen gehen.

Durch die Zirkel lernt das Pferd auch, den inneren Hinterfuß weit vor — unter sein Gewicht — zu bringen, besonders, wenn Sie später enge Galoppzirkel reiten, von einem oder wenigen Metern Durchmesser. Das ist ein gymnastisches Problem, das mit dem konditionellen zusammenhängt. Es sollte selbstverständlich sein, daß Sie solche Sachen nicht von Ihrem Pferd verlangen können, wenn es nicht konditionell vorbereitet und aufgebaut ist. Ein Weidebauch ist da einfach im Weg, wenn es in engen Wendungen oder Zirkeln den inneren Hinterfuß weit unter sich nehmen soll.

Mit dem Zirkel verbinden Sie später andere Übungsteile, wie Stops, Roll Backs und Galoppwechsel. Wenn Sie aus dem Zirkel heraus einen Stop verlangen, so haben Sie ein Hinterbein, nämlich das innere, schon gut unterm Pferd. Wenn Sie dann den äußeren Zügel etwas mehr annehmen, bringt das beide Hinterbeine unters Pferd. Stops aus dem Zirkel heraus machen Sie hauptsächlich in der Bahnmitte und dort, wo Sie in Zaunnähe kommen, also im spitzen Winkel auf den Zaun zu (Abb. 183). Dort bietet sich dann auch ein Roll Back gegen den Zaun an.

Neben dem *Rating,* der *Speed Control,* arbeiten Sie während des Zirkelreitens besonders daran, Ihr Pferd *between the reins,* zwischen den Zügeln zu halten. *Gerade* heißt hier die Losung —, wo immer das Pferd nach außen drängt, mit der Schulter, dem *Rib Cage* (Mittelhand) oder der Hüfte, bringen Sie es wieder nach innen. In der Regel benutzen Sie dazu den äußeren Schenkel, immer da, wo er nötig ist. Im

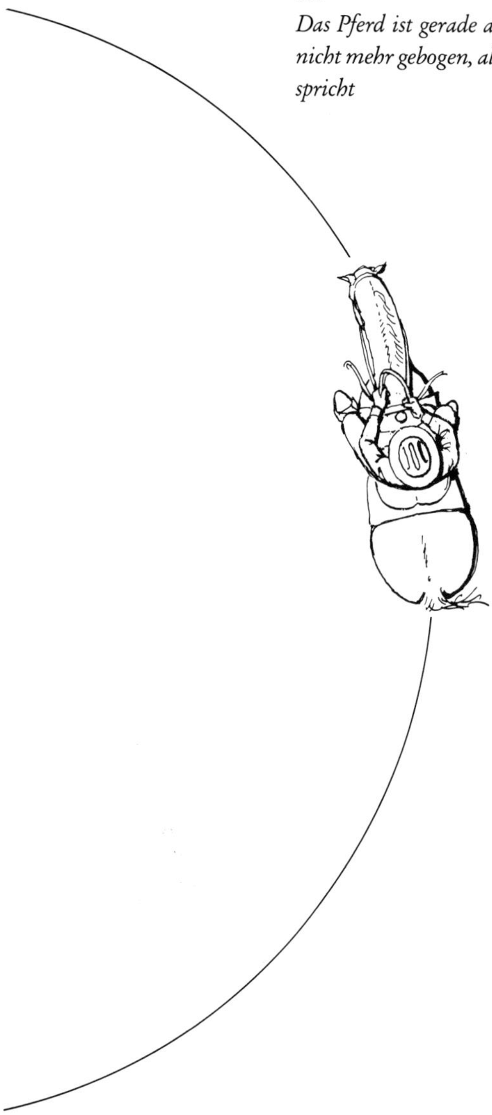

199
Das Pferd ist gerade auf dem Zirkel — es ist nicht mehr gebogen, als es der Zirkellinie entspricht

Falle eines Ausbrechens der Schulter nehmen Sie auch den äußeren Zügel an, wenn der Schenkel allein nicht reicht.

Läßt es die innere Schulter fallen und drängt nach innen, korrigieren Sie es mit innerem Schenkel und/oder Zügel. Den Zügel führen Sie dazu nicht nach rückwärts, sondern mehr aufwärts, ggf. leicht nach außen. Effektiv hat das ausgebildete Pferd auf dem Zirkel eine ganz leichte Biegung nach innen. Die ist aber so leicht, daß das Pferd sich für Sie anfühlt, als sei es gerade. Sie entspricht der Kreislinie, die Sie reiten (Abb. 199). Lediglich die Nase zeigt etwas einwärts, so daß Sie das innere Auge knapp sehen können. Bei zu starker Einwärtsbiegung kommt der *Rib Cage* zu sehr nach außen, und es ist nicht mehr ganz zwischen den Reins, läuft nicht genau in der Spur (Abb. 200).

Wenngleich Sie die Zirkel auch viel im Trab exerzieren, üben Sie sie doch hauptsächlich im Galopp. Schwächen lassen sich leichter im Trab korrigieren. Der Trab hat auch, im Gegensatz zum Galopp, die Tendenz, das Pferd geradezurichten. Galoppzirkel und -Achten sind Bestandteil jeder Reining Pattern. Heutzutage reicht es nicht mehr, gute Stops und Spins zu machen, obwohl diese Übungsteile die spektakulärsten sind. Gute, kreisrunde, ebenmäßige Zirkel wollen die Richter sehen, mit einem deutlich erkennbaren Unterschied in Tempo und Größe zwischen den kleinen, langsamen und großen, schnellen Zirkeln, und die beiden Zirkel, aus denen die *Figure Eight,* die Acht, besteht, genau über den Spuren der großen, schnellen Zirkel und mit dem fliegenden Wechsel genau in der Mitte. Zirkel sind nicht mehr nur Mittel zum Zweck, nämlich, um zu demonstrieren, daß das Pferd die fliegenden Wechsel beherrscht.

Die Zirkel offenbaren viel über den Ausbildungsstand des Pferdes, über seinen Gehorsam. Das guttrainierte Pferd bleibt gehorsam zwischen den Reins, ohne daß sich diese dabei straffen. Es fällt weder mit der Schulter noch mit dem Rib Cage aus, noch driftet es mit der Hinterhand nach außen; es geht weder gegen den äußeren Zügel, noch gegen den äußeren Schenkel. Es drängt aber auch nicht nach innen und läßt nicht die innere Schulter fallen. Der Wechsel vom schnellen zum langsamen Galopp ist ein weicher Übergang, der sich ohne sichtbare reiterliche Einwirkung innerhalb weniger Galoppsprünge vollzieht — , durch eine kaum sichtbare Gewichtsverlagerung, einen tieferen, passiveren Sitz reduziert das Pferd sein Tempo und galoppiert einen kleineren, mehr versammelten Zirkel. Diese Tempowechsel müssen Sie immer wieder üben, dazu dürfen keine sichtbaren Zügelhilfen erforderlich sein.

Wenn das Pferd zwischen den Zügeln ist, dann ist es auch zwischen den Schenkeln. Aber sowohl Zügel wie Schenkel stellen nur die ultimativen Hilfen dar, die in Anwendung kommen, wenn Ihre Gewichtshilfen nicht ausreichen. Nur wenn Sie es mit Ihren Gesäßknochen nicht ausreichend gesteuert, korrigiert bekommen, treten Zügel und Schenkel in Aktion.

Korrekte Galoppzirkel sind eine Grundvoraussetzung für die fliegenden Galoppwechsel. Wenn es dem Pferd zur Gewohnheit geworden ist, in korrekter Position und im richtigen Galopp rechts wie linksherum zu galoppieren, wird ihm der fliegende Wechsel natürlicher sein und leichter fallen. Eine andere Vorübung dazu, die sich für mich bewährt hat, sind Trab-Achten im Two Tracking.

Solange Ihr Pferd die fliegenden Wechsel nicht beherrscht, halten Sie kurz an oder reiten ein paar Trabschritte, wenn Sie die Hand wechseln wollen, um dann erneut anzugaloppieren. Bei den Trab-Achten können Sie aber kontinuierlich durchreiten, wenn Sie auf die andere Hand gehen. Da das Pferd im Linksgalopp die Hinterhand nach links, im Rechtsgalopp nach rechts stellen muß, bereiten wir es auf diesen „Schwenk" der Hinterhand durch Two Tracking-Trabzirkel vor (Abb.147).

Um sich zu vergewissern, daß Ihr Pferd auch reif für diese Übung ist, sollten Sie das wechselseitige Stellen der Hinterhand auf einer Geraden üben. Wenn Ihr Pferd mühelos nach rechts und links die Hinterhand stellt, während es vorn geradeaus läuft, ist es soweit (Abb.201).

Gerade bei den Zirkeln offenbart es sich, wenn das Pferd einen Drang in eine bestimmte Richtung hat oder möglicherweise vor einer bestimmten Stelle des Corrals scheut. Beides beeinflußt die Zirkel und macht sie unrund, ungleichmäßig. Drängt es zu einem Ende der Bahn, so versucht es nach dorthin auszufallen, und der Zirkel bekommt auf der Seite einen „Sack". Auf der gegenüberliegenden Seite hat es dann die Tendenz, nach innen abzuschneiden, mit der Schulter nach innen zu fallen (Abb.202).

Wie Sie diesen Unkorrektheiten durch reiterliche Hilfen begegnen, wurde mehrfach angesprochen, wichtiger aber ist, diesen Zug des Pferdes in eine Richtung möglichst abzustellen, d.h. jenem Teil der Reitbahn die Attraktivität zu nehmen, zu dem es immer hindrängen will. Sie tun das, indem Sie dort hauptsächlich die schwierigen, ermüdenden und für das Pferd stressigen Übungsteile durchführen. Und den gegenüberliegenden Teil werten Sie dadurch auf, daß Sie relaxende Übungsteile und Verschnaufpausen dort abhalten, bis hin zum Absatteln nach der Arbeit in dem Bereich.

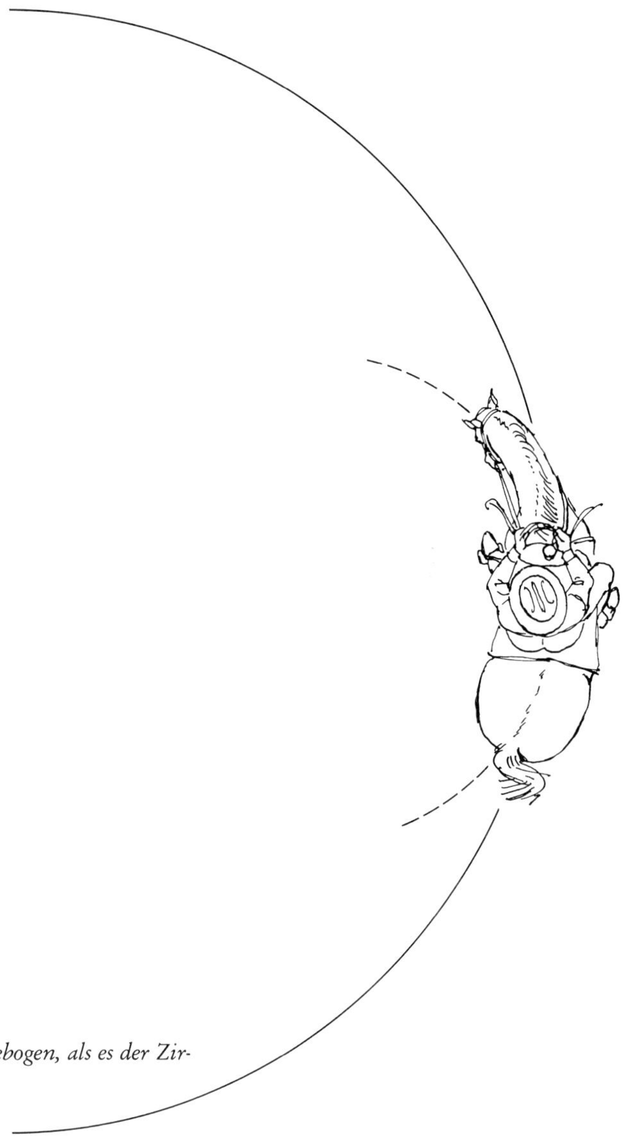

200
Das Pferd ist stärker gebogen, als es der Zirkellinie entspricht

Abgesehen davon, daß es sich eine Stelle, vor der es scheut, zunächst in Ruhe ansehen darf und sich möglichst überzeugen kann, daß dort keine Gefahr lauert, ist es angebracht, auch da Verschnaufpausen, Lob und für das Pferd Angenehmes stattfinden zu lassen.

Mit anderen Worten, anstatt an den Symptomen herumzudoktern, sollten Sie möglichst weitgehend die Ursachen beseitigen. Generell ist es zwar richtig, daß der Gehorsam des Reitpferdes gerade dafür gut ist, es auch gegen seinen Willen zu dirigieren und irgendwohin reiten zu können, wohin zu gehen es keine Lust hat. Wenn ich aber eine Situtation habe, die mich zwingt, ständig korrigierende Hilfen anzuwenden und das Pferd vielleicht dadurch mißmutig zu machen, ist es unklug, dagegen nichts zu unternehmen.

Viele rufen diese Probleme selbst hervor, ohne sich darüber im klaren zu sein, vor allem dadurch, daß gern an einem bestimmten Ende angehalten wird, um sich mit zuschauenden Personen zu unterhalten. Bald drängt das Pferd, sobald sich Leute am Zaun zeigen, dorthin, weil es auf eine Pause hofft, weil sein Reiter ein Schwätzchen halten mag.

Wenn Sie sich mit jemandem während der Arbeit unterhalten wollen oder müssen, tun Sie es von der Bahnmitte aus. Auf jeden Fall bleiben Sie in guter Entfernung vom

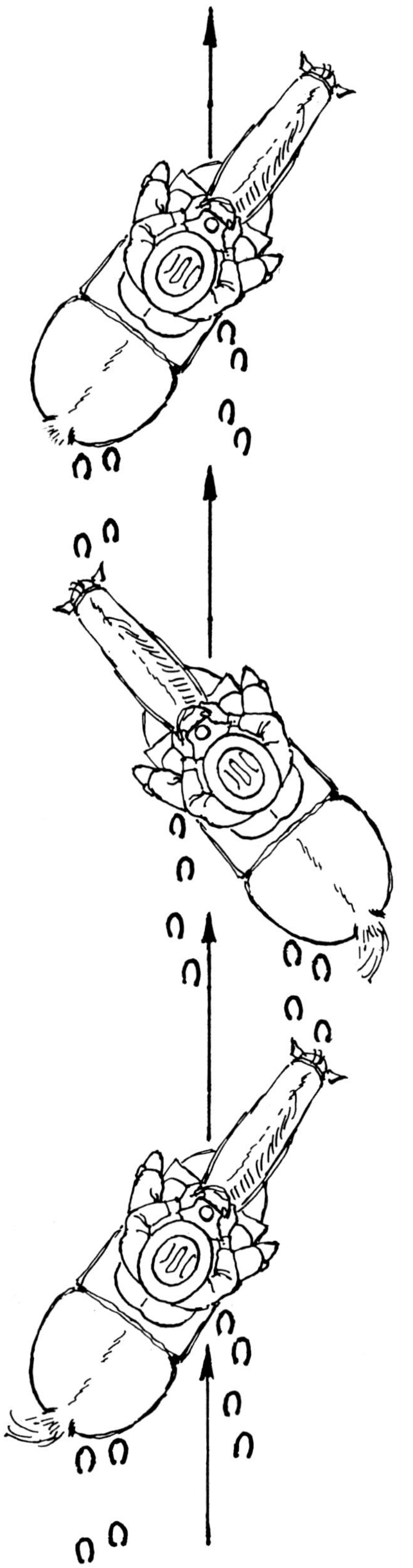

201
Two Tracking-Übung; auf der Geraden wird die Hinterhand beliebig nach links und rechts gestellt

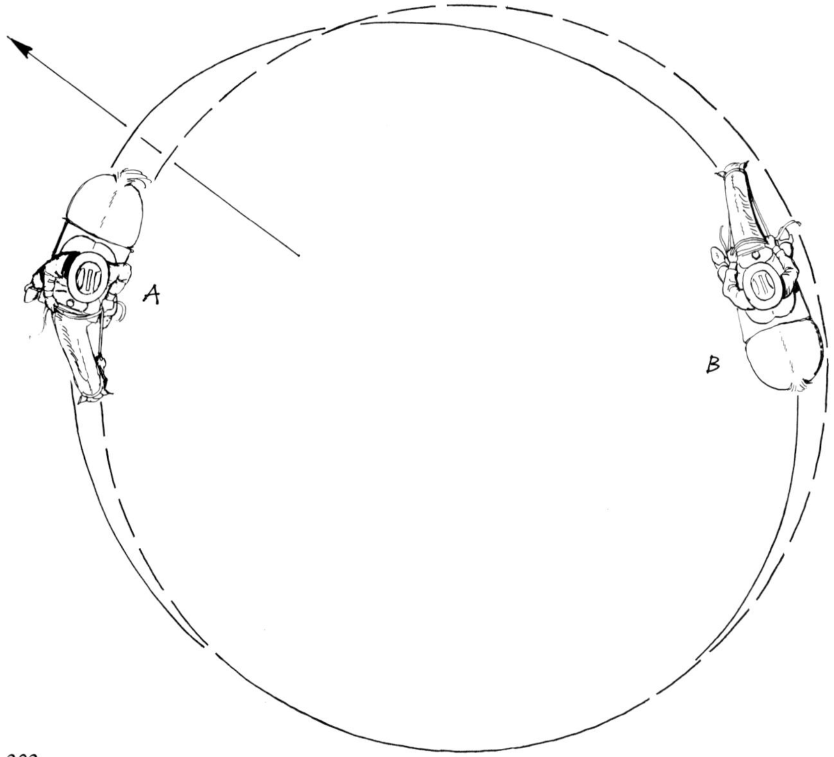

202
Probleme beim Reiten von Zirkeln. Bei diesem Beispiel hat das Pferd die Tendenz, zur Ecke links oben hinzudrängen. Deshalb will es bei A über die äußere Schulter ausfallen, und der Zirkel bekommt an der Stelle einen „Sack". Im Bereich von B will es nach innen abschneiden und auf die innere Schulter fallen. Die gestrichtelte Linie gibt die eigentliche kreisrunde Zirkellinie an. Im Bereich von A muß der äußere Zügel diagonal angewandt werden sowie der äußere Schenkel vor, am oder hinterm Gurt, je nach dem, wo es ausbricht. Im Bereich B muß der innere Zügel in Form der von innen nach außen angewandten diagonalen Einwirkung in Aktion treten, ggf. vom inneren Schenkel am oder vor dem Gurt unterstützt

Zaun, auch wenn Sie so etwas lauter sprechen müssen.

Besonderen Wert müssen Sie auf eine ruhige Ausführung der Galoppzirkel legen, darauf, daß das Pferd ruhig und gleichmäßig durchläuft. Sie werden feststellen, daß es eine Neigung entwickelt, zu beschleunigen, hastig oder gar aufgeregt zu werden, wenn Sie den Zirkel verlassen und auf die Gerade gehen, nämlich dann, wenn Sie begonnen haben, Galoppwechsel und Stops zwischendurch zu reiten. Da es vor den Stops beschleunigen muß, meint es bald, es müsse schneller werden, sobald Sie es auf die Gerade schicken. Um das möglichst im Keim zu ersticken oder zu korrigieren, reiten Sie enge Galoppzirkel, sobald es auf der Geraden schneller wird, ohne daß Sie das verlangt haben (Abb. 195). Eine andere Übung stellen die D-förmigen Zirkel dar, die eine Gerade beinhalten. Durch Reiten von vielen D-Zirkeln (Abb. 203) kann ein Antizipieren eines Run Downs unterdrückt werden, ebenso durch diagonale Geraden im „Zirkel" (Abb.204).

Dem Antizipieren eines fliegenden Galoppwechsels können Sie begegnen, indem Sie es häufig in der Bahnmitte, wo ja meistens

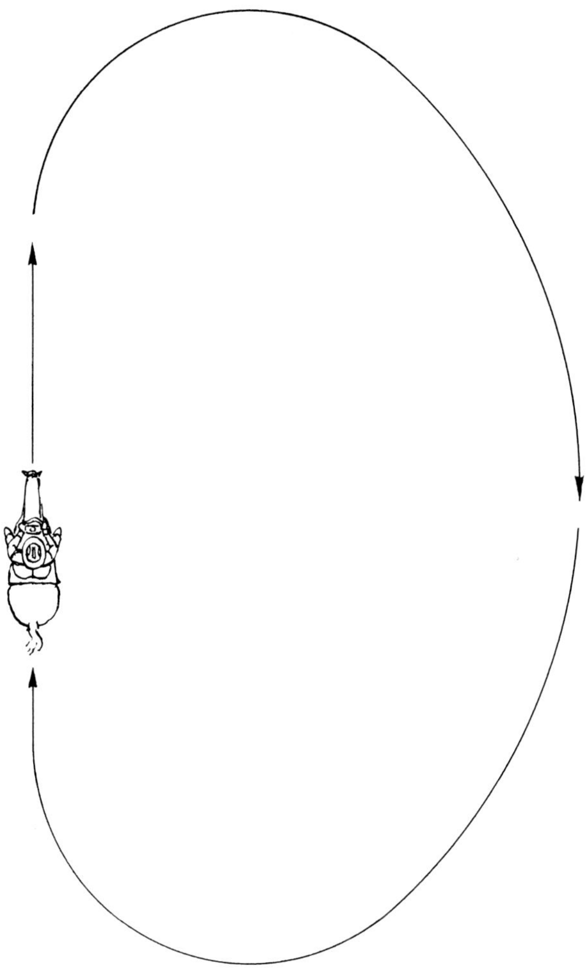

203
D-förmige Zirkel helfen, das Pferd auf der Geraden ruhig zu halten

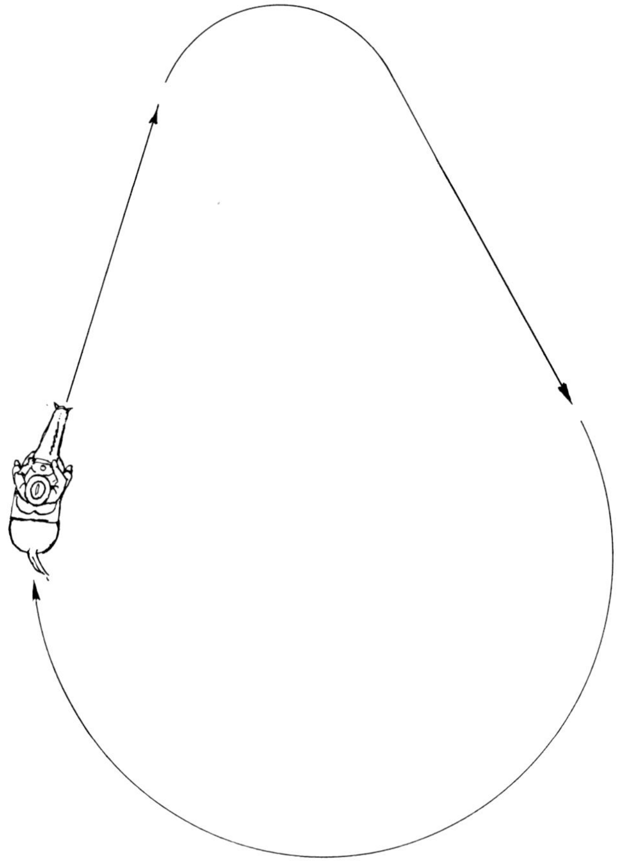

204
Auch diagonale Geraden können zu demselben Zweck eingebaut werden

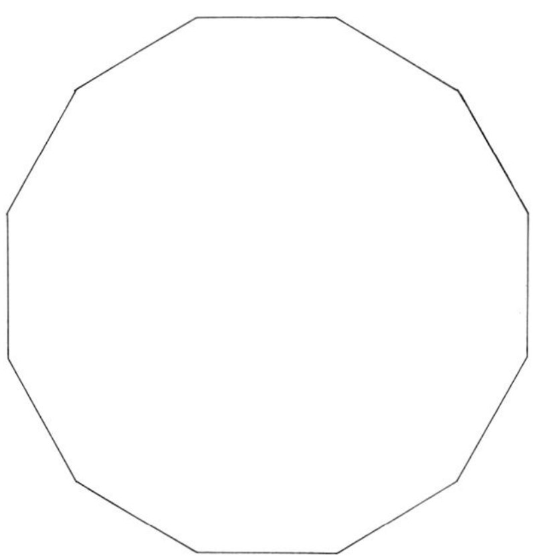

204 a
Übungs-„Zirkel", der sich aus vielen Geraden zusammensetzt

ein Wechsel gemacht wird, aus dem Galopp anhalten und es dort stehen und verschnaufen lassen. Kann Ihr Pferd den fliegenden Wechsel, regt sich aber gern dabei auf, machen Sie einen schnellen Galoppzirkel, lassen es fliegend wechseln und reiten den anschließenden Zirkel betont ruhig und langsam. Oder Sie halten es kurz nach dem Wechsel an und lassen es pausieren.

Außerdem läßt sich das Antizipieren des fliegenden Wechsels korrigieren durch Zirkel im Außen- oder Kontergalopp. Dabei wechseln Sie zwar die Richtung in der Bahnmitte und gehen auf einen Zirkel auf der anderen Hand, Sie behalten Ihren verwahrenden äußeren Schenkel aber dort, wo Sie ihn im Zirkel davor hatten, hindern es also am Galoppwechsel, und reiten den neuen Zirkel komplett im Außengalopp. So lehren Sie es, auf Ihre Hilfen zu achten und zu warten und nicht selbständig irgendetwas auszuführen. Mit einem *Natural,* einem Galoppwechsel-Naturtalent sollte man das allerdings nicht tun. Bei einem solchen Pferd hat man das auch nicht nötig.

Viele Trainer reiten beim Üben der Zirkel keine kreisrunden Zirkel, sondern kurze Geraden, nach denen das Pferd immer wieder nach innen versetzt wird. Der Zirkel setzt sich so aus vielen kurzen Geraden zusammen und ist nicht kreisrund, sondern in Wirklichkeit ein Achteck oder Zehneck (Abb. 202 a).

FLYING LEAD CHANGES

Für den *Flying Lead Change,* den fliegenden Galoppwechsel, gilt im besonderen, daß sich die Top Trainer in Amerika auf *Naturals* verlassen, auf Pferde, die hochtalentiert sind und von Natur aus bei einer Richtungsänderung im Galopp fliegend wechseln. Bei diesen Pferden muß der fliegende Wechsel also nicht dressurmäßig erarbeitet werden, sondern das Pferd bietet ihn an, sobald es gelernt hat, das Reitergewicht auszubalancieren und sich im Galopp gut führen läßt. Ein solches Pferd wird ein wenig gefördert, bekommt ein wenig Bestätigung und Routine und wechselt im übrigen „naturbelassen".

Die meisten Normal-Sterblichen haben nicht das Glück, ein solches Talent reiten und ausbilden zu können. Wir müssen das Pferd durch dressurmäßige Ausbildung an den fliegenden Wechsel heranbringen.

Die fliegenden Galoppwechsel werden in jeder Reining Pattern verlangt. Sie sollen möglichst so *smooth,* so mühelos und glatt ausgeführt werden, daß ein Beobachter sich schon konzentrieren muß, um den genauen Zeitpunkt des Wechsels mitzubekommen.

Wenn Sie die Flying Lead Changes trainieren wollen, müssen folgende Voraussetzungen gegeben sein:

205
Die Schwebephase, während der die Hilfe für den Galoppwechsel kommen muß

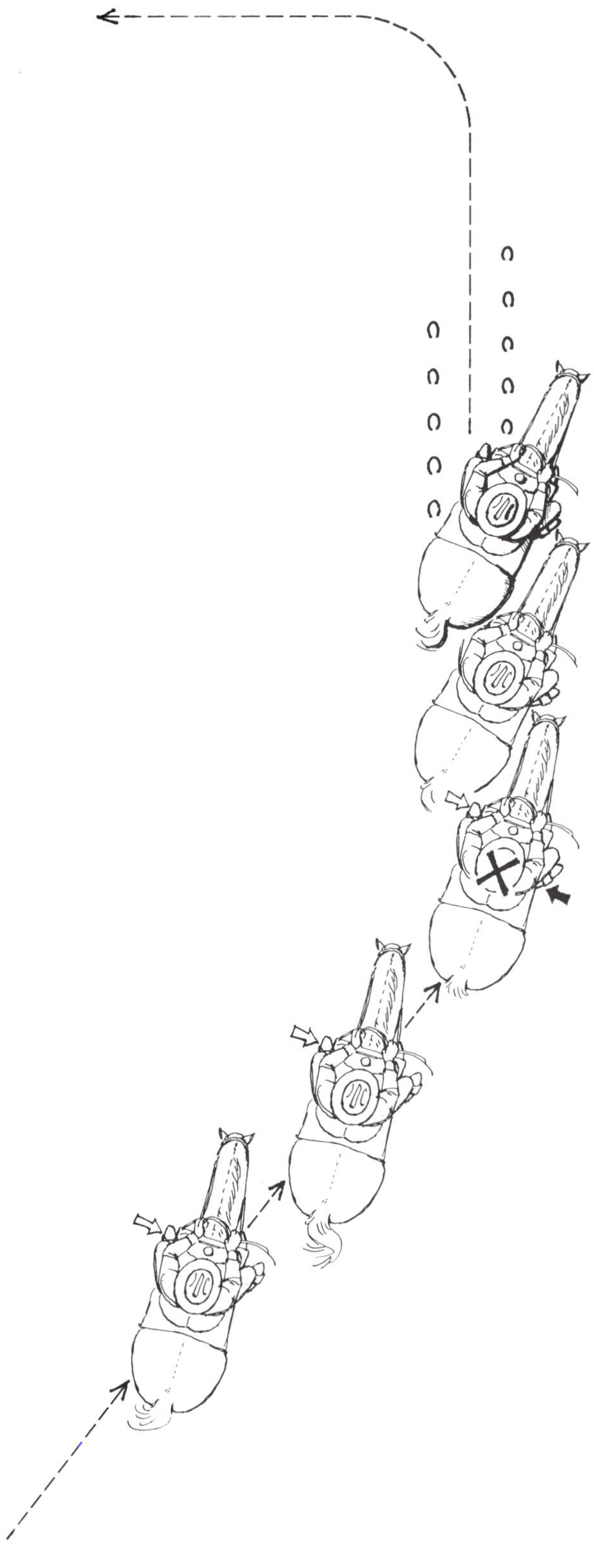

206
Leg Yield im Galopp; bei X wird der äußere (hier der rechte) Schenkel hinterm Gurt angelegt, der linke bleibt vorn anliegen, um die Schulter aufgerichtet zu halten — das Pferd sollte bei X umspringen in den Linksgalopp

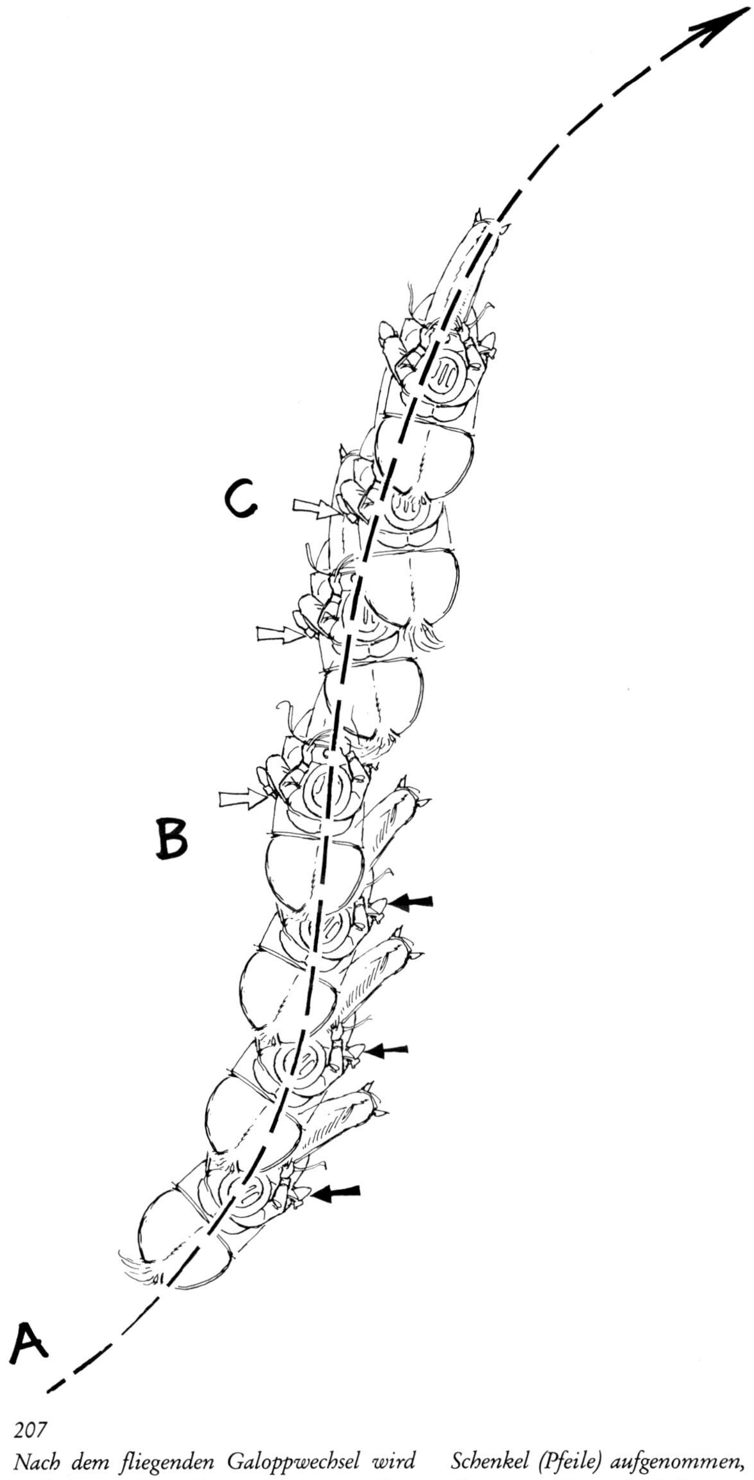

207
Nach dem fliegenden Galoppwechsel wird nicht abrupt die Richtung geändert, sondern erst noch einige Sprünge geradeaus geritten. Von A bis B wird das Pferd vermehrt mit äußerem Zügel (hier der rechte) und äußerem Schenkel (Pfeile) aufgenommen, bei B setzt der neue äußere Schenkel hinterm Gurt ein (helle Pfeile) und bleibt kurze Zeit anliegen (bis C), dann wird allmählich auf den neuen Zirkel eingeschwenkt

- Sie müssen in der Lage sein, Ihr Pferd jederzeit im gewünschten Galopp anspringen zu lassen; — Sie müssen sofort fühlen, wenn es falsch angesprungen ist, wenn es also z.B. im Rechtsgalopp angesprungen ist, obwohl Sie Linksgalopp verlangt hatten;
- Sie müssen fühlen können, wann Ihr Pferd im Galopp in der Schwebephase ist, bzw. im Begriff ist, in die Schwebephase zu kommen (Abb. 198);
- Sie müssen sofort fühlen, wenn Ihr Pferd Kreuzgalopp geht, also z.B. vorne Links- und hinten Rechtsgalopp;
- Ihr Pferd muß einwandfreie Galoppzirkel laufen, ohne sich aufs Gebiß zu legen und ohne sich dabei „aufzuheizen“;
- Sie sollten in der Lage sein, es auch im Galopp auf zwei Hufschlägen gehen zu lassen;
- Sie müssen jederzeit den Galoppzirkel verkleinern können, dabei das Pferd insgesamt zwischen den Zügeln haltend, also nicht nur die Vorhand, sondern auch die Hinterhand nach innen nehmend;
- Sie müssen das Galopptempo stufenlos regeln können, beim Aufnehmen und Versammeln im Galopp darf kein Wehren des Pferdes vorhanden sein.

Wenn Sie nur bei einem dieser Punkte ein Fragezeichen machen müssen, sollten Sie mit dem Training der fliegenden Wechsel noch warten.

Grundsätzlich fällt dem Pferd der fliegende Wechsel um so schwerer, je langsamer es galoppiert. Verlangen Sie also nicht gleich Wechsel aus langsamem, versammeltem Galopp, sondern lassen Sie es ein zügiges Tempo gehen, ohne daß es dabei heftig wird.

Im Kapitel Schooling haben wir von einer „Grundsteinlegung“ für den fliegenden Wechsel gesprochen, und zwar beim Leg Yield. Wir lassen das Pferd nun im Galopp diagonal durch die Länge der Bahn dem vorn am Gurt drückenden Schenkel weichen (der Zügel auf derselben Seite tritt bei Bedarf auch in Aktion, im Sinne der diagonalen Kontrolle). Am Punkt X legen Sie den anderen Schenkel hinterm Gurt an, be-

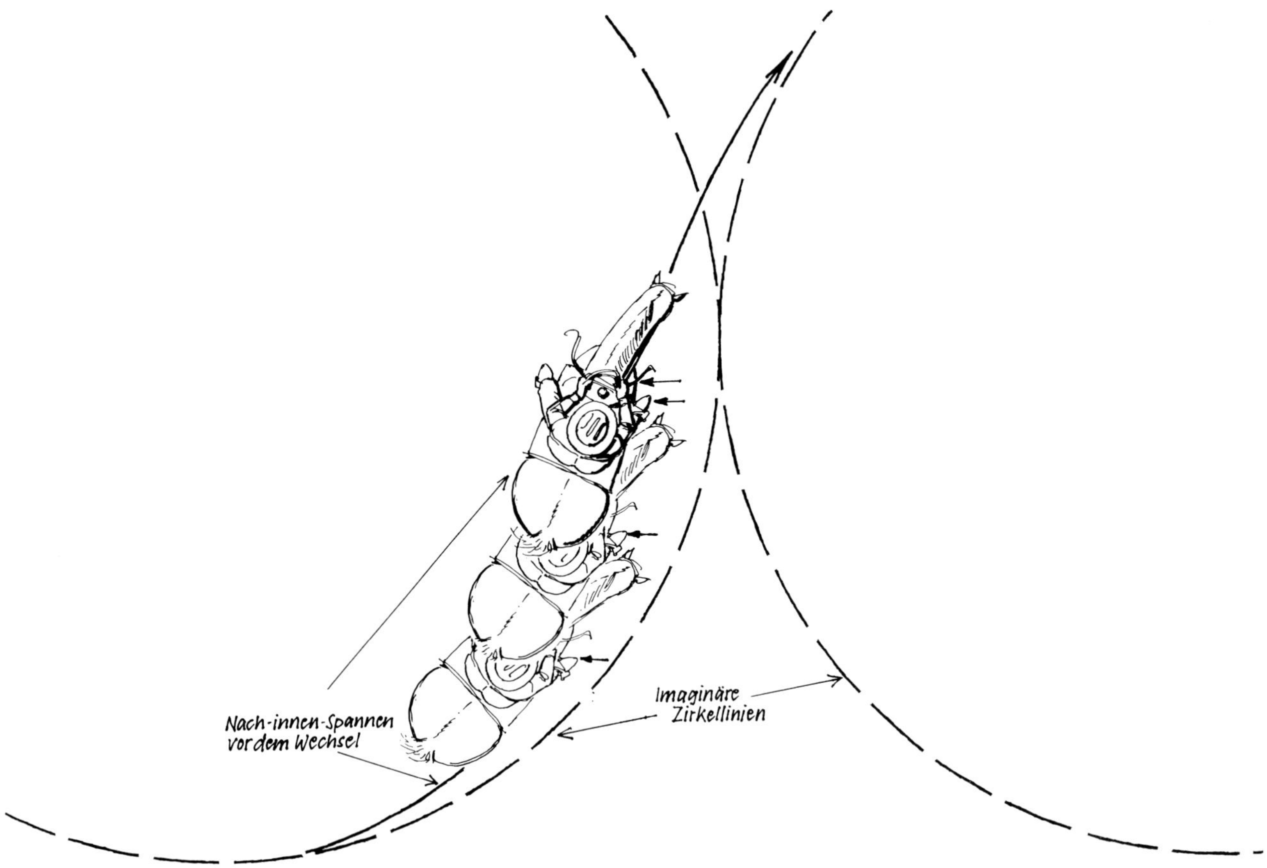

208
Durch Leg Yield und äußeren Zügel wird das Pferd vor dem Galoppwechsel vermehrt nach innen gebracht, gewissermaßen gespannt, was hier übertrieben dargestellt ist

lassen aber den Schenkel vorn am Gurt, um damit die Schulter aufgerichtet zu halten. Auch nehmen Sie den Zügel auf der Seite höher, ebenfalls, um die Schulter anzuheben (Abb. 206).

Das Ganze noch einmal an einem Beispiel: Sie galoppieren im Leg Yield diagonal von links nach rechts. Der linke Schenkel drückt vorn. Wenn Sie sich X nähern, gehen Sie mit der linken Zügelhand schon höher. Bei X legen Sie den rechten Schenkel hinterm Gurt an, lassen den linken aber vorn weiterhin anliegen, die linke Zügelhand oben. Das Pferd sollte nun in den Linksgalopp umspringen, wenn Sie alles richtig gemacht haben. Vom Links- in den Rechtsgalopp machen Sie natürlich alles genau entgegengesetzt.

Wenn es nicht klappt, können die Ursachen darin liegen, daß Ihr Pferd Ihren Schenkelhilfen gegenüber noch nicht gehorsam genug ist; es kann auch sein, daß Sie es nicht genug unter Spannung gehalten haben während des Leg Yields und des Umspringens, also mit zu langen Zügeln geritten sind und es nicht gegen das Gebiß geritten haben; es kann auch sein, daß Sie bis zum Punkt X alles korrekt ausgeführt, dann aber dem Pferd erlaubt haben, sich im letzten Moment anders zu stellen und sich Ihren Hilfen zu entziehen.

Reiten Sie nicht sofort in eine neue Richtung nach dem Wechsel, sondern versuchen Sie, möglichst einige Sprünge mehr oder weniger geradeaus zu galoppieren, bevor Sie eine scharfe Richtungsänderung vollziehen (Abb. 207, 214). Der deutliche Richtungswechsel nach dem Umspringen verführt das Pferd dazu, sich in die neue Richtung zu werfen, was immer mit einem Fallenlassen der (neuen) inneren Schulter einhergeht, was wiederum die Tendenz hat, das Pferd vorn, aber nicht hinten umspringen zu lassen; es geht dann Kreuzgalopp.

Auch die Figure Eight im Trab, wenn Sie sie fleißig geritten haben, stellt eine gute Voraussetzung für den Flying Change dar. Durch sie hat sich die Figur gut im Kopf des Pferdes festgesetzt und die damit im Zusammenhang stehende jeweilige Einwärtsstellung der Hinterhand bzw. der Schwenk derselben zur anderen Seite in der Mitte der Bahn.

Es ist gut möglich, daß Ihr Pferd ohne weiteres den Galopp fliegend wechselt, wenn Sie die Trab-Achten und die Galoppzirkel ausreichend geübt haben und nun in der Bahnmitte aus dem Galopp heraus den Schenkeldruck wechseln und dadurch die Stellung der Hinterhand, bevor Sie auf die andere Hand gehen.

Das läuft so ab: angenommen, Sie galoppieren auf der linken Hand. Ihr äußerer Schenkel, also der rechte, liegt am Pferd. Mit äußerem Zügel und äußerem Schenkel bringen Sie, bevor Sie die Bahnmitte er-

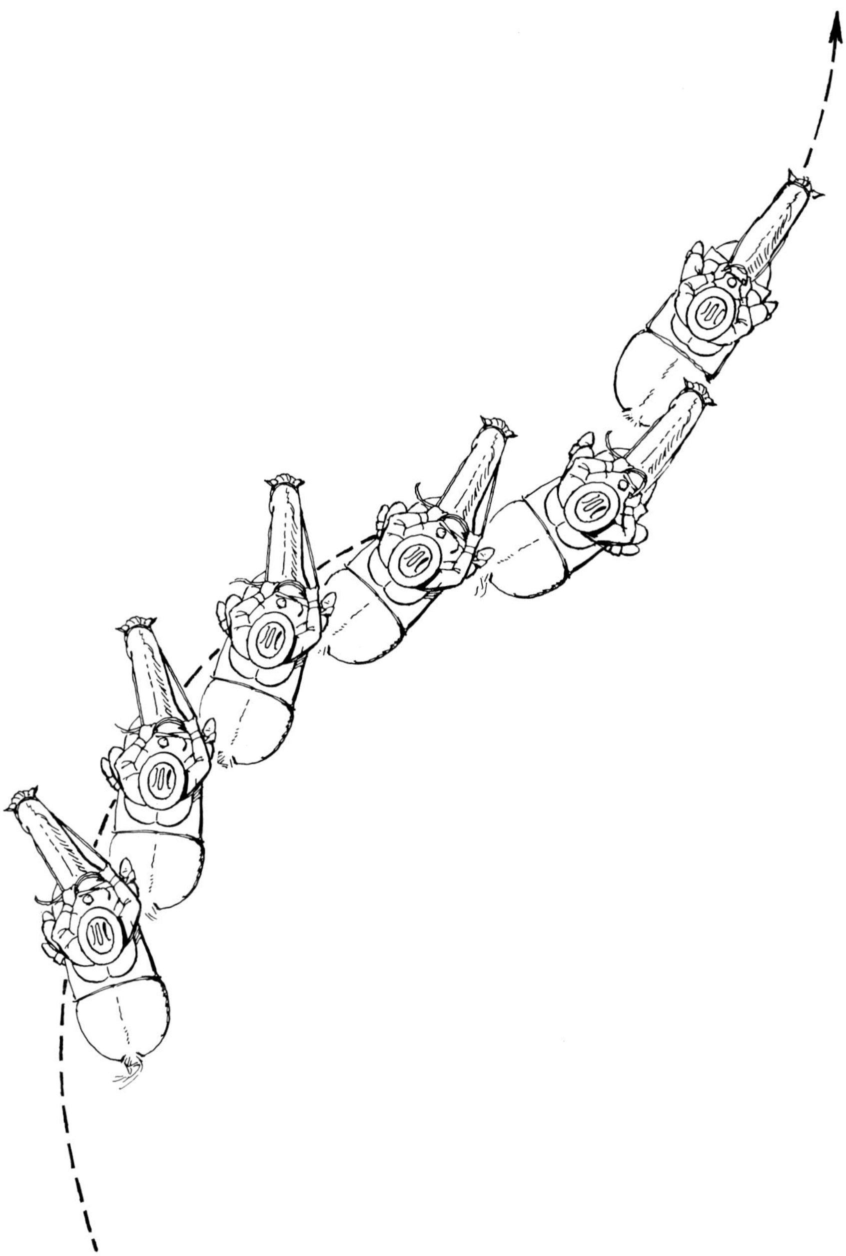

209
Galoppzirkel im Reverse Arc (mit Außenstellung) vor dem fliegenden Wechsel. Die äußere Zügelhand geht aufwärts und in Richtung gegenüberliegender Schulter; sie bleibt auch während und bis kurz nach dem Wechsel in dieser Position

reichen, das Pferd etwas nach innen, ähnlich, wie Sie es auch im Trab gemacht haben (Abb. 208).

Bevor Sie den Schenkel, der anliegt, wechseln, halten Sie gute Anlehnung mit den Zügeln und lassen es ein, zwei Sprünge geradeaus galoppieren aber immer noch mit nach links = einwärtsgestellter Hinterhand.

Dann wechseln Sie den Schenkel, stellen also den rechten ab und legen den linken an, während Sie das Pferd weiterhin per Zügel und Gegensitzen checken. Nun sollte es umspringen, und dann erst ändern Sie die Richtung, d.h. gehen auf die rechte Hand (Abb. 207).

Die Hilfe zum Umspringen, das Anlegen des (neuen) äußeren Schenkels, muß genau in der Schwebephase kommen, also in dem Moment, wo die Vorhand im Begriff ist, vom Boden abzuheben.

Wenn es nicht klappt, haben Sie irgendetwas falsch gemacht. Entweder, Ihr Pferd steht noch nicht ausreichend gut an den Schenkelhilfen, oder Sie haben es vielleicht vorn nicht genug festgehalten. Vor allem sitzen Sie möglichst gerade dabei, versuchen Sie nicht, durch Bewegungen Ihres Oberkörpers das Pferd in die neue Richtung und den anderen Galopp zu werfen.

Sie müssen sich das so vorstellen: dadurch, daß es sich im Galopp befindet, hat das Pferd einen erheblichen Vorwärtsschwung oder -schub. Wenn Sie den vorn nicht hinauslassen, staut sich die Masse des Pferdes vor dem Gebiß, und die Hinterhand hat das Bestreben, rechts oder links auszubrechen. Das ist nicht viel anders als bei einem Auto — wenn die Vorderräder bremsen, kommt das Heck ins Schleudern und will rechts oder links an den Vorderrädern vorbei. Durch den neuen äußeren Schenkel (in unserem Beispiel, wo wir vom Links- in den Rechtsgalopp wechseln, also der linke) wird nun ein Ausbrechen des „Hecks" des Pferdes nach rechts provoziert. Das Heck, sprich Hinterhand, hat die Tendenz zum Ausbrechen, und der linke Schenkel gibt die Entscheidungshilfe, daß dies nach rechts geschieht. In dem Moment, wo die Hinterhand nach rechts springt, haben wir das Pferd im Rechtsgalopp.

Es ist darum bei schlecht wechselnden Pferden eine Möglichkeit der Hilfestellung, sie bis unmittelbar vor dem Galoppwechsel zu beschleunigen, um dann den Wechsel selbst mit einer halben Parade einzuleiten, bei gleichzeitigem Anlegen des neuen äußeren Schenkels.

Das kann aber nur für eine Übergangszeit so praktiziert werden, denn das fertige Reining-Pferd soll absolut gleichmäßig

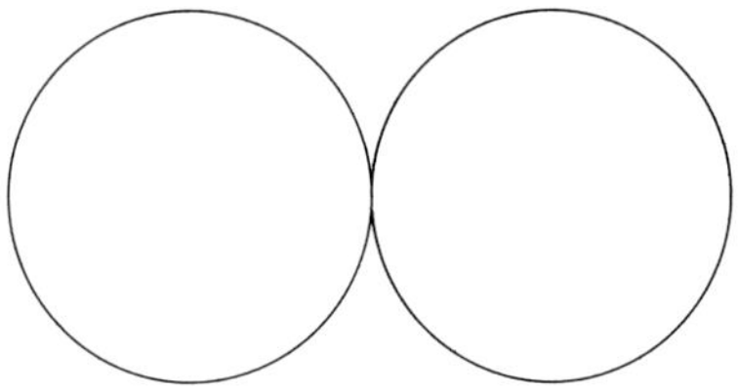

210
So sollte die Figure Eight idealerweise aussehen

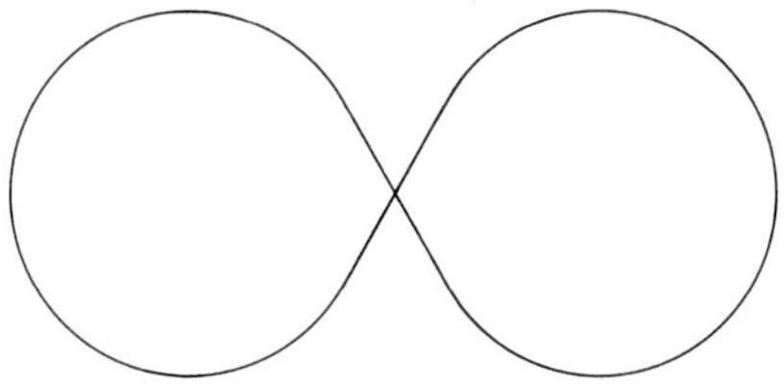

211
Viele Reiter reiten sie in dieser Form, sie haben zwischen den beiden Zirkeln kurze Geraden, die sich überkreuzen

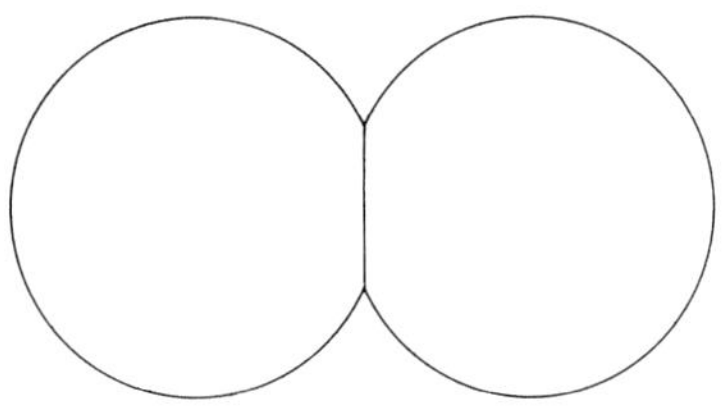

212
So kann am elegantesten ein kurzes gerades Stück zwischen den Zirkeln eingebaut werden (das hier übertrieben dargestellt ist). Um einen fliegenden Galoppwechsel in hoher Geschwindigkeit korrekt ausführen zu können, muß ein Pferd gerade sein

durchlaufen und weder verlangsamen, noch zulegen vor, beim oder nach dem Wechsel.

Auch das Steigern der Geschwindigkeit während des Wechsels wird von manchen Trainern praktiziert, weil es dem Pferd eben bei höherer Geschwindigkeit leichter fällt und natürlicher ist, zu wechseln. Das birgt aber vor allem die Gefahr in sich, daß das Pferd beim Galoppwechsel außer Kontrolle gerät oder zumindest „zu heiß" wird. Wenn es den Galoppwechsel dann auch noch antizipiert, wird es jedesmal hektisch, wenn es in Richtung Bahnmitte galoppiert.

Eine andere Übung für Pferde, die sich mit dem *Lead Change* schwer tun, läuft folgendermaßen ab: Sie galoppieren mehrere Zirkel mit deutlicher Außenstellung (Reverse Arc). Sie stellen es also mit dem äußeren Zügel im Hals nach außen, und mit dem äußeren Schenkel drücken Sie die Hinterhand nach innen (Abb. 209). Nach einigen Runden, wenn es gleichmäßig durchläuft, auch in der Bahnmitte, wechseln Sie in der Bahnmitte die Hilfen, gebrauchen also den Schenkel der anderen Seite. Daraufhin springen die meisten Pferde korrekt um, noch bevor Sie dazu kommen, den neuen äußeren Schenkel wirklich anzulegen.

Einen ähnlichen Effekt haben Sie, wenn Sie im Galopp vorwärts-seitwärts diagonal durch die Bahn reiten (Two Tracking). Bevor Sie die Ecke erreichen, lassen Sie den äußeren Schenkel weg und legen den anderen Schenkel an (den neuen äußeren), weil das Entfallen der bis dahin angewandten Schenkelhilfe wie ein "Loch" wirkt, in das das Pferd hineinspringt. Oder man könnte es auch mit einer Feder vergleichen, die durch äußeren Zügel und äußeren Schenkel während des Two Trackings gespannt gehalten wurde und dann losgelassen wird, was ausreicht, um die Feder (das Pferd) dann in die andere Richtung schnellen zu lassen. Und das bringt dann wie selbstverständlich den Galoppwechsel mit sich.

Diesen zuletzt beschriebenen Effekt haben Sie im Prinzip auch, nur verfeinert, wenn Ihr Pferd später den fliegenden Wechsel beherrscht und ihn auf minimale Hilfen hin ausführt. Sie „spannen" es dann im letzten Viertel des Zirkels vor dem Wechselpunkt durch leichtes Anlegen des äußeren Schenkels und Zügels, und den Wechsel macht es dann auf das Wegfallen der Hilfen hin. Das Spannen der Feder (Hinterhand) und das Loslassen bewirken so den fliegenden Wechsel.

Der Vorteil einer so reduzierten Hilfengebung ist der, daß der Wechsel dann weicher, harmonischer, unmerklicher vonstatten geht, denn durch das aktive Anlegen des neuen äußeren Schenkels tendiert das Pferd zu einem mehr ruckartigen Herumwerfen der Hinterhand und unter Umständen auch zum Schweifschlagen. Wie bei allem

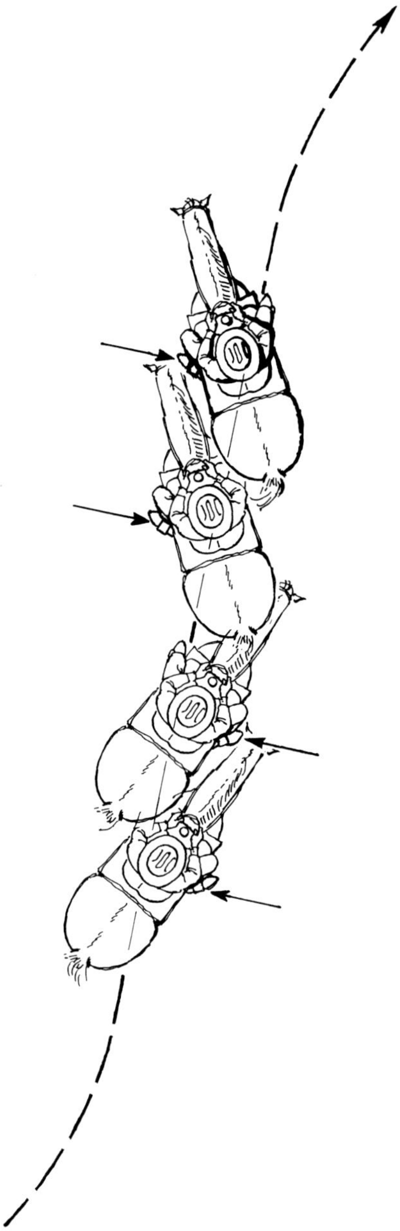

213
Noch einmal der Galoppwechsel auf der kurzen Geraden zwischen den beiden Zirkeln

Reiten und aller Hilfengebung, so gilt auch hier: mit je weniger Sie auskommen, desto besser.

Um es noch einmal zu wiederholen: die Hilfe für den Wechsel muß immer in der Schwebephase gegeben werden.

Tun Sie eins nicht, wenn Ihr Pferd nicht umspringt, bohren Sie nicht, immer deutlicher werdend, den neuen äußeren Sporn in seine Seite, um es zum Umspringen zu zwingen. Das ist die sicherste Methode, ihm den Flying Change zu verleiden und ihm das Schweifschlagen anzugewöhnen. Wenn's nicht geklappt hat, parieren Sie durch und fangen von vorn an. Will es gar nicht klappen, fehlt es an der Basisausbildung. Dann müssen Sie noch weiter die vorbereitenden Übungen exerzieren. Oder Sie lassen sich von einem Experten helfen und korrigieren.

Versuchen Sie auch nicht, das Pferd durch eine abrupte Richtungsänderung in den neuen Galopp zu werfen. Das bringt Sie nicht weiter, Sie gewöhnen ihm dabei nur lästige Fehler an, wie das Fallenlassen der (neuen) inneren Schulter.

Sie wollen dahin kommen, daß zwischen Ihren beiden Zirkeln, aus denen sich die Figure Eight, die Sie reiten, zusammensetzt, ein Stück von ein paar Galoppsprüngen ist, das eine gerade Linie bildet (Abb. 211, 212, 213). Auf dieser Geraden findet der Wechsel statt, und das bedeutet, daß Sie nach dem Wechsel noch einen oder zwei Galoppsprünge geradeaus reiten und dann allmählich auf den neuen Zirkel einbiegen.

Hat Ihr Pferd die Tendenz, sich beim Wechsel auf die neue innere Schulter fallen zu lassen, geben Sie auf der Seite vorn mehr Schenkeldruck, oder Sie geben eine Zügelhilfe auf der Seite deutlich nach aufwärts, oder Sie wenden beides an. Und zwar fangen Sie schon etwa einen Viertelzirkel vor dem Wechsel damit an.

Ein Pferd ist so gebaut, daß es, wenn ihm die Freiheit dazu gelassen wird, wie eine Flügelschraube funktioniert - geht die Schulter (Vorhand) nach links, geht die Hüfte (Hinterhand) nach rechts, und umgekehrt. Deshalb springen Pferde meistens hinten nicht mit um, wenn sie sich mit der Schulter in den neuen Zirkel fallen lassen, weil ihre Hinterhand automatisch in die entgegengesetzte Richtung geht.

Weiter vorn in diesem Buch wurde schon erwähnt, daß es eine Hilfe sein kann, sich während des Wechsels in den neuen äußeren Bügel zu stellen, weil Sie dadurch die neue innere Schulter frei machen. Viele Reining Trainer bilden ihre Pferde so aus, daß sie auf diese Gewichtsverlagerung in den Bügeln hin wechseln. Sie haben grundsätzlich im äußeren Bügel das meiste Gewicht, und wenn sie ihr Gewicht in den anderen Bügel verlagern, wird der zum neuen äußeren, und das Pferd springt um. Es wurde aber auch erwähnt, daß diese in der Regel *Naturals* reiten, denen der fliegende Wechsel (neben anderen Dingen) mit in die Wiege gelegt wurde. Solch talentierte Pferde, die natürlich wechseln, brauchen nur mit Gewichtshilfen geritten werden.

Auf einem Linkszirkel z.B. wird die linke Hüfte leicht vorgeschoben; ein Umsitzen, ein Vorschieben der Hüfte nach rechts und in den linken Bügel Treten auf der Geraden zwischen den beiden Zirkeln, ist dann alles, was nötig ist, um das Pferd zum Umspringen zu bewegen.

Dem Antizipieren des Galoppwechsels können Sie begegnen, indem Sie einmal viele Zirkel auf ein und derselben Hand reiten und erst dann wechseln, wenn es auch beim Erreichen der Bahnmitte ruhig und gleichmäßig durchläuft. Wenn es den fliegenden Wechsel schon einigermaßen begriffen hat, sollten Sie ihn auch gar nicht mehr oft in der Bahnmitte fordern, sondern z.B. an irgendeiner Stelle einer geraden Linie, die Sie durch die Mitte der Bahnlänge reiten oder diagonal durch die Bahn reiten. Lassen Sie sich aber immer genug Platz, um nach dem Wechsel noch einige Sprünge geradeaus reiten zu können. Vermeiden Sie abrupte Richtungsänderungen unmittelbar nach dem Wechseln.

Eine weitere Möglichkeit, das Antizipieren des Galoppwechsels zu unterdrücken, ist das Reiten eines oder mehrerer Zirkel im Konter- oder Außengalopp. Wenn Sie z. B. einen Zirkel auf der rechten Hand reiten, behalten Sie den linken Schenkel am Pferd, auch wenn Sie in der Bahnmitte auf einen Linkszirkel gehen, und halten es so im Rechtsgalopp auf dem Linkszirkel. Nach einem halben, einem ganzen oder mehreren Linkszirkeln im Rechtsgalopp lassen Sie es wieder auf die rechte Hand und dort im korrekten Galopp gehen. Das Ganze machen Sie natürlich auch in entgegengesetzter Form. Viele sagen, es sei widernatürlich, ein Pferd im Außengalopp gehen zu lassen. Pferde, die steif und einseitig sind, machen sich darüber keine Gedanken und laufen u.U. mehr im Außengalopp, als einem lieb ist. Jedenfalls kann Ihr Pferd so lernen, auf Sie zu achten und auf Ihr Signal hin umzuspringen!

DER SPIN ODER TURN-AROUND

Im Spin will ich in meinen Pferden nicht zu viel Biegung haben. Ich will sie flach haben und ausgreifend. Obwohl ich sehr wohl an der Elastizität und Biegsamkeit arbeite, tue ich das mehr der Weichmäuligkeit wegen, als daß ich sie in der Längsachse gebogen reite.

Tim McQuay, Reining Horse Trainer und NRHA Champion

Wofür soll das gut sein? fragt nicht selten jemand, der zum ersten Mal ein Pferd sieht, das gute Spins ausführt. Ein Stop spricht für sich selbst, und es leuchtet jedem sofort ein, daß es vorteilhaft ist beim Reiten, wenn man so ein Tier anhalten kann. Und wenn ein Pferd aus vollem Galopp die Hacken in den Dreck steckt und stoppt, als hinge sein Leben davon ab, so ist das den meisten auf Anhieb sympathisch, spukt doch ganz weit hinten im Hinterkopf vieler Reiter die unbestimmte Sorge vor dem Durchgehen.

Manchmal wird ein Spin, manchmal werden auch drei oder vier nach jeder Seite in einer Reining-Prüfung verlangt. Schauen Sie jemandem beim Training zu, sehen Sie vielleicht sechs oder zehn hintereinander. Also — wofür soll das gut sein? Besonders Anhänger des bei uns etablierten Dressureitens stellen diese Frage.

Wie der Sliding Stop zum Selbstzweck und zu einem Manöver hochstilisiert wurde, das in der Form keinen praktischen Nährwert hat, so verhält es sich auch beim Spin. Beides entstammt der Arbeitsreiterei der Vaqueros und Cowboys, wo ein harter Stop in Sekundenbruchteilen oft erforderlich war und ein Pferd ebenso unverzüglich und schnell auch wenden können mußte. Wo immer etwas zum sportlichen Wettkampf wird, erfährt es eine Spezialisierung und Entwicklung über den eigentlichen Zweck hinaus.

Autorennen z. B. werden ja auch nicht deshalb in Frage gestellt, weil die Autofahrer-Realität anders aussieht, mit Gegenverkehr, Geschwindigkeitsbegrenzungen, Vorfahrtachten, Überholverboten etc. Wofür ist Stabhochsprung gut? Oder gar Skispringen? Oder — wenn wir uns wieder dem Reitsport zuwenden —: warum schüttelt man nicht bei den Galopp-Pirouetten den Kopf? Wo werden Galoppwechsel bei jedem Sprung praktisch gebraucht?

Letztlich geht es doch im Sport um eine Demonstration des Gehorsams des Pferdes, seiner athletischen Fähigkeiten und in welchem Maße es mit letzteren ganz seinem Reiter verfügbar ist (was wir im Westernreiten mit *Handle* bezeichnen). Das dabei Übungselemente entstanden sind, die über das hinaus gehen, was eine Gebrauchsreiterei erfordert, ist ganz natürlich. Und wenn z.B. die Redakteurin einer großen deutschen Pferdezeitschrift (die sich natürlich dem hierzulande traditionellen Reitsport widmet) die Darbietungen eines Reining-Pferdes so kommentiert, daß es „mal hektisch hin und her galoppierte, sich mal wie ein Kreisel drehte und mal abrupt die Beine in den Boden bohrte", so spricht daraus nur Ignoranz und Arroganz. Das hat man ja öfter, daß jemand versucht, etwas, das ihm zu hoch ist, zu verunglimpfen oder ins Lächerliche zu ziehen.

Es gibt Situtationen, in denen bei der Rancharbeit so etwas wie ein Spin vorkommt. Z.B. beim Aussortieren oder Fangen von Vieh in einem Round Corral muß sich ein Pferd häufig einmal oder mehrmals auf der Stelle drehen. Nicht aber beim Treiben von Herden, wie man dies oft in Westernfilmen zu sehen bekommt —, es ist ein ungeschriebenes Gesetz bei der Rinderarbeit, daß man der Herde nie den Rücken zukehrt.

Ausgangspunkt für den Spin war der Roll Back, also eine 180-Grad-Wendung auf der Hinterhand. In erster Linie durch den Einfluß aus dem Osten hat sich aber der Bewegungsablauf des Spins verändert. Der klassische Roll Back wird gesprungen; das Pferd wirft sich dabei auf der Hinterhand herum und fußt erst nach Vollendung der Drehung mit der Vorhand wieder auf. Darum war der Spin ursprünglich eine Aneinanderreihung von Roll Backs, und das bedingte eine Auf-und Abwärtsbewegung der Vorhand des Pferdes wie bei einer Galopp-Pirouette.

Die Reining Horse-Spezialisten im Osten der USA, dem sogenannten Mittelwesten, hatten diesen Background der Rinderarbeit nicht. Sie entwickelten den flachen, gelaufenen Spin, der von manchen so definiert wird, daß das Pferd mit der Vorhand um die Hinterhand herum trabe. Der Roll Back blieb dabei allerdings auf der Strekke —, man sieht selten einen Reiner, der einen korrekten Roll Back ausführt.

Spins sind eine Serie von 360-Grad-Drehungen, die über einem stationären (inneren) Hinterbein ausgeführt werden. Das äußere Hinterbein und die Vorderbeine liefern den Antrieb für den Spin, und mit einem Vorderbein soll beständig Bodenkontakt bestehen. Zu Beginn des Spins soll die Hinterhand plaziert und durch die gesamten Spins hindurch an der Stelle gehalten werden.

So wird im NRHA Judge's Guide (Handbuch für NRHA-Richter) der korrekte Spin definiert. Daraus geht hervor, daß das Pferd mit der Vorhand gleichmäßig durchläuft, indem es sich abwechselnd mit dem einen und dann mit dem anderen Vorderbein abstößt. Obwohl man in einer Zeitlupe erkennen kann, daß es auch dabei eine Phase gibt, in der keins der beiden Vorderbeine den Boden berührt, so ist es doch so, daß ein Vorderbein ausgreift, während das andere sich abstößt, die beiden Vorderbei-

214
Spin, wie er früher geritten wurde — das Pferd ist in der Vorhand zu hoch, weil es herumspringt. Das sieht man daran, daß sich beide Beine vom Boden gelöst haben

214a
Dieselbe Phase des Spins bei flachem, gelaufenem Spin. Beachten Sie das linke Vorderbein, das sich gerade erst vom Boden löst, während das rechte bereits vorherkreuzt

ne also rhytmisch nacheinander auf- und abfußen. Dadurch wird der Spin nicht nur flach, sondern auch gleichmäßig und flüssig, das Pferd macht keine Sprünge, sondern es läuft.

Wenn beide Vorderbeine zugleich in der Luft sind, entspricht das einem solchen idealen Spin nicht, sondern das Pferd springt dann. Manche Pferde können das tun und dennoch recht flach dabei bleiben. Im Bewegungsablauf des Spins führen diese Sprünge aber zu Unregelmäßigkeiten — im Moment des Auffußens entsteht eine Verzögerung, nach dem Abfußen geht es dann wieder mit einem Ruck weiter.

Ob mehr gesprungen oder gelaufen — der flache Spin wird heute überall verlangt.

Noch ein Wort zur Bezeichnung „Spin": manche behaupten, Sie sei unkorrekt und ziehen es darum vor, von Turn-Around zu sprechen. Sie argumentieren so, daß ein Spin eine Drehung um den Mittelpunkt ist, wie sie z.B. ein Kreisel vollzieht. Ein Pferd solle sich aber im Spin nicht um seinen Mittelpunkt (die Mittelhand) drehen, sondern um die Hinterhand.

Tatsache ist aber, daß sich das Pferd in einem wirklich guten, schnellen Spin um den Mittelpunkt dreht, gerade so wie ein Kreisel, und es ist deshalb „spinning" im Vollsinn des Wortes. Es führt aber dennoch keine Mittelhanddrehung, sondern eine Drehung auf der Hinterhand aus, weil es seinen inneren Hinterfuß, den *Pivot Foot,* unter seine Körpermitte nimmt. Dadurch nimmt es, von der Seite gesehen, die Form eines Kreisels ein (Abb.215). Und es dreht sich effektiv um die Körpermitte, d.h. von oben betrachtet, bildet seine Körpermitte den Mittelpunkt des Kreisels, den es durch seinen Spin beschreibt (Abb. 216). Genau so würde es auch von oben aussehen, wenn es genau auf dem Punkt eine Mittelhanddrehung machen würde, weil man von oben die Beine nicht sehen kann. Der Unterschied liegt darin, wie das Pferd seine Beine gebraucht. Bei der Mittelhanddrehung läuft die Vorhand denselben Kreis, den auch die Hinterhand läuft (Abb. 217). Beim Spin aber läuft die Vorhand um den unter die Körpermitte gesetzten inneren Hinterfuß.

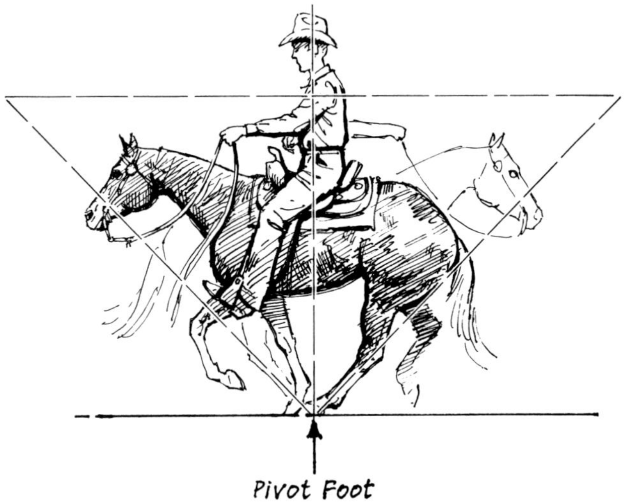

215
Im Spin dreht das Pferd wie ein Kreisel (Spin)

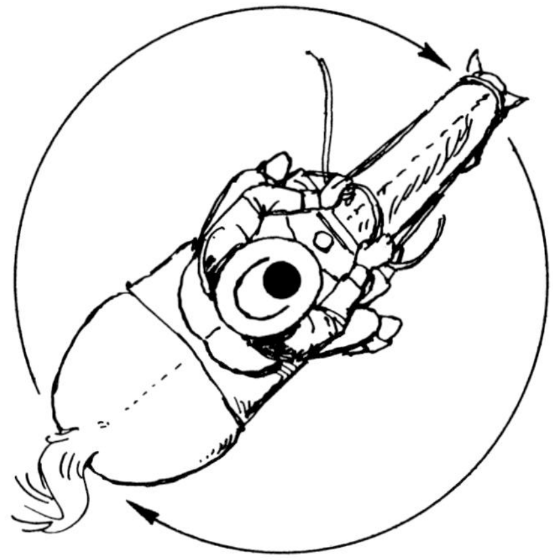

216
Von oben gesehen, dreht sich das Pferd im (schnellen) Spin um die Körpermitte

Die Bezeichnung „Spin" ist also durchaus korrekt.

Bei einem langsamen Spin wird der innere Hinterfuß nicht bis unter die Körpermitte genommen, und die Hinterhand bildet den Kreismittelpunkt (Abb.218, vergleiche mit Abb. 216). Je höher das Tempo des Spins, desto weiter nimmt das Pferd den Pivot Foot unter seine Körpermitte und damit unter seinen Schwerpunkt.

Es erfordert ein ausgezeichnetes Balancegefühl und genaues Timing, kurz, großes Geschick, den Spin aus dem Roll Back zu entwickeln.

In einem 180-Grad-Sprung auf der Hinterhand ist ein Pferd immer bis zu einem gewissen Grade erregt und dementsprechend diffizil zu handhaben. Darum ist es leichter, den Spin langsam und Schritt für Schritt zu lehren.

Ist es ausreichend gegenüber dem äußeren Zügel sensibilisiert, wirkt ein Zupfen daran (auch dabei braucht er sich nicht zu straffen) beschleunigend.

Um die Sensibilisierung des Pferdes den Hilfen gegenüber zu kultivieren, um die richtige Positionierung seiner Beine zu erreichen, ist das Reiten von halben und ganzen engen Schrittzirkeln gut geeignet, aber auch, damit Sie selbst sich in den Bewegungsablauf hineinfühlen können und lernen, das Pferd durch Ihren Sitz in die Drehung zu schieben. Zwischendurch lassen Sie es immer wieder einmal für ca. eine halbe Drehung über den inneren Hinterfuß abrollen.

Verschiedene Grundübungen sollten Sie immer wieder durchexerzieren, um

1. das Pferd auf den inneren Hinterfuß zu bringen;
2. ihm das Überkreuzen durch entsprechende Gymnastizierung zu erleichtern und damit auch das Drehen;
3. es die Positionierung seiner Beine für einen effektiven Spin zu lehren;
4. es so zu gymnastizieren, daß ihm auch eine Biegung nach innen leicht fällt;
5. schließlich den Spin mit Speed ausführen zu können.

Und zwar üben Sie zu Punkt 1 Schritt- und Trabzirkel im Reverse Arc, zu Punkt 2 das Two Tracking, auf der Geraden, wie auch in Zirkeln.

Zu 3. kann man sagen, daß außer dem Reiten langsamer, korrekter Hinterhandwendungen und Zirkeln im Reverse Arc auch *Turns* gegen den Zaun eine zusätzliche Hilfe darstellen. Dabei müssen Sie sicherstellen, daß dem Pferd für die Wendung stets eine knappe Pferdelänge Platz zum Zaun

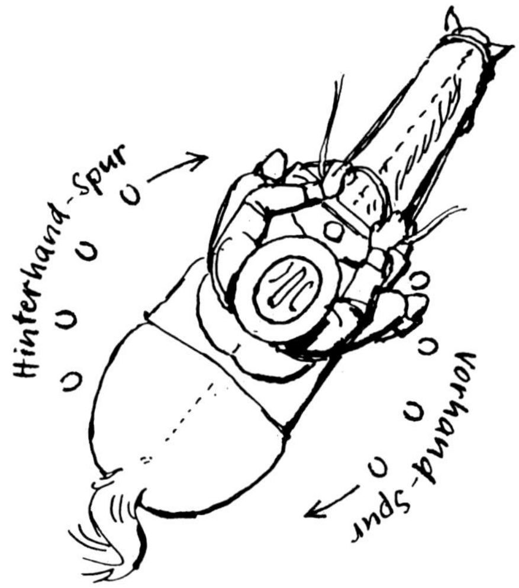

217
Eine Mittelhanddrehung würde von oben nicht anders aussehen, es würde aber nicht nur die Vorhand, sondern auch die Hinterhand eine kreisförmige Spur laufen

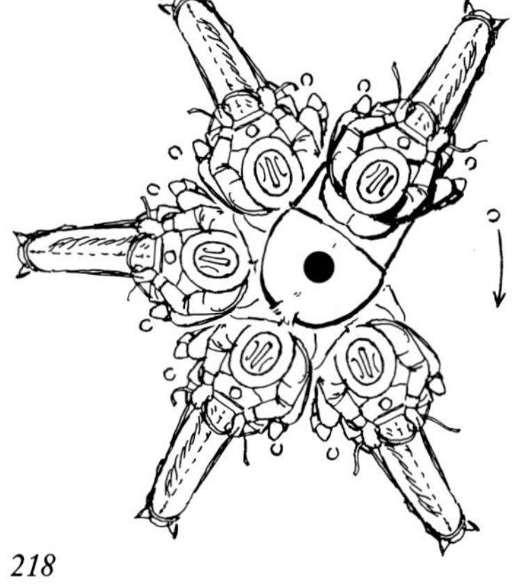

218
Langsamer Spin; die Hinterhand bildet den Kreismittelpunkt

219
Aus einem Schrittzirkel heraus angefangener Spin, hier mit einhändiger Zügelführung. Die andere Hand ist frei, um bei Bedarf mit dem Zügelende oder einer Gerte zu treiben, der äußere Schenkel drückt am oder ggf. hinterm Gurt

220 (rechts oben)
Spin linksherum. Beim langsamen (soft) Start bildet die Hinterhand noch den Mittelpunkt der Drehung, der äußere Schenkel treibt hier hinterm Gurt

221 (rechts Mitte)
Das Pferd hat in der Drehung die Hinterhand gut unter sich genommen

222 (rechts)
Die Drehung ist fast komplett, das Überkreuzen ist schön zu sehen

223
Spin nach rechts. Der äußere Schenkel liegt suggerierend fast an, treibt aber noch nicht. Die innere Zügelhand geht nach aufwärts, hebt das Pferd innen an

224
Dasselbe von vorn gesehen

hin bleibt. Hat es für den Roll Back oder Turn gegen den Zaun nicht ausreichenden Raum, erreichen Sie das Gegenteil von dem, worauf Sie hinzielen —, das Pferd bricht dann hinten aus, dreht um die Mittelhand, macht wahrscheinlich auch einen Schritt rückwärts. Wenden Sie es aber im richtigen Abstand gegen den Zaun und lassen es möglichst im Galopp aus dem Turn herausspringen, so lernt es, den inneren Hinterfuß unter seinen Schwerpunkt zu nehmen und ihn als Drehpunkt zu gebrauchen.

Um es im Galopp aus dem Turn springen zu lassen, gebrauchen Sie die Stimme, Sporn oder Quirt/Zügelende auf der Außenseite, und zwar wieder in dem Moment, wo es die Wendung so weit vollzogen hat, daß es gegen den Zaun gerichtet ist.

Bevor Sie es gegen die Fence wenden, können Sie es gelegentlich ein paar Schritte rückwärtsrichten. Das Back Up und der Turn werden dann als ein Bewegungsablauf geritten. Während des zügigen Back Ups nehmen Sie den Rein an der Zaunseite mehr an, gleichzeitig geben Sie mit dem anderen nach, bleiben aber bereit, ihn ggf. zur Kontrolle der äußeren Schulter einzusetzen. Das Pferd rollt nun über die Hinterhand ab, die durch das Back Up schon aktiviert war und den Großteil des Gewichtes aufgenommen hatte. Der Impuls aus dem Back Up bewirkt eine schwungvolle Wendung, unterstützt noch durch die äußere treibende Hilfe. Der Zaun hindert das Pferd am Hinauslaufen aus dem Turn und hält es in der Position, in der es das Gewicht auf der Hinterhand ausbalanciert.

Bei dieser Übung muß aber der Abstand zur Fence stimmen, sonst kann sie nicht nur nutzlos sein, sondern dem Trainingserfolg abträglich, nämlich dann, wenn das Pferd gezwungen wurde, mit der Hinterhand auszufallen und sich das zur schlechten Gewohnheit macht.

Man könnte nun argumentieren, wieso es auf der einen Seite so schlimm sein soll, wenn das Pferd beim Drehen einen Schritt rückwärts macht, und auf der anderen Seite empfohlen wird, die Drehung aus dem Back Up zu reiten. Nun, im ersteren Fall passiert genau das Entgegengesetzte: es wird (unbeabsichtigt) ein Back Up aus der Drehung entwickelt und wenn es auch nur für einen Schritt ist. Das ist in der Tat fehlerhaft, weil, wie schon mehrfach erwähnt, das Pferd dann falsch kreuzt (hinterher statt vor dem inneren Vorderbein her) und weil das Pferd nicht flüssig in der Drehbewegung bleiben kann, wenn es sich nach rückwärts orientiert, die Drehbewegung nicht fortsetzen kann. Die Wendung oder Drehung aus dem Back Up verläuft anders. In dem Moment, wo das Pferd diese beginnt, hört das Back Up auf. Wenn das Pferd nicht zu dicht am Zaun gewendet wird, macht es keinen Schritt mehr rückwärts, sobald der Turn eingeleitet wurde.

Schließlich lernt es auch durch enge Trab- und Galoppzirkel, seine Beine richtig zu positionieren und das Gewicht auf dem inneren Hinterbein auszubalancieren.

Die engen Trabzirkel können auch mit einigermaßen deutlicher Einwärtsbiegung geritten werden, womit wir zu Punkt 4 kommen. Zweckmäßigerweise führen Sie diesen in einer Ecke des Corrals aus, weil Sie dort die Unterstützung der Fence an zwei Seiten haben. Während Sie diese Zirkel so schnell und so eng wie möglich reiten, versuchen Sie dabei, einen gleichmäßigen Rythmus beizubehalten. Durch die schnellen, engen Zirkel bekommt Ihr Pferd eine bessere Vorstellung von dem, was Sie von ihm wollen, die grundsätzliche Idee „schnell und im Kreis herum" prägt sich ihm ein.

Vom gymnastischen Standpunkt aus dienen diese Zirkel der seitlichen Flexibilität. Übertreiben Sie diese Biegung nach innen aber nicht. Stellen Sie lediglich den Kopf in die Bewegungsrichtung. Alles andere macht das Pferd von sich aus, in dem Maße, wie es

Fortschritte macht, d.h. wie es ihm nach und nach immer leichter fällt, das innere Hinterbein vor und unter sich zu bringen.

Zwischendurch biegen Sie es im Stand im Hals nach rechts und links bis an Ihr Bein (Abb. 228) und versichern sich, daß es dabei locker bleibt und ihm das keine Mühe macht. Das können Sie im Stand tun und im Schritt.

Eine zu starke Biegung nach innen auf dem Zirkel fördert das unerwünschte Nach-außen-Drücken der Mittelhand oder, bei einer zu starken Einwärtsstellung im Hals, das Ausfallen der äußeren Schulter; solche Pferde bezeichnet man als *Rubber Necked.* Beides wollen wir vermeiden.

Die Flexibilität nach innen wollen wir insoweit erreichen, als daß es dem Pferd keine Mühe machen soll, sich die nötige Biegung nach innen zu geben. Die Kontrolle für den Spin, die dominante Hilfe, ist die äußere. Das gut trainierte Pferd dreht, in dem es durch Gewichtshilfen auf dem Punkt gehalten wird und ohne nennenswerte rückwärtige oder seitliche Zügeleinwirkung. Es hat, wenn es fertig ausgebildet ist, die Freiheit, sich selbst so zu positionieren, wie es am effektivsten drehen kann.

Eine Übung baue ich gern ein, weil Sie sowohl Aufschluß gibt, wie weit ein Pferd an den Schenkelhilfen steht, wie weit es sich biegen läßt, und gleichzeitig das Überkreuzen und Biegen fordert und fördert: Two Tracking mit (leichter) Einwärtsstellung, sowohl auf der Geraden, wie auch in Zirkeln, bis hin zur Hinterhandwendung (Abb. 229, 230).

225
Spin in guter Form, einhändig geritten, schönes Überkreuzen. Die äußere Zügelhand ist bereit, ggf. mit dem Zügelende zu „winken"

Die wichtigste Grundlage für den Spin ist aber der Schrittzirkel, wie eingangs schon erwähnt. Es ist gar nicht einfach, ein Pferd einen fleißigen und korrekten Schrittzirkel gehen zu lassen, bei dem die Hände ruhig in Ausgangsposition bleiben, das Pferd weder mit der Hinterhand, noch mit der Mittelhand oder der Schulter ausbricht und sich auch nicht im Hals nach außen stellt. Beim Schrittzirkel merken Sie schon, ob Sie alle Teile des Pferdes unter Kontrolle haben, ob Sie den Schrittzirkel mit dem inneren Schenkel beliebig vergrößern oder mit dem äußeren verkleinern können. Pferde, die irgendwelche Probleme mit dem Spin haben, gehen fast immer keine korrekten, kleinen Schrittzirkel.

Aus dem Spin sollten Sie häufig im Trab herauskommen. Bei relativ langsamen, getretenen Hinterhandwendungen ist es okay, wenn Sie — ohne Unterbrechung — im Schritt weiterreiten. Sobald Ihr Pferd aber in den Drehungen rythmischen Schwung entwickelt, verlassen Sie diese im Trab! Und bleiben Sie dabei auf derselben Hand!

Wenn Sie also z.B. ein paar Drehungen rechtsherum vollzogen haben, reiten Sie in weitem Rechtsbogen heraus. Schließen Sie dann einen oder mehrere Zirkel auf der rechten Hand an, bevor Sie Ihr Pferd erneut zu einem oder mehreren Spins rechtsherum aufwinden, aus denen Sie wieder im Rechtsbogen herauskommen. Wenn Sie nicht mit Schwung aus dem Spin herauskommen, sondern anschließend anhalten, denkt das Pferd bald nicht mehr „vorwärts" dabei, sondern wartet nur noch auf das Anhalten, was seine Drehungen nach und nach langsamer, zäher macht.

226 a
Spin nach rechts; das Gewicht ist gut auf die Hinterhand genommen, der äußere Schenkel ist vom Knie abwärts nicht am Pferd, aber bereit, nötigenfalls zu treiben

Als letztes kommt der Speed ins Spiel (Punkt 5). Treiben können Sie durch Ihren äußeren Schenkel, Ihr äußerer Zügel wirkt treibend, weil das Pferd ihn mit dem äußeren Schenkel assoziiert. Ihre Stimme können Sie antreibend einsetzen, wie auch das Ende des äußeren Zügels oder einen Quirt oder eine Gerte. Auch durch das Aufwinden in den Spin aus dem Trabzirkel können Sie Schwung mit in den Spin übernehmen.

Benutzen Sie alle diese treibenden Hilfen aber sehr zurückhaltend. Nicht damit erreichen sie letztlich einen guten, schnellen Spin, sondern in dem Maße, wie dieser Bewegungsablauf für das Pferd keine Mühe mehr bedeutet, wie es gelernt hat, die Beine richtig zu setzen, sich auszubalancieren, seine Muskeln dafür trainiert, seine Bänder gedehnt sind, kurz, in dem Maße, wie ihm

226 b
Der „Altmeister" Dale Wilkinson beim Spin Training; das Pferd arbeitet in vorbildlicher Form, der äußere Schenkel treibt in dieser Phase

227
Der World Champion Bob Loomis im Spin nach rechts. Dieses Pferd ist so weit gefördert, daß er es vorn ganz loslassen kann. Sehr weites Überkreuzen

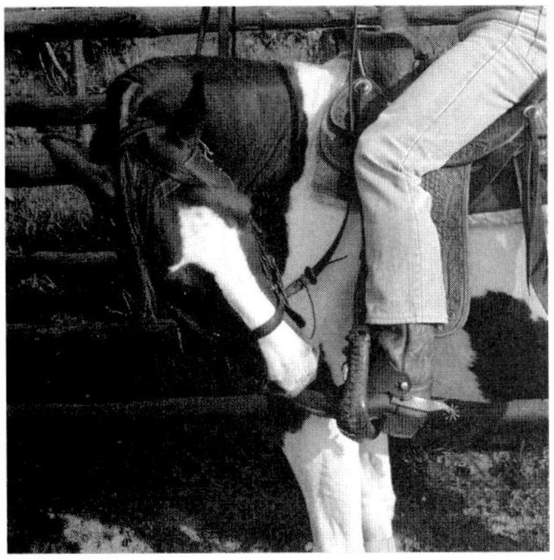

228
Das seitliche Biegen im Hals

229 Two Tracking mit Einwärtsstellung

230 Two Tracking mit Einwärtsstellung, Aufwinden bis in den Spin

dieser Bewegungsablauf leicht fällt, wird es auch in der Geschwindigkeit zulegen, wenn es nicht von Natur aus eine Schlafmütze ist.

Arbeiten Sie immer eine Weile auf derselben Hand, wechseln Sie nicht dauernd zwischen Rechts-und Linkszirkeln, Rechts- und Linksdrehungen.

Vor allem sensible Pferde können hektisch werden durch häufiges schnelles Hinausgeschicktwerden aus dem Spin. Bei solchen Pferden behalten Sie ein gleichmäßiges Tempo bei und halten auch manchmal einfach an.

Braucht das Pferd mehr Vorwärtsimpuls, verlassen Sie den Spin im Trab; neigt es zur Hektik, verlassen Sie den Spin in ruhigem Schritt oder halten nach ein paar Drehungen an.

Selbstverständlich gibt es immer eine Seite, auf der ein Pferd steifer ist, weniger gut geht und auf der es entsprechend intensiver gearbeitet werden muß.

Zum Schluß noch einmal die wichtigsten Punkte, auf die Sie beim Spin Training achten sollten:

1. Die Schulter Kontrolle (diagonale Kontrolle) ist das A und O beim Spin.
2. Zirkel im Reverse Arc bringen das Pferd auf den inneren Hinterfuß.

Je weniger Sie beim Spin die Zügel benutzen müssen, desto schöner und fließender wird dieser. Sie können ein Pferd nicht mit den Zügeln herumziehen oder herumdrükken im Spin, wenn dieser schön aussehen soll. Und auch wenn Sie es durch rückwärtiges Zügelannehmen daran hindern müssen, aus dem Spin hinauszulaufen, wird es kein guter Spin. Sie müssen darum in der Lage sein, Ihr Pferd im Spin treiben zu können, ohne daß es hinauslaufen will (und daran per Zügelhilfe gehindert werden muß), und die Zügelhand sollte mitten überm Pferd bleiben können.

3. Das Abrollen über das innere Hinterbein mit Viertel- und halben Drehungen beginnen und allmählich steigern.
4. Rückwärtige Zügeleinwirkung möglichst weitgehend vermeiden.
5. Falsches Kreuzen unbedingt vermeiden.
6. Hoppen (Ansatz zu Galoppsprüngen) im Spin vermeiden; wenn es hoppt, haben Sie zuviel Speed verlangt, lassen Sie das Hoppen durchgehen, sieht das Pferd keine Notwendigkeit, sich um Temposteigerung durch korrektes Überkreuzen zu bemühen.
7. Impulsartiges Annehmen des äußeren Zügels wirkt beschleunigend.
8. Bei Roll Backs gegen den Zaun auf passenden Abstand achten.
9. Aus dem Spin häufig im Trab herauskommen und auf derselben Hand bleiben; Handwechsel erst nach einer Serie von Spins und dann auf der Geraden vornehmen.
10. Zu Temposteigerungen erst auffordern, wenn in langsamem Tempo alles „sitzt“; danach nur graduell, entsprechend dem Trainings- (Gymnastizierungs-) Fortschritt.

ROLL BACKS; PIVOTS

Der *Roll Back* oder *Set and Turn*, gelegentlich auch *Half Spin* genannt, ist das elementarste Manöver im Westernreiten. Die Fähigkeit, blitzartig zu stoppen und zu wenden (*to turn on a dime* — auf einer Zehnermünze zu wenden), war und ist die wichtigste für ein Arbeitspferd auf einer Ranch.

Für Cutting Horses und Working Cowhorses trifft das immer noch zu —, so ein Cutting Horse wendet u. U. mehrmals auf dem berühmten Zehner in einer Sekunde. In der Westerndressur, im Reining, ist der Roll Back jedoch in der letzten Zeit vernachlässigt worden, und aufgrund der Art und Weise, in der heute die Spins geritten werden, kann man ihn nicht mehr korrekt als Half Spin bezeichnen.

Wie schon erwähnt, soll sich das Pferd beim Roll Back mit der Vorhand abstoßen, auf der Hinterhand herumschwingen und erst nach vollzogener 180-Grad-Wendung wieder mit der Vorhand auffußen. Es soll aus der Wendung heraus in den Galopp springen, und zwar beim Roll Back nach rechts in den Rechtsgalopp und umgekehrt. Zwischen dem Stop und der Wendung soll keine Pause, sondern alles soll ein Bewegungsablauf sein. Idealerweise soll es, aus dem Roll Back herauskommend, genau über die Spur galoppieren, auf der es gekommen ist bzw. wo es gestoppt hat.

Fehler, die beim Roll Back beobachtet werden können, sind 1. Unterbrechung des Bewegungsablaufes nach dem Stop und vor der Wendung, 2. Unterbrechung (eventuell ein, zwei Trabschritte) nach vollzogener Wendung und vor dem Angaloppieren, 3. starke Außenstellung im Hals durch zu viel Neck Rein *(Out of Position*, Abb. 231), 4. zuviel Aufrichtung, Wendung fast im Steigen, verursacht durch zu starke rückwärtige Zügeleinwirkung, und 5. gelaufene, nicht gesprungene Wendung. So elegant der flache, gelaufene Spin aussieht —, der so ausgeführte Roll Back ist nur ein bescheidener Abklatsch des eigentlichen, gesprungenen.

Im Prinzip haben wir den Roll Back während des Trainings schon oft ausgeführt, nämlich bei den Wendungen gegen den Zaun. Sie müssen nur dahin kommen, daß Ihr Pferd, wenn es einen Roll Back gegen den Zaun ordentlich ausführen kann, dies auch ohne Hilfestellung durch den Zaun tut.

Dazu muß es auch gelernt haben, aus dem Stand anzugaloppieren. Es muß fein genug an den Hilfen stehen, um durch Gewichtsverlagerung, leichtes Annehmen der Zügel und Gegensitzen veranlaßt werden zu können, sich vorn leicht zu machen und das Gewicht auf die Hinterhand zu nehmen.

Es muß den äußeren Zügel (Neck Rein) so respektieren, daß es weicht, ohne ihm Widerstand entgegenzusetzen und sich so herumschwingen läßt.

Mit Ihrem äußeren Schenkel oder Sporn, ggf. auch mit Zügelende oder Quirt, geben Sie den treibenden Impuls für den Roll Back und das anschließende Angaloppieren, korrigieren ein eventuelles Ausfallen des Rib Cages oder der Hinterhand und verleihen Ihrer äußeren Zügelhilfe nötigenfalls Nachdruck. Den inneren Zügel wenden Sie nur bei Bedarf an, um das Pferd zu positionieren, d.h. ihm die Richtung zu geben. Ein leichter Außensitz kann auch hierbei hilfreich sein.

231
Pferd in Außenstellung beim Roll Back aufgrund von zuviel Neck Rein

Eine gute Übung für den Roll Back ist, entlang des Zaunes oder der Bande Achten zu reiten, wobei Sie immer gegen den Zaun die Richtung wechseln. So reiten Sie zuerst kleine Zirkel am Ende der Acht, die Sie dann aber immer enger machen, bis es vorschriftsmäßige Roll Backs sind.

Roll Backs aus dem Stand werden insofern verlangt, als daß bei manchen Reining Patterns sogenannte *Pivots* verlangt werden. Es heißt dann:

Pivot nach links oder rechts, nicht mehr als 90 Grad, Pivot in die andere Richtung, nicht mehr als 180 Grad. Obwohl hier nicht gesagt ist, daß der zweite Pivot 180 Grad betragen muß, so wird offensichtlich doch mehr oder weniger von einer halben Drehung ausgegangen, was einem Roll Back entspricht, auch wenn er hier nicht so genannt wird. Es spielt auch grundsätzlich keine Rolle, ob 90 Grad oder mehr gesprungen werden, die Hilfengebung ist im Prinzip dieselbe.

Üben Sie Roll Back und Pivot aus dem Stand, fangen Sie mit kleinen „Hopsern" an, die nicht einmal 90 Grad betragen. Sie bringen das Pferd auf die Hinterhand, „heben es vorn leicht an" und lenken es so, daß es seine Vorhand etwas zu einer Seite versetzt wieder aufsetzt. Nach und nach begreift Ihr Pferd, was Sie von ihm wollen, und sie können das Manöver bis zum gewünschten Ausmaß steigern.

Die Hauptschwierigkeit liegt darin, daß Sie Ihr Pferd sehr stark gegenüber Ihren äußeren Hilfen sensibilisieren müssen, um dieses Herumschleudern auf der Hinterhand zu erreichen, daß Sie aber umso behutsamer sein müssen, wenn sie keinen Roll Back, sondern einen Spin reiten wollen.

Für den Spin brauchen Sie einen *Soft Start,* Sie müssen ihn sanft einleiten, eher aus einem halben Schritt nach vorn heraus, als aus einer Position, in der das Hauptgewicht schon auf die Hinterhand genommen wurde. Erst mit zunehmender Beschleunigung im Spin nimmt das Pferd mehr Gewicht auf die Hinterhand. Darum ist es so schwierig, nur *einen* Spin zu reiten, wie es in manchen Reining-Aufgaben gefordert wird, und den doch rasant zu reiten, ohne daß das Pferd zu hoppen anfängt.

Der Unterschied in der Hilfengebung liegt darin, daß Sie den Spin sanft und flach beginnen, ohne rückwärtige Zügeleinwirkung, und dem Pferd erlauben, nach Bedarf bei zunehmender Beschleunigung die Hinterhand unter sein Gewicht zu nehmen. Es beginnt also den Spin wie in Abb. 218 und führt ihn aus wie in Abb. 216. Beim Roll Back dagegen halten Sie es entweder weitgehend in der versammelten Haltung, in der es sich durch den Stop befindet, oder, wenn Sie ihn aus dem Stand

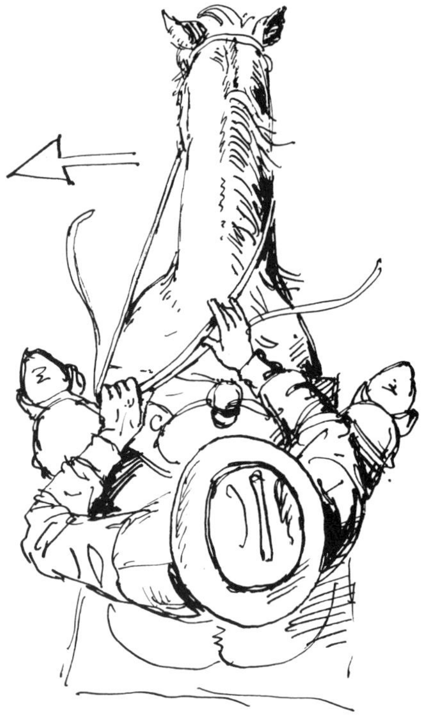

232
Zügelführung bei der Linkswendung — die linke Hand hält die Zügel, den inneren soweit verkürzt, daß der innere Zügel als direkter richtungsgebender Zügel wirken kann; die rechte Hand ist bereit, bei Bedarf impulsartig den äußeren Zügel zu bedienen

üben, bringen Sie es durch Zügelhilfe und Gewicht auf die Hinterhand, bevor Sie es herumspringen lassen.

Abhängig von den Schwächen, die Sie zu korrigieren haben, können Sie dabei die Reins auf unterschiedliche Art halten (dasselbe gilt natürlich auch für das Spin Training). Zu Beginn werden Sie sie vermutlich am besten in beiden Händen führen. Fehlt es an der diagonalen Kontrolle und/oder am Vorwärtsimpuls, nehmen Sie z.B. für einen Links-Turn die Zügel so in die linke Hand, daß der linke Zügel etwas verkürzt ist, gerade so viel, um dem Pferd genug Richtung zu geben, damit es sich nicht nach außen stellt (Abb.232,233). Mit der rechten Hand können Sie dann den Neck Rein impulsartig bedienen, die Schulter hereinnehmend oder beschleunigend. Sie können sie aber auch benutzen, um mit dem Zügelende zu winken.

Oft ist es angezeigt, sich mit der Sporenhilfe zurückzuhalten, weil das Pferd sonst sauer werden könnte, und stattdessen den Quirt oder das Zügelende einzusetzen. Reicht das bloße Winken damit nicht aus und Sie wollen ihm einen Klaps versetzen, geben Sie ihm den am besten auf die Kruppe.

233
Dasselbe von der Seite gesehen

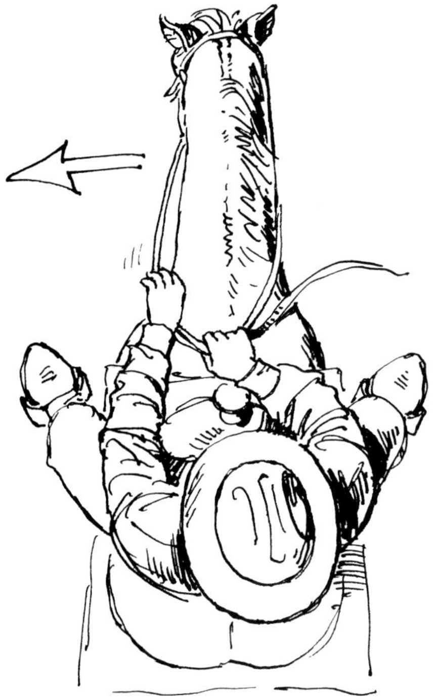

234
Zügelführung bei der Linkswendung — die rechte ist die Zügelhand, die linke bringt bei Bedarf per innerem Zügel die Nase in die Bewegungsrichtung

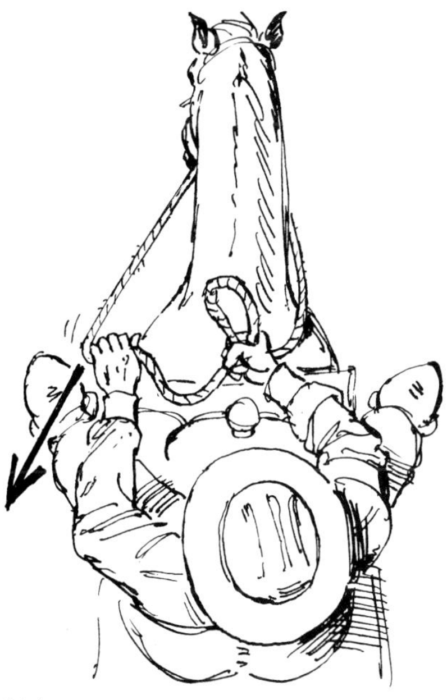

234 a
Dasselbe mit Hackamore-Zügelschlaufe

235, 236
Einhändige Zügelführung mit Zuhilfenahme der Handbreite für zusätzliche direkte Zügeleinwirkung

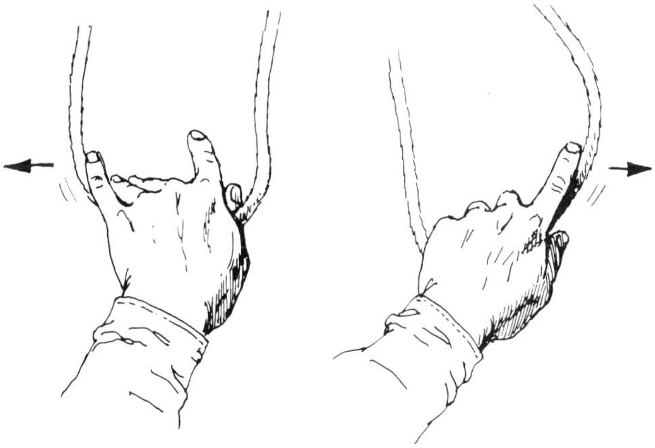

237, 238
Zur Verdeutlichung noch einmal als Zeichnung

Reagiert Ihr Pferd in gewünschter Weise auf die treibenden Hilfen, tendiert aber dazu, sich nach außen zu stellen, nehmen Sie für besagten Links-Turn die Zügel in die Rechte und greifen mit der Linken in den linken Zügel, um die Nase des Pferdes je nach Bedarf durch kleine Rucke in die Bewegung zu stellen (Abb. 234).

Schließlich kann auch hier das Squaw Reining angewandt werden, wenn das Pferd nämlich im Prinzip gut reagiert, aber noch nicht ganz so weit ist, um im reinen Neck Reining geritten werden zu können (Abb. 235 — 238).

239
Roll Back oder Pivot nach links; der linke Hinterfuß agiert als Drehpunkt und hat den größten Teil des Gewichtes aufgenommen

240
Hilfengebung beim Roll Back — der innere Zügel gibt die Richtung an, der äußere wird diagonal eingesetzt und bringt die Vorhand herum (Pfeil); nachdem mehr als 90 Grad der Drehung vollzogen sind, setzt der äußere Schenkel oder Sporn hinterm Gurt ein (Pfeil), das Gewicht wird am besten auf den äußeren Gesäßknochen verlagert

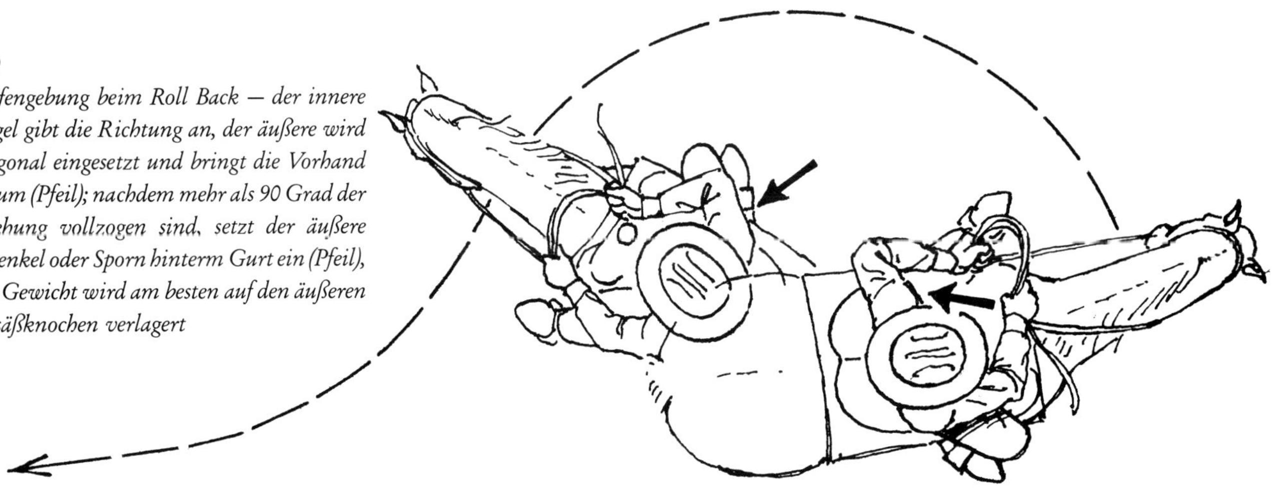

HACKAMORE TRAINING

Bei jeder hochentwickelten Reiterei ist es der Mann im Sattel, der das Pferd ausmacht. Der Unterschied zwischen dem Reined Horse und dem Dressurreiten ist Fast Action. *Einem Dressurpferd wird nie abverlangt, sich im Galopp voll zu strecken, sich dann in einem perfekten weichen Stop zu setzen und auf der Hinterhand zu wenden, ohne eine vergeudete Bewegung zu machen. Seine Aktionen sind in mittlerem Tempo und in langsamem. Es führt Bewegungen aus, für die das Reined Horse nicht trainiert wird. Umgekehrt ist das Dressurpferd nicht trainiert für das, was das Reined Horse kann. Es sind zwei unterschiedliche Reitweisen, die beide wert sind, Beachtung zu finden.*

Ed Connell, Hackamore Reinsman

Ich verwende besonders beim Basis-Training überwiegend eine Hackamore.

Dick Pieper, Reining Horse Trainer, Präsident der NRHA

Warum spielt das eigentliche Hackamore Training heute praktisch keine Rolle mehr? Weil es für unsere schnellebige Zeit zu zeitaufwendig ist; weil es kaum noch jemanden gibt, der diese Technik wirklich beherrscht; weil eine Handvoll mit dieser Technik vertrauter Old Timer, die es vielleicht noch gibt, wiederum den modernen Reining-Stil nicht beherrschen; weil das „große Geld" in den Snaffle Bit und Reining Futurities zu gewinnen ist (letztere mit Curb Bit geritten); weil die Konzeption der Working Cowhorse-Wettbewerbe an der Westküste mit ihrer starren Einteilung in Snaffle Bit-Wettbewerbe für Dreijährige und Hackamore-Wettbewerbe für Vierjährige das eigentliche Hackamore Training nicht fördert.

Auch heute noch werden Pferde in der Hackamore geritten und geshowt. Aber es handelt sich fast ausschließlich um Pferde, die nicht mit der Hackamore ausgebildet wurden oder jedenfalls nicht nach der alten Methode. Wenn ein Pferd gut ausgebildet ist, kann man es mit allen möglichen Zäumungen reiten, und auch mit einem Strick um den Hals arbeitet es noch. Wenn ein solches Pferd mit der Hackamore aufgezäumt und geritten wird, ist es dadurch noch kein Hackamore-Pferd. Bei den Pleasure Futurity-Pferden scheint die Hackamore erneut in Mode zu kommen, doch kann man diese Pferde nicht als Hackamore-Pferde im Sinne der alten Schule ansprechen.

Die Hackamore zeitigt schon — in der Hand eines Könners — ganz besondere Resultate. Man muß gesehen haben und möglichst gefühlt haben, wie so ein Pferd reagiert, man kann es nicht beschreiben. Die Hackamore hat aber auch ihre Grenzen, und gewisse Dinge, welche die Arbeit mit dem Snaffle Bit leichter machen und dabei schnelleren Erfolg bringen, sind mit der Hackamore nicht gut möglich. Das liegt in erster Linie daran, daß bei der Hackamore-Arbeit nicht, oder nur in äußerst begrenzter Form, mit Anlehnung gearbeitet werden kann. Alles beruht auf der *Pull and Slack Method*, d.h. auf der Arbeit am losen Zügel, der nur impulsartig, mit Zupfern und Anschlägen, gebraucht wird. Was immer an Anlehnung gebraucht wird, besteht in einem Verkürzen der Zügel in bestimmten Situtationen, das nicht ausreicht, um diese zu straffen, sondern im Zügelgewicht selbst besteht. Nur auf einem so angenommenen, immer noch losen Zügel kann ein Signal in Form eines Zupfens oder Anschlagens gegeben werden (Abb. 162).

Zumindest auf deutsche Verhältnisse bezogen muß man auch anmerken, daß gerade die, welche nach wie vor von der Hackamore fasziniert sind und für die es das Höchste darstellt, ein Pferd in der Hackamore zu reiten, sich der falschen Illusion hingeben, es handele sich dabei um eine alternative Zäumung, mit der sie ihr Pferd immer reiten könnten.

Die Hackamore ist ein Trainingszaum, mit dem ein Pferd auf einen bestimmten Ausbildungsstand gebracht wird, um dann auf Kandare umgestellt zu werden. Jedes Pferd stumpft der Hackamore gegenüber irgendwann ab, und bevor das passiert, soll die Umstellung auf die Kandare erfolgen.

Da werden verschiedene einwenden, sie würden ihr Pferd schon seit Jahren mit der Hackamore reiten. Schon möglich. Abgesehen davon, daß es viele Leute gibt, die nicht wissen, daß sie eine Zeitbombe reiten und einfach einen guten Schutzengel haben, habe ich noch kein solches Pferd gesehen, das wirklich gut ging, geschweige denn wie ein gutes Hackamore-Pferd.

Jetzt kommt etwas, das manche als Ketzerei empfinden werden: der Grundgedanke, der hinter der Hackamore-Philosophie steckt, nämlich, dem Pferd alles beizubringen, ohne es dabei im Maul anzutasten, um es dann nach und nach an die Kandare zu gewöhnen, stellt keinen wirklichen Vorteil dar. Es ist kein erstrebenswertes Ziel, ein Pferd im Maul nicht anfassen zu müssen. Das gute Maul muß entwickelt werden, Weichmäuligkeit entsteht nicht durch Nicht-Anfassen, sondern durch das genaue Gegenteil, durch richtiges (behutsames, einfühlsames) Anfassen.

Man kann nun so argumentieren, daß bei einem grünen Pferd, das sich immer einmal wehrt, gelegentlich ein hartes Anfassen im Maul nötig ist, und das man dies dem Pferd ersparen will. Die Hackamore ist deshalb aber nicht humaner. Das *Doubling* beim Hackamore Training ruft zwar keinen Schmerz im Maul hervor, dafür aber am Kinnbein und eventuell auf dem Nasenrücken. Oft werden die Pferde dabei an den Stellen ein wenig wund, und die meisten Hackamore Trainer finden das ganz angebracht, wenn das Pferd auf diese Weise für eine kurze Zeit besonders empfindlich wird.

Die Methode, ein Pferd mit der Hackamore zu trainieren und dann auf Kandare (Spade Bit) umzustellen, funktioniert zweifellos und bringt bei Könnern phantastische Resultate. Die Pferde, die heute von Könnern im Snaffle Bit ausgebildet und bis zur Kandare gefördert werden, sind aber nicht weniger gut; nur hat ihre Ausbildung längst nicht so lange gedauert ...

Das eigentlich Begeisternde am Hackamore Training ist das Hackamore Training selbst, d.h. wie ein gutes Pferd arbeitet, solange es noch in der Hackamore geht, wie überaus sensibel und gedankenschnell es reagiert. Das so etwas mit nur einem Nasenband möglich ist, übt gerade auf uns Deutsche, die in der traditionellen Reitweise nur stramme Zügel zu sehen bekommen, eine besondere Faszination aus.

Wer nicht in der Situation ist, ständig neue Pferde auszubilden, sondern sich auf ein eigenes konzentrieren kann, egal wie lange es dauert, der kann sich die Muße nehmen, sein Pferd mit der Hackamore zu trainieren. Wenn der Wunsch besteht, es turniermäßig vorzustellen, so stehen ihm zunächst die *Breed Shows,* also Quarter Horse-, Paint Horse- und Appaloosa-Klassen zwei Jahre lang zur Verfügung. Denn dort kann man ein Pferd wahlweise mit Snaffle Bit oder Hackamore reiten, wenn es drei oder vier Jahre alt ist.

Unabhängig von all dem kann eine Hackamore bei bestimmten Pferden und in bestimmten Phasen der Ausbildung von Nutzen sein. In der Hackamore lernen die Pferde sehr gut, ihrer Nase zu folgen, d.h. dem direkten (inneren) Zügel. Pferden, die nicht recht stoppen wollen, kann oft durch ein paar Doublings und vorübergehendes Reiten in der Hackamore das Stoppen beigebracht werden. Hat ein Pferd im Zahnwechsel einen wunden und geschwollenen Gaumen, wird es ein Gebiß nicht gern annehmen, und das Weiterarbeiten mit der Hackamore bietet sich an.

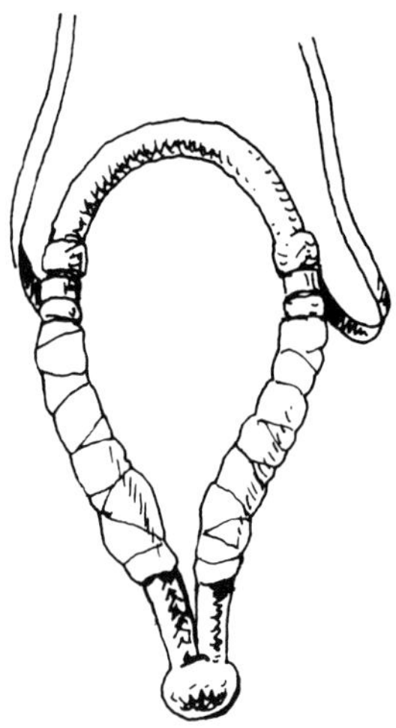

241
Für das Ground Doubling sollte der Bosal gepolstert werden

Die Ausbildung mit der Hackamore basiert auf dem Respekt, den das Pferd durch das Doubling der Hackamore zollt. Manche Pferde müssen mehr, andere kaum gedoubelt werden, um diesen Respekt vor der Hackamore zu erreichen. Jedenfalls muß das Pferd den Eindruck bekommen, daß der Reiter jederzeit in der Lage ist, es per Double aus der Balance zu werfen und so zu stoppen. Mißlingt das Doubling, vielleicht sogar mehrmals, ist das Pferd in der Regel für die Hackamore-Arbeit verdorben. Die Pferde können lernen, sich im Hals steif zu machen und sich gegen das Doubling zu wehren, und dann ist ein Hackamore Training unmöglich.

Den ersten Eindruck von der Hackamore bekommt das Pferd, indem es vom Boden aus gedoubelt wird, das nennt man *Ground Pulling.* Dazu wird das freie Ende der Mecate oder was sonst als Zügel genommen wird ggf. verlängert. Sie brauchen etwa sechs bis sieben Meter Strick. Die Seitenteile des Bosals sollten mit einem weichen Tuch oder Fell gepolstert werden (Abb. 241). Die Hackamore sollte mit Fiador ausgerüstet sein, oder Sie können aus der Zügelschlaufe einen Fiador knüpfen (Abb. 50).

242
Vom Boden aus wird das Pferd aus vollem Lauf herumgewirbelt; wichtig ist, dies auf beiden Seiten auszuführen

243
Das Doubling muß in der Schwebephase des Galopps erfolgen, weil sich das Pferd sonst dagegenstemmen kann

Am besten gehen Sie mit dem Pferd in eine Reitbahn; jedenfalls brauchen Sie einen festen Zaun an einer Seite, und der Bodengrund sollte möglichst weich sein, weil es auch einmal passieren kann, daß ein Pferd dabei fällt.

Das Pferd soll nun — möglichst im Galopp — davonlaufen. Wenn es das nicht von allein tut, wird es von einem Helfer gescheucht. Der Zaun bewirkt, daß es einigermaßen in gerader Linie läuft. Der Mann am Strick muß einen oder zwei Meter zu der Seite versetzt stehen, auf der der Strick befestigt ist, weil er sonst keinen Hebel hat und das Pferd nicht so leicht herumwerfen kann. Wenn man genau hinter dem Pferd positioniert ist, wird man durch den Ruck leicht selbst umgeworfen. Den Strick legt man sich um die Hüfte und stemmt sich ab; wenn das Pferd am Ende des Strickes angekommen ist, wird es mit einem Ruck seitlich herumgeworfen (Abb. 242). Das Tragen von Handschuhen ist zu empfehlen. Nach dem Herumwerfen wird sofort Slack gegeben.

Das wird nach beiden Seiten mehrmals wiederholt, bis das Pferd dadurch, daß es gar nicht mehr recht loslaufen will, zeigt, daß es den Pull am Kopf fürchtet. Es ist kein Fehler, erst einmal weiter nichts mit dem Pferd zu machen, sondern diese Lektion am nächsten Tag zu wiederholen.

Vom Sattel aus wird das Pferd im Galopp gedoubelt, und zwar in der Galopp-Phase, wo die Vorhand den Boden verläßt, also in der Schwebephase (Abb. 243). Solange es mit der Hinterhand oder der Vorhand auf dem Boden ist, kann man es nicht erfolgreich aus der Balance werfen. Wenn es aber in der oben beschriebenen Galopp-Phase einen harten Ruck auf einem Zügel bekommt, wird sein Kopf herumgeworfen, ohne daß es dagegen viel tun kann *(to take his head away from him).*

Erfolgt dieser Double gegen den Zaun, was immer der Fall sein sollte, so wird es, wenn nicht völlig gestoppt, so doch weitgehend abgebremst und kann mit ein paar weiteren Anschlägen auf dem Zügel (die dann weniger hart ausgeführt werden) vollends gewendet werden. Aus dieser Wendung wird es dann im Galopp in die entgegengesetzte Richtung geritten (Abb. 243,244).

Für den Double ergreift man den Zügel etwa halbwegs zwischen Pferdemaul und normaler Zügelhandposition und gibt einen kräftigen Ruck nach rückwärts/seitwärts.

Dieses Doubling wird nach beiden Seiten mehrmals wiederholt, so lange jedenfalls, bis das Pferd nicht mehr unkontrolliert losgaloppiert, sondern zu merken ist, wie es verhaltener läuft und auf erneute Doublings aufpaßt, die da vielleicht kommen mögen und denen es dann durch Durchparieren zuvorkommen möchte. Denn dieses Aus-der-Balance-Geworfenwerden behagt ihm überhaupt nicht. Von da ab bekommt es jedesmal ein Signal durch einen leichten Zupfer am Zügel, mit dem es sonst gedoubelt wird — also auf dem, der auf der Zaunseite ist —, verbunden mit dem stimmlichen Kommando „Whoa!". Dieser Zupfer wird nicht seitlich, sondern rückwärts, zur Hüfte des Reiters hin ausgeführt. Mit anderen Worten, es bekommt nun jedesmal die Chance, auf ein leichtes Zupfen hin durchzuparieren. Nur wenn es das nicht prompt tut, erfolgt erneut ein Double. Dabei soll es anfangs noch keinen richtigen Stop ausführen — das kann es ja noch gar nicht. Aber es

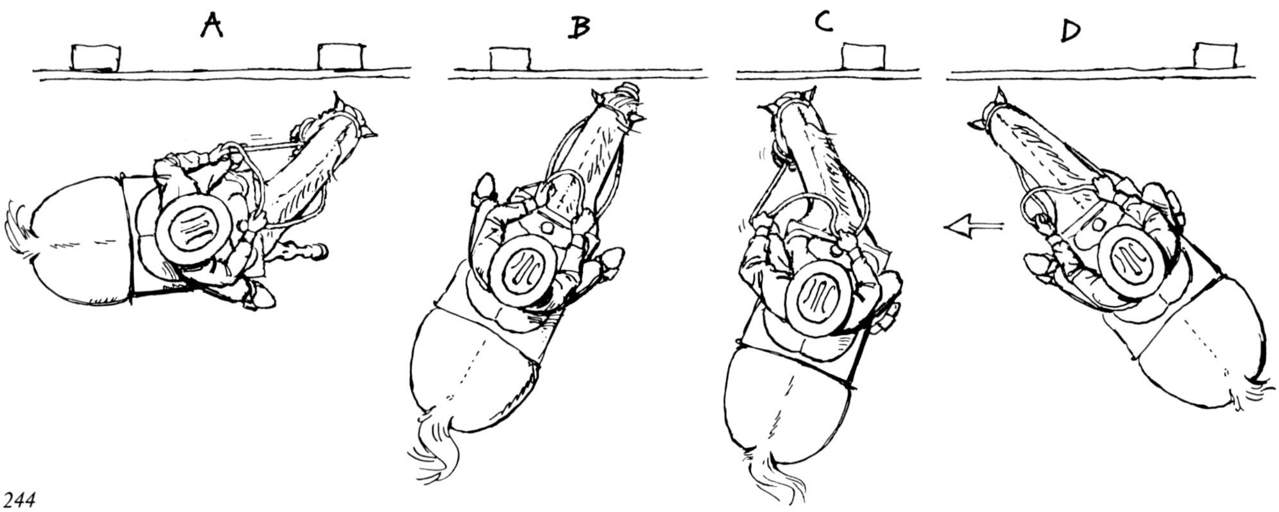

244
Ein Doubling gegen den Zaun, von oben gesehen. A = Der erste Pull nimmt dem Pferd den größten Teil seines Vorwärtsschwungs und stellt es gegen den Zaun; B = Da der Zügel sofort wieder losgelassen wird, kann es sich wieder geradezurichten; C = Der nächste (etwas weniger starke Pull) bringt es ein Stück weiter herum; D = Erneut gibt ihm der Slack Gelegenheit, sich geradezurichten. Nachdem mehr als die Hälfte der Wendung vollzogen ist , setzt der äußere Schenkel ein und ggf. ein Klaps auf die Kruppe, um es in die entgegengesetzte Richtung davongaloppieren zu lassen, eventuell unterstützt durch ein weiteres Zupfen auf dem inneren Zügel. So wird das Pferd durch zwei oder drei Pulls bzw. Zupfer gegen den Zaun gewendet

soll sofort Reaktion zeigen, durchparieren, auch wenn es mit ein paar Schritten ausläuft.

Mit der Zeit wird das Durchparieren immer besser, die anschließende Wendung gegen den Zaun macht den Stop kürzer bzw. eliminiert das Nachlaufen. Das Endprodukt des Hackamore Trainings ist ein Pferd, das auf einen leichten Pull auf einem Zügel hin einen Sliding Stop vollzieht — einen ebenso leichten zur Seite, und es wirbelt herum und schießt in eine andere Richtung davon. Oder es wird durch einen erneuten Pull zu einem weiteren Half Spin veranlaßt.

Auf dem Doubling baut das ganze Hackamore Training auf, und es ist verblüffend, auf welch feine Zupfer und Zügelhilfen ein Hackamore-Pferd zu reagieren lernt. Grundbedingung ist, daß der Zügel stets leicht durchhängt; nur dann kommen die Signale in Form leichtester Zupfer oder leichtesten kurzfristigen Annehmens durch. Da die Mecate oder Hair Rope schwer ist, bemerkt das Pferd ein Annehmen schon lange, bevor sie sich strafft.

Eine weitere Grundregel ist die, daß immer nur ein Zügel bedient wird, niemals beide gleichzeitig. Beim Back Up z.B. erfolgt das Zupfen wechselseitig.

Im Mittelpunkt der kalifornischen Hackamore-Ausbildung stand der *Set and Turn*, so wurde das genannt. Der Set ist der Stop, der Turn ein halber Spin — was man heute Roll Back nennt. Das Signal für den Stop, der leichte Anschlag, wird immer auf dem Zügel auf der Seite gegeben, zu der anschließend der Turn erfolgen soll. So weiß das Pferd stets schon vorher, in welche Richtung es sich anschließend herumwerfen muß und kann seine Beine entsprechend positionieren.

Richtungsänderungen werden besonders anfangs mit deutlich seitwärts geführter Zügelhand eingeleitet (Abb. 245), die auch bei fortgeschrittenem Ausbildungsstand immer noch deutlich seitwärts bleibt und nicht direkt rückwärts. In hohem Maße achtet das Pferd auf die seitlich sichtbar werdende Hand und reagiert darauf, oft ohne daß der Zügel gebraucht wird. Erst wenn ein Pferd alles beherrscht und allmählich auf Neck Reining umgestellt werden soll, nimmt man die Zügelhände graduell immer enger zusammen, bis sie zum Schluß in einer Hand geführt werden können.

Das *Old Time Hackamore Training* kennt keine Zügelhilfen zur diagonalen Kontrolle, sondern nur den *Direct Rein* (inneren Zügel), bis am Ende der Ausbildung zum Neck Reining übergegangen wird. Die Position der inneren Zügelhand, der Zaun und der äußere Sporn bzw. Quirt bringen das Pferd im Turn auf die Hinterhand. Ein Ausbrechen über die Schulter wird dadurch vermieden, daß nie kontinuierlich am Zügel gezogen wird, das Pferd also nie gebogen wird, sondern es sich nach jedem Pull wieder geraderichten kann, weil auf den Pull sofort der Slack folgt. Das kalifornische Reined Horse sollte geradegerichtet arbeiten und auch im Turn gerade bleiben. Eine interessante Parallele, daß auch im modernen Reining das Geradehalten des Pferdes eine dominante Rolle spielt.

Bei der Ausbildung mit der Hackamore muß unter allen Umständen vermieden werden, daß das Pferd im Galopp über ein gewisses Tempo hinaus beschleunigt. In

245
Die tiefe, seitliche Zügelführung zu Beginn des Hackamore Trainings. Mit der Zeit wird der Abstand zwischen den Zügeln graduell verkürzt, bis die Zügel schließlich in einer Hand geführt werden können

246
Stop, bei dem das Reitergewicht aus dem Sattel genommen wird, wie es der alten kalifornischen Reitweise entsprach

voller Fahrt, wenn es sich im Galopp richtig streckt, ist es außer Kontrolle. Ein Double wäre, wenn überhaupt möglich, zu gefährlich, da die Gefahr eines Überschlagens groß ist. Es muß also in einem kontrollierten Galopp bleiben, nötigenfalls gedoubelt werden, bevor es zu schnell wird.

Es soll auch nie gedoubelt werden, wenn es erschöpft ist. Gerade bei der Hackamore-Arbeit ist es wichtig, beurteilen zu können, wann ein Pferd genug gehabt hat. Das trifft zwar auf jede Trainingsarbeit zu, gerade beim Hackamore Training hängt aber besonders viel davon ab. Hat es sich bis zu einem gewissen Grad verausgabt, darf es nur noch leicht bewegt werden am langen Zügel. Es lernt sonst ganz schnell, sich auf die Hackamore zu legen, wie sich Pferde sonst aufs Gebiß legen. Hat es aber einmal angefangen, das zu tun, ist es also der Hackamore gegenüber abgestumpft, so ist es nicht möglich , das wieder zu korrigieren.

Typisch für den Reitstil der alten Reinsmen an der Westküste war auch das Aus-dem-Sattel-Nehmen des Gewichtes bei Stop und Back Up und mehr oder weniger auch bei den Turns (Abb. 246). Manche setzten stark den Schenkeldruck ein, um die Hinterhand beim Stop zum Untersetzen zu bekommen. Das ging z.T. so weit, daß sie die Steigbügel unterm Pferdebauch zusammenbanden, um so mehr Druck ausüben zu können, den Pferdebauch gewissermaßen in die Zange nehmen zu können.

Schenkelhilfen, wie sie beim Dressurreiten angewandt werden, gebrauchte der Old Time Reinsman nicht. Ed Connell, der von den letzten echten Repräsentanten jener Epoche gelernt hatte und vielleicht ihr letzter Vertreter war, sagt dazu selbst:

„Nach den Büchern über Dressurreiten, die ich gelesen habe, und nach Informationen aus erster Hand, die ich erhalten habe,

247
Der Bosal wird durch entsprechende Wicklungen der Mecate so justiert, daß er lose am Pferdekopf anliegt, aber nicht drückt. Die Windungen der Mecate sollen nicht dichter an das Kinnbein des Pferdes heranreichen, als etwa 2 cm, sonst ist die Hackamore in ihrer Aktion beeinträchtigt

248
Das Annehmen des Hackamore-Zügels bewirkt dann das Tucking. Es wird immer nur mit einem Zügel gearbeitet. Der Heel Knot stößt bei angenommenem Zügel an das Kinnbein

lernt das Dressurpferd durch Zügel-, Schenkel- und Sporenhilfen, seine Beine richtig zu setzen. Das Reined Horse wird nicht auf diese Art ausgebildet. Es wird trainiert, auf leichteste Zügelhilfen allein augenblicklich zu reagieren. Es wird mit der Hackamore ausgebildet, sein Maul bleibt also unangetastet. Sporen werden gebraucht, um es vorwärts zu beschleunigen. Beim Reiten eines Reined Horses hat man keine Zeit, Resultate durch Schenkelhilfen hervorzubringen. Es gibt weitaus bessere Wege, ein Pferd augenblickliche Reaktion zu lehren. Ich habe zu meiner Zeit mit den meisten der Master Horsemen in Central California gearbeitet, und ich kann sagen, daß keiner dieser Männer Schenkelhilfen gebrauchte, oder ich würde es wissen. Ich bezweifle auch sehr, daß sie je von Dressur gehört hatten".

Der Spin damals war eine Aneinanderreihung von zwei Turns (Roll Backs), wobei das Pferd nach jedem 180-Grad-Turn die Vorhand aufsetzte und sich damit erneut abstieß. Diese Technik bedingt, daß mehr Auf- und Abwärtsbewegung im Spin stattfindet und er nicht so flach ist, wie er heute gewünscht wird. Auch das Aufwinden in den Spin aus engen Galoppzirkeln gehörte zum Repertoire der Trainingsübungen jener Zeit.

Hier noch einmal die wichtigsten Regeln für das Training mit der Hackamore:

1. Nie am Zügel ziehen! Nach jedem Zügelanschlag wieder Slack geben.
2. Nie beide Zügel gleichzeitig annehmen oder auf beiden zugleich einen Anschlag geben!
3. Das Doubling bildet die Grundlage für die Hackamore-Ausbildung.
4. Mit dem Double und harten Anschlag so sparsam wie möglich umgehen!
5. Wenn Doubles nötig sind, diese stets nach beiden Seiten gleich oft ausführen.
6. Den Double immer in der Schwebephase ausführen!
7. Kein hartes Anfassen der Hackamore bei erschöpftem Pferd.
8. Dem Pferd immer die Chance geben, auf leichtes Zupfen und/oder seitliches Zeigen der Zügelhand zu reagieren.
9. Das Signal für den Stop immer in der Schwebephase geben!

10. Das Signal für den Stop stets auf der Seite geben, auf der anschließend der Turn erfolgen soll.
11. Das Pferd nie *wide open*, im gestreckten Galopp, laufen lassen!

Die alten Hackamore Reinsmen hielten auch nichts davon, ein Hackamore-Pferd mit einem Halfter zu führen oder es damit anzubinden. Sie benutzten einen Halsring. Ein Hackamore-Pferd sollte nichts anderes auf seinem Kopf tragen als eine Hackamore, um eventuellen Abstumpfungen vorzubeugen.

Wie so ziemlich alles in der Welt der kalifornischen Vaqueros und Reinsmen spanischen Ursprungs ist, so geht auch der Begriff Double auf das spanische Wort *Doblar* zurück, welches sich in seiner Bedeutung mit dem englischen Wort *Double* teilweise deckt. *Doblar* heißt im Spanischen soviel wie (um-)biegen, (ver-)doppeln, abbiegen, anschlagen, krümmen und beschreibt daher, was — übertrieben ausgedrückt — mit dem Pferd beim Doubling passiert: es wird durch einen oder mehrere Zügelanschläge in seiner Spur umgebogen, gewissermaßen doppelt „gefaltet". Im Endeffekt beschreibt es einen Bogen um das innere Reiterbein. Im Englischen bedeutet *Double* soviel wie eine scharfe Biegung oder Kehre, so daß *Doblar* auch in seiner englischen Verballhornung sofort einen Sinn machte.

249
Das Pferd wird mit dem Spade Bit ausgebunden, um sich daran gewöhnen zu können

250 Double Reins

Mit zunehmendem Ausbildungsfortschritt wurden immer leichtere und flexiblere Bosals gebraucht, im Einklang mit der Reaktion des Hackamore-Pferdes auf immer feinere Zügelhilfen.

Nachdem ein Pferd seine Ausbildung in der Hackamore abgeschlossen hatte, wurde es allmählich an den Bit gewöhnt, in der Regel ein Spade Bit. Das bedeutete, daß es alle Manöver, die der Vaquero von ihm erwartete, perfekt beherrschte, einschließlich der Rinderarbeit. Mit perfekter Beherrschung ist hier nicht nur eine korrekte Ausführung gemeint, sondern eine auf unglaublich leichte Zügelsignale hin. Das Maul des Pferdes war aber praktisch noch unangetastet, somit auch unentwickelt.

Für die Entwicklung eines guten Maules, also der Weichmäuligkeit, nahmen sich die kalifornischen Reinsmen ebensoviel Zeit wie für das Hackamore Training. Zunächst wurde das Pferd mit dem Bit bekanntgemacht, indem es ihn nur im Maul trug. Dann wurde es ausgebunden (Abb. 249), um es zu lehren, den Bit zu akzeptieren und daß es keinen Druck im Maul spürt, wenn es seinen Kopf in der richtigen Position hält, d.h. wenn es dem Zügelzug nachgibt, indem es tuckt.

Über einen langen Zeitraum wurde es dann in den Double Reins geritten (Abb. 250), wobei anfangs lediglich die Hackamore-Zügel benutzt wurden. Nach und nach, entsprechend seinen Fortschritten, die es im Annehmen des Bits machte, wurden die Bit-Zügel immer etwas mehr dazugenommen, und schließlich konnte das Pferd *straight up in the bridle*, allein mit einem Bit, geritten werden (Abb. 252).

Idealerweise reagierte es dann eher noch feiner als vorher, zumindest aber wurde die Leichtigkeit, mit der es in der Hackamore zu arbeiten gelernt hatte, erhalten.

252
Straight up in the bridle; der Bosal ist in der Funktion eines Sperrhalfers, und am daran befestigten Hair Rope (das keine Zügelschlaufe mehr hat) wird das Pferd auch geführt

251
Um bei einhändiger Zügelführung in Wendungen zu der Seite der Zügelhand hin die Hackamore Reins unterstützend direkt einsetzen zu können, wird mit der freien Hand unter der Zügelhand her gegriffen

253
Straight Up Bridle Horse im Spin

NECK REINING

Die einhändige Zügelführung, das Neck Reining, ist auffälligstes Merkmal des Westernreitens. Sie sollten sich aber nicht wundern, wenn davon bisher kaum die Rede war.

Ein Pferd ist mit zwei Händen besser zu kontrollieren, als mit nur einer Hand. Die einhändige Zügelführung erfordert darum einen höheren Grad an Gehorsam seitens des Pferdes, als die beidhändige. Darum werden während der Ausbildung ständig beide Hände gebraucht. Das bedeutet nicht, daß beide Hände grundsätzlich die Zügel halten — oft werden sie nur in einer Hand geführt. Die andere Hand ist aber immer bereit, korrigierend einzugreifen, sobald das Pferd nicht so präzise reagiert, wie es soll, wenn es — und sei es nur minimal — *out of position* ist. Die Positionierung ist das A und O in der Ausbildung. Es kommt nicht nur darauf an, daß ein Pferd z.B. eine Hinterhandwendung macht, sondern *wie* es diese ausführt —, es muß dabei richtig positioniert sein, die Form muß stimmen. Nur dann können Sie Trainingsfortschritt erzielen. Kreuzt es nicht korrekt über, fällt es mit der Schulter oder dem Rib Cage aus, so bedeutet das Rückschritt, wenn Sie es nicht korrigieren. Dazu müssen Sie manchmal die zweite Hand dazunehmen.

Es ist also nicht unbedingt so, daß Sie bis zu einem bestimmten Zeitpunkt grundsätzlich beidhändig reiten, um von da ab auf das Neck Reining umzustellen, obwohl das sehr wohl auch möglich und sicher besser ist, als zu früh zu viel im Neck Reining zu verlangen. In den meisten Fällen ist das Neck Reining aber etwas, das sich im Laufe der Ausbildung nach und nach einstellt. Der Übergang ist fließend. Die meisten Trainer stimmen darin überein, daß sie einen Übergang von der beidhändigen zur einhändigen Zügelführung gar nicht bewußt wahrnehmen, so allmählich vollzieht er sich.

Es ist darum immer eine Frage, die man nicht recht zu beantworten weiß, wenn jemand bei einem erst kurz in der Ausbildung stehenden Pferd wissen will, ob es „western" geritten sei. Solange es nicht im Neck Reining geht, ist es eigentlich nicht qualifiziert, als western gerittenes Pferd bezeichnet zu werden, ist es kein vollwertig western gerittenes Pferd. Auf der anderen Seite ist die ganze Art und Weise, wie die Westernausbildung typischerweise beginnt, deutlich von der zu unterscheiden, die hierzulande gang und gäbe ist. Das bezieht sich nicht auf bestimmte Techniken, sondern auch auf die ganz andere Philosophie, die dahintersteckt. Am deutlichsten wird das in dem Bestreben, die Pferde mit Samthandschuhen anzufassen, d.h. möglichst nicht zu erschrecken, nicht laut zu sprechen, den Sattel aufzulegen, möglichst, ohne daß das Pferd dies bemerkt, sich in den Sattel zu stehlen, ohne daß das Pferd dies eindrücklich mitbekommt, Dinge, die es erschrecken könnten, aus dem Weg zu räumen etc., während wir ganz anders vorgehen: das Pferd allem aussetzen, es bewußt mit Erschreckendem konfrontieren, ohne daß es dabei Schmerz erfährt oder Schaden nimmt, und so sein Vertrauen gewinnen.

Pferde, die nach der hiesigen Schule eingeritten werden, sind oft noch nach Jahren schreckhaft und scheuen bei jedem Anlaß, während unsere schon nach Wochen gelangweilt dastehen in Situationen, bei denen sich erstere furchtbar aufregen würden.

Trotzdem, ein Pferd ist erst dann als „western geritten" zu bezeichnen, wenn es bestimmte Voraussetzungen erfüllt. Es sollte in den Grundgangarten und in Basismanövern problemlos am losen Zügel und im Neck Reining geritten werden können. Ein Reining *Prospect,* ein Reining-Kandidat, der noch nicht direkt auf Neck Reining gearbeitet wurde, aber in der Ausbildung so weit gefördert ist, daß er Stops und Spins schon recht ordentlich ausführen kann, steht so weit an den Hilfen, daß er oben erwähnte Grundvoraussetzungen in jedem Fall im Neck Reining bringt.

Erwarten Sie grundsätzlich nichts von Ihrem Pferd im Neck Reining, was es nicht zuvor in beidhändiger Zügelführung gelernt hat. Seien Sie jederzeit bereit, die andere Hand dazuzunehmen, wenn eine Korrektur, und sei sie noch so geringfügig, angebracht ist. Die einzige Ausnahme ist, wenn Sie auf einem Turnier in der Prüfung reiten, denn da würden Sie deswegen disqualifiziert. Aber sonst sollten Sie Ihrem Pferd nichts durchgehen lassen und nie zögern, die zweite Hand dazuzunehmen. Konsequenz ist das Wichtigste in der Ausbildung.

Für den Hausgebrauch ist die Zügelhaltung wie in Abb. 235 und 236 gezeigt die praktischste. Im Prinzip nennt man das *Squaw Reining.* Auf der Seite der Zügelhand nehmen Sie den Zügel etwas kürzer, als auf der anderen, so daß Sie, wenn sie weit genug nach außen mit der Hand gehen, einen Direct Rein oder innere Zügeleinwirkung haben. Fällt das Pferd mit der Schulter aus, wenn Sie es in die Richtung der Zügelhand lenken, können Sie leicht mit der anderen den Neck Rein in Form der diagonalen Kontrolle betätigen. Wenden Sie in die andere Richtung, und Ihr Pferd reagiert nicht gut genug auf den Neck Rein, so nehmen Sie mit der anderen Hand seine Nase in die gewünschte Richtung (Abb. 234). Sie können auch die Zügel gleichlang halten und den Direct Rein auf der Seite der Zügelhand daruntergreifend betätigen (Abb. 251).

Auch Pferde, deren Ausbildung abgeschlossen ist, müssen immer wieder beidhändig korrigiert werden, wenn sie dressurmäßig auf einem bestimmten Niveau bleiben sollen.

Je schneller die Gangart, umso größeren Gehorsam verlangen Sie von Ihrem Pferd, wenn es im Neck Reining gehen soll. Es ist also u.U. im Schritt schon problemlos mit einer Hand zu reiten und vielleicht auch schon im Trab, während Sie im Galopp immer noch die zweite Hand zur Korrektur benötigen.

DAS STELLEN DES PFERDES BEI EINHÄNDIGER ZÜGELFÜHRUNG

Der Begriff "Neck Reining" kann m.E. für ein dressurmäßig gut ausgebildetes Westernpferd irreführend sein. Er stammt aus einer Zeit bzw. einem Umfeld, wo eine relativ grobe Hilfengebung gebräuchlich war. Der Begriff beinhalted, daß die Berührung des Halses durch den äußeren Zügel, also durch den Neck Rein, die ausschlaggebende Hilfe ist, durch die das Pferd gelenkt wird. Das ist Dressur im negativen Sinne, wie im Kapitel "Grundsätzliches zur Reitweise und Hilfengebung, Dressur und Reiten" angesprochen. So trainierte Pferde schauen bei Richtungsänderungen und Wendungen meistens nach außen, stellen sich nicht korrekt. Viele klatschten den Pferden mit einem Quirt außen an den Hals, gleichzeitig mit dem Anlegen des äußeren Zügels, um ihnen so das Neck Reining beizubringen. Es gab sogar Typen, welche die Halsseiten der Pferde mit Hammerschlägen oder Ähnlichem bearbeiteten, um sie so empfindlich zu machen, daß der gegen den Hals gelegte Zügel schon Schmerz erzeugte und die Pferde diesem wichen. Mit Reiten oder Dressur hat das natürlich nichts mehr zu tun, nur mit Tierquälerei.

Ähnlich wie der Begriff "Breaking" ursprünglich für ein rauhes Einreiten bzw. Einbrechen stand, sich aber bis heute gehalten hat und so auch für das heute übliche humane und artgerechte Einreiten steht, hat sich auch der Begriff Neck Reining erhalten und bedeutet im Prinzip nichts anderes als einhändige Zügelführung bzw. Lenkung.

Diese einhändige Lenkung beruht aber nicht unbedingt auf der Zügelführung, sondern auf dem Zusammenspiel der Zügel-, Gewichts- und Schenkelhilfen. Mehr denn je zählt im heutigen Wettbewerb das Wie, der Stil, die Manier, in der ein Westernpferd seine Lektionen ausführt. Ein Pferd, das nur durch den Neck Rein gesteuert wird, ist in der Regel nicht korrekt gestellt. Um korrekt gestellt zu sein, muß es gut an den Schenkelhilfen stehen. Je besser es an den Gewichts- und Schenkelhilfen steht, desto weniger Bedeutung fällt den Zügelhilfen zu. Die Zügelhilfen haben beim fertig ausgebildeten und einhändig gerittenen Pferd mehr eine nach vorn begrenzende als eine richtungsändernde Funktion.

Bob Loomis sagt: "Wenn die Zügelhand nicht mitten über dem Pferdehals bleiben kann - auch in den Galoppzirkeln -, ist das Pferd einfach nicht *broke* (voll ausgebildet)."

Sie werden jetzt fragen: "Woher weiß denn dann das Pferd, daß es z.B. linksherum laufen soll, wenn die Zügelhand mitten über dem Hals bleibt? Wodurch wird es denn dann gelenkt?"

Das Pferd wird über die Schenkelhilfen gestellt, und wenn es entsprechend gestellt ist und das Reitergewicht richtig eingesetzt wird, läuft es auch in die richtige Richtung. Bei einem so ausgebildeten Pferd kann die Zügelhand auch in Zirkeln und bei Richtungsänderungen immer mitten über dem Mähnenkamm bzw. Widerrist bleiben und geht höchstens einmal bei einem Roll Back etwas in die neue Richtung.

Das Pferd kann durch die Gewichts- und Schenkelhilfe gestellt und gesteuert werden. Wenn Sie es nach links stellen, wird es auch linksherum laufen. Die meisten Lenkungsprobleme entstehen dadurch, daß das Pferd nicht korrekt gestellt ist. Es guckt auf dem Zirkel nach außen, und bevor Sie wissen, wie's geschah, läuft es aus dem Zirkel. Andere gucken nach außen und bleiben trotzdem auf Kurs - aber wie sieht das aus? Nicht so jedenfalls, daß ein Richter davon begeistert ist.

Wie aber stellen Sie es? Da gibt es verschiedene Möglichkeiten. Gehen wir zunächst nochmals von der beidhändigen Zügelführung aus. Wenn Sie beide Zügel gleichmäßig anstehen haben und ihren linken Schenkel vorn, am Gurt oder vor dem Gurt, einsetzen, macht sich das Pferd links hohl, es biegt sich nach links. Gleichzeitig mag es sich aber nach rechts bewegen, also vom Schenkeldruck weg. Auf dem Zirkel würde das bedeuten, daß es den Zirkel vergrößert. Das verhindern Sie wiederum mit dem äußeren Schenkel (außerdem auch mit Ihrer Gewichtshilfe, wenn Sie durch Ihren Sitz das Pferd nach innen schieben).

Anders ist es bei der einhändigen Zügelführung auch nicht. Ein leichtes Anlegen des inneren Schenkels vorn am Gurt reicht bei einem gutausgebildeten Pferd, um es nach innen schauen zu lassen, etwas mehr, und es vergrößert den Zirkel, driftet also nach außen.

Sie können das Pferd aber auch mit dem äußeren Schenkel stellen. Dazu machen Sie folgende Vorübung: Sie nehmen einen Zügel senkrecht nach oben und mitten über dem Pferd an, so daß er gut ansteht, sagen wir ruhig: Sie ziehen daran. Der andere Zügel hängt durch. Sie müssen senkrecht nach oben annehmen, nicht zu Ihnen hin. Mit dem gegenüberliegenden Schenkel treiben Sie so lange hinterm Gurt, bis das Pferd mit der Nase nach unten und innen geht und sich um Ihren inneren Schenkel "wickelt" (und das kann lange dauern). Erst dann geben Sie mit der Hand nach. Sie müssen das Pferd dabei in der Vorwärtsbewegung halten.

Das sieht zunächst nicht gut aus und fühlt sich genauso schlimm an, bis das Pferd kapiert und mit der Nase nach innen/unten geht. Aber es funktioniert. Sie machen dies oft genug, bis Sie sicher sind, daß das Pferd es begriffen hat und Sie sich darauf verlassen können, daß es darauf reagiert. Sie brauchen dann nur einen Zügel senkrecht anzunehmen, und das Pferd biegt sich nach innen, eventuell müssen Sie außen etwas Schenkeldruck geben.

Wenn das gut klappt, nehmen Sie beide Zügel in die Hand und machen dasselbe. Wichtig ist dabei, daß Sie mit Ihrer Zügelhand gerade nach oben gehen und nicht seitlich nach innen versetzt. Nach meinen Beobachtungen fällt es den meisten schwer, die Zügel dabei senkrecht nach oben und nicht nach innen anzunehmen. Wenn die Hand, mit der Sie die Zügel annehmen, nicht mitten über dem Pferd, sondern seitlich nach innen versetzt ist (also in die Richtung versetzt, in die das Pferd sich stellen soll), kann es nicht funktionieren.

Sie können dabei mit der Zügelhand eher etwas nach außen gehen, als nach innen. Warum? Mehrfach wurde angesprochen, daß zuviel Neck Rein das Pferd nach außen stellt. Es ist deshalb nur logisch, daß eine nach außen gehende Zügelhand das Pferd nach innen stellt. Diesen Effekt können Sie sich zunutze machen.

Sie haben nun eine Hilfe installiert, mit der Sie das Pferd jederzeit mit einer Hand und dem äußeren Schenkel nach innen stellen können, und zwar ohne daß es dadurch nach außen driftet. Und wie gesagt, wenn es in die richtige Richtung guckt, läuft es auch in die richtige Richtung (wir sprechen hier von gehorsamen Pferden, nicht von grünen oder widersetzlichen).

Die Übung ist aber auch darüberhinaus noch wertvoll. Einmal dient sie natürlich auch der Gymnastizierung, ein anderer Effekt aber ist der, daß das Pferd lernt, sich im Maul anfassen zu lassen.

Diese Übungen können Sie durchaus mit dem Snaffle Bit machen. Mit dem Curb Bit funktioniert es dann noch besser.

Schließlich sei noch darauf hingewiesen, daß beim Reiten mit Curb Bit (und wenn ein Pferd einhändig vorgestellt wird, geht es ja immer in einer Curb Bit-Variante) zum Verlangsamen eine aufwärts gehende Zügeleinwirkung (ggf. mit gleichzeitigem Schenkeldruck) vorteilhafter ist, als eine, die auf den Reiterkörper zu erfolgt. Nimmt man die Zügel zu sich hin an, neigt das Pferd mehr dazu, gegen das Gebiß zu gehen, bei einer nach oben gehenden Zügelhand dagegen nicht. Die nach oben gehende Zügelhand bewirkt eher, daß das Pferd beizäumt.

UMSTELLUNG ANDERS GERITTENER PFERDE AUF DIE WESTERN-REITWEISE

Was das Wesentliche eines western ausgebildeten Pferdes ausmacht, ist in diesem Buch beschrieben. Wer ein auf andere Weise gerittenes Pferd umschulen will, prüfe, inwieweit es von seinem Ausbildungsstand her die Anforderungen erfüllt.

Insbesondere können folgende Tests angewandt werden:

Geht das Pferd ein gleichmäßiges Tempo auch bei durchhängendem Zügel, oder beschleunigt es, sobald ihm Slack gegeben wird?

Können Sie es ohne Zügeleinwirkung durchparieren?

Wenn Sie, egal ob im Schritt, Trab oder Galopp, bei unverändert leichter Zügelanlehnung mit beiden Schenkeln Druck ausüben, nimmt es dann die Nase herunter und pariert durch, oder wird es dann schneller und nimmt eventuell den Kopf hoch?

Können Sie es bei nur leichter Zügelanlehnung beliebig viele Schritte rückwärtsrichten?

Können Sie es im Schritt und im Trab mühelos beliebig lange auf zwei Hufschlägen gehen lassen, auch ohne Bande (Abb. 201).

Das sind Punkte, wo Sie ansetzen sollten. Erfüllt Ihr Pferd diese Voraussetzungen, ist es zumindest nicht weit davon entfernt, ein western gerittenes Pferd genannt werden zu können. Eventuell muß es gegenüber dem Neck Rein und äußeren Schenkel weitergehend sensibilisiert werden, um mit einer Hand geritten werden zu können. Läßt es sich mit einer Hand lenken, ohne sich nach außen zu stellen und besteht die oben genannten Tests, so darf es als western ausgebildet gelten.

Ob ein Pferd mit Westernsattel und Western-Reitausrüstung geritten wird, hat mit all dem gar nichts zu tun. Dadurch, daß einem Pferd der Westernsattel aufgelegt wird, ist es kein western trainiertes Pferd, und umgekehrt kann die Westernreitweise auch mit einem anderen Sattel praktiziert werden.

In den meisten Fällen, wo ein Pferd auf "western" umgestellt werden soll, ist es allerdings so, daß auch der Reiter sich umstellen muß, weil es in der Regel Reiter sind, die bis dahin "englisch" ritten und nun Spaß am Westernreiten bekommen haben, die ihr Pferd für diese Reitweise umschulen wollen. In einer solchen Situation hat der Reiter oft größere Umstellungsschwierigkeiten als das Pferd. Wenn der Reiter sich aber in Sitz und Hilfengebung nicht umstellt, kann er von seinem Pferd logischerweise nicht erwarten, daß dieses sich umstellt.

Es sind meistens dieselben Probleme, mit denen solche Reiter zu kämpfen haben:

Sie müssen sich überwinden, wenn sie das Pferd am losen Zügel gehen (und stehen) lassen sollen. Sie sind darauf fixiert, das Pferd per Zügel zurückzuhalten, wenn es im Tempo zulegt, ohne daß der Reiter es dazu auffordert. Sie kommen darum kaum davon weg, ständig Zügelkontakt zu halten.

Wenn das Pferd lernen soll, gleichmäßig am losen (durchhängenden) Zügel zu gehen, ist es wirkungsvoller, die durchhängenden Zügel in die innere Hand zu nehmen und impulsartig immer dann lediglich den äußeren Zügel anzunehmen, wenn es zu schnell wird. Am besten geht das, wenn man auf dem Hufschlag reitet und das Pferd gegebenenfalls so stark herumnimmt, daß es gegen die Bande bzw. den Zaun läuft, wenn es nicht sofort verlangsamt. Wenn es auf ein leichtes Annehmen nicht durchpariert, ergreift man den äußeren Zügel etwa in der Mitte zwischen Zügelhand und Pferdemaul, setzt *sanft* an und zieht dann konsequent durch, bis es entweder abbremst oder gegen die Wand läuft. Beim nächsten Mal bekommt es erst wieder eine Chance, auf ein leichtes Annehmen zu reagieren, bevor ggf. wieder ein Doubling erfolgt.

Hat man keine Wand neben sich, kann dasselbe trotzdem durchgeführt werden. Dann wird das Pferd eben einfach so scharf herumgenommen, daß seine Nase ans Reiterknie kommt und es deshalb abbremst. Das ist recht anstrengend für das Pferd, und wenn es mehrmals nacheinander so unterbrochen wurde, sieht es bald ein, daß es besser auf den Reiter achtet und auch dann nicht einfach losrennt, wenn es nicht durch anstehenden Zügel gehalten wird.

Eine andere Sache, die vielen schwer zu fallen scheint, ist, das ständige Klopfen mit den Schenkeln bzw. Absätzen abzustellen. Anscheinend wird das in vielen deutschen Reitställen so gelehrt, und wer das ein paar Jahre so gemacht hat, kann es zunächst kaum lassen.

Auch das Nach-innen-Neigen des Oberkörpers, das meistens mit einem Einknikken in der inneren Hüfte einhergeht, ist nur sehr schwer auszumerzen. Je nach dem, welcher Disziplin im Westernreiten man sich zuwenden will, hat man es mit einem solchen Sitz große Schwierigkeiten.

GROUND TYING

Durch Filme und Romane haben viele eine Vorstellung von einem Cowboypferd, zu der unbedingt auch gehört, daß es im *Ground Tying* trainiert ist. Es ist ja auch eine faszinierende Vorstellung, daß man vom Pferd springt, die Zügel auf den Boden fallen läßt und das Pferd wie angegossen stehenbleibt, während man selbst hierhin oder dorthin geht. Vielleicht stellt sich manch ein Träumer sogar vor, daß er auf ein Bier in eine Kneipe geht, während sein Pferd draußen, mit hängenden Zügeln unerschütterlich auf dem Fleck verharrend, wartet. Es gibt zwar Methoden, das Ground Tying zu trainieren, z. T. sehr grausame, nur keine wirklich zuverlässige. Ein Pferd lernt früher oder später immer, daß es in Wirklichkeit frei ist und fortlaufen kann. Besonders in unserem dichtbesiedelten Land, wo es von Menschen, Autos usw. nur so wimmelt, ist es illusorisch, anzunehmen, man könne einem Pferd abverlangen, ohne angebunden zu sein auf dem Fleck stehenzubleiben, komme, was da wolle.

Das Ground Tying rührt natürlich auch von den Erfordernissen der Arbeit des Cowboys her, der, seitdem die Zeit der *Open Range,* der freien Weide, vorüber ist und auch im amerikanischen Westen alles eingezäunt wurde, gelegentlich einmal absteigen muß, um einen Zaun zu flicken oder ein Gatter zu öffnen. Auch wenn ein Rind gefangen und verarztet werden muß, ist es erforderlich, daß er absitzt und sein Pferd unangebunden stehenbleibt, während er dieser Arbeit nachgeht.

Ein Pferd, das viele Stunden täglich unter dem Sattel geht und vor allem immer konsequent erzogen wird, ist für eine solche Ruhepause dankbar und gewöhnt sich gern daran, stehenzubleiben. Ebenso, wie die Pferde es aber lernen, mit gehobbelten Vorderbeinen recht zügig zu laufen, können sie auch lernen, den Kopf zur Seite zu nehmen, um sich nicht auf die Zügel zu treten, und sich davonzumachen. Schon bei den Cowboys wurde von manchen Pferden scherzhaft gesagt: „Dieser Gaul kann mit hängenden Zügeln schneller laufen, als wenn er eine Kuh einholen soll!"

Trotzdem ist das Ground Tying keine unnütze Übung. Es bringt dem Pferd Disziplin bei. Außerdem wird es in Trail-Übungen verlangt. Sie sollten es nur nicht als eine Alternative zum Anbinden ansehen und Ihr Pferd so auch nicht unbeaufsichtigt lassen.

Bei konsequenter Erziehung im Umgang mit dem Pferd wird es ihm schnell selbstverständlich, in vielen Situationen, z. B. beim Putzen, Satteln usw. ruhig stehenzubleiben, ohne angebunden zu sein. Darauf aufbauend können Sie den Abstand, in dem Sie Ihr Pferd auch ohne Zügel oder Führstrick dominieren und unter Ihrem Einfluß halten, nach und nach vergrößern, bis Sie sich einige Meter weit entfernen können, ohne daß es sich in Bewegung setzt. Eine War Bridle mit recht langem freiem Strickende ist hierfür ausgezeichnet zu gebrauchen. In einer Trail-Klasse müssen Sie in einem Kreis von etwa 5 bis 6 Metern um Ihr Pferd herumgehen, ohne daß es sich vom Fleck rührt.

Wenn Sie Ground Tying üben, benutzen Sie anfangs nicht Zaumzeug und Zügel, sondern entweder Halfter und Führstrick oder die War Bridle. Erst wenn Ihr Pferd recht zuverlässig steht, machen Sie dasselbe mit den Zügeln.

Wenn Sie besonderen Wert auf das Ground Tying legen, sollten Sie sich in einem gewissen Umkreis in Ihrem Reitgebiet solide Anbindemöglichkeiten schaffen, die als solche nicht für Ihr Pferd erkennbar sind. Auf freiem Feld graben Sie Pfähle in die Erde, in die ein Anbindering eingeschraubt ist. Lediglich dieser Ring soll hervorschauen, möglichst noch im Gras verborgen sein. Baumwurzeln können als Anbindevorrichtung dienen.

Sie können nun zu diesen Stellen reiten, absitzen, Zügel und Lead Rope herunterhängen lassen (das Pferd trägt ein Halfter unter dem Kopfstück) und das Pferd am Lead Rope anbinden. Danach entfernen Sie sich umgehend vom Pferd, wenn möglich, sogar aus seinem Gesichtskreis. Sie sollten es aber beobachten können. Natürlich können Sie das nur mit einem Pferd machen, das ein Allein-Angebundensein ohne weiteres akzeptiert.

ZUM ABSCHLUSS NOCH EINMAL GENERELLES

Bei der gesamten Ausbildung behalten Sie bitte den Grundsatz im Auge, daß es besser ist, einmal hart durchzugreifen, als das Pferd ständig mit halbherzigen Aufforderungen zu nerven. Wenn das Pferd z.B. eine Schenkelhilfe kennt und versteht, weiß, daß es dem Schenkel zu weichen hat und es trotzdem nicht oder nicht gut genug tut, so ist ein deutlicher, unmißverständlicher Sporeneinsatz, auch wenn er grob aussehen mag, keine unnötige Brutalität, sondern u.U. die einzige richtige Maßnahme.

Nicht der bei passender Gelegenheit konsequent und hart eingesetzte Sporn macht ein Pferd sauer, sondern viel mehr ein permanentes halbherziges „Bohren", das nicht deutlich genug ist, das Pferd zum Gehorsam zu bewegen, aber doch stark genug ist, um ihm unangenehm zu sein. Der Reiter erreicht nicht die gewünschte Reaktion, wendet aber dennoch viel mehr Sporenhilfe an, als normal nötig wäre oder sein sollte. Das Pferd fühlt sich belästigt, stumpft ab, wird sauer. Ein kurzer, entschlossener Einsatz des Spurs dagegen hätte es wahrscheinlich überzeugt, und der Reiter wäre bis auf weiteres danach mit einem leichten Druck der Wade ausgekommen...

Beim Gebrauch der Zügel wird ebenso in wohlmeinender Absicht oft zu zurückhaltend operiert. Mit der Idealvorstellung des losen Zügels und des auf kaum sichtbare Zügelhilfen reagierenden Pferdes im Hinterkopf, getrauen sich viele Reiter erst gar nicht, die Zügel überhaupt anzufassen. Damit eine Parade überhaupt durchkommen kann, muß das Pferd erst einmal lernen, daß das Gebiß eine Wand darstellt, die es nicht ignorieren kann, die es im Gegenteil respektieren muß. Dieser Sekundenbruchteil, in dem die Hände stehenbleiben und das Pferd das Gebiß als solch eine „Wand" erfährt, bringt manchmal einiges an Zug auf die Zügel. Das geht nicht ohne Zupacken.

Der Unterschied zwischen einer feinfühligen Zügelhand und einer, die mit viel Zug arbeitet, ist der, daß die gute Zügelhand tatsächlich passiv wie eine Wand steht, d.h. daß in dem Sekundenbruchteil, in dem das Pferd nachgibt, das Kinn einzieht, durchpariert, die Zügel sofort wieder locker sind. Auch hier gilt also — wie in allen anderen Bereichen der Ausbildung —, daß die Feinfühligkeit, das sensible Reagieren, nicht erzielt wird durch ausschließliches Anfassen mit Samthandschuhen, sondern durch ein im entscheidenden Moment konsequentes und notfalls auch hartes Durchgreifen.

Die Kunst liegt darin, zu wissen, zu fühlen, wann nachgegeben werden muß.

Bei der gesamten Trainingsarbeit hängt der Erfolg in höchstem Maße davon ab, zu wissen, wann nachgegeben werden muß, wann's genug ist. Ein Spin, ein Stop zuviel, und das Pferd, das bis dahin ehrlich bemüht war, sich gesteigert hat und schließlich einen Spin oder einen Stop gemacht hat, für den man es loben kann, wird wieder schlechter —, im günstigeren Fall wird es lediglich wieder schlechter, und wir haben die Gelegenheit versäumt, mit einer guten Leistung und Lob aufhören zu können; im ungünstigeren Fall wird es stocksauer, lehnt sich auf, bringt eventuell sogar sich und den Reiter in Gefahr. Wer Pferde trainiert hat, kennt diese Situationen. Wir alle haben uns schon auf diese Weise das eine oder andere Mal schuldig gemacht. Das Gute ist, das Pferde uns vergeben, die meisten jedenfalls. Pferde sind nicht halb so nachtragend wie Menschen. Wer einen solchen Fehler macht und nicht daraus die Lehre zieht, hat allerdings im Pferdetraining nichts zu suchen.

Achten Sie darauf, bei Richtungsänderungen das Frontende des Pferdes immer als Einheit zu bewegen. Lassen Sie es nie im Hals abknicken. Die laterale Flexibilität trainieren Sie als selbständige Übung im Stand oder auch mal im Schritt. Bei Wendungen, Drehungen und Galoppzirkeln bewegen Sie das Frontende aber immer als Einheit. Im wesentlichen läuft das auf die angewandte Schulterkontrolle hinaus. Wenn Sie durch äußeren Zügel bzw. äußeren Schenkel die äußere Schulter mitnehmen, wird es kein Abknicken im Hals geben. Und wenn Sie die Schulter haben, haben Sie das ganze Pferd. Ein Pferd kann nicht in Hals und Schulter gerade bleiben und im Rücken abbiegen...

Ein Hauptproblem ist, das sei noch einmal erwähnt, das Antizipieren zu vermeiden, egal, um was es auch geht — Stops, Galoppwechsel, Beschleunigen, Back Up usw., die meisten Pferde fangen bald an, „mitzudenken" und zeigen die Tendenz, Manöver vorwegnehmen zu wollen. Dem muß beständig entgegengewirkt werden, und es stellt die Phantasie des Ausbilders vor ziemliche Anforderungen, dem zu begegnen.

Wenn Probleme auftauchen, Pferde sauer werden, so heißt in der Regel die Devise *„Back to the Basics"*, zu den Grundübungen zurückzukehren. Irgendwo im Trainingsaufbau hat es eine Schwachstelle gegeben, und man muß von vorn anfangen, um herauszufinden, wo die Steifheit oder mangelnde Reaktion herrührt und neu aufbauen. Auf jeden Fall ist Zeit ein gewaltiger Faktor, und die meisten Probleme schaffen wir uns, weil wir nicht genug Geduld haben mit unseren Pferden, weil wir uns von Kunden, von Turnieren, von unserem Ehrgeiz unter Druck setzen lassen. Ist ein Pferd sauer, wirken ein paar Tage oder Wochen ohne Arbeit, am besten frei auf der Weide, oft Wunder.

Um sich dem Pferd verständlich zu machen, muß man mit winzigen Fortschritten zufrieden sein und diese belohnen. Fast jedes Problem, mit dem man konfrontiert wird, ist auf zu rasches Vorgehen zurückzuführen, darauf, daß man dem Pferd zu viel abverlangt hat. Das Problem mag korrigiert werden, wenn aber der Druck, unter dem das Pferd steht, anhält, wird es nicht lange dauern,und es entwickelt ein neues usw. Bevor Sie sich versehen, haben Sie keine Trainingsaufgabe mehr vor sich, sondern sind mit Korrigieren beschäftigt. Ein solches Pferd ist wie ein alter Schlauch;

wenn Sie ein Loch geflickt haben, wird er an einer anderen Stelle wieder undicht.

Wann immer es Probleme gibt, wann immer das Pferd sich auflehnt, antizipiert, unsauber geht, hektisch wird oder abstumpft, müssen Sie selbst die Verantwortung dafür übernehmen. In dem Maße, wie Sie die Schuld dafür nicht bei sich selbst suchen, sondern dem Pferd, den äußeren Umständen oder Ihrem Reitlehrer zuschreiben, werden Sie nicht weiterkommen. Jeden Mißerfolg, der auftritt, jede Unaufmerksamkeit, jeden Ungehorsam, ob bei der Trainingsarbeit oder auf einer Show, müssen Sie persönlich nehmen, sonst kann es keinen Fortschritt geben.

Viele der Probleme, die auftreten, können nach meinen Beobachtungen auf kleine Ungehorsamkeiten der Pferde zurückgeführt werden bzw. Inkonsequenz des Reiters ihnen gegenüber. Man muß sich darüber klar sein, daß man schon in dem Moment, wo man sich in den Sattel gesetzt hat, einen positiven oder negativen Einfluß auf das Pferd gehabt hat. Ja, das fängt schon an, bevor wir überhaupt in den Sattel steigen. Wenn wir ihm erlauben, dabei unruhig zu tänzeln, merkt sich das Pferd dies schon. Wenn es losgehen darf, wenn wir kaum im Sattel sitzen, ohne dazu eine Aufforderung erhalten zu haben, haben wir schon eine Untugend verursacht usw. Wenn wir nicht merken, wenn sich das Pferd einen halben Meter aus dem Zirkel drängelt, den wir reiten wollen, und es erst nach zwei oder drei Metern zu korrigieren versuchen, sind wir in der Defensive, und das Pferd hat die Oberhand. Es ist dann schwerer zu korrigieren, und es fällt ihm noch schwerer, zu verstehen, daß es etwas falsch gemacht hat - den Reiter trifft die Schuld, der das ja überhaupt erst zugelassen hat. Die meisten Anfänger und weniger fortgeschrittenen Reiter sind sich nicht darüber im klaren, wieviele Unterlassungssünden sie dauernd begehen und wie sich diese in ihrer Summe in einem ungehorsamen und meistens auch unzufriedenen Pferd ausdrücken, einem mehr oder weniger argen Problempferd. Alles und jedes und jede Kleinigkeit, die wir im Umgang mit dem Pferd und in dessen Sattel tun oder unterlassen, hat eine Wirkung, sei sie positiv oder negativ.

Gerade das Wissen darum aber könnte Reiter nervös und noch unsicherer machen. Das wäre aber verkehrt. *Nobody is perfect,* deshalb werden auch Sie Fehler machen, und darum werden auch Sie mit Problemen fertigwerden müssen. Deshalb kann das Training von Pferden eine so frustrierende Sache sein. Da gibt es rabenschwarze Tage, aber es gibt auch jene wunderbaren Tage, die für alles entschädigen. Fehler zu machen, ist völlig normal und passiert jedem, auch Ihnen. Wenn Sie übermäßig darauf bedacht sind, nur ja keinen Fehler zu machen, kann dies dazu führen, daß Sie vor lauter Nervosität und Anspannung überhaupt nicht mehr locker im Sattel sitzen können - und dann machen Sie erst recht Fehler!

Lassen Sie sich, wenn irgendmöglich, nicht unter Druck setzen. Gehen Sie in Ihrer Trainingsarbeit Schritt für Schritt vor, fordern Sie nie mehr, als Ihr Pferd begriffen hat und von seiner Kondition und Gymnastizierung her zu leisten imstande ist. Und machen Sie sich klar, daß Sie sich und Ihrem Pferd keinen Gefallen tun, wenn Sie den Trainer, zu dem Sie es in Ausbildung gegeben haben, unter Druck setzen. Sie werden dann ein Pferd haben, das zu reiten eine Freude ist, das mitmacht und das, wenn seine Möglichkeiten noch nicht ausgeschöpft werden konnten, zu einem späteren Zeitpunkt ohne Probleme weiter gefördert werden kann.

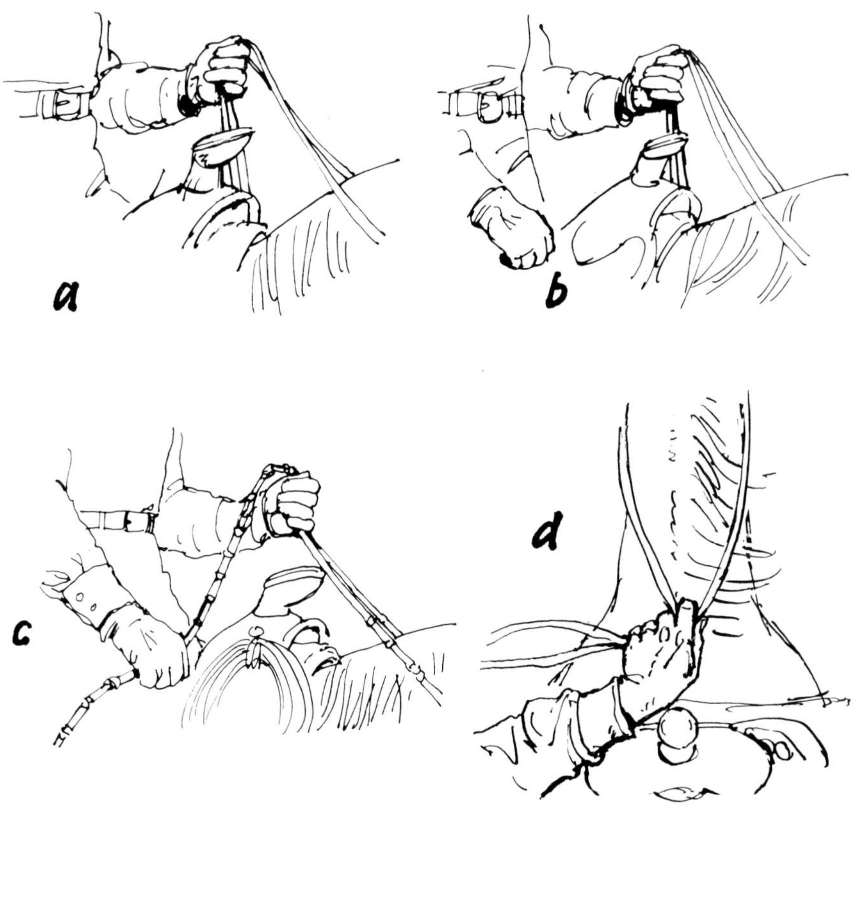

254
Auf Turnieren zulässige Zügelhaltungen;
a) mit einem Finger zwischen den Split Reins,
b) ohne Finger zwischen den Split Reins,
c) Zügelhaltung bei Closed Reins, die rechte Hand hält den Romal
d) Zügelhaltung der meisten Reiner (Split Reins),

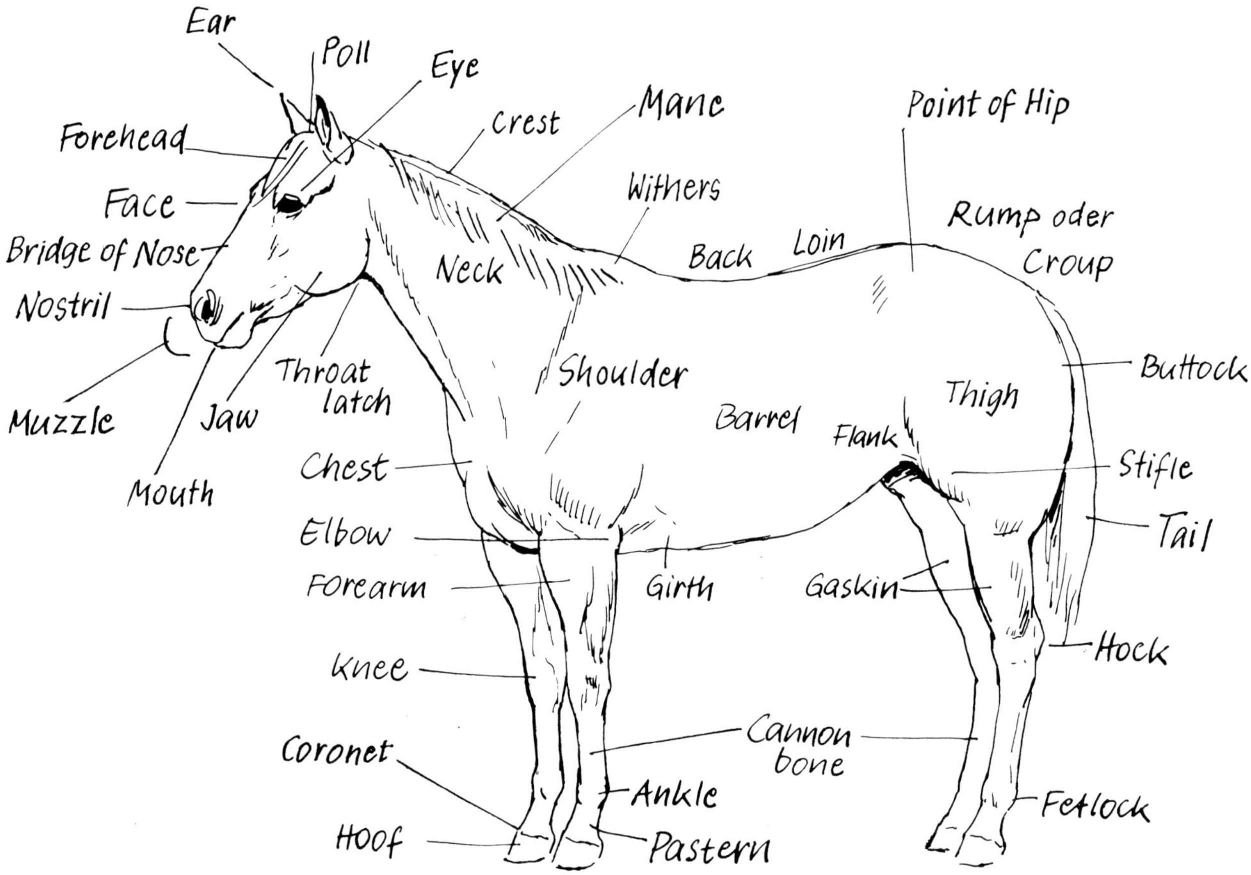

255 Die amerikanischen Bezeichnungen für die einzelnen Körperteile des Pferdes

DIE WESTERNREITSTUNDE

Da manche so gut wie nie die Vorworte von Büchern lesen, möchte ich an dieser Stelle nochmals erwähnen, daß mit dem Nachstehenden dieses Buch gewissermaßen auf den neuesten Stand gebracht wurde.

Jeder gute Reiter und Ausbilder entwickelt sich weiter. "Stillstand ist Rückstand" heißt es im Volksmund, und das gilt auch für die Reiterei. Ich sehe keinen Grund abzustreiten, daß ich neue Erkenntnisse gewonnen habe, seit ich dieses Buch 1988 schrieb, meistens durch Gespräche mit amerikanischen Trainern, aber auch durch eigenes Ausprobieren, und ich freue mich über die Gelegenheit, sie in diese neue Ausgabe einfließen zu lassen.

Außerdem habe ich seit dem Erscheinen der ersten Auflage dieses Buches vermehrt Reitunterricht gegeben und versucht, die Fehler zu analysieren, die gemacht wurden. Dabei war es auffällig, daß es fast immer dieselben Fehler sind, die Reitern unterlaufen (und die manchmal fast nicht auszumerzen sind). Sie finden sich nicht nur bei Reitanfängern, sondern schleichen sich auch bei erfahreneren Reitern ein und werden zur Gewohnheit, wenn sie unkorrigiert bleiben. Die Ergebnisse habe ich zum Teil 1991/92 als Artikelserie unter der Überschrift "Die Westernreitstunde" im Magazin "Western Horse" veröffentlicht, und ich denke, daß sie für dieses Buch eine wertvolle Ergänzung sind.

Einmal mehr taucht da die Frage auf, ob so elementare Dinge in einem Trainingsbuch etwas zu suchen haben, ob für Reiter, die das erst lernen müssen, das Ausbilden von Pferden nicht tabu sein muß, und schließlich auch das Argument, das man durch Lesen sowieso nicht Reiten lernen kann. Ein Buch, und sei es noch so gut, kann Reitunterricht nicht ersetzen und kann nicht befähigen, ein Pferd zu trainieren. Aber es kann dazu hilfreich sein. Und es ist keineswegs so, daß Fehler nur von Reitanfängern gemacht werden, so daß diese Ausführungen auch Fortgeschrittenen eine Hilfe oder zumindest ein Denkanstoß sein können. Ich stelle bei mir immer wieder fest, daß sich Fehler einschleichen, nur daß ich leider - und das trifft auf die meisten Profis zu - niemanden habe, der mich korrigiert. Man kann sich aber gut durch gelegentliche Videoaufzeichnungen kontrollieren.

Schließlich möchte ich noch erwähnen, daß es durchaus Beispiele gibt für unerfahrene Reiter, die mit Hilfe guter schriftlicher Anleitung durch Gewissenhaftigkeit in ihrer Trainingsarbeit zu recht ordentlichen Resultaten gekommen sind.

Im besonderen ist es die Zügelführung, bei der ich heute einen anderen Schwerpunkt setze als früher, nicht zuletzt auch wegen der Beobachtungen beim Reitunterricht. Ich bin überzeugt, daß es der besseren Kommunikation mit dem Pferd und darum einem besseren Reiten dienlich ist, wenn es keine Unterbrechung im "Kommunikationsdraht" mit dem Pferd, sprich Zügel, gibt. Eine ungebrochene Kommunikationslinie zum Pferdemaul ist dann gegeben, wenn zwischen den Ellbogen des Reiters und dem Pferdemaul eine durchgehende Linie vorhanden ist, sowohl von der Seite, als auch von oben gesehen.

Damit hängt zusammen, daß die Zügel, wenn sie angenommen werden, gerade zurück angenommen werden. Das kann man sich am besten einprägen, indem man an den Ellbogen denkt, anstatt an die Zügelhand. Wenn der Ellbogen vor- oder zurückgeht, geht die Zügelhand wie auf einer Schiene vor oder zurück, und die direkte Linie zwischen Ellbogen und Pferdemaul bleibt erhalten, d.h. ungebrochen.

Das bedeutet auch, daß die rechte Hand rechts und die linke Hand links bleibt, auch in den Richtungsänderungen, Drehungen und Wendungen. Beide Hände bleiben außen und gehen nicht vor die Körpermitte oder gar darüber hinaus. Eine solche Zügelhaltung und -bedienung fördert nicht nur eine bessere Kommunikation über das Gebiß, sondern auch einen besseren Sitz, und dadurch wiederum eine bessere Kommunikation. Besonders das Nach-innen-Gehen der äußeren Zügelhand bewirkt ein Verdrehen des Reiters im Oberkörper und Nach-innen-Lehnen des Oberkörpers. Wenn beide Hände ruhig in Ausgangsposition bleiben, wirkt sich das enorm positiv auf den ruhigen Sitz des Reiters aus und auf die Ruhe des Pferdes.

Schlüsselerlebnis dazu war, als mir der Reining Horse Trainer Brian Welman demonstrierte, wie der gerade nach hinten angenommene äußere Zügel, auf die Reiterhüfte zu oder ggf. sogar außen an der Reiterhüfte vorbei, die äußere Schulter des Pferdes wirkungsvoller kontrolliert, als wenn er in Richtung innerer Reiterhüfte angenommen wird.

Andere neue Gesichtspunkte, die sich ergeben haben, beziehen sich auf das Stellen des Pferdes bei einhändiger Zügelführung, wie im Kapitel "Neck Reining" beschrieben.

Wir hielten es nicht für erforderlich, das ganze Buch neu zu überarbeiten, sondern fügen diese Ausführungen als Zusatz an. Wenn also im ersten Teil des Buches dieses nicht berücksichtigt wurde, dann wissen Sie, warum.

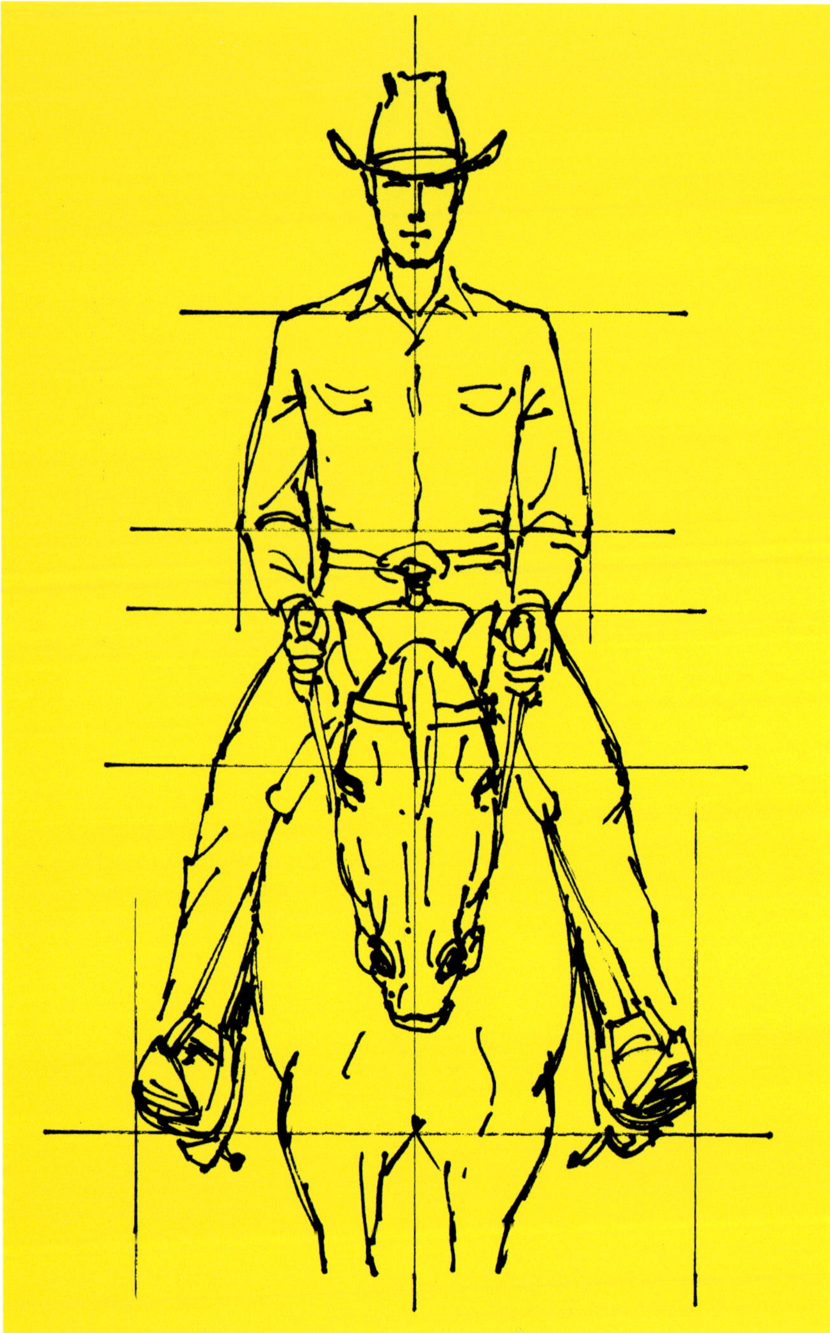

256

Ein aufrechter, symmetrischer und balancierter Sitz ist Grundvoraussetzung jeden Reitens und einer wohldosierten und effektiven Hilfengebung

Der Sitz

Das Wichtigste beim Reiten ist der Sitz. Ruhige, feinfühlige Hände und Schenkel sind ebenfalls von größter Wichtigkeit, aber sie sind nur möglich, wenn der Sitz gut ist.

Ein Reiter hat einen guten Sitz, wenn er symmetrisch, gelöst, entspannt und ruhig im Gleichgewicht sitzt und wenn er mit den Bewegungen des Pferdes geht, d.h. dem Pferd nicht "in den Rücken fällt."

Ein Teufelskreis ist dafür verantwortlich, daß es Reitanfängern so schwer fällt, sich diesen Sitz anzueignen: Dem normalen Anfänger fällt es schwer, auch im Trab und Galopp "tief im Pferd" zu sitzen, dem Rhythmus der Bewegungen des Pferdes mit dem Gesäß bzw. dem Rückgrat zu folgen und so dem Pferd nicht in den Rücken zu fallen; das Pferd, dem der ungeübte Reiter in den Rücken fällt, macht sich im Rükken hart, um sich gegen die Stöße durch das Reitergesäß zu schützen, wodurch es noch mehr wirft; das macht es dem ungeübten Reiter erst recht schwer, tief zu sitzen und am Pferderücken zu kleben, d.h. er fällt dem Pferd noch härter in den Rücken; das Pferd verkrampft sich daraufhin noch mehr und macht sich im Rücken noch härter usw...

Ungeübte Reiter können leichter einen guten Sitz erlernen, wenn sie Longenstunden nehmen. Die Schwierigkeit des Reitens liegt auch darin, zur gleichen Zeit auf vieles achten zu müssen: richtig zu sitzen, die Hände ruhig zu halten, die Schenkel ruhig zu halten usw. Wird das Pferd longiert, kann sich der Reiter zunächst auf seinen Sitz konzentrieren und muß nicht gleichzeitig besorgt sein, das Pferd mit den Zügelhänden nicht im Maul zu stören; abgesehen davon, daß unkontrollierte Einwirkungen im Maul auch dazu beitragen, daß sich das Pferd versteift und dadurch schlechter zu sitzen ist.

Ein großer Teil der Reiter, die ich auf Lehrgängen zu sehen bekomme und die sich mit Übungsteilen wie Stop, Spin, Zirkel und Galoppwechsel usw. abgeben, haben noch gar nicht einen Sitz erworben, aus dem heraus eine gezielte, dosierte Hilfengebung durch Zügel, Schenkel und Gewicht überhaupt erst möglich ist. Sie haben nötig, bis auf weiteres an ihrem Sitz zu arbeiten, möglichst an der Longe. Leider sehen das die wenigsten ein. Sie empfinden es bestenfalls als langweilig, schlimmstenfalls als Demütigung, wenn sie sich an die Longe nehmen lassen sollen.

Viele Reiter, die keine Mühe haben, sich den Bewegungen des Pferdes anzupassen und die sitzen können, haben sich dennoch bestimmte Fehler angewöhnt. Die häufigsten, auf den Sitz bezogenen, sind:

Asymmetrischer Sitz
Hoher Absatz
Hochgezogene Knie
Runde Schultern
Oberkörper hinter der Senkrechten
Krummer Rücken
Gesenkter Kopf
Nach innen geneigter Oberkörper

Um es gleich vorweg zu sagen: Es gibt eine ganze Reihe sehr erfolgreicher Reiter und Trainer, die eine oder mehrere dieser schlechten Angewohnheiten haben. Zum Reiten und Ausbilden von Pferden gehören viele unterschiedliche Voraussetzungen, und wenn alles andere stimmt, kann auch jemand, der mit hochgezogenen Absätzen reitet oder immer auf dieselbe Art schief sitzt oder sonst einen Fehler hat, sehr erfolgreich sein. Pferde gewöhnen sich an Eigenarten des Reiters und können diese kompensieren. Ein solcher Reiter ist aber dann nicht erfolgreich, *weil*, sondern *trotzdem* er diesen Fehler macht.

257

Asymmetrischer Sitz beim Galoppzirkel. Das Pferd galoppiert einen Rechtszirkel. Der Reiter lehnt den Oberkörper nach innen, knickt in der inneren Hüfte ein und läßt die innere Schulter fallen. Die Fliehkraft schiebt seine Hüfte nach außen

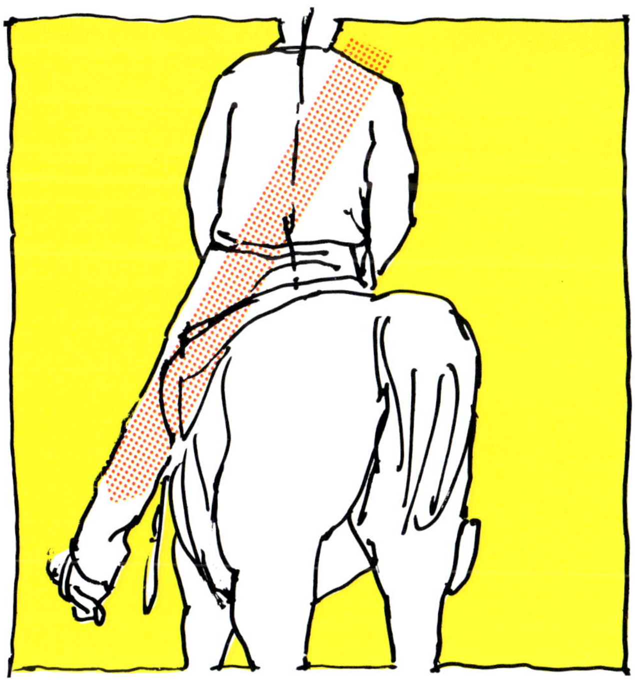

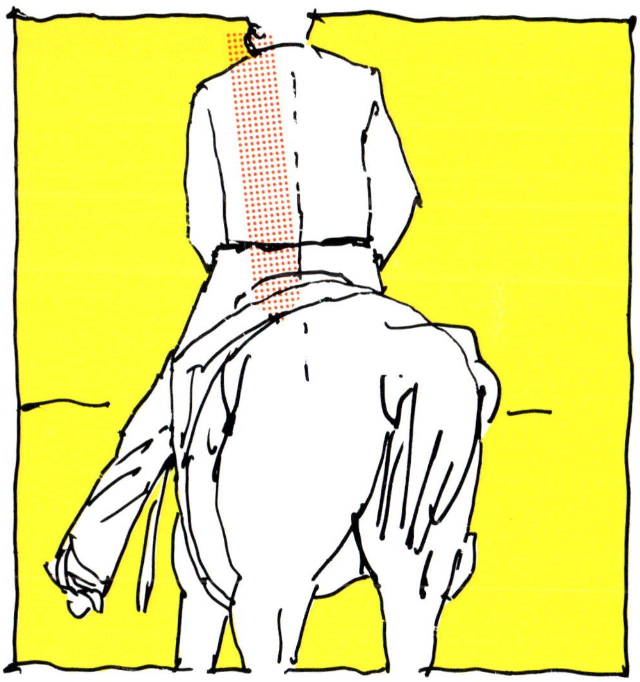

258/259

Die linke Skizze verdeutlicht, wie durch das Einknicken in der inneren Hüfte und die dadurch abgeknickte Wirbelsäule der Reiter durch die Fliehkraft nach außen gedrückt wird und seinen tiefen Sitz verliert. Die rechte Skizze zeigt, wie der Reiter in dieser Situation sitzen sollte, um sein Gewicht so einsetzen zu können, daß das Pferd dadurch auf dem Zirkel gehalten wird. In dieser Position kann er auch, wenn erforderlich, seinen äußeren Schenkel optimal einsetzen

Der richtige oder ideale Sitz ist keine Geschmacksache, wurde nicht willkürlich festgelegt. Der richtige Sitz ist der, der eine optimale Hilfengebung und dadurch eine optimale Kontrolle über das Pferd ermöglicht.

Symmetrischer Sitz

Der richtige Sitz ist symmetrisch. D.h. bei geradeaus laufendem Pferd wird der Oberkörper des Reiters senkrecht und gerade mitten über dem Pferd getragen, die Schultern des Reiters bilden eine Linie, die im rechten Winkel zur Bewegungsrichtung steht, beide Beine des Reiters fallen gleichmäßig an den Seiten des Pferdes herab.

Die einhändige Zügelführung verlangt uns u.U. eine Abweichung von dieser symmetrischen Grundhaltung ab. Die Grundhaltung des Reiters kann symmetrisch bleiben, auch wenn die Zügelhand weiter vorgenommen werden muß, die einhändige Zügelführung verführt aber dazu, die zur Zügelhand gehörige Schulter unnötig weit vorzuschieben und so eine asymmetrische Haltung einzunehmen.

Eine asymmetrische Haltung bedingt eine ungleichmäßige Hilfengebung.

Der Galopp ist keine symmetrische Gangart. Im Galopp wird die innere Hüfte etwas vorgeschoben, das innere Bein ebenfalls, und das äußere Bein wird etwas zurück gehalten oder angelegt. Eine solche Haltung ist für den Galopp symmetrisch, sie entspricht der Symmetrie des Galopps. Wenn die Wirbelsäule des Reiters nicht mehr senkrecht, die Schultern nicht mehr waagerecht getragen werden, dann ist die Haltung asymmetrisch.

Aus dieser symmetrischen Grundhaltung heraus kann der Reiter nun sein Pferd lenken, indem er bewußt und gezielt Verschiebungen vornimmt. Wenn er seine Hüfte nach links schiebt, bringt er den größeren Teil des Gewichtes seines Oberkörpers nach rechts. Solange er in der Wirbelsäule gerade bleibt, kann dieses Gewicht nun eingesetzt werden, um über die Wirbelsäule und seine Gesäßknochen das Pferd nach links zu schieben. Unterstützt

260

Der Reining Horse Trainer Dick Pieper beim Galoppzirkel nach links. Er sitzt senkrecht und im Verhältnis zum Zirkel etwas außen. Durch seine Kreuzeinwirkung kann er das Pferd auf dem Zirkel halten bzw. nach links lenken.

261

Dick Pieper beim Reiten eines Schrittzirkels. Er sitzt mitten im Pferd, sein Oberkörper ist senkrecht und nicht nach innen geneigt.

262

Asymetrischer Sitz beim Geradeausreiten - die Wirbelsäule ist hier im Hals und im Bereich der Hüfte geknickt; der Kopf ist nicht senkrecht, die rechte Schulter ist tiefer als die linke, die linke Hüfte ist tiefer als die rechte.

wird die Wirkung, wie auch der Sitz, der diese Wirkung hervorruft, durch das Abstellen des linken Beines und das Anlegen des rechten. Dasselbe gilt im umgekehrten Sinne, wenn das Pferd nach rechts gelenkt werden soll.

Bekannterweise kann man ein Pferd auch anders ausbilden, nämlich so, daß es sich unter das Gewicht des Reiters begibt. Welche der beiden Methoden die bessere ist, muß jeder für sich ausmachen. Wenn ich mich darauf verlasse, daß das Pferd sich unter mein Gewicht begibt, bin ich vom Wohlwollen des Pferdes abhängig, während ich durch das Nach-innen-Schieben der Gesäßknochen und die Schenkelhilfen das Pferd durch direkt einwirkende treibende Hilfen lenke. In jedem Fall ist es die gezielte, dosierte Abweichung von der symmetrischen Grundhaltung, welche die Hilfe darstellt, durch die das Pferd beeinflußt bzw. gelenkt wird.

Nur wenn das Pferd die symmetrische Grundhaltung kennt und gelernt hat, dabei geradeaus zu laufen, kann es die dosierte Gewichtshilfe in wünschenswerter Weise annehmen und darauf reagieren. Nur wenn die Wirbelsäule dabei gerade bleibt, kann eine Gewichtshilfe durchkommen, kann entsprechender Druck auf die Gesäßknochen ausgeübt werden. Und Grundvoraussetzung für alles ist, daß der Reiter im Gleichgewicht sitzt. Sitzt er nicht im Gleichgewicht, sitzt er nicht in der Mitte des Pferdes, so wird er durch die Fliehkraft im Bereich der Hüfte bzw. des Beckens nach außen gedrückt, er sitzt nicht mehr tief ein, die innere Hüfte knickt ein, eine Gewichtshilfe ist nicht mehr möglich. Setzt er sich zu weit nach innen, drückt er dadurch sein Pferd nach außen, also weg von der Richtung, in die er reiten will.

So wie Pferde eine steife und eine "Schokoladenseite" haben, trifft dies auch auf Reiter zu. Bei den meisten Reitern klappt alles in einer Richtung besser, in der anderen schlechter. Das kann mit der besseren oder schlechteren Seite des Pferdes zusammenhängen, es kann aber auch an einer Einseitigkeit, d.h. einseitigen Steifheit, des Reiters liegen. Nicht wenige Leute haben sich eine asymmetrische Haltung angewöhnt, die sie auch beim Gehen, Stehen und Sitzen einnehmen. Es ist ganz natürlich, daß sie dann auch im Sattel asymmetrisch sitzen. Dem kann nur begegnet werden, wenn man von jemandem immer wieder kritisch beobachtet und korrigiert wird.

Um eine fehlerhafte Haltung dauerhaft zu korrigieren, benötigt man Zeit. Das geht nicht von heute auf morgen. Je intensiver man daran arbeitet, je kürzer die Intervalle, in denen man korrigiert wird, desto schneller macht man natürlich Fortschritte. In jedem Fall dauert es eine ganze Zeit, bis eine falsche Angewohnheit "ausradiert" ist und durch eine richtige ersetzt wurde. Das ist dann gelungen, wenn kein bewußtes Daraufachten seitens des Reiters mehr erforderlich ist, sondern ihm die richtige Haltung in Fleisch und Blut übergegangen ist.

Das Ausradieren eines solchen Fehlers kann in manchen Fällen schneller erreicht werden, wenn in der Übergangsphase die entgegengesetzte Haltung in extremer Weise eingenommen wird. Wenn ein Reiter z.B. dauernd nach innen lehnt, in der inneren Hüfte abknickt und die innere Schulter hängen läßt, ist es hilfreich, wenn er über eine Zeit bewußt den Oberkörper extrem nach außen bringt, in der äußeren Hüfte einknickt, die innere Schulter deutlich höher trägt. Wenn er dann, nach dem er dies eine Zeitlang praktiziert hat, nicht mehr bewußt darauf achtet, sitzt er wahrscheinlich genau mitten im Pferd. Wenn ein Reiter dazu neigt, in Zirkeln und Wendungen mit der äußeren Schulter zu weit vorzugehen, was meistens einhergeht mit einer zu tiefen inneren Schulter und Zügelhand, ist es hilfreich, die Zügel in einer, der inneren, Hand zu halten und die äußere dem Pferd auf die Kruppe zu legen. Das bringt den Reiter in eine seinem Fehler genau entgegengesetzte Haltung und hilft ihm, diesen zu überwinden.

Hoher Absatz

Bei anderen Problemen läßt sich das jedoch nicht so anwenden. Viele Reiter reiten z.B. nicht aus Nachlässigkeit mit zu hohem Absatz, sondern weil sie im Fußgelenk zu steif sind. Es tut ihnen weh, das Fußgelenk soweit zu beugen, daß der Ab-

263

Falsch verstandene bzw. falsch angewandte Schenkelhilfe. Der Absatz ist hochgezogen, weil man damit ans Pferd kommen möchte (in diesem Fall für das Two Tracking). Der Wadenmuskel ist aber in dieser Haltung schlaff und ineffektiv. Werden Sporen getragen, so wird ein Pferd auf diese Weise eher belästigt

264

Bei niedergetretenem Absatz ist die Wade stramm, vom Pferd gut spürbar, und die Schenkelhilfe kommt durch

satz wirklich tief ist. Es liegt auf der Hand, daß sie keine extrem tiefe Absatzhaltung einnehmen können.

Der Reiter, dem es anatomisch keine Schwierigkeiten bereitet, mit tiefem Absatz zu reiten, muß ganz einfach über einen längeren Zeitraum konzentriert darauf achten, mit sehr tiefem Absatz zu reiten, bis es ihm zur zweiten Natur geworden ist. Reiter mit steifen Fußgelenken müssen im Grunde dasselbe tun, nämlich mit möglichst tiefem Absatz reiten. Sie können aber noch mehr tun: sie können sich beispielsweise mit dem Fußballen auf einen Absatz stellen (Treppenstufe) und immer wieder so weit den Absatz nach unten treten, wie sie es aushalten können. Mit der Zeit dehnen sich die Bänder, wird das Fußgelenk beweglicher, und dann macht es ihnen keine Mühe mehr, mit tiefem Absatz zu reiten. Das übt sich.

Nicht wenige Reiter haben im Grunde keine Probleme mit dem tiefen Absatz. Der Grund, weshalb sie dennoch dauernd den Absatz hochziehen, liegt woanders, nämlich bei falsch verstandenen oder falsch angewandten treibenden Schenkelhilfen.

Der Sitz mit tiefem Absatz ist nicht nur der sicherste und anatomisch beste, er ermöglicht auch eine bessere Hilfengebung. Bei tiefem Absatz ist der Wadenmuskel straff und hart; wenn er an den Pferdeleib angelegt wird, kann damit Druck ausgeübt werden - die Hilfe kommt durch. Bei hochgezogenem Absatz ist der Wadenmuskel schlaff; Schenkeldruck kann damit nicht ausgeübt werden.

Der Grund, weshalb viele mit hochgezogenem Absatz reiten, ist der, daß sie a) dauernd treiben und b) dies nicht mit dem Unterschenkel (sprich Wadenmuskel) tun, sondern mit dem Absatz oder Sporn. Da in den meisten Fällen der Reiterabsatz unterhalb der Wölbung des Pferdebauchs hängt, wird er hochgezogen, um damit den Pferdebauch zu berühren. Wenn dann die erhoffte Wirkung ausbleibt, wird der Absatz meistens noch rauf und runter bewegt, was nicht minder effektlos ist.

Tiefes Knie

Der tiefe oder hohe Absatz hängt ursächlich mit der Lage des Knies zusammen. Je tiefer ein Reiter "im Pferd sitzt", desto tiefer liegt sein Knie. Sitzt ein Reiter nicht tief, reitet er mit hochgezogenen Knien, so reitet er in der Regel auch mit hohem Absatz. Das tiefe Knie bringt umgekehrt auch den Absatz herunter.

Runde Schultern und nach hinten gelehnter Oberkörper

Runde Schultern und ein krummer Rücken müssen durch betontes Geradesitzen und zurückgenommene Schultern "bekämpft" werden.

265

Der nach hinten gelehnte Oberkörper (nicht balancierter Sitz) bringt die Tendenz mit sich, die Knie hochzuziehen, und auch dabei wird oft der Absatz hochgezogen. Ein nach deutlich nach hinten gelehnter Oberkörper entlastet ebenfalls Wirbelsäule und Becken

266

Bei Reitern, die keinen balancierten Sitz haben und vornüber kippen, kommt automatisch der Absatz hoch. Der Reiter neigt so zum Festklammern mit den Beinen, anstatt losgelassen im Gleichgewicht zu sitzen. Becken und Wirbelsäule sind entlastet. Umgekehrt hilft ein tiefer Absatz, das Nachvornfallen zu vermeiden

Auf die Ermahnung, die Schultern zurückzunehmen, reagieren die meisten zunächst mit einem Zurücknehmen des Oberkörpers, was natürlich falsch ist. Das eine hat mit dem anderen nichts zu tun.

Befindet sich der Oberkörper deutlich hinter der Senkrechten, wird eine treibende Gewichtshilfe fast unmöglich, da so das Becken entlastet wird. Aus dem Grunde reiten viele ungeübte Reiter so, weil sie herausgefunden haben, daß sie die Stöße durch den Pferderücken, besonders im Trab, so leichter abfangen können. Eine reiterliche Einwirkung über Wirbelsäule und Sitzknochen ist so aber nicht gut möglich.

Der aufgerichtete Oberkörper und die zurückgenommenen Schultern ermöglichen ein besseres Einwirken über Wirbelsäule und Sitzknochen (Gewichtshilfen) und wirken sich positiv auf den tiefen und entspannten Sitz aus.

267

Dieser Absatz ist zwar heruntergetreten, aber bei extrem nach vorn gestrecktem Bein. Eine solche Fehlhaltung geht häufig Hand in Hand mit zurückgelehntem Oberkörper, außerdem drückt sich der Reiter so gegen das Cantle und verliert den tiefen Sitz

268

Tiefes Knie und tiefer Absatz

Extremes Geradesitzen mag zunächst steif und übertrieben aussehen, doch wenn der Reiter sich daran gewöhnt hat und es nicht mehr bewußt tun muß, lockert er diese Haltung automatisch so weit, daß er zwar korrekt aufgerichtet sitzt, aber dann dabei entspannt und geschmeidig bleibt.

Krummer Rücken

Der krumme Rücken geht meistens Hand in Hand mit runden Schultern. Ein Reiter kann aber im Rückgrat ziemlich gerade bleiben und dennoch die Schultern nicht zurücknehmen.

Es leuchtet ein, daß man über sein Rückgrat keinen Druck ausüben kann im Sinne einer Gewichtshilfe, wenn dieses rund wie ein Flitzebogen gekrümmt ist. Reiter können mit rundem Rücken nach vorn gefallen reiten oder auch hinter der Senkrechten. Im ersten Fall krümmen sie den Rücken mei

269

Der Rücken ist hier im unteren Bereich gerade, und das Knie ist tief, aber die Schultern sind rund; Kopf und Hals fallen nach vorn

270

Krummer Rücken, runde Schultern. Eine treibende Gewichtshilfe ist durch ein so entlastetes Rückgrat kaum möglich. Vom Equitation-Standpunkt aus ist eine solche Haltung abzulehnen. Nur Cutter dürfen (und müssen) so sitzen

271

Gerader Rücken, aber abgeknickter Hals bzw. gesenkter Kopf. Aus einem solchen Sitz heraus ist eine korrekte Hilfengebung durchaus möglich, diese Haltung gibt aber kein vorteilhaftes Bild ab

272

Gerader Rükken, tiefes Knie und tiefer Absatz. Kopf und Hals sind aufgerichtet, der Blick geht frei voraus, die Schultern sind zurückgenommen. Ein solcher Sitz begünstigt das tiefe Einsitzen und treibende Gewichtshilfen

stens im oberen Bereich, im letzteren im unteren.

Gesenkter Kopf

Der gesenkte Kopf hängt meistens mit einer nachlässigen, also nicht aufgerichteten, Haltung des Oberkörpers zusammen. Wer mit gesenktem Kopf reitet, gibt nicht nur ein weniger gutes Bild ab, sondern hat auch leicht die Tendenz, die Schultern rund und die Wirbelsäule krumm zu machen.

Es gibt viele Reiter, vor allem Ausbilder, die ja dauernd ihr Pferd beobachten und deshalb viel nach unten schauen müssen, die im Rücken zwar aufgerichtet bleiben, aber sich doch angewöhnt haben, den Kopf zu senken und nach unten zu blicken.

Vor allem in Klassen wie Horsemanship (Equitation) und Western Pleasure, wo nicht nur das, was das Pferd ausführt, bewertet wird, sondern auch der Gesamteindruck von Pferd und Reiter, ist es wichtig, das Kinn zu heben und auch in Genick und Kopf aufrecht zu reiten.

Nach innen geneigter Oberkörper

Der nach innen geneigte Oberkörper ist in jedem Fall fehlerhaft. Die häufigste Version ist die, bei der auch die innere Hüfte einknickt. Der Grund, weshalb Reiter diese Haltung einnehmen, ist der, daß sie ihr Pferd auf diese Weise (in der Regel unbewußt) zu lenken versuchen.

Angenommen, das Pferd soll einen Linkszirkel laufen. Der Reiter merkt, daß es sich wehrt, daß es seinen Zügelhilfen nicht so folgt, um dadurch problemlos auf dem gewünschten Kurs gehalten zu werden. Was macht der Reiter? Er knickt in der linken Hüfte ein und bringt seinen Oberkörper nach innen. Das bringt die innere Schulter des Reiters tiefer. Außerdem verdreht er sich typischerweise noch in den Schultern, d.h. seine Schultern sind nicht im rechten Winkel zur Längsachse des Pferdes, sondern die innere hängt zurück, die äußere geht vor. Meistens wird dann noch die äußere, also hier die rechte, Zügelhand vor dem Oberkörper her nach innen genommen.

Diese Reaktion geschieht gewöhnlich unbewußt. Obwohl diese Haltung überhaupt nicht geeignet ist, das Pferd besser auf dem Kurs zu halten, sondern eher das Gegenteil bewirkt, scheint es in uns verankert zu sein, es unwillkürlich auf diese Weise zu versu chen, wenn wir "Lenkschwierigkeiten" haben.

Was ist daran alles falsch? Erstens kann über eine so verdrehte und abgeknickte Wirbelsäule keine effektive Gewichtshilfe gegeben werden. Zweitens wirkt diese Haltung in verschiedener Hinsicht dem angestrebten Ergebnis zuwider: Das innere Reiterbein hat so die Tendenz, ans Pferd zu kommen und drückt es vom Zirkel weg; das nach innen hängende Gewicht bewirkt dasselbe; und in dieser Haltung kann der äußere Schenkel, der hier wirklich helfen könnte, nicht effektiv eingesetzt werden.

Es ist einfach ein Trugschluß, daß ein nicht folgsames Pferd durch Nach-innen-Drehen und Nach-innen-Verlagern des Gewichtes veranlaßt werden könnte, nach innen zu laufen. Das funktioniert einfach nicht.

Manche Reiter versuchen auch, bei steif getragenem Oberkörper ihr Gewicht nach innen zu verlagern. Die Wirbelsäule wird dabei nicht verbogen, die Hilfe ist aber ebenso unwirksam.

Ein gehorsames Pferd, das entsprechend ausgebildet ist, folgt der Gewichtsverlagerung nach innen wie nach außen. Aber auch dieses so ausgebildete Pferd, wenn es denn einmal nicht recht möchte und nicht folgt, kann durch diese Haltung nicht eines besseren belehrt werden. Und selbst bei einem solchen Pferd, das so ausgebildet ist, daß es sich unter das Gewicht stellt, ist es fehlerhaft, in der inneren Hüfte einzuknikken und den Oberkörper nach innen zu neigen. Die Gewichtshilfe wird so gegeben, daß man sich auf den inneren Gesäßknochen setzt, die innere Hüfte leicht vorschiebt. Der Oberkörper verschiebt sich dabei nur sehr wenig, der Sitz bleibt symmetrisch!

Die einzige Möglichkeit, auf ein widersetzliches Pferd effektiv einzuwirken, ist die, daß man sein Gewicht, seinen Zügel- und Schenkeldruck so einsetzt, daß es davor weicht. Um bei dem Beispiel des Linkszirkels zu bleiben, auf dem unser unfolgsames Pferd nicht gern bleiben möchte: Wenn der Reiter sich in den äußeren Bügel stellt, sein Gewicht nach außen bringt, so entspricht es der natürlichen Reaktion des

273

Der Reiter versucht hier, das Pferd auf einen Linkszirkel zu lenken, indem er den Oberkörper nach innen neigt. Er läßt die innere Schulter fallen, verdreht sich im Oberkörper und knickt in der inneren Hüfte ein. Durch sein Gewicht drückt er das Pferd so eher aus dem Zirkel

274

Falsch verstandener Außensitz - der Reiter versucht, Gewicht nach außen zu bringen, fällt aber so fast vom Pferd. Er muß sein äußeres Bein durchtreten und seine innere Hüfte vor- und nach innen schieben...

275

...wie es hier (leicht übertrieben) dargestellt ist. So drückt er das Pferd in die gewünschte Richtung, gleichzeitig kommt so das äußere Bein wirkungsvoller ans Pferd

276

Hier lehnt sich der Reiter in den Zirkel, ohne daß er in der inneren Hüfte einknickt. Er ist dem Pferd voraus und erwartet von ihm, daß es ihm folgt, d.h. sich unter sein Gewicht begibt (was es aber nicht zu tun beliebt). Ein solches Bemühen kann man auf allen Reitplätzen beobachten, ob mit oder ohne Einknicken...

Fluchttieres Pferd, davor wegzulaufen, also nach innen, wohin es ja auch laufen soll. Außerdem ist man in dieser Position in der Lage, den äußeren Schenkel wirkungsvoll einzusetzen, um das Pferd zu veranlassen, auch davor nach innen zu weichen.

277

Bei diesem Spin kann man nicht nur gut sehen, wie der Reiteroberkörper weniger Schräglage hat als das Pferd und das Reitergewicht das Pferd nach innen drückt, sondern auch, wie die innere Zügeleinwirkung nicht vor den Bauch des Reiters geht, sondern der Ellbogen geht außen am Pferd vorbei

Die Zügelführung

Es ist logisch, daß nur aus einem stabilen, ruhigen und balancierten Sitz heraus eine gute und wirkungsvolle Zügelführung möglich ist.

Solange ein Reiter im Sattel geworfen wird, gehen seine Hände auf und ab - sie sind unruhig. Zu unruhigen Händen kann ein Pferd kein Vertrauen fassen; Einwirkungen im Maul sind bei unruhigen Händen nicht wohldosiert, sondern im Gegenteil unkontrolliert. Die Reaktion des Pferdes darauf sind Maulsperren, Kopfhochwerfen, Kopfschlagen, den Unterhals herauszudrücken, Verspannung bis in den Rücken hinein. Langfristig ergibt sich ein Pferd, das sich entweder entschlossen gegen das Gebiß wehrt und u.U. auch durchgeht, oder es stumpft ab und wird hartmäulig.

Ruhige Hände sind nicht Hände, die krampfhaft und starr immer in derselben Position gehalten werden. Jede Art von Verkrampfung und Verspannung beim Reiter ruft dasselbe beim Pferd hervor. Gelingt es dem weniger geübten Reiter, seine Hände - wenn auch mehr oder weniger krampfhaft - stationär zu halten, ist das besser, als wenn diese unruhig und unkontrolliert auf und ab gehen. Aber um ein weichmäuliges Pferd zu bekommen, das willig das Gebiß annimmt und fein reagiert, muß sich der Reiter noch weiter verbessern, bis er in der Lage ist, seine Hände unabhängig von seinem Sitz und wohldosiert einzusetzen, was nur möglich ist, wenn er völlig locker und entspannt sitzt.

Im einzelnen sind bei beidhändiger Zügelführung folgende Fehler in der Zügelhaltung häufig zu beobachten:

Verkrampfte Zügelfäuste
Im Handgelenk verdrehte Zügelhände
Abwärts und abwärts/einwärts gehaltene Zügelhände
Handflächen nach oben gedreht
Handflächen nach unten gedreht
Zu hohe Hände
Zu tiefe Hände
Zu wenig Zügel zwischen den Händen
Hände zu eng beieinander

278

Lockerer, aufrechter und entspannter Sitz (das Kinn sollte zu Show-Zwecken höher getragen werden); korrekte Zügelführung bei gefühlvollen und unverkrampften Zügelhänden. Vom Gebiß über den Zügel, Hände und Handgelenke und Unterarm des Reiters ist eine durchgehende Linie bis zum Ellbogen. Die Linie vom Gebiß zur Reiterhand ist dann eine nur gedachte, wenn der Zügel nicht so stark ansteht wie hier, sondern durchhängt

Hände zu weit auseinander
Zu lange Zügel
Falsche seitliche Zügeleinwirkung
Zuviel innerer/nicht genug äußerer Zügel
Unbeabsichtigt anstehende Zügel
Abgespreizte Ellbogen

Bei einhändiger Zügelführung werden folgende Fehler häufig gemacht:

Verkrampfte Zügelhand
Verkrampfte freie Hand
Verdrehtes Handgelenk der Zügelhand
Unbeabsichtigte Verkürzung des äußeren Zügels beim Squaw Reining
Ungleich lange Zügel
Zu lange Zügel
Zuviel Neck Rein
Seitlich zu weit in die Bewegungsrichtung gehende Zügelhand

279

Im Handgelenk nach unten verdrehte Hände. Sie zeugen von innerer Verspanntheit. Die direkte Kommunikationslinie ist unterbrochen, eine wirklich feinfühlige Betätigung der Zügel ist nicht möglich. Es ist effektiver, die Hände senkrecht stehen zu lassen (s. Abb. 279). Das Annehmen des Zügels verläuft dann wie auf einer Schiene zwischen Pferdemaul und Ellbogen, der Ellbogen geht mehr oder weniger weit zurück

Verkrampfte Zügelhände

Ob bei beidhändiger oder einhändiger Zügelführung - verkrampfte Zügelhände sind logischerweise immer ungünstig, denn sie können nicht feinfühlig einwirken. Sie resultieren in der Regel aus nicht lockerem und entspanntem Sitz, so daß, um die verkrampften Zügelhände abzustellen, erst eine Verbesserung im Sitz des Reiters erfolgen muß.

280

Wie auf einer Schiene geht die innere Zügelhand hier zurück und nimmt das Pferd in die Wendung nach rechts; die Kommunikationslinie bleibt ungebrochen

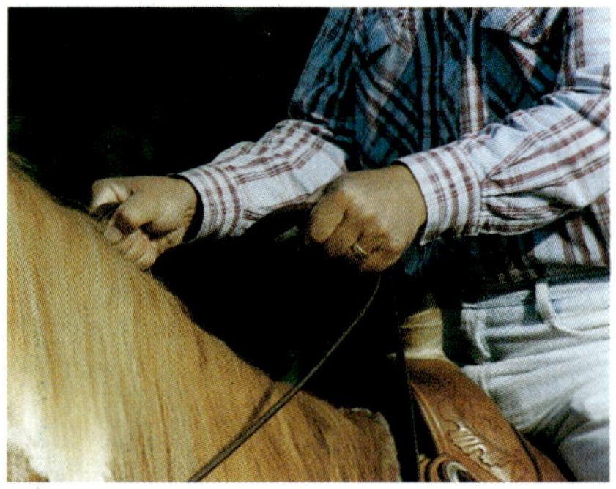

281

Verkrampfte Zügelfäuste

282

Abwärts und einwärts verdrehte Zügelhände - vor dem Oberschenkel ist Endstation

Hat der Reiter aber schon ein gewisses Maß an Übung, kann es ihm umgekehrt auch zum entspannteren Sitz helfen, wenn er auf seine Hände achtet (oder jemand anderes für ihn darauf achtet) und immer wieder bewußt mit entspannten, feinfühligen Händen zu reiten versucht. Der Reiter muß sich klarmachen, daß das Pferdemaul eine delikate Sache ist. Wenn er eine Teetasse mit Daumen und zwei Fingern anfaßt und die anderen Finger abspreizt, geht er automatisch anders damit um, als mit einem Bierkrug, dessen Henkel er mit der ganzen Faust ergreift. Wie er die Zügel anfaßt, hat psychologisch auf ihn einen Einfluß.

Manchmal lassen sich Reiter im Eifer des Gefechtes nur dazu hinreißen, die Zügel krampfhafter festzuhalten. Innehalten, Nachdenken und wieder neu mit bewußt lockeren Händen beginnen kann weiterhelfen. Wenn das Pferd irgendwann wieder etwas Schwierigkeiten macht, wird sich der Reiter wieder verkrampfen. Dann braucht er wieder jemanden, der ihn darauf aufmerksam macht, oder er muß sich selbst sehr kritisch beobachten - einhalten, durchatmen und erneut versuchen, entspannt weiterzuarbeiten!

Im Handgelenk verdrehte Zügelhände

Das Verdrehen der Handgelenke ist auch ein Ausdruck innerer Verspannung. Wenn es nur eine Angewohnheit ist, übt es nicht unmittelbar einen negativen Einfluß auf das Pferd aus. Es behindert aber eine effektive Zügelführung.

Die beidhändige Zügelführung ist am wirkungsvollsten, wenn die Zügelhand in einer Flucht mit dem Pferdemaul und dem Ellbogen des Reiters operiert. D.h. Pferdemaul, Reiterhand und Ellbogen liegen auf einer Linie. Die Reiterhand steht senkrecht. Wird über den Zügel eingewirkt, so daß er ansteht, bildet der Zügel eine gerade Linie zwischen Pferdemaul und Reiterhand, deren Fortsetzung in derselben Flucht der Unterarm des Reiters bis zum Ellbogen bildet. Die Zügelhand sollte, wenn sie einwirkt, wie auf einer Schiene zurück und vor gehen. Das bedeutet, daß beim Zurückgehen der Zügelhand der Ellbogen seitlich am Reiter vorbei geht. Das bedeutet auch, daß die Zügelhand sich nicht vor den Oberkörper des Reiters bewegt und daß sie weder zu tief noch zu hoch getragen

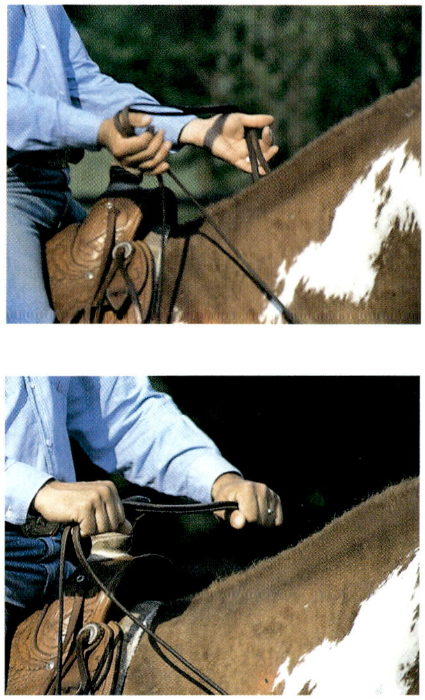

283/284

Nach oben und nach unten verdrehte Zügelhände

wird. Eine solche Zügelführung stellt die beste Kommunikation zwischen Pferdemaul und Reiterhand dar.

Jedes Verdrehen des Handgelenks stellt eine Unterbrechung dieser Kommunikationslinie dar und beeinträchtigt die Kommunikation mehr oder weniger. Wichtiger allerdings ist die Verspannung, die dieser Verdrehung zugrunde liegt.

Rein technisch bringt das Verdrehen der Handgelenke auch Nachteile mit sich. Das nach innen verdrehte Handgelenk bewirkt eine Tendenz, beim Annehmen des Zügels mit der Hand vor den Oberkörper zu gehen, wo dann Endstation ist. Im Falle, daß das Pferd ungehorsam ist und gegen die Hand geht, wenn also kurzfristig der Zügel stark angenommen werden muß, hat man mit verdrehten Handgelenken weniger Kraft, ebenso mit verdrehten Ellbogen. Jede Abweichung von der geraden Linie oder "Schiene" bedeutet ein Verlust an Kraft bzw. Effektivität.

285

Hier ist die direkte Linie zum Pferdemaul durch zu tiefe Hände unterbrochen. Eine so tiefe Haltung der Zügelhand kann aber vorübergehend bewußt eingesetzt werden, um ein Pferd, das sich gegen das Gebiß wehrt, besser an die Hand zu bekommen

Abwärts und abwärts/einwärts gehaltene Zügelhände

In diesem Fall weicht die Zügelhand von der geraden Linie zwischen Ellbogen und Pferdemaul nach unten ab, das heißt, es entsteht ein Winkel nach unten, dessen Spitze die Reiterhand bildet. Eine solch tiefe Zügelhaltung kann in bestimmten Fällen, wo versucht wird, die Nase des Pferdes nach unten zu bekommen, bewußt eingesetzt werden. Für den Normalfall ist sie aber fehlerhaft.

Das Einwärtsdrehen der Hände dabei ist in jedem Fall ungünstig, denn dadurch gehen die Zügelhände vor den Bauch oder die Oberschenkel, wo dann "Endstation" ist. Das Einwärtsdrehen ist auch abzulehnen, weil die direkte Kommunikationslinie zwischen Ellbogen und Pferdemaul unterbrochen ist.

Handflächen nach oben gedreht / Handflächen nach unten gedreht

Nach oben verdrehte Handflächen bringen eine Tendenz mit sich, mit den Zügelhänden nach oben und nach außen zu gehen -

Abweichung von der direkten Kommunikationslinie.

Nach unten gedrehte Handflächen bedingen eine Tendenz, die Hände tief zu nehmen und damit nach innen zu gehen. Ersterer Umstand wäre in den meisten Fällen nicht negativ zu bewerten, und manche Ausbilder empfehlen deshalb ihren Schülern sogar, die Zügel mit nach unten zeigenden Handflächen zu halten. Das Einwärtswandern der Zügelhände kann sich aber nachteilig auswirken: der "direkte Draht" zum Pferdemaul wird unterbrochen; die Zügelhände können, wenn sie vor dem Körper getragen werden, u.U. nicht weit genug zurückgehen.

286

Zu hohe Hände - der "direkte Draht" zum Pferdemaul ist unterbrochen. In Ausnahmefällen und zur Korrektur bestimmter Fehler des Pferdes kann ein solches Zügelannehmen einmal sinnvoll sein, als Dauerzustand ist sie unvorteilhaft

Diese beiden negativen Angewohnheiten sind nicht so gravierend wie andere. Am besten können die Zügelhilfen aber aus senkrecht stehenden Zügelhänden gegeben werden, das ist etwas, was wir ruhig von den "englischen" Dressurreitern übernehmen können (ich sage absichtlich nicht "Zügelfäuste", denn das hört sich schon wieder nach krampfhaftem Festhalten an).

Zu hohe Hände / zu tiefe Hände

Für die zu hohen und zu tiefen Hände gilt wieder, daß sie eine Unterbrechung der direkten Kommunikationslinie zum Pferdemaul bedeuten. Zu hoch gehaltene Zügelhände können außerdem bewirken, daß das Pferd die Nase hoch nimmt. Das muß nicht notwendigerweise so sein, ein Pferd kann durchaus so trainiert werden, daß es bei hohen Zügelhänden trotzdem beizäumt und die Nase unten hält. Aber in dem Fall haben die hohen Zügelhände doch in der Regel die Wirkung, daß das gesamte Pferd vorn angehoben wird, daß es das Genick hochnimmt, wenngleich es die Nase unten läßt. Also eine aufrichtende Wirkung, wie sie im Sinne der Dressur wünschenswert ist.

Bei einem noch "grünen" Pferd dagegen bewirken hohe Zügelhände, daß es dem Pferd schwer gemacht wird, den Weg nach unten an die Reiterhand zu finden. Der Ausbildung eines Pleasure-Pferdes, bei dem nicht viel Aufrichtung gewünscht wird, sind hohe Zügelhände direkt gegenläufig. Dasselbe gilt für das Spin Training, da das Pferd den Spin ja auch flach ausführen und vorn relativ tief bleiben soll.

Gezielt eingesetzt, kann eine besonders tiefe Zügelhaltung dazu dienen, einem Pferd, das sich der Zügeleinwirkung durch das Hochnehmen des Kopfes nach oben entziehen will, den Weg nach unten zu zeigen. Die Nase kommt auf diese Weise leichter herunter, und man bekommt das Pferd so leichter an die Hand.

In bestimmten Fällen ist auch eine aufwärtsgehende Zügelhilfe, sei es senkrecht hoch oder in Richtung auswärtiger Schulter, zweckmäßig. Sie sollte von Unerfahrenen aber nur unter Aufsicht eines Reitlehrers angewandt werden.

Zu wenig Zügel zwischen den Händen

Das kennt wohl jeder: Man will die Zügel annehmen, um das Pferd durchzuparieren oder rückwärts zu richten, und plötzlich geht nichts mehr - die Zügelbrücke zwischen den Händen bleibt hinterm Horn hängen. Ein Fehler, der immer wieder vorkommt. Entweder müssen die Zügel so kurz gefaßt werden, daß sie angenommen werden können, ohne daß man bis ans Sattelhorn kommt, oder es muß so viel Zügel zwischen den Händen sein, daß keine Gefahr besteht, am Horn hängenbleiben zu können.

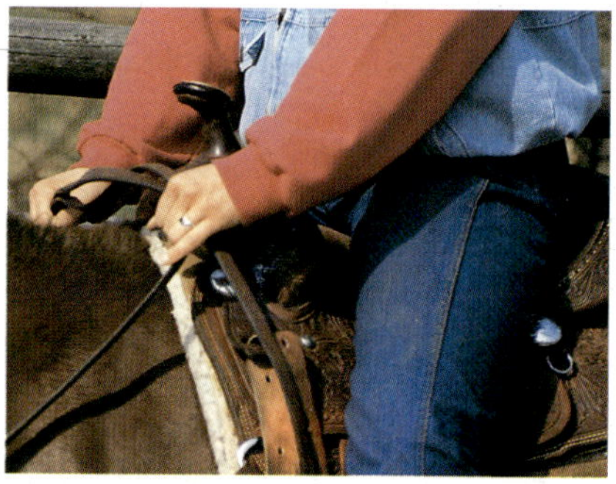

287/288

Wenn man zu wenig Zügel zwischen die Hände nimmt (287) und dann die Zügel annehmen will, bleibt man damit leicht hinterm Horn hängen (288)

Hände zu eng beieinander, Hände zu weit auseinander

Die zu eng getragenen Hände bedingen, daß sich die Zügelhände vor dem Körper befinden, wo sie dann nicht weiter zurück können, wenn die Zügel - oder ein Zügel - stärker angenommen werden muß. Außerdem bedeuten zu eng gehaltene oder zu weit gehaltene Zügelhände wieder, daß die Kommunikationslinie unterbrochen ist (s. Abb.).

Zu lange Zügel

Viele fassen die Zügel von vornherein aus dem Grunde zu lang, weil sie gehört haben, daß beim Westernreiten mit losem Zügel geritten wird.

Man muß dabei unterscheiden, wann ein Pferd am hingegebenen Zügel gehen darf und wann man mit ihm dressurmäßig reitet, es also ans Gebiß reitet. Außerdem kommt der lose Zügel nicht dadurch zustande, daß man dem Pferd von vornherein jede Menge Slack gibt (Slack = Durchhän-

289

Auch wenn die Hände zu eng beieinander gehalten werden, ist die direkte Kommunikationslinie zum Pferdemaul unterbrochen (gestrichelte Linie). Außerdem würde eine rückwärtige Zügeleinwirkung vor dem Bauch des Reiters enden

290

Bei zu langen Zügeln muß die Zügelhand ungebührlich weit zurückgehen, wenn der Zügel angenommen werden soll. In der Abbildung geschieht dies zwar auf der direkten Schiene Pferdemaul-Ellbogen, in einer Prüfung würde das aber nicht gut aussehen

291

Dieses Foto eines nach rechts drehenden Pferdes mag auf den ersten Blick völlig okay aussehen, die über die Pferdemitte nach innen gehende äußere Zügelhand stellt aber keine effektive äußere Zügelhilfe dar, sondern kann nur Impulse geben. Außerdem verleitet eine solche Zügelführung dazu, sich im Oberkörper zu verdrehen. Die Reiterin auf dem Foto sitzt aber korrekt und setzt ihr Gewicht richtig ein. Das Pferd bricht etwas über die äußere Schulter aus, und genau das würde nicht passieren, wenn der äußere Zügel gerade zurück angenommen würde

292

Wenn die Zügelhand nicht auf der direkten Schiene zurückgeht, ist vor dem Reiterkörper Endstation

293

Linkszirkel im Galopp. Das Pferd wird am äußeren Zügel geführt, die Zügelhand geht gerade zurück zur Reiterhüfte und ggf. außen daran vorbei

gen des Zügels). Vielmehr wird dadurch, daß das Pferd an das Gebiß geritten wird, im Genick nachgibt und das Kinn einzieht, die Distanz zwischen Reiterhand und Pferdemaul verkürzt, so daß der Zügel locker ist bzw. etwas durchhängt. Das Pferd holt sich den Slack auf diese Weise selbst.

Wer mit zu langen Zügeln reitet kann dann, wenn das Pferd aufgenommen werden muß, nicht weit genug rückwärtig einwirken.

Falsche seitliche Zügeleinwirkung

Dieser Fehler ist einer der häufigsten und gravierendsten. Dabei gehen die Zügelhände nicht gerade zurück (wenn nötig, außen an der Reiterhüfte vorbei), sondern vor den Reiterkörper. Sowohl bei der Bedienung des inneren, wie bei der des äußeren Zügels ist das von Nachteil, weil vor dem Reiterkörper schnell Endstation ist, und weil die Kommunikationsschiene zwischen Ellbogen und Pferdemaul unterbrochen wird.

Die Nachteile dieser Zügelbedienung zeigen sich immer dann, wenn ein Pferd ungehorsam ist. Wenn es zum Beispiel nicht dem direkten Zügel in einer Wendung nach innen folgt, ist man sehr viel effektiver, wenn der innere Zügel so angenommen wird, daß die Zügelhand frei außen an der Reiterhüfte vorbei geht.

294

Das zu starke Annehmen des inneren Zügels und das Ausbleiben des korrigierenden äußeren Zügels lassen das Pferd über die äußere (rechte) Schulter ausbrechen. Die Reiterin neigt außerdem den Oberkörper nach innen und läßt die innere Schulter fallen, was den Fehler noch unterstützt

Will das Pferd aus einer Drehung oder aus einem Zirkel hinausdrängen, ist es nur der äußere Zügel (im Zusammenhang mit dem äußeren Schenkel), der es daran hindern kann. Die meisten machen den Fehler, das Pferd durch verstärktes Annehmen des inneren Zügels auf Kurs halten zu wollen. Dadurch bricht es aber nur über die äußere Schulter aus.

Damit das Pferd durch den äußeren Zügel oder Schenkel kontrolliert werden kann, muß es diese Hilfengebung kennen, verstehen und befolgen lernen. Es muß gelernt haben, dem äußeren Zügel, dem Schenkel und dem Gewicht nach innen zu weichen. Der innere Zügel tritt dabei so weit in Aktion, wie es nötig ist, um dem Pferd die Richtung nach innen zu geben.

Hat das Pferd das gelernt, kann es durch den äußeren Zügel, durch Schenkel und Gewicht auch dann innen, auf dem Zirkel oder in der Drehung gehalten werden, wenn es die Tendenz hat, hinauszulaufen. Letzteres klappt aber nicht gut, wenn die äußere Reiterhand nach innen, vor den Körper des Reiters geht, denn so ist der "direkte Draht" unterbrochen und die Einwirkung nur halb so effektiv.

In den Drehungen kann immer wieder beobachtet werden, daß die äußere Hand nach innen genommen wird und vor die Mitte des Reiterkörpers, ja manchmal noch weiter in die Bewegungsrichtung genommen wird. Es soll nicht abgestritten werden, daß es viele erfolgreiche Reiter gibt, die dies tun - es kommt beim Reiten auf viele Dinge an, und man kann Pferde auf unterschiedliche Weisen ausbilden und reiten. Wenn man das meiste richtig macht, kommt man immer zu guten Resultaten.

Tatsache ist, daß das Hinüberreichen nach innen mit der äußeren Zügelhand überflüssig ist, und daß die Hilfe durch den äußeren Zügel wirkungsvoller ist, wenn sie gerade nach rückwärts gegeben wird. Man kann ein Pferd z.B. im Spin drehen und dabei die rechte Hand rechts und die linke Hand links lassen, ohne daß sich die Hände dabei nennenswert in ihrer Position verschieben.

Das Hinüberreichen nach innen mit der äußeren Hand bringt die Tendenz mit sich, daß sich der Reiter im Oberkörper verdreht, und das ist in jedem Fall negativ. Er kann dann seine Gewichtshilfen nicht mehr optimal geben.

Das Geschmeidigmachen des Pferdes im Hals durch die nach oben/außen gehende innere Zügelhand ist eine separate Übung, die durchaus ihren Sinn hat, aber nicht in diesen Zusammenhang gehört.

Zuviel innerer / nicht genug äußerer Zügel

Wie im vorausgehenden Abschnitt erwähnt, kann in Drehungen, Wendungen und in Zirkeln immer wieder beobachtet werden, daß sich Reiter hauptsächlich auf den inneren oder direkten Zügel verlassen und ihr Pferd damit auf Kurs halten wollen. Wie gesagt, ist das ein Trugschluß, und nur durch Anwendung des äußeren Zügels erhält man die nötige Kontrolle.

Das Westernpferd, das ja irgendwann im Neck Reining, also mit einhändiger Zügelführung gehen soll, muß notwendigerweise am äußeren Zügel geführt werden können. Wer sich immer nur auf den inneren Zügel verläßt, kommt nie dahin.

Was hiermit aber auch angesprochen ist, ist das zu starke Nach-innen-Stellen durch zu stark angenommenen inneren Zügel. Das Pferd soll nur leicht einwärts gestellt sein, sonst bricht es über die äußere Schulter aus. In der Regel reicht eine Einwärtsstellung, bei der man gerade das innere Auge erkennen kann.

295

Dem Pferd wird hier erlaubt, die Nase hoch und vorgestreckt zu tragen, obwohl der Zügel ansteht. Dadurch stumpft ein Pferd ab und wird ggf. hartmäulig. Wenn der Reiter dem Pferd in einer Entspannungsphase erlaubt, sich zu strecken und die Nase vorzustrecken, so sollte das am deutlich durchhängenden Zügel geschehen (vergl. Abb296). Wenn der Zügel ansteht, so wie hier, muß das Pferd durch Gewicht und Schenkel gegen das Gebiß getrieben werden, bis es im Genick nachgibt und in der Hand weich wird, also beizäumt - in dem Moment, wo es das Kinn einzieht, wird der Zügel locker

Unbeabsichtigt anstehende Zügel

Immer wieder kann man beobachten, daß Zügel anstehen oder daß Pferde im Maul belästigt werden, ohne daß dies etwas bedeuten soll. Dadurch macht man Pferde hartmäulig, denn sie stumpfen dadurch ab.

Beim Training sollten die Pferde nicht permanent versammelt am Gebiß gehen müssen, sondern man erlaubt ihnen über weite Strecken, am losen Zügel und in natürlicher Haltung zu gehen, damit sie sich entspannen können. Nur muß dabei der Zügel auch wirklich durchhängen, so daß das Pferd nichts mehr im Maul spürt.

Wann immer die Zügel angenommen werden, wann immer das Pferd eine Einwirkung im Maul spürt, muß das etwas zu bedeuten haben, d.h., das Pferd muß darauf durch Nachgeben im Gebick reagieren.

Wenn der Reiter mit anstehendem Zügel reitet und dem Pferd erlaubt, so zu laufen, als stünde der Zügel nicht an, so lehrt er das Pferd nichts anderes, als daß ein solches Zügelaufnehmen noch nichts bedeutet. Er stumpft das Pferd ab. Daher stoppen manche Pferde oder gehen rückwärts, obwohl der Zügel noch nicht einmal eine gerade Linie bildet, und bei anderen muß man an den Zügeln ziehen, und selbst dann reagieren sie nur zögerlich oder widerwillig.

Abgespreizte Ellbogen

Idealerweise hängen die Oberarme locker am Oberkörper herab. Dadurch befinden sich die Ellbogen recht dicht am Oberkörper. Sie sollen nicht krampfhaft an den Oberkörper gepreßt werden, wenngleich jemand, der dazu neigt, die Ellbogen abzuspreizen, durchaus eine Zeitlang mit bewußt angelegten Ellbogen reiten sollte. Später braucht er dann nicht mehr bewußt darauf achten, und seine Oberarme fallen automatisch locker am Körper herab.

Die abgespreizten Ellbogen tendieren besonders im Galopp dazu, auf und ab zu flattern und bedingen einen unruhigen Sitz und unruhige Hände.

Verkrampfte Zügelhand, verkrampfte freie Hand

Die bisher besprochenen Dinge bezogen sich auf die beidhändige Zügelführung. Jetzt geht es um die einhändige, bei der spezifische Fehler gemacht werden können.

Eine verkrampfte Zügelhand ist auch hierbei fehlerhaft, weil damit keine gefühlvolle, wohldosierte Hilfengebung möglich ist. Ist die Zügelhand verkrampft, ist auch der gesamte Sitz nicht entspannt. Eine Verbesserung des Sitzes wird auch eine Entspannung der Zügelhand bewirken.

296

Das Pferd geht im natürlichen Gleichgewicht bei durchhängenden Zügeln, wie es beim Warmreiten und in Entspannungsphasen zwischendurch gemacht wird

297 (links)

Auch beim Leichttraben darf man sich nicht am Zügel festhalten, sondern muß völlig zügelunabhängig reiten

Am meisten zeigt sich bei einhändiger Zügelführung eine etwaige Verkrampfung oder Verspannung in der freien Hand, die oft in allen erdenklichen Verrenkungen gehalten wird, selbst von sehr erfolgreichen Reitern. Es ist egal, wo die freie Hand gehalten wird, ob vor der Brust, über dem Oberschenkel oder frei herabbaumelnd, solange sie und der ganze freie Arm unverkrampft bleibt.

Verdrehtes Handgelenk der Zügelhand

Die Zügelhand sollte in ihrer Ausgangsstellung neutral sein, d.h. symmetrisch. Das ist der Fall, wenn der Handrücken nach oben zeigt und der Zeigefinger, der zwischen den Zügeln ist, mitten über dem Mähnenkamm und mitten vor dem Reiterkörper ist. Das ist die Zügelhaltung, die die meisten Reiner anwenden.

Viele reiten einhändig, indem sie die Zügelhand mit dem Daumen nach oben halten. Das muß zunächst einmal keine unsymmetrische Zügelführung bedeuten, wenn die Zügel entsprechend justiert sind. Wenn wir einmal davon ausgehen, daß die Zügel in der linken Hand gehalten werden, so muß der rechte Zügel ein wenig länger gehalten werden als der linke, da er über dem linken Zeigefinger herläuft.

Eine solche Zügelhaltung bewirkt aber die Tendenz, beim Lenken nach links mit der Hand hochzugehen und beim Lenken nach

rechts abwärts (immer vorausgesetzt, die Zügel werden in der linken Hand gehalten; sonst ist es genau umgekehrt).

Wenn die Zügel bei nach oben zeigendem Handrücken gleichmäßig ergriffen wurden und sich die Hand dann beim Reiten so dreht, daß der Daumen nach oben zeigt, wird der eine Zügel dadurch etwas verkürzt und der andere verlängert. Ist die linke die Zügelhand, wird dadurch der rechte Zügel verkürzt und der linke verlängert. Darum ist es wichtig, die Zügelhand immer in derselben Form zu halten.

Unbeabsichtigte Verkürzung des äußeren Zügels beim Squaw Reining

Als Squaw Reining wird eine Zügelführung bezeichnet, bei der die Zügel in einer Hand gehalten werden, aber mehr als ein Finger zwischen den Zügeln ist, in der Regel vier. So kann die Handbreite eingesetzt werden, um ggf. den linken oder rechten Zügel (um die Handbreite) zu verkürzen.

Wenn die Zügel auf diese Weise ergriffen werden und die Hand dann so verdreht wird, daß der Daumen nach oben zeigt, kommt im besonderen Maße der Effekt zum Tragen, der im vorangehenden Abschnitt erwähnt wurde: Angenommen, die linke ist die Zügelhand, so wird bei einer Lenkung nach links der rechte (äußere) Zü-

298-301

Eine Bildserie von einem Spin, die zeigt, wie während der gesamten Drehung die rechte Hand rechts und die linke links bleiben kann und das Pferd immer zwischen Zügeln und Schenkeln bleibt. Der Oberkörper des Reiters bleibt rechtwinkling zum Pferd (verdreht sich nicht), geht nicht vor die Bewegung, bleibt eher etwas dahinter, damit das Pferd durch Gewicht und äußeren Schenkel in die Drehung getrieben werden kann

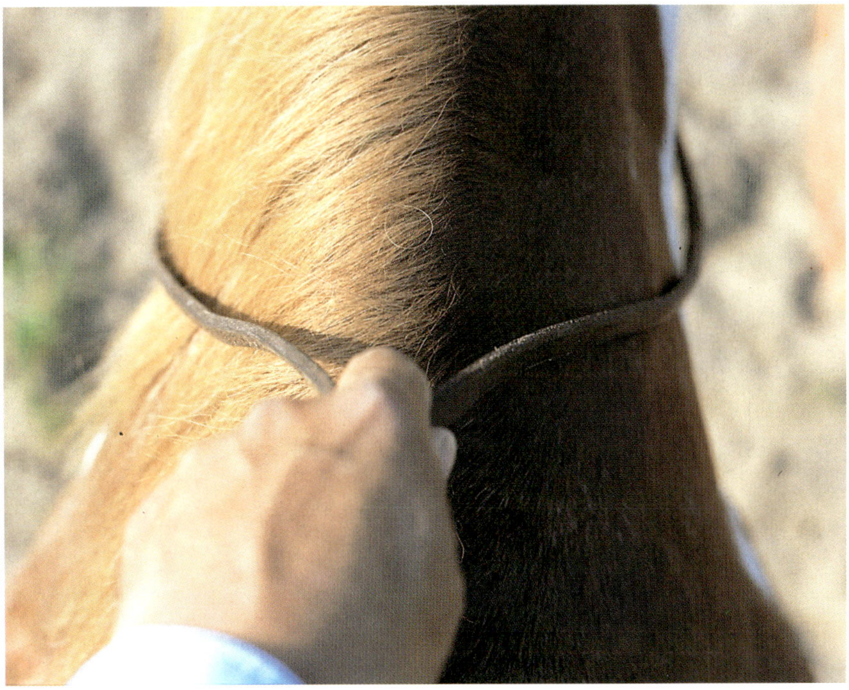

302

Symmetrische Zügelhaltung bei einhändiger Zügelführung. Der Zeigefinger ist mitten über dem Mähnenkamm, der handrükken zeigt nach oben

gel verkürzt und der innere verlängert - genau das Gegenteil, was erreicht werden soll. Die zu starke Verkürzung des äußeren Zügels bedingt ein zu starkes Neck Reining und wahrscheinlich ein Nach-außen-Stellen des Pferdes.

Ungleich lange Zügel

Es ist selbstverständlich schlechtes Horsemanship, die Zügel ungleich lang zu ergreifen. Wenn z.B. der linke Zügel kürzer ist als der rechte, muß das Pferd bei Rechtsdrehungen und Rechtszirkeln zuviel äußeren Zügel (Neck Reining) spüren und die Nase nach außen nehmen.

Zu lange Zügel

sieht man immer wieder. Werden die Zügel von vorn herein zu lang ergriffen, ergeben sich daraus gerade bei der einhändigen Zügelführung bestimmte Probleme. Beim Aufnehmen der Zügel zum Durchparieren

303

Das gutausgebildete Pferd kann gelenkt werden, ohne daß sich die Zügelhand von der Mitte des Mähnenkamms entfernen muß. Dieses Pferd galoppiert einen Linkszirkel, und die Zügelhand ist mitten überm Widerrist (hier Squaw Reining). Das Pferd ist der Zirkellinie entsprechend gebogen

oder Rückwärtsrichten kann man mit der Zügelhand nicht weit genug zurück, um entsprechend nach rückwärts einwirken zu können, weil dabei die Zügelhand ja genau in der Mitte gehalten werden muß und vor dem Reiterbauch Endstation ist. Man kann höchstens nach oben ausweichen, aber das sieht nicht gut aus.

304

Wenn der Daumen oben ist, bedeutet das noch keine asymmetrische Zügelhaltung, solange die Zügel entsprechend justiert sind. Diese Zügelhaltung bringt aber die Tendenz mit sich, beim Lenken zur Zügelhandseite mit der Hand hochzukommen (Abb. 305). In diesem Fall geht die Hand nach links oben

305

306

Hält man den Handrücken nach oben, fällt es leichter, mit der Hand auf einer Ebene zu operieren

307

Falsches Squaw Reining nach links: Anstatt die Handbreite auszunützen, um den inneren Zügel zu verkürzen, kommt der Daumen hoch, und dadurch wird der äußere verkürzt. Das Resultat ist, daß sich das Pferd nach außen stellt

309

Der sehr erfolgreiche Reining Horse Trainer Larry Rose in seiner typischen Haltung beim Stop - völlig asymmetrisch und ein Beispiel dafür, daß Pferde sich fast an alles gewöhnen und vieles kompensieren können. Es wäre aber falsch, einen solchen Sitz zur Nachahmung zu empfehlen

Zu lange Zügel bringen auch ein zu deutliches seitliches Verschieben der Zügelhand bei Richtungsänderungen mit sich.

Zuviel Neck Rein

Wenn zuviel Neck Rein (äußerer Zügel) angewandt wird, stellt sich das Pferd, wie schon mehrfach erwähnt, nach außen. Dies kann passieren aufgrund ungleich langer Zügel oder weil die Reiterhand zu weit

308

In dieser Form sollte das Squaw Reining nach links geschehen (wenn die Linke die Zügelhand ist). Zur anderen Seite gibt es normalerweise keine Probleme (siehe auch Abb. 237/238)

seitlich in die Bewegungsrichtung genommen wurde.

Seitlich zu weit in die Bewegungsrichtung gehende Zügelhand

Beim guttrainierten Pferd bedarf es keiner starken seitlichen Verschiebung der Zügelhand, um eine Richtungsänderung herbeizuführen oder das Pferd z.B. auf einem Zirkel zu halten. Wird die Zügelhand zu weit seitlich verschoben (nach innen), verkürzt sich der äußere Zügel zu stark; er liegt dann nicht mehr nur an, sondern es kommt Zug auf das Pferdemaul, und zwar außen. Das Pferd quittiert dies, indem es sich nach außen stellt.

Wenn ein Pferd nicht auf den bloßen Impuls durch den äußeren Zügel reagiert, im Zusammenklang mit den Gewichts- und Schenkelhilfen, ist es nicht reif für das Neck Reining bzw. die einhändige Zügelführung. Es hat keinen Zweck, mit der Zügelhand stärker einzuwirken, denn damit wird alles nur schlimmer.

Bei einem gut ausgebildeten Pferd kann die Zügelhand auch in einem Galoppzirkel immer mitten über dem Mähnenkamm bzw. Widerrist bleiben. Und auch in den Drehungen braucht sie sich kaum seitlich zu verschieben.

310

Zuviel Neck Rein - das Pferd verwirft sich im Genick, die Nase geht nach außen. Außerdem sind die Zügel zu lang, die Zügelhand hat sich seitlich zu weit von der Mitte des Pferdes entfernt

311

Zum Vergleich: Hier ist das Pferd in Kopf und Hals korrekt gestellt, weil der äußere Zügel (Neck Rein) nicht so stark angenommen wurde. Die Zügelhand ist immer noch zu weit seitlich verschoben

STICHWORTVERZEICHNIS

APHA American Paint Horse Association

ApHC Appaloosa Horse Club

AQHA American Quarter Horse Association

Appaloosa (Äppaluhsa) Pferd, das beim ApHC eingetragen ist

Association (äßoußiäischn) Verband/Vereinigung

Back Cinch (bäk ßintsch) Hinterer (zweiter) Bauchgurt

Back Up (bäk ap) Rückwärtsrichten

Bars Hier: unterste, dem Pferderücken angepaßte Teile des Westernsattels

Bareback Bronc Riding (bärbäck ... raiding) Reiten auf ungesattelten bockenden Pferden

Barrel Racing (bärrel räißing) Rennen um drei Tonnen herum

Bell Boots (... buhts) Schützer für den Kronensaum des Pferdehufes

Bit Guards (... gards) Schützer für die Maulwinkel des Pferdes

Blanket (blänket) (Sattel-) Decke; Farbbezeichnung beim Appaloosa

Body Position (... posischn) Körperhaltung des Pferdes oder des Reiters

Bosal (bosähl) Nasenband

Bouncen (baunzn) Ruckartiges Abstoppen unter Einsatz beider Vorderbeine

Braces (bräißes) Seitenteile des Spades oder Spoons des Spade Bits

Breaking (bräiking) Einreiten; Eingewöhnung

Broke (brouk) Zugeritten; eingewöhnt

Bronc Buster (bastr) Zureiter

Broncy Zum Bocken/Buckeln neigend

Buckaroo (bakeruh) von spanisch: Vaquero (= Rinderhirte)

Bull Riding Reiten von bockenden Bullen

Buttons (battns) Knöpfe, Verdickungen an den kalifornischen Zügeln

Cable Core (käibl kohr) Draht- bzw. Drahtseil-Kern

Cantle (käntl) Rückenlehne des Westernsattels

Center Fire-Saddle (ßenter fair ßättl) Sattel mit mittig angebrachter Rigging

Cheek Pieces (tschihk pihßes) Seitenteile des Gebisses

Cinch Binder (ßintsch baindr) Pferd mit Gurtzwang

Cinchy (ßintschi) dto.

Close coupled (klous kapld) Pferd mit kurzem Rücken und sehr guter Verbindung zur Hinterhand

Conformation (konfrmäischn) Gebäude, Exterieur

Conquistadores (konkistadors) (spanische) Eroberer

Contest (Wettkampf)

Corral (korähl) Pferch, Auslauf, (eingezäunter) Reitplatz

Cow Sense (kau ßens) Das Interesse eines Pferdes an der Rinderarbeit und seine Neigung dazu

Cricket sich drehendes Metallteil am Mundstück von Spade Bits und Half Breed Bits

Cross Tying (... taing) Ausbinden nach beiden Seiten

Curb Action (körb äkschn) Hebelwirkung von Gebissen

Curb Bit Gebiß mit Hebelwirkung

Cutting (katting) Aussondern eines Rindes aus der Herde

Dally Roping (dälli rouping) Roping, bei dem das Rope nur bei Bedarf durch Wicklungen ums Sattelhorn gehalten und nicht fest verknotet wird

Direct Rein (..räin) direkter (innerer) richtunggebender Zügel

Disposition (disposischn) Interieur; Wesen und Charakter des Pferdes

Double Rigged-Sattel (dabl riggd) Sattel mit zwei Bauchgurten

Doubling (dabling) Herumwerfen des Pferdes um 180 Grad

Doubling Outfit (... autfit) Lederschutz, der das Durchziehen des Gebisses durchs Maul verhindert

Draw Reins (droh ...) Schlaufzügel, seitlich befestigt

Drop Abwärtsbiegung des Bosals am unteren Ende

Equipment Ausrüstung

Fence Work (fenz ...) Prüfung innerhalb der Working Cowhorse-Disziplin

Fiadore (fiador) Kehlriemen, der die korrekte Position des Bosals gewährleistet

Flying Lead Changes (flaing lihd tschändsches) Fliegende Galoppwechsel

Foot Rope (fut roup) Seil, mit dem ein oder mehrere Beine des Pferdes gefesselt werden

Forearm (forarm) Unterarm des Pferdes

Futurity (fjutschuhriti)Wettbewerb für Jungpferde eines bestimmten Alters

Gaskin (gäskn) Muskel des Hinterbeins, innen und außen oberhalb des Sprunggelenks

Grazer Bit (gräisr ...) Kandare

Ground Doubling (graund) Doubling vom Boden aus Ground Pulling

Ground Tying (... taing) Stehenbleiben des Pferdes bei hängenden Zügeln ohne angebunden zu sein

Hackamore (häkemor) Gebißloser Trainings-Zaum, bestehend aus Bosal und Mecate

Hackamore Bit Gebißlose Kandare

Half Breed Bit (häf brihd ...) Kandare, Mittelding zwischen Spade Bit und Grazer Bit

Hair Rope (här ...) Mecate; aus Pferdhaaren geflochtenes Seil

Halter Broke (holtr ...) Halfterzahm

Handle (händl) Ausbildungsstand eines Pferdes

Hard and Fast Tying Roping, bei dem das Rope fest am Sattelhorn verknotet ist

Heel Knot (hihl not) Verknotung der Mecate am unteren Ende des Bosals

Herd Work (hörd wörk) Prüfung innerhalb der Working Cowhorse-Disziplin; Cutting

High Port Bit (hai ...) Kandare mit hohem Port oder hoher Zungenfreiheit

Hobble Breaking (habl..)Gewöhnung an die Fußfessel(n)

Hobbles (habls) Fußfesseln

Hump (hamp) Buckel

Jaquima (hakima) Spanisches Wort, von dem „Hackamore" abgeleitet ist

Lariat (läriät) Von spanisch „la reata", Wurfseil

Latigo (läitigou) Fettgegerbtes Leder; Lederriemen, mit dem der Bauchgurt an der Rigging befestigt wird

Lead Change Galoppwechsel

Leg Control (leg k'ntroul) Gehorsam gegenüber den Schenkelhilfen

Leg Yield (... jihld) Dem Schenkel weichen

Loose-jawed Bit (luhs dschohd) Bit mit nicht starr angebrachten Seitenteilen

Low Port Bit (lou ...) Bit mit niedrigem (kurzem) Port oder wenig Zungenfreiheit

Maturity (mätschuhriti) Wettbewerb für (ältere) Pferde eines bestimmten Alters

Mecate (mekahte) Aus Pferdehaaren gefertigtes (Zügel-) Seil

Mechanical Hackamore (mekanikl) Gebißlose Kandare

Medium Port Bit Bit mit mittelhohem Port oder mittelhoher Zungenfreiheit

Mustang (mastäng) Amerikanisches verwildertes Pferd

Natural (nätschurel) Hochtalentiertes Pferd

Neck Rein (... räin) Äußerer Zügel

Neck Reining Lenken des Pferdes per äußerem Zügel

NRCHA National Reined Cowhorse Association

NCHA National Cutting Horse Association

NRHA National Reining Horse Association

Old fashioned (fäschnd) Der alten Art (Mode) entsprechend

Overo (ouverro) Farbmuster bei Paint Horses

Pad (päd) Dicke Sattelunterlage

Paint Horse (päint hors) Bei der APHA eingetragenes Pferd, geschecktes Quarter Horse

Pedigree (pedigrih) Abstammung

Pen Pferch

Pivot Foot (piwet fut) Als Drehpunkt fungierender innerer Hinterfuß

Points Punkte, die aufgrund von Plazierungen gewonnen werden und in ihrer Gesamtzahl die Verleihung von Titeln ergeben können

Pole Bending (poul ...) Slalomrennen um sechs Stangen herum

Port Erhöhter Mittelteil einer Kandare; Zungenfreiheit

Pull and Slack Method (... släk meøed) Zügelführung mit kurzzeitigem Annehmen und sofortigem Lockerlassen

Quarter Horse (quotr hors) Bei der American Quarter Horse Association eingetragenes Pferd

Quarter Mile Races (... mail räißes) Rennen über die Viertelmeile

Quirt (quort) Kurze schwere Reitpeitsche

Ranching (räntsching) Extensive Viehwirtschaft

Rating (räiting) Das richtige Einschätzen einer Geschwindigkeit seitens des Pferdes und die Einstellung darauf; Dosierung der Geschwindigkeit

Reata (riäta) Aus Rohhaut geflochtenes Wurfseil

Reined Cow Horse Pferd, das aufgrund seiner (Reining-) Ausbildung dem Reiter ermöglicht, ein Rind völlig zu beherrschen

Reined Work Prüfung innerhalb der Working Cowhorse-Disziplin

Reiner (räinr) Reining-Spezialist (Pferd oder Reiter)

Reining (räining) Dressur-Disziplin des Westernreitens

Reins Zügel

Reverse Arc (rivörs ark) Außenstellung des Pferdes

Rigging Befestigungsmöglichkeit des Westernsattels für die Gurtung

Rigging Ring Ring am Westernsattel, zur Rigging gehörend

Ring Snaffle Bit (snäffl) Einfache Wassertrense mit O-förmigem Zügelring; auch O-Ring-Snaffle

Roller (roulr) s. Cricket

Romal (roumäl) Peitschenförmige Verlängerung der (geschlossenen) kalifornischen Zügel

Rope Hackamore Hackamore mit Strick-Nasenband

Roping (rouping) Das Fangen mit dem Wurfseil (Lasso)

Rawhide (rohaid) Rohhaut

Run (ran) Lauf; Ritt (in einer Prüfung)

Run Down (... daun) Geradeauslauf im Galopp vor einem Stop oder Roll Back

Running Martingale (ranning martingäil) Hilfszügel

Saddle Bronc Riding (ßädl ...) Reiten auf gesattelten bockenden Pferden

Scotch Hobble (ßkotsch ...) Hochbinden eines Hinterbeins

Shanks (schänks) Anzüge des Curb Bits

Side Pieces (ßaid pihßes) Seitenstücke (-teile)

Sidepull Gebißloser Trainingszaum

Skid Boots (... buhts) Fesselkopf-Schützer

Shin Boots (schin ...) Röhrbein-Schützer

Slack (ßläck) locker

Sliding Stop (ßlaiding ßtop) Gleitender Stop auf der Hinterhand

Snaffle Bit Wassertrense

Snubbing Post (ßnabbing poust) Stabiler Pfahl, an dem ein Pferd angebunden werden kann

Spade (ßpäid) Spatenförmige Verlängerung des Mittelteils des Spade Bits

Spade Bit Kalifornische Kandare mit hohem, spatenförmigem Port

Spin (ßpin) 360-Grad-Drehung auf der Hinterhand

Spoon (ßpuhn) Löffelförmige Verlängerung des Ports beim Spade Bit

Spurs (ßpörs) Sporen

Squaw Reining (ßkwo ...) Zügelführung mit einer Hand, mit mehr als nur einem Finger zwischen den Zügeln

Stock Horse Contest (ßtok ...) Reitwettbewerb mit typischen Ranch Horse-Disziplinen

Stock Saddle Cowboy- oder Westernsattel

Straight Bar Bit (ßträit ...) Bit mit geradem Mundstück, ohne Zungenfreiheit

Sweet Iron (ßwiht airn) Einfaches Eisen, das nicht rostfrei ist und einen für Pferde angenehmen Geschmack abgibt

Tie Down (tai daun) Stehendes Martingale

Tobiano (toubiähnou) Farbmuster bei Paint Horses

Trail (träil) Pfad; Wettkampf-Disziplin des Westernreitens über einen Hindernis-Parcour

Tucking (tacking) Beizäumen des Pferdes durch Einziehen des Kinns und Abknicken im Genick

Two Tracking (tuh träcking) Vorwärts-/Seitwärtsbewegung auf zwei Hufschlägen

Vaquero (bakero) Spanisch: Rinderhirte

V-muscle (wih maßl) V-förmige Brustmuskulatur

War Bridle (uor braidl) Trainingszaum, aus einem Strick geformt

Western Riding (uestern raiding) Das turniermäßige und nicht-turniermäßige Reiten auf die im amerikanischen Westen entwickelte Art in seiner Gesamtheit; Dressurdisziplin im Westernreiten

Working Cow Horse (working kau ...) Ein für Reining und für die Rinderarbeit ausgebildetes Pferd, das nicht völlig selbstständig, sondern aufgrund reiterlicher Hilfen arbeitet